La discipline et l'application du canon 1399 du Code de droit canonique face aux cas de scandales dans l'Église

Logiques Juridiques
Fondée par Gérard Marcou

Dirigée par Thomas Perroud

Le droit n'est pas seulement un savoir, il est d'abord un ensemble de rapports et pratiques que l'on rencontre dans presque toutes les formes de sociétés. C'est pourquoi il a toujours donné lieu à la fois à une littérature de juristes professionnels, produisant le savoir juridique, et à une littérature sur le droit, produite par des philosophes, des sociologues ou des économistes notamment.

Parce que le domaine du droit s'étend sans cesse et rend de plus en plus souvent nécessaire le recours au savoir juridique spécialisé, même dans des matières où il n'avait jadis qu'une importance secondaire, les ouvrages juridiques à caractère professionnel ou pédagogique dominent l'édition, et ils tendent à réduire la recherche en droit à sa seule dimension positive. À l'inverse de cette tendance, la collection « Logiques juridiques » des éditions L'Harmattan est ouverte à toutes les approches du droit. Tout en publiant aussi des ouvrages à vocation professionnelle ou pédagogique, elle se fixe avant tout pour but de contribuer à la publication et à la diffusion des recherches en droit, ainsi qu'au dialogue scientifique sur le droit. Comme son nom l'indique, elle se veut plurielle.

Dernières parutions

Louis KARCENTY, *Le Conseil constitutionnel, juge de l'impôt, État des lieux de 15 ans*, 2025.
Solitris LYTRAS, *La notion de sanction dans l'univers répressif européen. De sa naissance à sa consécration*, 2025.
Carlo IANELLO, *L'État du pouvoir. Politique et droit dans l'ère de la post-liberté*, 2025.
Jean-Sébastien BODA, *La notion de bloc de constitutionnalité*, 2025.
Fabienne QUILLERÉ-MAJZOUB, Tarek MAJZOUB, *Égypte-eaux du Nil : je t'aime... moi non plus ! Les relations juridiques de l'Égypte au* vade-mecum *de notre héritage*, 2025.
Jean-Pierre BÉNARD, *Nos redoutables paranoïas de gouvernance, Un impensé lourd de conséquences*, 2025.
Myriam CARESSA et Christophe DOUBOVETZKY (dir.), *Langue(s) et droit(s). Enjeux et paradoxes en France*, 2025.
Gabrielle BEGUIN, Nina LASBLEIZ et Jérôme PRÉVOST-GELLA (dir.), *Standard contre standards, Réflexions sur une catégorie juridique en droit public*, 2025.

Patience Kinshie Lenye

La discipline et l'application du canon 1399 du Code de droit canonique face aux cas de scandales dans l'Église

Préface du Professeur Valère Nkouaya Mbandji

Postface du Professeur émérite Bernard du Puy-Montbrun

L'Harmattan

5-7, rue de l'École-Polytechnique - 75005 Paris

www.editions-harmattan.fr

ISBN : 978-2-336-58769-1

EAN : 9782336587691

Dépôt légal : février 2026

ABRÉVIATIONS

AAS *Acta Apostolicae Sedis*, Commentarium officiale, Rome 1909 – après 1929, Cité du Vatican.

ASS *Acta Sanctae Sedis*, Rome, 1865-1908.
c. canon.
cc. canons.
DDC Dictionnaire de droit canonique.
CDF Congrégation pour la doctrine de la foi.
DDF Dicastère pour la doctrine de la foi.
CIC/17 *Codex iuris canonici Pii X Pontificis Maximi iussu digestus.*
CIC/83 *Codex iuris canonici, auctoritate Ioannis Pauli PP. II promulgatus* (1983).
CCEO *Codex canonum Ecclesiarum orientalium* (Code des canons des Églises Orientales).
CDCA E. CAPARROS, M. THERIAULT, et J. THORN (dir.), *Code de droit canonique annoté.*

CERCLECAD Centre de Recherches Pluridisciplinaires sur les communautés d'Afrique noire et des diasporas (Ottawa, Canada).
CLSA Canon Law Society of America.
CLSA *Comm1* J. CORIDEN, T.J. GREEN, et D.E. HEINTSCHEL (dir.), *The Code of Canon Law: A Text and Commentary.*
CLSA Comm2 J.P. BEAL, J.A. CORIDEN, et T.J. GREEN (dir.), *New Commentary on the Code of Canon Law.*
CLSAP *Canon Law Society of America Proceedings.*
DC *La documentation catholique.*
DDC R. NAZ, et al. (dir.), *Dictionnaire de droit canonique.*
ExComCIC A. MARZOA, J. MIRA, R. RODRIGUEZ-OCANA (dir.) et E. CAPARROS (dir. gén. de la traduction anglaise), *Exegetical Commentary on the Code of Canon Law.*

GS VATICAN II, Constitution pastorale sur l'Église dans le monde de ce temps *Gaudium et spes.*

ICT Institut Catholique de Toulouse.

LG Vatican II, Constitution dogmatique sur l'Église, *Lumen gentium.*

Vol. Volum

Dédicace

À la mémoire de mon père,
qui n'a pas eu la joie de voir s'accomplir ce grand jour — celui de la soutenance de ma thèse de doctorat —,
fruit d'un rêve longtemps porté et patiemment construit.
Que cet ouvrage soit pour lui un humble hommage, témoin de sa présence silencieuse dans chaque étape de ce parcours.

Et à toutes celles et ceux dont les scandales au sein de l'Église ont ébranlé la foi ou brisé l'espérance,
puissent-ils trouver dans ces pages la force de se relever,
de recommencer le chemin
et de croire encore.

REMERCIEMENTS

À la fin de ma thèse de doctorat, je souhaite de prime abord exprimer ma profonde reconnaissance envers le Dieu créateur ineffable qui m'a accordé la force, la persévérance et l'intelligence nécessaires afin de mener à bien ce travail académique.

Je tiens à exprimer ma profonde gratitude à l'Université Saint-Paul. Sans les bourses d'études qui m'ont été accordées, cette recherche n'aurait pas été possible. Ma reconnaissance va, ensuite, au Doyen de la Faculté de droit canonique de l'Université Saint Paul, Professeur Chad Glendinning et à son équipe pour son soutien inestimable, mais aussi à son prédécesseur Monseigneur John A. Renken

Je tiens à exprimer ma reconnaissance envers mon directeur de thèse, le professeur Valère Nkouaya Mbandji S.J. pour son soutien indéfectible et son inspiration tout au long de ce parcours académique. Son expertise, son encouragement et son mentorat ont été essentiels pour réaliser avec succès ce projet de recherche. Ma reconnaissance va également au professeur Frank Morrisey, omi, d'heureuse mémoire, son expertise a été une boussole fiable qui m'a guidé dans la préparation du projet de cette thèse. Mes sincères remerciements au Professeur Abbé Bernard du Puy-Montbrun, doyen émérite de la Faculté du droit canonique de l'Université catholique de Toulouse et au Professeur Benoît Élie Awazi Mbambi Kungua, président du Cerclecad, qui ont bien voulu relire cette thèse et y apporter des suggestions utiles.

Je n'oublie pas de manifester ma reconnaissance envers ma famille et mes amis pour leur soutien inconditionnel, leur patience et leur amour constant. Plus particulièrement à mon père Élie Kinshie Lenye à qui je souhaite la paix éternelle et à ma mère Victorine Mobuete Nkiere pour son amour infini, sans oublier Nadia Bikindu, ma compagne de lutte. Enfin, à tous ceux et celles qui ont croisé mon chemin de vie, de près ou de loin, d'une manière ou d'une autre, daignez trouver ici toute l'expression de ma profonde reconnaissance

Préface du Professeur Valère Nkouaya Mbandji, SJ.

Il est des ouvrages issus de la recherche doctorale qui ne se contentent pas d'explorer un thème, mais qui le renouvellent en profondeur. Celui de Dr. **Patience Kinshie Lenye**, intitulé *La discipline et l'application du canon 1399 du Code de droit canonique face aux cas de scandales dans l'Église*, s'inscrit dans cette catégorie. Par sa rigueur méthodologique, la clarté de son argumentation et la profondeur de sa réflexion, cet ouvrage s'impose comme une contribution significative à la compréhension du droit pénal canonique contemporain.

Ce livre est d'une particulière actualité. L'auteur part d'un constat lucide : le scandale secoue l'Église et ébranle la foi des fidèles. Dans un contexte où la confiance dans les institutions ecclésiales est mise à l'épreuve, à cause de nombreux scandales qui ont éclaboussé la crédibilité de l'Église ces dernières années, ce livre suscite une réflexion sur le concept de scandale et de son encadrement juridique par le législateur canonique.

Dès les premières pages, le lecteur est confronté à une question cruciale, souvent débattue, mais rarement traitée avec autant de finesse : celle du canon 1399, une atténuation au principe de légalité des délits et des peines. Ce canon, qui autorise la sanction d'un comportement non expressément prévu par la loi, ouvre un espace de réflexion sur la finalité ultime du droit dans l'Église : le salut des âmes et la sauvegarde du bien commun ecclésial. L'auteur aborde cette question avec un sens aigu du discernement pastoral et juridique, évitant tout juridisme abstrait pour replacer la norme dans le contexte vivant de la mission pastorale.

Au-delà de la technicité canonique, ce travail se distingue par sa portée ecclésiale et culturelle. En valorisant des approches inspirées des pratiques de médiation et de réconciliation enracinées dans les cultures africaines, Patience Kinshie Lenye offre une lecture contextualisée et universelle du droit canonique. Il montre que la justice ecclésiale peut s'enrichir des sagesses locales sans perdre sa nature propre. C'est là une des intuitions les plus fortes de cette recherche : l'universalité du droit de l'Église ne s'oppose pas à l'inculturation. Cette dernière, si bien menée et pensée, peut rendre le droit canonique plus « effectif », plus proche des fidèles et plus crédible.

Cette publication constitue à ce titre une contribution notable à la législation pénale canonique, particulièrement en langue française. Elle offre des analyses et des orientations qui, nous l'espérons, seront d'une grande utilité tant pour celles et ceux qui travaillent à la formulation des normes canoniques que pour ceux qui ont la responsabilité de les appliquer au service du bien de l'Église. Par son apport doctrinal et sa clarté d'exposition, ce livre se présente comme une référence incontournable pour tous ceux qui cherchent à comprendre comment le droit canonique peut servir, dans la vérité et la miséricorde, la mission de l'Église au cœur des défis contemporains. Toutefois, certains points soulevés par l'auteur mériteraient d'être approfondis dans des travaux ultérieurs.

Je recommande cet ouvrage avec la conviction qu'il inscrira sa trace dans la recherche canonique et nourrira la réflexion des canonistes et des pasteurs sur la délicate articulation entre justice, scandale et salut des âmes. Je le recommande vivement à toute personne s'intéressant au droit ecclésial ou à la question du scandale dans le champ du droit pénal canonique.
Puisse la lecture des pages qui suivent éveiller chez leurs lectrices et lecteurs le même élan de respect pour la justice et la même ardeur pour la vérité qui ont guidé et inspiré l'auteur de cet ouvrage.

Valère Nkouaya Mbandji, Maitrise en droit (LL.M.), J.C.D., Ph.D.
Professeur de Droit canonique, Université Saint-Paul, Ottawa, Canada

INTRODUCTION GÉNÉRALE

Le scandale des « abus sexuels », commis par des membres du clergé, a soulevé la question de l'existence et de l'effectivité des peines canoniques. La dernière décennie a connu une série de révélations fracassantes au sujet de nombreux cas dits de « pédophilie », de viols de mineurs, d'agressions sexuelles sur des enfants et sur des adultes vulnérables au sein de l'Église. Malheureusement, il n'y a pas que le scandale d'ordre sexuel, il y en a aussi d'ordre financier[1].

L'actualité et la pertinence de ces actes scandaleux dans l'Église méritent une attention prudente et particulière. Selon le droit canonique, la violation externe d'une loi divine ou canonique peut être punie d'une juste peine s'il y a un scandale. Notre étude explore le contexte d'un scandale pour lequel une sanction pénale n'est pas préalablement déterminée. En effet, le c. 1399 n'énonce pas une incrimination en soi déjà édictée par le législateur pour des actes scandaleux précis, mais évoque « une violation externe d'une loi divine ou canonique » non codifiée qu'il va falloir déterminer *a posteriori.* Il convient de signaler ici que ce c. 1399 n'a pas d'équivalent ou de correspondant dans le Code des canons des Églises orientales.

En effet, le c. 1399, objet de la présente étude, seul et unique canon du titre VII (« Norme générale »), dispose : « En dehors des cas établis dans la présente loi ou dans d'autres lois, la violation externe d'une loi divine ou canonique peut être punie, et alors d'une juste peine seulement, lorsque la gravité spéciale de la violation réclame une punition, et qu'il y a nécessité pressante de prévenir ou de réparer les scandales » (*CIC*/83, c. 1399). Toutefois, le principe de légalité des délits et des peines qui est affirmé dans le c. 221 *CIC*/83 rappelle au §3 que : « les fidèles ont le droit de n'être frappés de peines canoniques que selon la loi ». Le principe de légalité des délits et des peines dispose qu'on ne peut être condamné pénalement qu'en vertu d'une norme pénale précise et claire. Ce principe de légalité est compris comme une garantie contre l'arbitraire du pouvoir judiciaire. Pourtant, le c. 1399, qui réaffirme les dispositions du c. 2222, §1 du *CIC*/17, offre la possibilité de sanctionner un fidèle pour son comportement illicite dans certaines conditions, même si l'acte en question n'était pas puni par une loi pénale au moment où il a été commis. En effet, à la différence des systèmes juridiques

---

[1] Voir « Vatican : cinq ans et demi de prison pour un Cardinal jugé pour fraude financière », dans *La Croix*, https://www.la-croix.com/vatican-verdict-attendu-pour-un-cardinal-juge-pour-fraude-financiere-20231216 (12 mars 2024). Le tribunal pénal du Vatican a condamné en première instance le Cardinal Angelo Becciu, 75 ans, un ancien proche conseiller du pape François. La justice de la Cité-État lui a infligé aussi une amende de 8000 euros. Au cœur du procès : l'achat pour 350 millions d'euros d'un immeuble de luxe à Londres entre 2014 et 2018 dans le cadre des activités d'investissement du Saint-Siège.

séculiers, où seul le législateur établit des peines, l'autorité ecclésiastique compétente peut punir la violation d'une loi divine ou canonique à laquelle n'était pas attachée une sanction pénale, si elle constitue un scandale qu'il faudrait prévenir ou réparer. La moitié des références au scandale dans le Code figurent dans le livre VI sur les sanctions, il est évident que le concept occupe une place importante en droit pénal canonique.

Le c. 1321, § 1 s'énonce en ces termes : « Nul ne sera puni à moins que la violation externe d'une loi ou d'un précepte ne lui soit gravement imputable sur base de la malice ou d'une faute ». Ce canon indique deux conditions fondamentales pour qu'il y ait délit : l'élément objectif (violation externe de la loi ou de précepte) et l'élément subjectif (imputabilité grave, par dol ou faute). Il passe sous silence la prévision d'une sanction pénale, auquel c. 1321, §3 fait allusion quand il énonce « la peine fixée par la loi ou le précepte »[2]. En outre, le c. 1341 exprime l'esprit du législateur qui considère la peine canonique comme la dernière instance à laquelle il faut recourir, après avoir épuisé tous les autres moyens pastoraux disponibles – correction fraternelle, monition, réprimande, etc. – pour obtenir la justice, l'amendement du coupable et la réparation du scandale.

De surcroît, le c. 221 énonce les principes de la protection des droits des fidèles du Christ. Au premier paragraphe il est écrit que les fidèles peuvent revendiquer et défendre leurs droits. Au second paragraphe, est ajoutée la nécessité d'être jugé équitablement selon « les dispositions du droit » au cas où les fidèles catholiques sont convoqués devant les autorités de l'Église. Au troisième paragraphe est prescrite la légalité des délits et des peines, de sorte que les sanctions ne doivent être imposées que conformément aux normes de la loi. En lisant le c. 1399 plus attentivement, l'on peut vite remarquer que ce canon est très dense et fournit beaucoup d'informations et de nuances juridiques pertinentes. C'est un canon qu'on pourrait qualifier de « canon parapluie » dans le sens où le législateur n'a pas la prétention d'avoir identifié toutes les violations possibles de la loi, ou d'avoir été exhaustif dans l'énumération des phénomènes qui constitueraient des scandales[3]. D'après J.

[2] Voir *CIC*/83, c. 1321, §3 : « Ne sera frappé de la peine fixée par la loi ou le précepte la personne qui a violé délibérément la loi ou le précepte ; mais celle qui l'a fait par omission de la diligence requise ne sera pas punie, à moins que la loi ou le précepte n'en dispose autrement ».

[3] Voir DICASTERE POUR LES TEXTES LEGISLATIFS, *Sanctions pénales dans l'Église. Guide d'application du Livre VI du Code de droit canonique*, Cité du Vatican, 2023, https://www.droitcanonique.fr/sources-droit/dcmodel-autresource-206-206,168 : « […] le système pénal canonique a cherché à réduire la typologie des crimes, en la limitant aux cas vraiment nécessaires à la vie de l'Église, ce qui rend très probable l'existence de comportements illicites non typifiés comme délits, mais qui requièrent néanmoins l'intervention de l'Autorité » (consulté le 9 juin 2023); Voir aussi B.F.

Renken, la discipline contenue dans le c. 1399 est le sujet de nombreuses discussions entre canonistes. D'aucuns contestent la légitimité de la norme du c. 1399 à la lumière du principe de légalité du c. 221, §3 ; d'autres pensent que contrairement aux systèmes séculiers qui adhèrent strictement au principe de légalité, l'Église a parfois besoin du c. 1399 afin de remédier à une violation particulièrement grave d'une loi divine ou canonique, qui ne saurait être punie que lorsqu'il est urgent d'empêcher ou de réparer le scandale. Renken affirme ainsi que cet affaiblissement du principe strict de légalité a pour objectif d'assurer le but ultime de l'Église, le *salus animarum*[4].

Les ouvrages sur le c. 1399 ne sont pas nombreux. Cependant, plusieurs articles ont été écrits à propos des scandales dans l'Église. Ces articles sont proches ou complémentaires à notre sujet et généralement font référence aux aspects d'ordre moral, théologique ou pastoral du scandale. Nous allons donc brièvement présenter quatre travaux que nous estimons être en rapport avec notre problématique et deux documents importants du Magistère de l'Église qu'on ne peut ignorer parce qu'ils ont impacté considérablement la perspective dynamique de notre recherche. Bien que ces études soient bien élaborées et articulées, à leur juste valeur, elles n'ont pas la même portée et les mêmes perspectives que la présente recherche. Notre contribution consistera en une réappropriation et un approfondissement de la problématique en la développant davantage sous l'angle du droit pénal canonique.

Le premier travail est un article de Astigueta, intitulé « *Lo scandalo nel CIC : significato e portata giuridica* »[5]. Dans cette étude minutieusement élaborée, l'auteur s'attache d'abord à explorer la signification du terme « scandale » tel qu'il est présent dans les textes bibliques, chez Saint Thomas d'Aquin ainsi que dans le *Catéchisme de l'Église Catholique*. Par la suite, il identifie trois éléments récurrents dans tout scandale : l'action ou l'omission d'une personne (élément actif), l'observation de cette action scandaleuse par autrui (élément passif), et enfin, une valeur sociale menacée (élément subjectif). En outre, l'auteur entreprend une analyse systématique de la notion de scandale dans le *CIC*/83, en se concentrant particulièrement sur le c. 1399. Deux conditions se dégagent pour l'application de ce dernier : la violation d'une loi divine ou canonique et le scandale. Autrement dit, en raison de la gravité de la violation externe et de la présence actuelle ou imminente du scandale, une personne pourrait être passible de sanctions pénales. Concernant la nature des sanctions à infliger, l'auteur souligne l'importance de l'espoir

---

PIGHIN, *Il nuovo sistema penale della Chiesa*, Istituto di Diritto canonico San Pio X Manuali 15, Venise, Marcianum Press, 2021, 519-524.

[4] Voir J.A. RENKEN, *The Penal Law of the Roman Catholic Church, Substantive Law*, Ottawa, Faculty of Canon Law, Saint Paul University, 2024, 527-535.

[5] Voir D. ASTIGUETA, « Lo scandalo nel CIC : significato e portata giuridica [Le scandale dans *CIC* : sens et portée juridique] », dans *Periodica,* 92 (2003), 589-651.

que l'art, la prudence et la sagesse des juges contribueront à déterminer une peine adéquate, en évaluant précisément la situation. Par ailleurs, l'auteur affirme que certaines valeurs fondamentales pour la vie de l'Église, telles que la communion ecclésiale, le bien commun et les sacrements, sont sujettes à scandale lorsqu'elles sont violées publiquement. Ainsi, le scandale représente toujours une atteinte aux valeurs essentielles de la communauté ecclésiale, touchant à la vie spirituelle et au cheminement vers la sainteté des fidèles. Il se manifeste comme une sonnette d'alarme lorsque des biens essentiels, ordonnés au salut des âmes, sont compromis. Selon cet auteur, une intervention excessive des autorités ecclésiastiques pourrait engendrer davantage de scandale que ce qu'elle prétend éviter ou réparer, car il est nécessaire de prendre en compte non seulement la gravité de la violation évoquée par le c. 1399, mais également le consentement du délinquant et de la communauté dans son ensemble. Toutefois, l'auteur n'a pas abordé, dans cet article, la question de la procédure canonique à suivre pour l'imposition de sanctions pénales d'après le Code de droit canonique.

La deuxième publication est celle de Senander[6]. L'auteure examine le sens du terme « scandale » du point de vue sociologique, théologique et catéchétique, en notant les similitudes et les différences dans l'usage du terme. Elle donne ainsi les différentes significations du mot scandale comme : « piège », « pierres d'achoppement » et « obstacle » à la foi. Elle examine également les implications de différentes compréhensions de la foi et de la révélation pour interpréter le scandale comme un obstacle à la foi. L'auteure se concentre sur le scandale des divisions au sein de l'Église et de la vie du disciple. Elle examine les actions des individus au sein de l'Église, à la fois vertueuses et vicieuses ainsi que les positions de l'Église sur la place publique qui donnent lieu à des accusations de scandale. Par ailleurs, elle analyse les relations entre les mouvements sociaux, les enseignements de l'Église catholique sur le scandale, ainsi que les critères utilisés par les chrétiens catholiques dans la vie publique pour identifier un événement comme source de scandale. L'auteure croit que, pour que l'Église catholique s'engage fidèlement dans sa mission de partager de l'amour de Dieu dans le monde, elle doit prendre du temps pour réfléchir théologiquement à l'expérience ecclésiale du scandale en examinant sa dimension et son implication dans le domaine du droit pénal canonique. En effet, le droit canonique n'est pas isolé. Il doit se situer dans un réseau de relations et corrélations dynamiques avec toutes les disciplines théologiques.

La troisième étude est celle de Connolly[7]. L'auteur donne un aperçu général sur la manière dont le terme scandale est exploité dans la culture

---

[6] Voir A. SENANDER, *Scandal. The Catholic Church and the Public Life*, Collegeville, MN, Liturgical Press, 2012.

[7] Voir P. CONNOLLY, «The Concept of Scandal in a Changed Ecclesial Context »,

populaire, les sciences sociales ainsi que dans les conflits contemporains au sein de l'Église. En outre, il analyse le concept d'un point de vue spécifiquement théologique et canonique, avec un accent particulier sur les significations du terme scandale. Il présente ensuite l'évolution du concept à partir de ses origines dans la Bible jusqu'au catéchisme de l'Église catholique en passant en revue le développement théologique du terme. Il va plus loin en contextualisant l'usage et la signification du terme dans le *CIC*/17 et celui de *CIC*/83, avec un accent remarquable sur la déclaration du Conseil Pontifical pour les Textes Législatifs. Il note qu'il n'y a pas de définition du terme scandale dans le *CIC*/83, cependant il présente un tableau qui signale l'usage du mot scandale vingt-huit fois dans le *CIC*/83 dont quatorze fois dans le Livre VI du droit pénal ecclésiastique.

Le quatrième travail est celui J. Mercier[8]. L'auteur nous présente, avec densité et richesse, la nature et les finalités des Facultés spéciales de la Congrégation pour le Clergé de 2009 avant d'examiner les aspects qui touchent les procédures, et surtout la jurisprudence de ces Facultés dont l'existence et les conditions pour leur application ne sont pas toujours connues. Il présente ensuite les éléments communs aux trois Facultés spéciales. Enfin, l'auteur nous offre des cas pratiques et des exemples jurisprudentiels de la Congrégation pour le Clergé. L'auteur démontre aussi que les Facultés spéciales ne sont pas une procédure simplifiée, mais un instrument juridique en continuité et cohérence avec le droit canonique en vigueur. Le texte de Mgr Mercier est non seulement proche de notre problématique, mais aussi pertinent et complémentaire à ce sujet, car les Facultés spéciales touchent essentiellement la question de scandale au sens du c. 1399.

Un cinquième matériel est la réforme du Livre VI par la Constitution apostolique *Pascite gregem Dei* du pape François, publiée le 23 mai 2021 et entrée en vigueur le 8 décembre 2021[9], qui introduit des amendements au Livre VI du *CIC*/83 relatifs aux sanctions pénales dans l'Église. Le Pape François explique : « Afin de répondre de manière adéquate aux besoins de l'Église dans le monde entier, il est apparu évident que la discipline pénale [...] devait également être révisée, et qu'elle devait être modifiée de manière

---

dans *Studia canonica*, 51 (2017), 135-148.

[8] Voir J. MERCIER, « "Les Facultés spéciales" concédées à la Congrégation pour le Clergé », dans H. QUEINNEC (Sous la coordination), *Mélanges en l'honneur du professeur Pierre Branchereau. Liber Amicorum*, Rennes, Frémur Éditions, 2022, 115-131. Mgr Joël Michel Marie Mercier était alternativement Secrétaire de la Congrégation pour le Clergé et l'Archevêque titulaire de la Rota

[9] Voir FRANÇOIS, Constitution apostolique *Pascite gregem Dei,* 23 mai 2021, dans *AAS*, 113 (2021), 534-537, traduction française, https://www.droitcanonique.fr/sources-droit/dcmodel-autresource-142-142 (consulté le 09 mars 2024).

à permettre aux pasteurs de l'utiliser comme un instrument salvifique et correctif plus agile, à employer rapidement et avec charité pastorale pour éviter des maux plus graves et apaiser les blessures causées par la faiblesse humaine »[10]. Dans le passé, un manque de perception de la relation intime existant dans l'Église entre l'exercice de la charité et le recours à la justice a causé beaucoup de dommages, affirme François. En effet, la charité « exige que les Pasteurs aient recours au système pénal aussi souvent que nécessaire, en tenant compte des trois fins qui le rendent nécessaire dans la communauté ecclésiale, à savoir le rétablissement des exigences de la justice, l'amendement du délinquant et la réparation des scandales »[11]. Ce nouveau livre du Code de droit canonique est aussi amélioré « du point de vue technique, surtout en ce qui concerne les aspects fondamentaux du droit pénal, tels que les droits de la défense, la prescription de l'action pénale, une détermination plus précise des peines »[12]. Cela passe par la définition de « critères objectifs pour identifier la peine la plus appropriée à appliquer dans le cas concret »[13] et par la réduction du pouvoir discrétionnaire de l'autorité, de manière à favoriser l'unité ecclésiale dans l'application des peines, « surtout pour les crimes qui causent des dommages et des scandales plus importants dans la communauté »[14]. Bien que la norme sous examen, à savoir le c. 1399, reste inchangée, ce nouveau Livre VI a constitué une ressource inestimable pour l'ensemble du droit pénal de l'Église auquel nous avons continuellement fait référence.

Enfin, le sixième document est celui du Dicastère pour les textes législatifs, *Sanctions pénales dans l'Église*[15]. Les caractéristiques de ce document sont bien définies : il n'a pas un caractère normatif supplémentaire, mais celui d'un guide d'application de ces normes édictées. Ce guide n'examine pas les normes régissant les procédures relatives aux *delicta reservata*, pour lesquels le Dicastère compétent a déjà publié un *Vademecum*, auquel on fait référence, ni celles régissant les procédures extrajudiciaires relevant de la compétence d'autres dicastères de la Curie romaine. Dans le cadre de ses fonctions institutionnelles, le Dicastère pour les Textes Législatifs, s'appuyant sur les recommandations et les orientations du Pape François, publie ce Guide explicatif à l'attention des « Pasteurs et Supérieurs des communautés particulières ». L'objectif est de les assister dans leur responsabilité, inhérente

---

10 *Ibid.*

11 *Ibid.*

12 *Ibid.*

13 *Ibid.*

14 *Ibid.*

15 DICASTERE POUR LES TEXTES LEGISLATIFS, *Sanctions pénales dans l'Église. Guide d'application du Livre VI du Code de droit canonique*, Cité du Vatican, 2023, https://www.droitcanonique.fr/sources-droit/dcmodel-autresource-206-206 (consulté le 10 juin 2023).

à leur ministère d'apprécier les délits et de prononcer des sanctions tout en respectant les droits de toutes les parties concernées, dans le dessein d'instaurer la justice. Ce Guide sera une ressource de référence essentielle pour notre recherche.

Pour ce qui est de la méthode de recherche, nous mettrons en œuvre une combinaison de différentes approches, notamment analytique, synthétique et critique des données canoniques et de la législation ecclésiastique. Cette méthode varie selon la nature et les buts de chaque chapitre. Dans une phase préliminaire, une exploration de la notion de scandale a été entreprise, englobant ses acceptions étymologiques, bibliques, morales, sociologiques et canoniques. Cette « investigation » sera étendue à la compréhension spécifique du scandale au sein de l'Église catholique, accompagnée d'une analyse des réactions du Magistère exprimées dans ses différentes publications, face à cette problématique, abordée sous l'angle juridique. Ensuite nous examinerons attentivement chaque terme utilisé dans le c. 1399 afin de comprendre sa signification et sa portée juridique dans le contexte du droit pénal canonique. Nous identifierons les canons connexes afin d'établir des parallèles et obtenir des perspectives complémentaires. Nous examinerons les analyses des autres chercheurs canonistes concernant le c. 1399 dans le but de saisir l'intention législative sous-jacente à cette disposition canonique. Par ailleurs, nous identifierons et examinerons les divers instruments canoniques mis à disposition dans le Code pour sanctionner, prévenir ou réparer les manifestations de scandale. Enfin, nous montrerons comment le c. 1399 et la discipline qu'il contient peuvent être appliqués dans des situations concrètes en analysant des causes précises tirées de la jurisprudence ecclésiastique pour justifier la pertinence de cette norme générale. En somme, la grille d'approches choisies pour cette recherche se révèle diversifiée.

Ce travail comprend quatre chapitres. Le premier chapitre explore la notion de scandale dans ses divers aspects. Il examine également le scandale au sein de l'Église catholique, incluant une analyse des réactions du Magistère dans la perspective du droit pénal canonique. Le deuxième chapitre est consacré à l'analyse et à l'interprétation du c. 1399. Le troisième chapitre examine comment la procédure canonique pourrait être un moyen efficace pour punir, prévenir ou réparer le scandale. Il évoque par conséquent les différents moyens juridiques prévus par le législateur canonique pour intervenir face aux scandales. Le quatrième chapitre est une application du c. 1399. Nous procédons à une étude approfondie de plusieurs cas jurisprudentiels où le c. 1399 a été appliqué, mettant ainsi en lumière sa pertinence en tant que « norme générale » dans le droit canonique. Enfin, nous suggérons une reformulation du c. 1399 en conformité avec les finalités de la peine canonique.

CHAPITRE 1

LA NOTION DU SCANDALE DANS LE CONTEXTE DE L'ÉGLISE

Introduction

Ce chapitre comportera trois sections. Dans la première section, il est question d'examiner la notion de scandale. L'objectif principal étant de rechercher la signification et les nuances du mot « scandale ». Ce mot a des significations différentes et il existe des causes et des conditions pour sa survenance.

Dans la deuxième section, il s'agira de traiter du scandale dans le contexte de l'Église catholique. On abordera le scandale d'abus sexuels sur des mineurs et des adultes vulnérables commis par des clercs et des religieux. Certains cas d'abus sexuels ont été portés devant les instances judiciaires étatiques ; d'autres ont été canoniquement prescrits (c. 1362, §1, 2°), ou soumis à la justice pénale canonique.

La troisième section analysera brièvement les différentes interventions de l'Église catholique face au scandale d'abus sexuels sur des mineurs et des adultes vulnérables. On examinera les documents du Magistère de l'Église catholique depuis la promulgation du Code de droit canonique de 1917 jusqu'à présent. Nous montrerons comment l'Église catholique a, à maintes reprises, condamné les abus sexuels sur des mineurs, mais aussi comment elle est arrivée à préconiser la transparence en lieu et place du secret ou du silence afin que justice soit faite.

1.1 La notion du scandale

Dans cette section, nous examinerons la notion de scandale dans quatre perspectives complémentaires, à savoir étymologique, biblique, morale et sociologique.

1.1.1 Le scandale : sens étymologique

Le mot « scandale » est d'un usage courant, sans que l'on sache vraiment ce qu'il signifie[16]. Il est la source de beaucoup de réactions et peut avoir un effet désastreux parce qu'il divulgue ce qui supposait être un secret[17], et dont

[16] Voir O. GOT, « Histoire du mot 'scandale' », dans *Sigila*, 33 (2014), 1, https://www.cairn.info/revue-sigila-2014-1-page-13.htm (23 février 2021
[17] Voir *Ibid*

les médias en font une publicité. De fait, le scandale porte à la connaissance du public ce qui était sous le contrôle du silence[18]. Le « scandale » est un mot plurivoque. Une étude philologique approfondie mériterait certainement d'être faite, ne serait-ce que pour expliquer le passage du terme hébreu *môqes*ˇ (*moqesh*) au grec *skandalôn,* puis du grec au latin *scandalum.* Dans le cadre de cette étude, nous examinerons le substantif français « scandale ». En hébreu, le terme « scandale » provient de la racine *YOSh* qui signifie "tendre un piège à oiseaux" et au passif, "être pris au piège"[19]. Et, dans la Bible, il traduit la plupart du temps le terme hébreu *moqesh* qui veut dire "filet pour prendre les oiseaux", "piège, lacet, amorce, appât"[20]. En grec, *skandalon,* "pierre d'achoppement", le mot décrivait un obstacle sur le chemin qui faisait tomber[21]. Ensuite, le mot passe en latin chrétien à partir du IVe siècle sous la forme *scandalum,* "ce sur quoi on trébuche", en particulier dans l'expression *petra scandali,* "pierre d'achoppement"[22].

Par ailleurs, le premier sens courant actuel du mot « scandale », selon le dictionnaire de la langue française *Le Petit Robert*, renvoie à un « effet fâcheux, choquant, produit dans le public par des faits, des actes ou des propos considérés comme contraires à la morale, aux usages »[23]. D'autre part, les dictionnaires classiques comme celui de l'Académie mettent l'accent sur la notion théologique du scandale en tant qu'occasion de succomber au péché dans le domaine de la foi et des mœurs. Ce qui produit la répulsion et l'indignation individuelle ou collective[24]. Examinons maintenant le terme « scandale » du point de vue de la théologie biblique.

1.1.2 Le scandale : usage et interprétations bibliques

Notre travail n'étant pas une étude biblique, nous n'allons pas entrer dans les détails de toute l'exploration exégétique du terme « scandale ». Cependant, nous tenons à cerner la signification du mot et son usage dans l'Ancien Testament comme dans le Nouveau Testament. En effet, l'usage du terme dans le texte grec est fréquent. On en compte quatorze dans la Septante (la

---

[18] Voir S. VOINIER, « Intimité et scandale autour de la conjuration de l'envoûtement de Charles II », dans *Atlante : Revue d'études romanes*, 8 (2018), 89.
[19] Voir GOT, « Histoire du mot 'scandale' », 3.
[20] Voir *Ibid.*
[21] Voir M. DUBOST, LE *Nouveau Théo, l'Encyclopédie Catholique pour tous*, Paris, Name, 2009, 820.
[22] Voir GOT, « Histoire du mot 'scandale' », 15.
[23] P. ROBERT, *Le Petit Robert de la langue française*, Paris, Nouvelle édition millésime, 2015, 2321.
[24] Voir GOT, « Histoire du mot 'scandale' », 22.

traduction en grec de l'Ancien Testament) et quarante dans le Nouveau Testament[25]. Toutefois, le mot est appréhendé diversement. De fait, le « scandale peut évoquer, à travers les 54 occurrences du mot, l'étonnement, le choc, le dégoût, l'effroi, la honte, l'idolâtrie, la prostitution, le malheur, la folie, l'iniquité, l'injustice, la dissension, la révolte, et finalement le péché et le mal sous toutes ses formes »[26]. Ainsi, d'origine grecque, le mot « scandale » est passé dans les langues modernes à travers le latin de la Vulgate, la traduction latine de la Bible par Saint Jérôme. Dès lors, Saint-Jérôme confère au mot « scandale » une triple équivalence, à savoir « obstacle » (*offendiculum*), « heurt du pied » (*impactio pedis*), ou « occasion de ruine » (*occasio ruine*). En effet, cette triple acception est fondatrice parce qu'elle est présente dans toute l'exégèse des XIIe-XIIIe siècles[27].

1.1.2.1 Dans l'Ancien Testament

Dans l'Ancien Testament, c'est le mot hébreu « *miksol* » qui a été traduit par « *skandalôn* » en grec. Cela peut signifier une « embûche », un « piège », une « occasion de chute » ou encore un « obstacle »[28]. Dans la LXX, le mot « scandale » traduit presque toujours les deux mots hébreux « *moques* » et « *miksol* »[29]. Concernant le sens du mot « scandale », l'Ancien Testament semble insister sur le fait qu'un autre s'est trouvé pris au piège et a pu tomber

---

[25] Voir *Ibid.*, 6.

[26] *Ibid.*, 13.

[27] Voir A-V. FOSSIER « Propter vitandum scandalum. Histoire d'une catégorie juridique (XIIe-XVe siècles) », dans *Mélanges de l'École française de Rome - Moyen Âge, École française de Rome*, 121 (2009), 319, https://halshs.archives-ouvertes.fr/halshs-00504037/document (24 juin 2021) (= FOSSIER, « Propter vitandum scandalum. Histoire d'une catégorie juridique »).

[28] Voir GOT, « Histoire du mot 'scandale' », 5.

[29] Voir A. HUMBERT, « Essai d'une théologie du scandale dans les synoptiques », dans *Biblica*, 35 (1954), 2. D'après Alphonse Humbert, *moques* (substantif verbal dérivé de la racine de *yaqas*) aurait désigné principalement un instrument de chasse pour abattre le gibier (Amos 3,5; Job 40,24). Cependant, le sens figuré a prévalu avec la signification de « occasion de ruine » : Ex. 10,7; 1 Sam. 18,21; Deut. 7,16; 12,13; 13,14; 14,27; 18,7; 22,25; Exode 23,23; 34,12; Deut. 7,16; Josué 23,13; Juges 23,3; 8, 27. Chez les Hébreux, prospérité temporelle et culte de Yahweh étant étroitement unis, il n'est pas possible de distinguer suivant nos catégories entre ruine matérielle et ruine spirituelle. L'une ne va pas sans l'autre. Tout ce que nous pouvons dire, c'est que certains textes soulignent davantage l'aspect matériel, d'autres l'aspect spirituel de la ruine. Aussi, « miksol » (substantif verbal de la racine *kasal* : être faible, glisser, tomber) aurait désigné primitivement tout ce qui fait trébucher ou tomber : donc « obstacle sur le chemin », « pierre d'achoppement ». Dans ce travail, les citations bibliques proviennent de la *Traduction œcuménique de la Bible (TOB), avec introductions, notes essentielles, glossaire*, Paris, Bibli'O-Société biblique française et Éditions du Cerf, 2015.

ou est dérouté par une cause extérieure à sa propre volonté. Par exemple dans le Livre de Lévitique, on trouve un précepte qui commande ce qui suit : « n'insulte pas un sourd et ne mets pas d'obstacle devant un aveugle : c'est ainsi que tu auras la crainte de ton Dieu »[30].

Dans le Livre des Maccabées, on retrouve l'idée de « piège », « obstacle », et « embuscade sur le chemin »[31]. Dans le passage du Livre de Josué, Yahvé avertit son peuple d'éviter de se rapprocher des nations qui peuplent la Palestine, sinon elles seront pour lui « un filet et un piège »[32].

Toujours dans l'Ancien Testament, le verbe « scandaliser » présente des significations divergentes et à première vue paradoxales[33]. Par exemple le livre de Siracide, déclare que celui qui scrute la loi en sera rassasié, mais pour l'hypocrite elle sera une occasion de chute[34]. Dans le livre d'Isaïe, il y a un emploi figuré du mot « scandale », avec une connotation paradoxale. En effet, l'auteur dit que le Seigneur est le rocher protecteur pour ceux qui placent leur confiance en Lui, mais en même temps, ce rocher devient « pierre d'achoppement » et « cause de chute », c'est-à-dire source de malheur pour ceux qui méprisent Dieu[35]. Comme on le voit, le mot scandale n'a pas un sens évident dans l'Ancien Testament, « mais il est presque toujours pris au sens figuré, ce qui d'ailleurs ne facilite ni la compréhension du sens véritable voulu par l'auteur ni sa traduction dans les langues actuelles »[36]. Toutefois, le scandale est souvent provoqué par une action mauvaise[37] ; assimilée à

---

[30] Lv 19,14 donne le sens fondamental de « *miksol* », c'est-à-dire : « obstacle » ou « pierre d'achoppement ».

[31] 1M 5,4. Ici, le piège sert d'image pour « embuscade ». Par ailleurs, « dans Samuel 18,20, Saul promet à David en mariage sa fille Michol dans l'espoir qu'elle sera pour lui un « scandale », c'est-à-dire une occasion de malheur ou de mort ».

[32] Jos 23,13. On trouve ici le sens matériel de la ruine.

[33] Voir P.B. KABONGO-MBAYA, « Un mot de la Bible », Le mot « *scandale* », 16 février 2006, http://biblique.blogspirit.com/archive/2006/02/16/scandale-scandaliser.html (5 juin 2021) (= KABONGO-MBAYA, *« Un mot de la Bible », Le mot « scandale »*).

[34] Voir Si 32,5.

[35] À cet égard, le texte d'Isaïe s'exprime en ces termes : « C'est le Seigneur de l'univers que vous tiendrez pour saint. C'est lui que vous craindrez. C'est lui que vous redouterez. Il sera un sanctuaire et une pierre que l'on heurte et un rocher où l'on trébuche pour les deux maisons d'Israël, un filet et un piège pour l'habitant de Jérusalem. Beaucoup y trébucheront, tomberont, se briseront, seront pris au piège et capturés » (Is 8,13-15). D'après Isaïe 8, 14-15, Dieu lui-même est appelé pierre d'achoppement, rocher de scandale. Yahweh préside aux destinées de son peuple. Il faut choisir : soit l'économie divine, soit la politique humaine. Dans le premier cas, Yahweh protège Israël, dans le second, il devient occasion de ruine pour les juifs rebelles.

[36] GOT, « Histoire du mot 'scandale' (ouverture) ».

[37] Voir L. MONLOUBOU et F.M. DU BUILT, *Dictionnaire biblique universel*, Paris, Éditions Desclée et Éditions Anne Signier, 1985, 685 (=MONLOUBOU et DU BUILT,

l'idolâtrie comme dans le Psaume 106, 36[38] et à l'infidélité des prêtres comme dans Malachie 2,7-8[39].

En dernière analyse, dans l'Ancien Testament, nous rencontrons trois sens du terme « scandale », à savoir : le sens profane (piège, obstacle), le sens religieux (cause de ruine religieuse ou spirituelle) et le sens moral (cause de la ruine morale, cause du péché)[40].

1.1.2.2 Dans le Nouveau Testament

Dans le Nouveau Testament, la notion de scandale est appréhendée différemment. Cependant, la substance sémantique du concept est identique dans les deux testaments[41]. Nous n'allons pas faire l'exégèse de toutes les références du terme « scandale » qu'on retrouve dans le Nouveau Testament, mais simplement faire remarquer les différentes significations et usages du mot dans les différents contextes. Nous avons d'abord le substantif « scandale » (*skandalôn*) qui signifie[42] :

1) Piège, tentation, sollicitation au péché, à l'apostasie. Le mot « scandale » est aussi utilisé pour décrire les événements, les actions ou les attitudes qui détournent quelqu'un de la foi : Mt. 16,23 ; Mt 18,7 ; Rm. 9,23 ; Rom 11,9 ; Rm. 14,13 ; Rm. 16,17 ; 1P 2,8 ; Ap 2,14.

2) Jésus, par sa parole, son œuvre et son enseignement, mais aussi sa mort ignominieuse sur la croix : Mt 13,57 ; Mt 15,12 ; Lc 2,34 ; Mt 26,31 ; Mc 6,3 ; Jn 6,60-69 ; 1Co 1,23.

Dictionnaire Biblique).

[38] Ps 106,36 : « Ils ont servi leurs idoles qui devinrent un piège pour eux ». D'après Humbert, « Deutéronome 7, 16 donne également ce sens. Qu'on ait appelé les idoles elles-mêmes des scandales, nous en avons la preuve dans Osée 4,17 ». Voir HUMBERT, « Essai d'une théologie du scandale dans les synoptiques », 4.

[39] Ml 2,7-8 : « En effet, les lèvres du prêtre gardent la connaissance, et de sa bouche on recherche l'instruction, car il est messager du Seigneur de l'univers. Vous, au contraire, vous vous êtes écartés du chemin. Vous en avez fait vaciller beaucoup par votre enseignement. Vous avez détruit l'alliance de Levi, dit le Seigneur de l'Univers ».

[40] Voir HUMBERT, « Essai d'une théologie du scandale dans les synoptiques », 4.

[41] Voir KADONGO MBAYA, Un mot de la Bible, Le mot *« scandale »*

[42] Voir MONLOUBOU et DU BUILT, *Dictionnaire Biblique*, 685. Voir HUMBERT, « Essai d'une théologie du scandale dans les synoptiques », 6 : « Au fond, les principaux sens de *skandalôn* dans les Synoptiques se polarisent sur deux foyers : le Mal (Satan) et la Foi (Jésus). Les textes centrés sur le Mal rendent un sens apocalyptique très prononcé qui leur valut probablement un emploi plus fréquent chez les contemporains du Christ. Ceux- ci, au contraire, en rapport avec la Foi, étaient très en honneur chez les judéo-chrétiens. Ils finirent par s'imposer et éclipsèrent même les autres, moins cependant par une suppression pure et simple que par une pénétration lente et une transformation par l'intérieur ».

Il convient de souligner que dans la perspective du Nouveau Testament, il vaut mieux faire attention à ne pas être la cause de la première signification du scandale, c'est-à-dire l'objet de piège, tentation ou sollicitation au péché. Cependant, il est beaucoup plus pertinent de s'aligner avec la seconde signification du scandale qui a trait au fait de parler et d'agir comme témoin de l'Évangile même si cela peut remettre en question notre façon d'être et de vivre. Il s'agit du scandale produit pour le bien[43]. Comme le dit saint Paul : « les Juifs demandent des signes et que les Grecs recherchent la sagesse ; mais nous, nous prêchons un Messie crucifié, scandale pour les Juifs, et folie pour les païens »[44]. En effet, les Juifs sont réellement choqués par la vie et par la prédication du Christ ; quant aux païens, la Passion constitue, pour eux, un non-sens religieux et intellectuel. De ces citations scripturaires, on pourrait affirmer que le scandale confère aussi un caractère positif à ce qu'il désigne – en l'occurrence le Christ[45].

Nous avons ensuite le verbe « scandaliser » (*scandalizo*) qui signifie[46] :

1) Attirer, solliciter au péché, vers une décision contraire aux attentes et exigences de l'Évangile, c'est-à-dire se laisser entraîner en dehors de la voie indiquée par la Parole : Mc 6,3 ; Mc 9,42 ; Lc 7,23.

2) Porter à s'indigner, irriter, provoquer les sentiments dans un sens opposé à l'Évangile : Mt 15,12 ; Mt 17,27 ; Jn 6,61.

3) Tenter, causer la chute : Mt 16,23 ; Mc 8,3 ; Lc 17,1.

En outre, l'emploi du mot scandale par Jésus et Paul nous aide à transcender une lecture qui se limite à la moralisation. En effet, ils nous placent devant les vrais défis en ce sens que l'enseignement, l'action et la personne de Jésus opèrent aussi comme un scandale[47]. Mais, l'Évangile demande au disciple de Jésus d'opposer un refus catégorique au scandale comme une pierre d'achoppement qui heurte au lieu de susciter la foi ou de la

---

[43] Voir M. DUBOST, *Le Nouveau Théo : l'encyclopédie pour tous*, Paris, Name, 2009, 820.

[44] 1 Co 1,22-23. Voir E. CUVILLIER, « Puissance de la faiblesse divine. Relire 1 Co 1,18-25 en compagnie de John D. Caputo », dans *Études théologiques et religieuses*, 3 (2015), 408 : « Pour Paul, la Croix atteste d'une manière paradoxale la divinité et l'altérité de Dieu. Ce Dieu que les sages cherchent dans la philosophie, ce Dieu qu'Israël cherche dans les grands événements qui ont fait son histoire, ce Dieu n'est pas là où le prétendent Juifs et Grecs – qui sont des figures de l'humanité. Dieu se révèle aux côtés d'un crucifié, c'est-à-dire dans la faiblesse, la déréliction et le dénuement radical. En se révélant à la Croix, Dieu est donc totalement différent des images habituelles que s'en font les hommes. Il ne se révèle là où personne ne songerait à aller le chercher. Paul propose ainsi une compréhension proprement révolutionnaire de Dieu ».

[45] Voir FOSSIER, « Propter vitandum scandalum. Histoire d'une catégorie juridique », 320.

[46] Voir MONLOUBOU et DU BUILT, *Dictionnaire Biblique,* 685.

[47] Voir P. B. KABONGO-MBAYA, Un mot de la Bible, Le mot « *scandale* ».

soutenir[48]. De même, Paul conseille aux chrétiens de renoncer à une action qu'ils jugent bonne ou légitime au cas où elle serait une occasion de chute qui hypothèque les bases d'une paisible et claire confiance pour des sœurs et frères moins instruits (1 Co 8)[49]. Dans le même souci du respect d'autrui et pour son bien, selon l'apôtre Paul, il convient absolument d'éviter le scandale. C'est ce qu'il accomplit dans sa décision de circoncire Timothée pour ne pas scandaliser les judéo-chrétiens (Ac 16,1-4)[50]. De plus, Paul enseigne que nul ne cherche son propre intérêt, mais celui d'autrui, et si quelqu'un vous demande de ne pas manger une viande interdite, n'en mangez pas à cause de celui qui vous a avertis et par motif de conscience, j'entends ici, affirme saint Paul, non la vôtre, mais celle d'autrui[51].

Au regard de ce qui précède, le respect du prochain et la crainte d'un scandale pourraient obliger une personne à s'abstenir d'un comportement dont on prévoit qu'il sera l'objet de scandale, même si le comportement en question n'est pas mauvais en soi. Il s'avère que le scandale a une connotation morale ou éthique.

1.1.3 Le scandale : du point de vue moral

De plus en plus, le concept « scandale » a pris une acception spécifiquement morale, signifiant une faute, que ce soit pour l'individu ou pour le public[52]. Ainsi le mot « scandale » est entré dans la théologie morale. C'est dans cette optique qu'il est toujours compris et utilisé aujourd'hui par les confessions chrétiennes[53]. Du point de vue moral, c'est une action extérieure qui conduit le prochain à commettre le péché[54]. Dans cette perspective, Christian Delahaye définit les scandales comme « de véritables formes de contre-témoignages par rapport aux valeurs professées par

---

48 Voir Mt 18,8: « Si ta main ou ton pied entraîne ta chute, coupe-les et jette-les loin de toi : mieux vaut pour toi entrer dans la vie manchot ou estropié que d'être jeté avec tes deux mains ou tes deux pieds dans le feu éternel ».

49 Voir MONLOUBOU et DU BUILT, *Dictionnaire Biblique,* 685. L'apôtre Paul fait particulièrement allusion à 1 Co 8,9 et 13 : « Mais prenez garde que cette liberté même, qui est la vôtre, ne devienne une occasion de chute pour les faibles » ; « Voilà pourquoi, si un aliment doit faire tomber mon frère, je renoncerai à tout jamais à manger de la viande plutôt que de faire tomber mon frère ».

50 Voir DUBOST, *Le Nouveau Théo*, 820.

51 Voir 1 Co 1, 23-28.

52 Voir ADUT, On *Scandal: Moral Disturbances in Society, Politics, and Art*, 16.

53 Voir E. DE DAMPIERRE, « Thèmes pour l'étude du scandale » dans *Annales. Économies, Sociétés, Civilisations*. 9e année, No 3, 1954, 329. www.persee.fr/issue/ahess 0395-2649 (31 juillet 2021), (= DE DAMPIERRE, « Thèmes pour l'étude du scandale »).

54 Voir MONLOUBOU et DU BUILT, *Dictionnaire Biblique,* 685.

l'Évangile »[55]. En d'autres termes, le scandale se présente comme une contradiction pratique de la prédication de la Parole de Dieu[56]. C'est ce qui fait dire à Arnaud Fossier que le scandale défait l'exemplarité espérée[57].

Dans le but de porter des précisions sur la signification morale du terme scandale, il y a des distinctions faites historiquement par les théologiens qui se trouvent dans les manuels post-tridentins de la théologie morale[58]. En effet, Saint Thomas d'Aquin faisait déjà la distinction entre le scandale « actif » et « passif ». Les paroles, les actions et les gestes de quelqu'un peuvent être pour une autre personne un scandale ou une cause de péché de deux façons : soit par intention soit par accident. Par intention, lorsque quelqu'un volontairement, par ses paroles ou ses actions mauvaises, veut entraîner un autre au péché. La personne incite les autres à se détourner de Dieu. Par exemple, il commet ostensiblement un péché ou ce qui ressemble à un péché. Il s'agit dans ce cas d'un scandale actif. Par accident, lorsque les paroles ou les actions de quelqu'un peuvent être pour un autre une occasion de chute, même en dehors de l'intention de celui qui agit, et en dehors des circonstances de son action. Par exemple s'il est envieux des biens d'autrui ou emporté par sa propre cupidité. On parle ici de scandale passif[59]. En d'autres termes, le scandale qu'une personne cause est considéré comme actif, quand il est exercé directement par quelqu'un sur autrui, lui donnant ainsi l'occasion de pécher ; ce qui se distingue du scandale passif, c'est-à-dire le scandale subi en suivant le mauvais exemple de quelqu'un d'autre ou son influence négative[60].

---

[55] C. DELAHAYE, *Scandales. Les défis de l'Église catholique*, Tharaux, Éditions Empreinte Temps Présent, 2017, 9 (= DELAHAYE, *les Scandales. Les défis de l'Église Catholiques*). Pour Delahaye, « les scandales-contre-témoignages sont des scandales du mal, incitations perverses, ou exemples mauvais » (*Ibid.*, 10). Selon lui, « la pédophilie dans l'Église catholique est certainement le pire scandale, celui auquel s'appliquent les paroles les plus sévères de l'Évangile : mais quiconque scandalise un seul de ces petits qui croient en moi, il est préférable pour lui qu'on lui attache au cou une grosse meule et qu'on le précipite dans l'abime de la mer » Mt. 18,6-7.

[56] Voir C. LEVELEUX-TEIXEIRA, « Le droit canonique médiéval et l'horreur du scandale », *Cahiers de recherches médiévales et humanistes* 25 (2013), 205, http://journals.openedition.org/crm/13088 ; DOI : 10.4000/crm.13088 (31 juillet 2021) (= LEVELEUX-TEIXEIRA, « Le droit canonique médiéval et l'horreur du scandale »).

[57] FOSSIER, « Propter vitandum scandalum. Histoire d'une catégorie juridique », 325.

[58] Voir A. VANDER HEEREN, « Scandal », dans *The Catholic Encyclopedia*, New York, Robert Appleton Company, 13 (1912), https://www.newadvent.org/cathen/13506d.htm (31 juillet 2021).

[59] Voir THOMAS D'AQUIN, *Somme théologique*, IIa, IIae, question. 43, art. 1.

[60] Voir P. CONNOLLY, « The Concept of Scandal in a Changed Ecclesial Context », dans *Studia canonica,* 51 (2017), 141 (= CONNOLLY, « The Concept of Scandal in a Changed Ecclesial Context »); voir aussi SAINT THOMAS, *Somme théologique*, IIa, IIae, question. 43, art. 2, 5, et 6.

D'après Éric de Dampierre, il y a des causes et conditions pour qu'il y ait un scandale du point de vue moral[61]. Tout d'abord, le scandale a pour cause un certain événement. Peu importe que l'événement soit vrai ou faux, l'important est qu'il soit tenu pour vrai par le public. Selon lui, les conditions nécessaires et suffisantes pour qu'il y ait scandale sont[62] : *primo,* l'existence des valeurs sociales et morales – en principe, un événement n'est scandaleux que s'il va contre les valeurs morales et sociales ; *secundo,* l'existence d'un public. Il faut que l'événement dit scandaleux trouve un public intéressé. Il n'y a pas de scandale sans public. Si le public est restreint, le scandale reste minime et négligeable ; *tertio* la diffusion de cet événement est un facteur important. Sans la diffusion de cet événement scandaleux dans le public, il n'y a pas non plus de scandale. Si la diffusion est massive, le scandale devient aussi plus considérable. En d'autres mots, « le scandale est fonction de la diffusion de l'événement scandaleux »[63]. Pour lui, le scandale est une réalité polarisante parce qu'il est susceptible de produire deux camps opposés : d'une part il y a le groupe qui minimise les effets nocifs de la faute en se réfugiant dans sa bonne conscience, et d'autre part il y a le groupe qui aggrave les effets du scandale pour susciter un mouvement de conversion. Le premier camp occulte le scandale, le second l'exploite[64]. Les faits qui entourent le scandale sont souvent interprétés de manière différente par le public. La portée de ces événements sensationnels est quelquefois exagérée et pose un problème de discernement moral.

Il y a une exigence d'ordre moral qu'il convient de mentionner ici. Il s'agit, en effet, de la primauté de la vérité sur le scandale même si celui-ci est inévitable. Il est préférable de laisser naître le scandale que de sacrifier la vérité. En un mot, il vaut mieux dire la vérité même si cela peut causer un scandale. Des auteurs comme Grégoire le Grand ou Bède le Vénérable avaient souligné cette exigence[65]. C'est Bernard de Pavie, dans sa *Compilatio prima*, qui donna la première formulation juridique à cette exigence de vérité[66]. De plus, face à la crise provoquée par le scandale, la sanction pénale paraît comme un dispositif de protection sociale qui permet de regagner la confiance de la communauté dans l'institution qui en a la garde. Le scandale est donc, sous certaines conditions, la cause du réaménagement du droit en vigueur[67]. La théologie morale est particulièrement claire sur le fait qu'il n'est pas permis de faire quelque chose de mal pour éviter le scandale. Compte tenu de la

---

[61] Voir De Dampierre, « Thèmes pour l'étude du scandale », 335.
[62] Voir *Ibid.*, 331-333.
[63] *Ibid.*, 333.
[64] Voir *Ibid.*, 335.
[65] Voir Leveleux-Teixeira, « Le droit canonique médiéval et l'horreur du scandale», 204.
[66] Voir *Ibid.*
[67] Voir *Ibid.*, 211.

réalité, il est important de noter que le thème et la nécessité de la réparation du scandale ont toujours figuré en bonne place dans la théologie morale, en particulier pour les personnes appartenant à la communauté qui avait commis un scandale public[68]. Le scandale s'oppose à la moralité, parce qu'il provoque la perte de repères moraux. Par ailleurs, le statut de ceux qui causent et de ceux qui subissent le scandale est très significatif. Il est plus grave si ceux qui le provoquent ont une autorité juridique ou morale. C'est-à-dire sa gravité est proportionnelle à l'autorité de ceux qui le commettent[69]. En outre, si celui qui est scandalisé fait partie des « petits », on se souviendra des paroles du Seigneur : « Il est inévitable qu'il y ait des causes de chute [ou scandale]. Mais malheureux celui par qui la chute arrive. Mieux vaut pour lui qu'on lui attache au cou une meule de moulin et qu'on le jette à la mer et qu'il ne fasse pas tomber un seul de ces petits. Tenez-vous sur vos gardes »[70]. De plus, le scandale est un phénomène social et qu'il est digne d'être étudié comme tel[71].

1.1.4 Le scandale : une perspective sociologique

Pour qu'on puisse parler de scandale sur le plan sociologique, il faut qu'il y ait une mobilisation sociale considérable et importante qui déborde les milieux concernés par l'événement en question. En effet, le scandale tend souvent à produire une certaine unanimité sur le plan collectif. Souvent imprévisibles, la plupart du temps fascinants, ces phénomènes sociaux que nous appelons « scandales » nous remuent en profondeur et font souvent du bruit, car ils sont médiatiquement encombrants. En fait, un scandale peut ouvrir une brèche dans laquelle peuvent apparaître d'autres scandales[72]. Le

---

[68] Voir CONNOLLY, « The Concept of Scandal in a Changed Ecclesial Context », 142.

[69] Voir JEAN PAUL II, *Catéchisme de l'Église Catholique,* Paris, Name/Plon, 1992, No 2285 (= CEC).

[70] Lc 17,1-3 ; Mt 18,15. 21-22.

[71] Voir A. SENANDER, *Scandal. The Catholic Church and the Public Life*, Collegeville, MN, Liturgical Press, 2012, 7-14 (= SENANDER, *Scandal. The Catholic Church and the Public Life*). SENANDER développe la notion de scandale sur le point de vue social. Il analyse les quatre éléments qui caractérisent le scandale comme un fait social, à savoir : un acte, un agent, un annonceur et un public. Aussi, il évalue les abus sexuels commis par le clergé ou le religieux à la lumière de cette compréhension du scandale.

[72] Voir E. VOINIER, « Affaire Pell : un scandale peut en cacher un autre », dans *Smart Reading Press*, 20 décembre 2019, dans https://srp-presse.fr/index.php/2019/12/20/affaire-pell-un-scandale-peut-en-cacher-un-autre-ga-du-20-12-2019/ (12 juin 2021). Il s'agit de l'enquête sur le cardinal George Pell qui aurait détourné l'attention des médias et du public d'un autre scandale de corruption dans la police. Cette enquête fut ouverte en 2013 par la police de Victoria bien qu'aucune plainte criminelle n'ait été déposée contre lui à ce moment-là et qu'aucune victime ne se soit présentée. L'enquête prit un caractère plus formel en 2015. En 2017,

scandale se révèle comme un sujet intéressant qui pose quelques questions de fond sur les valeurs morales des sociétés. Il s'agit d'une crise de confiance. Dans cette perspective, le scandale aurait la capacité de perturber l'ordre social afin de remettre en cause un certain mode de vie ou une activité jugée déviante, choquante et réclamer la mise en place de réformes institutionnelles[73]. Lorsque le scandale éclate, il paraît presque impossible de maintenir le silence, puisque la non-indignation n'est plus possible. On peut donc concevoir le scandale comme un événement qui peut provoquer un changement social. Dans la question du scandale, il y a des contrevenants d'une part et des victimes d'autre part. D'après Johannes Ehrat, l'idée d'un scandale ne vient pas d'un événement comme tel, mais de l'opinion publique qui elle-même est alimentée par des récits médiatiques. Selon lui, le scandale est efficace en raison de sa capacité à affronter les institutions en mettant en doute leur légitimité sociale. Les médias jouent un rôle essentiel dans la propagation du scandale, car ils interprètent les événements réels comme des actions intentionnelles pour le public[74]. Quelles sont les caractéristiques du

---

le cardinal Pell fut accusé d'avoir agressé sexuellement deux mineurs, et il fut reconnu coupable en 2018 sur le témoignage d'une seule victime alors que le deuxième témoin avait nié à plusieurs reprises avoir été victime d'abus sexuels de la part de Mgr Pell, avant d'être présumée décédée d'une surdose d'héroïne le 8 avril 2014. Condamné en mars 2019 à six ans de prison, le cardinal George Pell, ancien secrétaire de l'économie du Saint-Siège, a été acquitté, le 7 avril 2020, par la Haute Cour d'Australie qui le blanchit des cinq chefs d'accusations d'abus sexuels sur mineurs. En effet, la plus haute instance de la justice australienne a estimé qu'il y aurait une possibilité importante qu'une personne innocente ait été condamnée parce que les preuves n'ont pas établi sa culpabilité.

[73] Voir J.M. BARTUNEK, M.A. HINSDALE and J.F. KEENAN (dir.), *Church Ethics and Its Organizational Context Learning from the Sex Abuse Scandal in the Catholic Church,* Toronto, Rowan & Littlefield Publishers, 2006, 137-187. Bartunek, Hinsdale, and Keenan ont édité un volume important qui présente des perspectives multidisciplinaires sur les comportements contraires à l'éthique, analysant les abus sexuels dans l'Église catholique. Les différents chapitres dans cet ouvrage explorent les causes complexes du scandale et montrent comment le contexte organisationnel contribue à cette crise.

[74] Voir J. EHRAT, *Power of Scandal: Semantic and Pragmatic in Mass Media*, Toronto, University of Toronto Press, 2011. J. EHRAT est un prêtre jésuite qui travaille au Département des sciences sociales à Pontificia Universita Gregoriana. Il fait des recherches en communication et médias, sémiotique et rhétorique. En examinant l'omniprésence des scandales dans les médias, il aboutit à la conclusion que les médias jouent un rôle fondamental dans la création du scandale parce qu'ils interprètent souvent les événements réels comme des actions intentionnelles pour le public. D'après lui, il n'y a pas vraiment des événements qui sont intrinsèquement scandaleux. Il pense que les études sociologiques et de communication du scandale ont ignoré la nature constitutive de ce dernier. Il se concentre aussi sur la façon dont un récit public significatif est produit. Son livre sur le scandale est une recherche

scandale en tant que fait sociologique ? Le sociologue Ari Adut définit un scandale comme un événement de durée variable qui commence par la publicité d'une transgression réelle ou présumée devant un public plus ou moins intéressé[75]. Du point de vue sociologique, selon Senander[76], il y a quatre éléments qui caractérisent le scandale :

1.1.4.1 Un acte ou une transgression

Un acte doit être posé. Cet acte doit être considéré comme répréhensible et matière à scandale. Un acte qui n'est pas mauvais en soi, mais qui apparaît aux gens comme une faute ou une erreur peut être aussi un sujet pour un scandale. Ces différents aspects de l'acte sont tous définis par rapport aux attentes sociales et à la moralité de l'acte en question. Il y a ici une dimension morale évidente[77]. Selon la perspective sociologique d'Adut, non seulement l'acte est une composante importante d'un scandale, mais il en est de même pour l'agent[78].

1.1.4.2 Un agent ou un auteur

L'agent est une personne qui a commis l'acte répréhensible. Le rôle ou le statut social de cette personne est un élément important comme cause de scandale. Quand une personne est en position de pouvoir, il y a une grande probabilité que d'autres personnes soient intéressées par ses actions. On est généralement plus intéressé par les méfaits d'un leader que pour le commun des mortels, parce que les gens attendent plus de leurs dirigeants, qu'il s'agisse de chefs religieux ou de dirigeants politiques. Ces leaders sont également susceptibles d'être critiqués et parfois condamnés pour un leadership médiocre lorsque leurs subordonnés commettent des actes répréhensibles. Certains tentent de dissimuler de tels actes afin d'éviter le scandale[79]. Mais

---

alternative pour comprendre la communication de masse.

[75] Voir A. ADUT, *On Scandal. Moral Disturbances in Society, Politics, and Art*, New York, Cambridge University Press, 2008, 11 (= ADUT, *On Scandal. Moral Disturbances in Society, Politics, and Art*): « A scandal is an event of varying duration that starts with the publicization of a real, apparent, or alleged transgression to a negatively oriented audience and lasts as long as there is significant and sustained public interest in it ».

[76] Voir SENANDER, *Scandal. The Catholic Church and the Public Life,* 8-12.

[77] Voir *Ibid.*, 7-8.

[78] Voir ADUT, *On Scandal: Moral Disturbances in Society, Politics, and Art*, 13-14.

[79] Voir *Ibid.*, 9-10 ; voir aussi J. P. CHINNICI, *When Values Collide: The Catholic Church, Sexual Abuse, and the Challenges of Ledership*, Maryknoll, NY, Orbis Books, 2010, 15-27. Ce livre est une contribution à la réflexion de l'Église sur les scandales d'abus sexuels dans l'Église catholique romaine. Les réflexions du Père Chinnici, en tant que provincial religieux des Frères Franciscains, sont un aperçu

souvent ces actes scandaleux parviennent à être connus du grand public, d'une manière ou d'une autre, par un annonceur ou une annonceuse.

1.1.4.3 Un annonceur ou une annonceuse

Si personne n'est au courant des actes répréhensibles d'un agent, il n'y aurait pas de scandale. Du point de vue sociologique, l'acte répréhensible, apparent ou réel, doit être rendu public pour qu'un scandale se produise[80]. L'acte répréhensible peut être annoncé à un public par lui-même, par l'agent ou par les accusations des autres. La médiatisation contemporaine permet de faire partager les infractions ou les actes répréhensibles à un public plus large, voire mondial, d'une manière sans précédent dans l'histoire. Pour que l'annonce des actes répréhensibles d'un agent devienne un scandale, il doit avoir un public intéressé.

1.1.4.4 Un public intéressé ou une audience

Sans un public intéressé et indigné, il n'y aurait pas de scandale. Le public peut ressentir de l'embarras, de la honte, de la colère et de l'indignation[81]. De plus, une perspective négative vers l'événement caractérise le public intéressé[82]. En effet, « il n'y a de scandale descriptible pour l'observateur que

---

pertinent sur les défis du leadership de l'Église en ces temps de crise. On a connu des réflexions du même genre un peu partout comme en Australie et en Irlande où les autorités de l'Église ont réagi en face des abus sexuels dans l'Église. Pour le point de vue d'un évêque Australien concernant la crise : voir G. ROBINSON, *Confronting Power and Sex in the Catholic Church : Reclaiming the Spirit of Jesus*, Mulgrave, John Garratt Publishing, 2007, 7-23. Pour la perspective d'un évêque Irlandais : Voir C. O'REILLY, « The Dilemma of Those in Authority », dans CONWAY, E. DUFFY, and A. SHIELDS, *The Church and Child Sexual Abuse Towards a Pastoral Response,* Dublin, The Columba Press, 1999, 61-66. Ce livre cherche à clarifier bon nombre des distorsions du problème de l'horreur des abus sexuels commis sur des enfants par des prêtres et des religieux, ses causes et ses traitements, et à revoir ce que la réponse chrétienne à ce problème pourrait idéalement être à la lumière des valeurs évangéliques.

[80] Pour en savoir plus sur les médias, voir S. O'LEARY, « A Tangled Web : New Media and the Catholic Scandals », *Online Journalism Review,* 6 août 2002, http://www.ojr.org/ojr/ethics/1028655580.php_(Consulté 18 juin 2021); voir aussi J. BERRY and A. M. GREELEY, *Lead Us Not Into Temptation: Catholic Priests and the Sexual Abuse of Children*, Urbana, University of Illinois Press, 2002 ; Voir aussi P. F. LAWLER, *The Faithful Departed: The Collapse of Boston's Catholic Culture*, New York, Encounter Books, 2008.

[81] Voir SENANDER, *Scandal. The Catholic Church and the Public Life*, 12.

[82] Voir *Ibid.*, 12 ; voir aussi ADUT, On *Scandal: Moral Disturbances in Society,*

si un public, fût-il minime, s'est constitué pour relever une contradiction et la dénoncer »[83]. L'ampleur d'un scandale est proportionnelle à sa publicité. La publicité initiale donnera lieu à d'autres révélations ou allégations qui pourront être plus accablantes ou plus significatives[84]. La durée d'un scandale est fonction de l'intérêt public. Elle peut être aussi brève qu'un jour ou aussi longue qu'une année. Il existe des scandales qui durent vraiment longtemps. Parfois l'information que le public reçoit n'est pas vraie, mais plutôt diffamatoire ou erronée. C'est pourquoi il est possible qu'il y ait scandale sur base de fausse information ou par inadvertance. En effet, tous les scandales ne sont pas toujours fondés sur la vérité[85]. D'où la nécessité des instances de discernement social et éthique des informations, parce qu'il existe des diffamations pour saper et salir des rivaux, parfois des innocents, dans le domaine politique et religieux.

1.2 Le scandale dans le contexte de l'Église catholique

Dans cette section, nous aborderons le scandale d'abus sexuels perpétrés par des clercs et des religieux, le silence de l'Église catholique à ce sujet ainsi que les différents emplois du terme « scandale » et sa portée juridique dans le code de droit canonique.

Politics, and Art, 8-11.

[83] D. DE BLIC et C. LEMIEUX, « Le Scandale comme épreuve. Éléments de sociologie pragmatique », dans *politix*, 71 (2005), 15, https://www.cairn.info/revue-politix-2005-3-page-9.htm (consulté le 23 juin 2021), (= DE BLIC et LEMIEUX, « Le Scandale comme épreuve »).

[84] Voir *Ibid.*, 13.

[85] Voir J. BERNARDIN, *The Gift of Peace: Personal Reflexions*, New York, Images Books, 1998, 13-41. La fausse accusation d'abus sexuels contre le Cardinal J. Bernardin de Chicago nous rappelle que toutes les allégations d'abus ne sont pas nécessairement et toujours vraies. L'homme qui accusait le cardinal Joseph Bernardin de Chicago d'avoir abusé sexuellement de lui dans les années 1970 a retiré ces accusations après avoir conclu que ses souvenirs de l'incident présumé n'étaient pas fiables. Steven J. Cook a demandé que les accusations soient rejetées parce qu'il ne peut plus être sûr que ses souvenirs d'abus par le cardinal sont vrais ou exacts. Son retrait des charges contre Bernardin a mis fin à un calvaire public. La parodie, c'est qu'un homme de 65 ans, prêtre depuis 42 ans et évêque depuis 28 ans, a été humilié publiquement devant le monde entier.

1.2.1 Le scandale des clercs et des religieux : les cas d'abus sexuels[86]

Le scandale des abus sexuels commis par des "clercs et des religieux"[87] de l'Église catholique sur les mineurs a choqué le monde entier[88] et a troublé bon nombre des catholiques[89] ainsi que des non catholiques lorsque des cas d'abus flagrants de clercs et de religieux ont été rendus publics. En outre, « un des facteurs majeurs qui, en plus de la grande médiatisation, est venu amplifier la perception de la gravité de ces abus fut le contexte mondial, marqué par la contestation de l'impunité »[90], mais aussi par des tentatives pour étouffer à tout prix ces révélations. La crise contemporaine des abus sexuels sur les mineurs constitue un vrai défi pour l'Église catholique. De fait, « le début des scandales a été situé en 1984, lorsqu'il est apparu aux États-Unis que G. Gauthe, un prêtre de Louisiane, était soupçonné d'avoir abusé de plus de 100 garçons et que l'Évêque de Lafayette, Gérard Frey, avait couvert cette

[86] Le scandale des abus sexuels ne se limite pas aux clercs en termes d'auteurs, aux mineurs en termes de victimes, cependant c'est cette configuration qui a reçu le plus d'attention dans les médias. On pourrait dire que l'internet a aussi joué un rôle important pour la diffusion de l'information. En effet, l'Internet était un facteur clé qui a fondamentalement modifié l'équilibre qui régissait les relations entre les institutions médiatiques et les sociétés plus traditionnelles telle que l'Église.

[87] Sous le vocable de « clerc », l'Église catholique désigne les diacres, les prêtres et les évêques. Parmi les clercs, les prêtres ont été premièrement concernés par la crise des agressions sexuelles d'enfants, mais il y a aussi d'accusations à l'endroit des évêques. Et sous le terme de « religieux », l'Église catholique entend une catégorie de personnes qui professent, pour la plupart, des vœux de pauvreté, d'obéissance et de chasteté. Tous, ils s'engagent à une consécration dans le célibat pour le service de la mission de l'Église catholique selon les différents charismes de leurs fondateurs.

[88] Voir V. NKOUAYA MBANDJI, « The Sexual Abuse of Minors Committed by Members of the Church from the Perspective of International Criminal Law », dans *Studies in Church Law*, 14 (2019), 201-226.

[89] Voir V. NKOUAYA MBANDJI, « Ecclesiastical Celibacy And Sexual Abuse In The Catholic Church », dans *Studies in Church Law*, 17 (2022), 109-110 (= NKOUAYA MBANDJI, « Ecclesiastical Celibacy And Sexual Abuse in The Catholic Church »): « The story of the sexual abuse crisis in the Church has been for so many Catholics one of the betrayals, of failure, of insensitivity to profound suffering, and of wanton cruelty to the most defenseless among us, the children. How is it possible that these priests and religious who have decided to consecrate themselves entirely to God through celibacy or vows of chastity (cf. cann. 277; 599) for the service of their brothers and sisters have been able to commit these acts that so deeply wound people in their human dignity and offend God? ».

[90] V. NKOUAYA MBANDJI , *La prescription canonique des délits sexuels sur des personnes mineures*, Paris, Éditions Lethielleux, 2018, 19 (= NKOUAYA MBANDJI, *La prescription canonique des délits sexuels sur des personnes mineures*).

situation »[91]. Par ailleurs, en Australie et en Europe, on avait mis au jour des cas similaires d'abus sexuels. De plus, depuis plus de deux décennies, l'Église catholique est confrontée à une vague récurrente de scandales impliquant des clercs et des religieux accusés d'abus sexuels. Ces cas d'abus, en particulier sur les mineurs, ont fait la une des journaux et ont circulé sur les réseaux sociaux. De ce fait, plusieurs ouvrages et articles ont été publiés sur ce sujet sous différents angles[92].

Les clercs et les religieux s'engagent au célibat à cause du Christ et de l'Évangile. Ils sont appelés à vivre cet engagement dans la chasteté et la continence[93]. De fait, les agressions sexuelles des mineurs sont aux antipodes de cet engagement à un célibat chaste et continent pour la gloire de Dieu et le salut du monde[94]. En effet, ces abus sexuels constituent un scandale, en particulier, quand leurs auteurs sont des clercs et des religieux. Le cléricalisme a un impact majeur sur les abus sexuels. Cela a été reconnu par une variété d'observateurs, particulièrement le pape François qui a pris la décision de mettre fin à la couverture des abus sexuels et de remédier à leurs causes institutionnelles soutenues par le cléricalisme[95]. Le *National Review Board*

---

[91] K. DEMASURE, A. DESCOUR, V. GARNIER, *La vérité nous rendra libres. Paroles de femmes dans la crise des abus*, Montréal, MediasPaul, 2022, 133 (= DEMASURE, *La vérité nous rendra libres. Paroles de femmes dans la crise des abus*).

[92] Les publications sur ce sujet sont nombreuses, ici nous mentionnons quelques ouvrages et articles récents en français, notamment : D. JOULAIN, K. DAMASURE et J.-G NADEAU, *L'Église déchirée, comprendre et traverser la crise des agressions sexuelles sur mineurs*, Novalis, Montréal, 202 ; M-J THIEL, *L'Église catholique face aux abus sexuels sur des mineurs*, Montréal, Novalis, 2019 ; A. PHILIBERT, *Des prêtres et des scandales. Dans l'Église de France du Concile de Trente au lendemain du Concile Vatican II*, Paris, Cerf, 2019 ; V. NKOUAYA MBANDJI, *La prescription canonique des délits sexuels sur des personnes mineures*, Paris, Éditions Lethielleux, 2018 ; V. NKOUAYA MBANDJI, « Le pape François et la crise des abus sexuels. La poursuite de la réforme du droit canonique pénal canonique », dans *Studia canonica*, 54 (2020), 579-621.

[93] Voir V. NKOUAYA MBANDJI, « Ecclesiastical Celibacy and Sexual Abuse in the Catholic Church », 110-126. L'auteur aborde dans cet article les sources des cc. 277 et 599 sur le célibat ecclésiastique. De plus, il clarifie les différents concepts importants, notamment la continence sexuelle, le célibat sacerdotal et le célibat consacré ainsi que la chasteté. Par ailleurs, il analyse les fondations bibliques et théologiques du célibat ecclésiastique.

[94] Voir S. JOULAIN, « Les clercs et personnes consacrées, des auteurs d'agressions sexuelles comme les autres ? », dans D. JOULAIN, K. DAMASURE et J.-G NADEAU, *L'Église déchirée, comprendre et traverser la crise des agressions sexuelles sur mineurs*, Novalis, Montréal, 2021, 198 (= JOULAIN, *L'Église déchirée, comprendre et traverser la crise des agressions sexuelles sur mineur*).

[95] Voir H. LEGRAND, « Abus sexuels et cléricalisme », dans *Études*, 4 (2019), 81, https://www.cairn.info/revue-etudes-2019-4-page-81.htm (consulté le 30 octobre 2022).

nommé par *United States Conference of Catholic Bishops* a également reconnu l'impact du cléricalisme à des niveaux spécifiques, à savoir la tendance de la hiérarchie à protéger les prêtres, la tendance à couvrir les rapports dans le plus grand secret et le déni massif de la gravité du problème[96]. Enfin, une étude attentive de la question des abus sexuels du clergé sous tous ses angles révèle l'impact négatif du cléricalisme dans les abus sexuels perpétrés par les clercs et les religieux[97].

Pour bien comprendre à la fois les causes et l'impact complexe du scandale d'abus sexuels perpétrés par certains membres du clergé et certaines personnes consacrées, il faut connaître certains éléments du fonctionnement interne du catholicisme institutionnalisé. Il existe de nombreux témoignages qui affirment que le concept de cléricalisme est l'une des causes apparentes à la base du scandale des abus sexuels du clergé dans l'Église catholique[98]. D'après Demasure, « le facteur du cléricalisme a été désigné comme une cause importante des abus sexuels de même que la formation des prêtres dans le séminaire comme un facteur majeur contribuant au cléricalisme »[99]. Cependant, le lien entre le cléricalisme et les abus sexuels ne semble pas être direct[100]. C'est à la fois un sérieux problème d'abus d'autorité et de pouvoir ecclésiastique par des clercs au sein de l'Église catholique. De fait, le cléricalisme est un problème qui crée des contextes propices aux abus sexuels dans l'Église[101]. Pour Stéphane Joulain, psychothérapeute, « une des

---

[96] Voir UNITED STATES CONFERENCE OF CATHOLIC BISHOPS, https://www.usccb.org/offices/child-and-youth-protection/national-review-board (consulté le 30 octobre 2022).

[97] Voir T. P. DOYLE, « Clericalism: Enabler of Clergy Sexual Abuse », dans *Pastoral Psychology,* 3 (2006), 190.

[98] Voir ibid., 189 et 193.

[99] K. DEMASURE, « L'enfant, la violence et la position de l'Église catholique : quelques éléments historiques », dans JOULAIN, *L'Église déchirée, comprendre et traverser la crise des agressions sexuelles sur mineur*, 249.

[100] Voir V. NKOUAYA MBANDJI, « Ecclesiastical Celibacy and Sexual Abuse in the Catholic Church », dans *Studies in Church Law*, 17 (2022), 131: « There is no direct/causal link between celibacy and the sexual abuse of minors and vulnerable persons. However, because of the culture of clericalism, the flaws in the recruitment process and training of candidates, the lack of psycho-affective and sexual maturity of priests ».

[101] Voir J. H. RUBIO & P. J. SCHUTZ, *Beyond "Bad Apples": Understanding Clergy Perpetrated Sexual Abuse as a Structural Problem & Cultivating Strategies for Change* (Report), California, Santa Clara University, 2022, 36 (RUBIO & SCHUTZ, *Beyond "Bad Apples"*), https://www.scu.edu/media/ignatian-center/bannan/Beyond-Bad-Apples-8-2-FINAL.pdf (consulté le 09 novembre 2022). Ce rapport est une recherche menée et rédigée par Julie Hanlon Rubio et Paul J. Schutz, professeurs de l'Université de Santa Clara parrainée par les jésuites, qui ont interrogé des centaines de prêtres, de membres de communautés religieuses et de laïcs travaillant dans l'Église pour recueillir des informations sur la culture de l'Église et proposer des idées

difficultés de la problématique de l'agression sexuelle commise sur un enfant par un clerc ou par une personne consacrée est de mesurer la part de liberté de l'auteur de l'agression au moment d'accomplir cet acte abject et donc d'y consentir »[102]. Il s'agit, en effet, de savoir si l'auteur de ce genre d'agressions est pleinement conscient de la gravité de son acte et s'il peut être considéré comme responsable du point de vue moral et pénal[103]. Par conséquent, l'Église catholique est conviée à regarder ces actes non seulement comme des péchés, mais également comme des délits qui méritent d'être sanctionnés comme tels[104]. En somme, si le cléricalisme pouvait favoriser un contexte de domination et de silence propice aux abus, mais il ne saurait être considéré comme leur cause directe. Les agressions sexuelles commises par des clercs relèvent avant tout de la responsabilité individuelle de leurs auteurs.

Le scandale des abus sexuels par des clercs et religieux soulève de questions d'ordre théologique et ecclésiologique[105], mais aussi du droit canonique. Parmi ces nombreuses questions, on peut relever les suivantes : les concepts de pardon ou de réconciliation, la notion de l'Église comme "sacrement du salut" quand la violence est exercée par des clercs et étouffée par des responsables de l'Église, l'image du prêtre comme 'figure du Christ' lorsqu'il abuse de son autorité[106]. Par ailleurs, l'Église catholique a très longtemps manifesté une indifférence et a cherché à protéger l'institution face à ce scandale d'abus sexuels[107]. Le silence de l'Église catholique à ce propos constitue aussi un scandale. L'ampleur du phénomène et, surtout, le caractère intolérable des actions en cause ont suscité la colère et l'indignation chez de

---

aux prêtres et aux laïcs pour réduire une culture de cléricalisme. Ils définissent le cléricalisme comme : une structure de pouvoir qui isole le clergé et place les prêtres au-dessus et à part, leur accordant une autorité, une confiance, des droits et des responsabilités excessives tout en diminuant la place et l'autonomie des laïcs et des religieux. Voir RUBIO & SCHUTZ, *Beyond "Bad Apples"*, 1.

[102] S. JOULAIN, « C'est grave, mais est-ce un péché ? » dans JOULAIN, *L'Église déchirée, comprendre et traverser la crise des agressions sexuelles sur mineur*, 274.

[103] Voir *Ibid.*, 275.

[104] Voir *Ibid.*, 276.

[105] Voir M-J THIEL, « Une institution en crise ou bien une crise institutionnalisée ? » dans JOULAIN, *L'Église déchirée, comprendre et traverser la crise des agressions sexuelles sur mineur*, 252.

[106] Voir H. ZOLLNER, « les abus sexuels dans l'Église. Un appel à changer de regard », dans *Études,* 9 (2016), 38.

[107] Voir COMMISSION INDEPENDANTE SUR LES ABUS SEXUELS, *Les violences sexuelles dans l'Église catholique*. France 1950-2020 (Résumé du Rapport), Octobre 2021, 4, https://www.ciase.fr/medias/Ciase-Rapport-5-octobre-2021-Resume.pdf (= CIASE, *Les violences sexuelles dans l'Église catholique*). Au terme de son travail, la commission a dressé un état des lieux des violences sexuelles dans l'Église catholique qui est particulièrement sombre. Le nombre des victimes mineures de clercs, religieux et religieuses dans la population française de plus de 18 ans est en effet estimé à environ 216 000.

nombreux chrétiens et non-croyants. L'image de l'Église catholique en a pâti puisqu'elle a paru plus soucieuse de préserver sa réputation que d'écouter la détresse et les souffrances des victimes des abus sexuels perpétrés par les clercs et les religieux. Il convient de noter, selon certains chercheurs[108], qu'il n'y a pas de lien direct ou causal entre le célibat et les abus sexuels sur les mineurs et les adultes vulnérables. Cependant, la culture du cléricalisme, des failles dans le processus de recrutement et de formation des candidats, du manque de maturité psychoaffective et sexuelle des prêtres, y compris l'expérience du célibat peuvent devenir un facteur de risque pour différents abus, et cela se traduit par un manque de cohésion entre les valeurs proclamées et la réalité vécue[109].

1.2.2 Le scandale du silence dans l'Église catholique

Il importe de noter que la hiérarchie de l'Église s'est emmurée dans un silence chronique face aux abus sexuels récurrents sur des mineurs ou des adultes vulnérables. Il a fallu la montée en puissance des mouvements féministes et la prise en compte des traumatismes infligés aux victimes par les médias pour que l'Église institutionnelle prenne des mesures canoniques contre les responsables d'abus sexuels[110]. De fait, le Pape François considère qu'au scandale des abus sexuels s'ajoute le scandale du silence des évêques et des supérieurs religieux qui ont dissimulé d'une manière systématique les

---

[108] UNITED STATES CONFERENCE OF CATHOLIC BISHOPS, *John Jay Reports No Single Cause, Predictor of Clercy Abuse*, 18 May 2011, https://www.usccb.org/news/2011/john-jay-college-reports-no-single-cause-predictor-clercy-abuse (consulté le 30 octobre 2022). En 2022, une équipe de chercheurs du John Jay College of Criminal Justice of the City University of New York a rendu public son rapport concernant notamment les causes et le contexte des abus sexuels sur mineurs par des prêtres catholiques aux États-Unis de 1950-2010. Selon ce groupe de chercheurs, il n'y avait pas une cause unique d'abus sexuels par le clergé catholique. Voir John Jay College of Criminal Justice, *The Causes and Context of Sexual Abuse of Minors by Catholic Priests in the United States, 1950-2020*, May 2010 Report, May 2011, https://www.usccb.org/sites/default/files/issues-and-action/child-and-youth-protection/upload/The- Causes-and-Context_of_Sexual-Ause-of-Minors-by-Catholic-Priests-in-the-United-States-1950-2010.pdf; Voir aussi John Jay College of Criminal Justice, *The Nature and Scope of Sexual Abuse of Minors by Catholic Priests and Deacons in the United States 1950-2002*, (Washington DC: United Conference of Catholic Bishops, June 2004), 37 (3.1.); 66 (4.1.).

[109] Voir NKOUAYA MBANDJI, « Ecclesiastical Celibacy and Sexual Abuse in the Catholic Church », 131.

[110] Voir M-J THIEL, *L'Église catholique face aux abus sexuels sur des mineurs*, 309. Montréal, Novalis, 309 (= THIEL, *L'Église catholique face aux abus sexuels sur des mineurs*).

délits de ces abus[111]. En tout état de cause, le rapport de la commission indépendante sur les violences sexuelles dans l'Église catholique en France relève que les personnes victimes ont pris courage, nonobstant de multiples obstacles, de parler de ce qu'elles ont subi. Elles ont pu partager leur souffrance longtemps endurée en silence aux responsables concernés, à la justice et au public[112]. En effet, les dégâts produits par ces abus sont incommensurables. Mais le souci de l'autopréservation institutionnelle a marqué la réaction de l'Église catholique aux abus sexuels perpétrés par des clercs et des religieux. Ces derniers ont préféré garder ce mal en secret au détriment de la vérité qui libère. Le scandale, par sa dimension publique, vient rompre le silence et exposer les auteurs des agressions sexuelles.

D'une part, pour les responsables de l'Église, la discrétion a paru primordiale pour éviter le scandale. Il s'est développé une culture du secret pour protéger les délinquants sous la couverture de leurs supérieurs hiérarchiques. D'autre part, le déplacement des clercs et des religieux délinquants dans d'autres paroisses ou ministères, la méfiance à l'égard des médias, et le recours au délai de prescription caractérisaient régulièrement l'autopréservation institutionnelle et la culture du silence qui en résultait[113]. Cependant, le silence n'était pas la solution. Devant la réalité très dure, l'Église, pour éviter le scandale, taisait le mal, et avait opté pour le silence. Elle a ainsi redoublé le scandale en l'entourant de relativisme. Le silence a contribué à perpétrer la souffrance. Mais ce qui scandalise davantage c'est le fait que les abus sous toutes leurs formes ont été perpétrés par ceux en qui l'on avait mis toute la confiance et l'on croyait témoin de l'amour de Dieu[114]. En effet, ces abus sexuels commis par les membres de l'Église et leurs camouflages ont été des occasions de chute ou pierre d'achoppement pour bien des victimes, mais également pour des croyants et non-croyants.

C'est à juste titre que Marie-Jo Thiel affirme que « les abus sexuels sur mineurs perpétrés par des clercs ou des religieux ne sont pas juste un épiphénomène dû à une mauvaise gestion de l'institution à un moment donné [...]. Ces abus sont non seulement (trop) nombreux, mais parce qu'en plus on tente de les occulter »[115]. D'autre part, l'historienne française, Anne Philibert, explique comment les abus sexuels passaient sous silence dans l'Église catholique. En effet, l'évêque n'intervenait que s'il y avait plusieurs dénonciations d'abus perpétrés par un prêtre, mais la tendance générale était

---

[111] Voir H. LEGRAND, « Abus sexuels et cléricalisme », 82.

[112] Voir CIASE, *Les violences sexuelles dans l'Église catholique*, 3.

[113] Voir E. OLAND, « Les abus sexuels dans l'Église catholique : pistes de guérison et de transformation. Document de réflexion », 7, https : // jesuites.ca / wp – content / uploads / sites / 16 / 2020 / 02 / AbusSexuels _ Gu % C3 % A9risonTransformation.pdf (07 août 2022).

[114] Voir THIEL, *L'Église catholique face aux abus sexuels sur des mineurs*, 461.

[115] *Ibid.*, 308.

d'occulter le scandale sous prétexte de sauvegarder la réputation de l'Église et l'honneur des prêtres[116]. Il est particulièrement troublant que des clercs et des religieux soient responsables des agressions sexuelles. Il est pénible de vivre cette réalité, non seulement pour ceux qui ont commis ce crime, mais aussi pour une institution qui a favorisé, dissimulé et dénié ces abus. Mis au grand jour alors que les victimes étaient devenues adultes, ces scandales ont provoqué l'indignation dans l'opinion publique ainsi que dans les médias au détriment de la réputation de l'Église[117].

C'est dans le même ordre des faits que nous pouvons citer le *Grand Jury Report de Pennsylvania* qui a été publié en 2018[118]. Des évêques et d'autres dirigeants de l'Église catholique de Pennsylvanie avaient dissimulé des abus sexuels commis sur des enfants par plus de 300 prêtres et 1 000 enfants victimes ont été identifiés sur une période d'environ 70 ans. En fait, les responsables ecclésiastiques ont convaincu les victimes de garder le silence et ont influencé les autorités judiciaires de ne pas enquêter. Il appert que dans le cas des abus sexuels, la culture du silence a été érigée en système qui a favorisé la continuation et la prolifération des abus sans qu'on ait de compte à rendre[119]. De fait, le silence organisé et les tractations internes à Église n'ont pas du tout contribué à prendre en compte le drame des abus sexuels. D'après Philippe Lefèvre, « l'abuseur représente 20% du problème. Le reste des responsabilités revient à la machinerie qui a permis l'abus, l'a tenu secret, a imposé l'omerta, a empêché les victimes ou les témoins d'en parler »[120].

Un récent rapport explore comment une culture du cléricalisme contribue à la dissimulation des abus sexuels par le clergé dans l'Église catholique. L'étude révèle une croyance répandue parmi le personnel de l'Église selon laquelle une dynamique de pouvoir déplacé dans les milieux catholiques favorise une culture dans laquelle il est difficile de parler des actes répréhensibles[121]. Au lieu de dénoncer les abus sexuels aux autorités civiles et judiciaires, les responsables de l'Église ont protégé les auteurs de ce délit par un déni systémique sans toutefois les contrecarrer ou les mettre hors d'état de

---

[116] Voir A. PHILIBERT, *Des prêtres et des scandales. Dans l'Église de France du Concile de Trente au lendemain du concile Vatican II*, Cerf, 2019,292-293.

[117] Voir J-G NADEAU, « Introduction », dans K. DEMASURE, A. DESCOUR, V. GARNIER, *La vérité nous rendra libres. Paroles de femmes dans la crise des abus*, MediasPaul, 2022, 17.

[118] Voir PENNSYLVANIA GRAND JURY REPORT On Catholic Church Sex Abuse, https://www.documentcloud.org/documents/4757021-Pennsylvania-Grand-Jury-Report-on-Catholic (07 février 2023).

[119] Voir DEMASURE, *La vérité nous rendra libres. Paroles de femmes dans la crise des abus,*151.

[120] P. LEFEVRE, « Propos liminaires sur les abus avec éclairage biblique », dans *Cahiers Évangile,* 201 (2022), 6.

[121] Voir RUBIO & SCHUTZ, *Beyond "Bad Apples",* 25-36.

nuire. En revanche, dès la connaissance des abus, certains clercs et religieux ont été transférés d'un ministère à un autre ou d'un lieu à un autre dans l'intention de les protéger contre les poursuites judiciaires et d'éviter le scandale au détriment de la réputation de l'Église. D'où la perpétuation des abus sexuels dans l'Église par de présumés coupables.[122]

1.2.3 Le scandale : emplois du terme et portée juridique dans le *CIC/1983*

Il n'y a pas de définition précise du scandale dans le *CIC/1983*, toutefois le dictionnaire de droit canonique en propose une définition, à savoir « un acte qui consiste à fournir au prochain une occasion de ruine spirituelle, par un fait ou par un propos »[123]. D'une manière générale, le droit canonique ne s'attarde pas sur la définition du scandale bien qu'il en conserve la dimension biblique, morale et sociologique. Cependant, la réflexion canonique se focalise sur la gestion des effets du scandale à travers divers dispositifs destinés à rétablir l'ordre institutionnel en faveur du bien commun. D'autre part, il y a lieu de noter la définition de Raymond de Peñafort du scandale, laquelle fut reprise dans certains ouvrages. Pour lui, « Le scandale est un dit, un fait ou un signe par l'occasion duquel quelqu'un est poussé à consentir à la commission d'un péché mortel »[124]. Cette définition présente quelques points communs avec celle du dictionnaire de droit canonique, notamment un acte, un fait, un propos ou un signe extérieur susceptible d'inciter quelqu'un à consentir à un péché.

Par ailleurs, il convient de constater que l'attention des canonistes se porte moins sur le scandale comme objet ou événement, que sur ses répercussions éventuelles et juridiques tant pour l'individu que pour la communauté. En d'autres termes, la définition du scandale ne vise pas à décrire un phénomène nettement circonscrit, qu'à noter les effets d'un acte ou d'un propos qui méritent d'être examinés dans leur singularité successive. Le terme "scandale" donnerait ainsi une grande variété de sens non prédictibles *a priori*[125]. Selon Leveleux-Teixeira, pour exister, le scandale suppose le concours d'un

---

[122] Voir V. NKOUAYA MBANDJI, « Les abus sexuels sur mineurs commis par des membres de l'Église au regard du droit pénal international », 24, https://droitcivil.uottawa.ca.laboratoire-recherche-interdisciplinaire-droits-enfant/files/concours_redaction_lride_2016-2017.pdf (consulté le 28 novembre 2022).

[123] R. NAZ, *Dictionnaire de droit canonique*, *« le scandale »*, VII, 1958. Cette définition n'est pas très différente d'autres significations du terme scandale du point de vue biblique ou moral que nous avons examiné précédemment.

[124] R. DE PEÑAFORT, *Summa de Paenitentia*, III, tit. 30, *De scandalo*, Universa bibliotheca iuris, (éd. X. OCHOA ET A. DIEZ), vol. 1, col. 700-701, tome B, Rome, 1976.

[125] Voir LEVELEUX-TEIXEIRA, « Le droit canonique médiéval et l'horreur du scandale », 198-199.

événement extérieur, un fait ou un propos, mais aussi la réaction d'un émetteur ou d'un récepteur. L'extériorité et la publicité sont des conditions de sa survenue, mais c'est surtout par ses effets que le scandale est canoniquement pris en compte[126]. D'après ce qui précède, on peut affirmer qu'il y a quatre éléments essentiels pour parler d'un scandale du point de vue de droit canonique, à savoir :

1. Un fait, un acte, un dit ou un signe extérieur.
2. La présence d'un émetteur ou la notoriété du délit.
3. La réaction d'un récepteur : l'effet provoqué sur autrui ou sur la communauté.
4. La publicité : il ne peut y avoir scandale que si le délit a été commis publiquement ou il a une dimension publique.

Force est de constater que les quatre éléments essentiels pour parler d'un scandale du point de vue de droit canonique rejoignent la notion sociologique dont on a parlé plus haut, où on trouve aussi quatre éléments qui caractérisent le scandale. De part et d'autre, on note le concours d'un événement extérieur, un acte, un fait ou un propos ; la nécessité d'un auteur du scandale ou la présence d'un émetteur ; la réaction d'un récepteur ou l'annonceur, et la publicité ou une audience intéressée et indignée. Par ailleurs, il y a vingt-huit canons dans *CIC/83* qui mentionnent le mot scandale et, parmi eux, quatorze se trouvent dans le Livre VI sur le droit pénal canonique. Xavier Ocha dans son Index des mots du *CIC/83* les énumère tous[127]. Il convient de constater que le nouveau Livre VI de 2021 ajoute plusieurs mentions du scandale, au total six canons, dans la perspective d'exiger sa réparation et d'attirer l'attention sur sa nécessité, notamment les canons ci-après : c. 1311, §2 ; c. 1324, §3 ; c. 1335, §1 ; c. 1343 ; c. 1344, 1° ; c. 1345. Les autres canons au sujet du scandale dans le Livre VI sont restés identiques dans leur numérotation[128].

Sans examiner chaque canon, il est plausible que différentes significations puissent être attribuées à l'utilisation du terme dans ces divers canons.

[126] Voir *Ibid.*, 199-201.

[127] Voir X. OCHOA, *Index verborum as locutionum Codicis Iuris Canonici*, editio secunda et completa, Vatican, Libreria editrice Lateranense, 1984, 340; voir aussi CONNOLLY, « The Concept of Scandal in a Changed Ecclesial Context », 143. Les mentions du scandale dans *CIC/83* sont les suivants: c. 277, §2 ; c. 326, §1 ; c. 695, §1 ; c. 696, §1 ; c. 703 ; c. 933 ; c. 990 ; c. 1132 ; c. 1184, §1, 3 ; c. 1211 ; c. 1318 ; c.1328, §2 ; c. 1339, §2 ; c. 1341 ; c. 1344, 2 ; c. 1344, 3 ; c. 1347, §2 ; c. 1352, §2 ; c. 1357, §2 ; c. 1361, §3 ; c. 1364, §2 ; c. 1394, §1 ; c. 1395, §1 ; c. 1399 ; c. 1455, §3 ; c. 1560, §2 ; c. 1722 ; c. 1727, §2.

[128] Voir A. BORRAS, « Le nouveau droit pénal spécial (canons 1364-1398) », dans *L'Année canonique,* 61 (2021), 45 (= BORRAS, « Le nouveau droit pénal spécial »).

Cependant, on peut dégager deux différents objectifs que ces canons préconisent au sujet du scandale, à savoir :

1. Éviter ou prévenir le scandale, par exemple cc. 990 ; 1560, §2 ; 1399 ; 1722.
2. Réparer le scandale, par exemple cc. 695, §1 ; 1341 ; 1344, 2° et 3 ; 1347.

De plus, le scandale peut constituer une menace ou une remise en cause d'une valeur essentielle de la communauté. La valeur en question doit être suffisamment importante dans la vie de ladite communauté. Comme le souligne Astigueta, à la source du scandale se trouve une valeur fondamentale de la communauté qui a été lésée[129]. Plus la conviction de la communauté est profonde en ce qui concerne cette valeur, plus grand est le scandale quand il surgit.

Dans tous les endroits où le terme « scandale » apparaît dans le Code de droit canonique, il a une connotation souvent péjorative. Il est toujours présenté comme quelque chose de mauvais ou de mal qui perturbe le bon ordre de la communauté[130]. Dans ce contexte, la loi canonique donne à l'autorité ecclésiastique le pouvoir discrétionnaire pour intervenir afin d'éviter ou de réparer le scandale dans les cas particuliers qui ne pourraient pas être anticipés par le législateur suprême. Cependant, la sanction pénale est un dernier recours pour corriger le triple désordre, à savoir théologal, ecclésial et social causé par le péché qualifié de délit. Quand le droit de l'Église qualifie de délit le péché grave, le refus de changer par le pécheur peut donner lieu, après l'échec des autres moyens pastoraux, à une sanction pénale. En principe, cette sanction pénale doit être prévue lors de la commission du délit édicté (c. 1321, §2). Elle est alors appliquée dans le double objectif, non encore atteint jusque-là, notamment l'amendement du coupable et la réparation des dommages et du scandale[131].

Il s'avère que « dans le contexte structural du droit canonique, le scandale se trouve sans référent précis. C'est-à-dire qu'il sert davantage à justifier le *ius coercendi* de l'Église qu'à désigner la réalité concrète d'une faute »[132]. En droit pénal ecclésiastique, la catégorie de « scandale » sert fondamentalement à déterminer la gravité du délit. Pour les décrétistes le scandale constitue à la fois l'un des critères majeurs de l'évaluation du crime et aussi de la peine à

---

[129] Voir D. G. ASTIGUETA, « Lo scandalo nel CIC significato e portata giuridica », dans *Periodica,* 92 (2003), 600-601.

[130] Voir ASTIGUETA, « Lo scandalo nel CIC significato e portata giuridica », 589.

[131] Voir A. BORRAS, *Les sanctions dans l'Église*, Paris, Tardy, 1990, 151-152.

[132] *Ibid.*, 237. Le *ius coercendi* c'est l'usage de toutes les mesures coercitives ou punitives jugées nécessaires pour exécuter des lois ou ordonnances ou imposition des sanctions sévères en cas de violations des lois ou ordonnances. Voir G. MOUSOURAKIS, *A legal History of Rome*, New York, Routledge, 2007, 11-12.

appliquer au coupable[133]. La notion de scandale est déterminante dans le droit pénal canonique. Lorsqu'un scandale survient, la loi prescrit une obligation à l'autorité ecclésiastique de prendre des mesures pour mettre fin à la source du scandale et réparer le préjudice causé par le scandale. Le scandale apparaît donc comme un élément juridique qui permet de donner au délit une dimension particulière, car il faut l'éviter, le réparer et au besoin le sanctionner. Cela étant dit, selon quels critères allons-nous déterminer une sanction proportionnelle à la gravité d'un scandale ? Le c. 1399 du *CIC/83* parle d'une « juste peine ». Quelle serait donc la juste peine ? Cela dépendra de chaque cas. Nous y reviendrons plus tard.

Par ailleurs, le Magistère de l'Église catholique n'est pas resté indifférent et insensible face aux scandales d'abus sexuels perpétrés par des clercs et religieux sur des mineurs. En revanche, on note une volonté déterminée de l'Église à lutter contre les abus sexuels sous toutes ses formes.

1.3 Les réponses du magistère de l'Église catholique face aux abus sexuels

La problématique des abus sexuels commis sur des mineurs[134] par des ecclésiastiques, en l'occurrence des clercs et des religieux, mérite d'être étudiée, parce qu'elle a toujours préoccupé l'Église catholique, et cette dernière reconnaît sa part de responsabilité dans une gestion parfois

---

[133] Voir C. NEMO-PEKELMAN, « Scandale et vérité dans la doctrine canonique médiévale (XIIe XIIIe siècles) », .https://www.academia.edu/1785097/Scandale_et_v%C3%A9rit%C3%A9_dans_la_doctrine_canonique_m%C3%A9di%C3%A9vale_XIIe_XIIIe_si%C3%A8cles_in_Revue_historique_de_droit_fran%C3%A7ais_et_%C3%A9tranger_oct_nov_2007_?utm_source=chatgpt.com (30/03/2025); voir aussi, C. LEVELEUX-TEIXEIRA, « Le droit canonique médiéval et l'horreur du scandale », https://www.academia.edu/16377954/Le_droit_canonique_m%C3%A9di%C3%A9val_et_l_horreur_du_scandale?utm_source=chatgpt.com (30/3/2025).

[134] La clarification de cette terminologie « abus sexuels sur mineurs » s'avère nécessaire. En effet, « Par les termes ' abus sexuels' perpétrés particulièrement sur un mineur on entend toute activité sexuelle impliquant un adulte et un mineur de moins de dix-huit ans [...]. L'abus sexuel implique l'exploitation à des fins sexuelles d'un mineur par un adulte. Un tel acte constitue un abus de confiance et de pouvoir et peut être accompagné d'une forme de mauvais traitement. Pour le législateur canonique, l'expression 'abus sexuels' doit être comprise en référence au péché contre le sixième commandement du Décalogue avec un mineur ». Voir NKOUAYA MBANDJI, *La prescription canonique des délits sexuels sur des personnes mineures*, 173-174. Par ailleurs, MORRISEY distingue trois types d'inconduites sexuelles, à savoir l'abus sexuel, l'exploitation sexuelle et le harcèlement sexuel. Voir F.G. MORRISEY, « *The Pastoral and Juridical Dimension of Dismissal from the Clerical State and Other Penalties for Acts of Sexual Misconduct* », dans *Proceedings of the Canon Law Society of America,* 53 (1993), 221-239.

problématique des cas d'abus par certains de ses responsables. En effet, ce phénomène inadmissible des abus sexuels sur des mineurs est l'objet d'une expérience douloureuse et devrait être poursuivi par une recherche sincère de la vérité et de la justice.

Dans cette section de notre étude, nous n'avons pas l'ambition ni l'intention d'examiner en profondeur tous les documents officiels du magistère de l'Église catholique en rapport avec les abus sexuels. Le sujet est vaste, mais nous nous limiterons à quelques documents sélectionnés pour leur pertinence avec notre problématique. Nous passerons en revue les réformes successives des papes et du Magistère de l'Église depuis le *CIC/17*[135]. Nous dégagerons les éléments essentiels du droit pénal canonique qui émergent de ces réformes, et qui mettent en évidence la lutte de l'Église catholique contre les abus sexuels sans entrer formellement dans les questions de procédure. Notre exposé ne sera donc pas exhaustif. De plus, notre survol de différents documents sera certainement incomplet. Il se contentera d'épingler les délits en matière sexuelle répertoriés dans les différents documents et les dispositifs canoniques de l'Église en rapport au délit des mœurs commis sur des mineurs par des clercs et des religieux. De fait, le Magistère de l'Église met en place l'aggiornamento de dispositions canoniques en matière d'abus sexuels sur des mineurs en tenant compte de la réalité de la vie sociale et ecclésiale.

---

[135] Nous avons choisi d'examiner la poursuite de la réforme du droit pénal canonique touchant aux abus sexuels qu'à partir du *CIC/17*. Cependant, il convient de noter qu'il y a eu une législation antérieure au *CIC/17* en ce qui concerne les abus et les crimes sexuels envers les personnes mineures. En effet, les abus sexuels sur des enfants ou des mineurs ont été perçus et condamnés comme un crime et un péché grave depuis la tradition judéo-chrétienne, par le synode d'Elvire du 4e siècle et le concile de Trente au 16e siècle notamment par la Constitution *Sacramentum Poenitentiae* au 18e siècle, précisément en juin 1741, avant le *CIC/17*. Voir V. NKOUAYA MBANDJI, « Le pape François et la crise des abus sexuels. La poursuite de la réforme du droit pénal canonique », dans *Studio canonica,* 54 (2020), 586-588 (= NKOUAYA MBANDJI, « Le pape François et la crise des abus sexuels. La poursuite de la réforme du droit pénal canonique »).

1.3.1 Le *CIC/17*[136]

Dans le *CIC/17*, le Livre V concernant des délits et des peines, Partie III sur les peines prévues pour chaque délit (cc. 2314-2414), on y trouve quelques canons qui touchent la matière des abus sexuels, notamment les cc. 2353 ; 2357, §1 ; 2357, §2 ; 2358 ; 2359, §1 ; 2359, §2 ; 2359, §3 ; 2368, §1 ; 2368, §2. En effet, le *CIC/17* a abordé la question des abus sexuels sous le thème du délit contre le sixième commandement, mais aussi sous le thème de la pénitence (*De poenitentia*) par le biais des canons que nous venons de mentionner (cc. 2353, 2357, 2358, 2359 et 2368). Il s'agit en particulier des séculiers ou des religieux concubinaires et ceux qui ont commis un délit avec des mineurs de moins de seize ans, ou ont pratiqué l'adultère, viol, bestialité, sodomie, excitation à la prostitution ou inceste[137]. Cependant, « l'abus sexuel d'un mineur est mentionné explicitement pour la première fois dans le c. 2359, § 2 »[138]. On reconnaît aussi dans ce canon le mérite de faire entrer dans la catégorie de délit contre le sixième commandement du Décalogue tout acte

---

[136] BENEDICTI PAPAE XV, *Codex Iuris Canonici Pii X Pontificis Maximi iussi digestus*, dans *AAS* 09 (1917), Pars II. Le *CIC/17*, de son titre *latin Codex Iuris Canonici*, également appelé Code Pio-Benedictin, fut la première codification complète officielle du droit canonique latin. Commandé par le pape Pie X en 1904 et exécuté par la Commission de codification, l'ouvrage fut achevé et promulgué par le pape Benoit XV le 27 mai 1917, entrant en vigueur le 19 mai 1918. Il est resté en vigueur jusqu'à ce que le *CIC/83* entre en vigueur et l'abroge le 27 novembre 1983. Il a été décrit comme « la plus grande révolution du droit canonique depuis l'époque de Gratien (1150 après JC) », https://dictionary.tn/code-de-droit-canonique-de-1917/ (18 août 2022). Pour la traduction française du Code de Droit Canonique de 1917, nous utiliserons, à moins qu'il ne soit indiqué autrement, la version française de la Faculté de Droit Canonique de l'Institut Catholique de Paris, https://www.droitcanonique.fr/codes/cic-1917-15 (= *CIC/17*).

[137] Voir *CIC/17*, c. 2359 : §1. « Si des clercs dans les ordres sacrés, séculiers ou religieux, sont concubinaires, après une monition inutile, qu'on les contraigne à abandonner leur liaison coupable et à réparer le scandale causé par leur suspense *a divinis* et la privation des fruits de leur office, de leur bénéfice » ; §2. « S'ils ont commis un délit contre le sixième commandement avec des mineurs de moins de seize ans, ou pratiqué adultère, viol, bestialité, sodomie, excitation à la prostitution ou inceste avec ses consanguins ou alliés au premier degré, ils doivent être suspendus, déclarés infâmes, privés de tout office, bénéfice, dignité ou charge qu'ils pourraient avoir, et dans les cas les plus graves ils doivent être déposés »; §3. « S'ils ont commis d'autres délits contre le sixième commandement, qu'on leur inflige des peines proportionnelles à la gravité du cas, sans excepter la privation de l'office ou d'un bénéfice surtout s'ils avaient charge d'âmes ».

[138] NKOUAYA MBANDJI, « Le pape François et la crise des abus sexuels. La poursuite de la réforme du droit pénal canonique », 588.

sexuel immoral envers un mineur de moins de seize ans, sans pour autant préciser tous les faits punissables[139].

Force est de constater que les abus sexuels perpétrés par des clercs et des religieux étaient sévèrement punis par le *CIC/17*. En effet, les auteurs de ce délit devaient être suspendus, déclarés infâmes, privés de tout office, bénéfice, dignité ou charge qu'ils pourraient avoir, et dans les cas les plus graves, ils devaient être déposés[140]. Même si les auteurs de ce délit ici visés sont d'abord les clercs, il est intéressant de noter que le c. 2357, §1 concernait aussi les laïcs. En effet, ce canon prévoyait une sanction pour les fidèles laïcs qui se seraient rendus coupables des délits sexuels commis avec des mineurs de moins de seize ans. Ce qui démontre que les abus sexuels n'étaient pas seulement commis par les clercs et les religieux, mais aussi par les fidèles laïcs, c'est pourquoi il y a une peine prévue à leur sujet. Par ailleurs le fidèle, même laïc, serait aussi puni d'excommunication *latae sententiae* dans le cas où il ne dénoncerait pas le clerc qui l'aurait sollicité (c. 2369, § 2)[141]. D'autre part, le c. 2363 du *CIC/17* punissait aussi d'excommunication *latae sententiae* réservée au Siège apostolique quiconque aurait faussement accusé un ecclésiastique pour sollicitation[142]. Il a fallu attendre l'instruction *Crimen sollicitationis* de 1922 pour voir les conséquences juridiques profondes des délits sexuels commis sur des personnes mineures.

---

[139] Voir ibid., 589.

[140] Voir *CIC/17*, c. 2359.

[141] Voir *CIC/17*, c. 2369, §2 : « Le fidèle qui contre la prescription du can. 904, a omis sciemment de dénoncer dans le mois celui qui l'avait sollicité, encourt une excommunication *latae sententiae* non réservée, dont il ne peut être absous qu'après avoir satisfait à son obligation ou sérieusement promis d'y satisfaire ».

[142] Voir *CIC/17, c. 2363* : « Si quelqu'un personnellement ou par d'autres, dénonce mensongèrement aux supérieurs un confesseur pour crime de sollicitation, il tombe par le fait dans une excommunication spécialement réservée au Siège apostolique ; il ne peut, en aucun cas, en être absous avant d'avoir formellement rétracté la fausse dénonciation et réparé, selon ses moyens, les dommages qui auraient pu en résulter ; on doit en outre lui imposer une grave et longue pénitence et tenir compte du can. 894 ».

1.3.2 L'Instruction *Crimen sollicitationis* de 1922[143]

Quelques années après la promulgation du *CIC/17*, la Suprême Congrégation du Saint-Office a publié, sous le pontificat de Pie XI, une instruction *Crimen sollicitationis* (le 8 juin 1922), qui a donné des instructions détaillées aux diocèses et aux tribunaux locaux sur les procédures à suivre face au délit canonique de sollicitation. Ce crime le plus grave concernait l'abus de la sainteté et de la dignité du sacrement de pénitence par un prêtre catholique qui sollicitait le pénitent à pécher contre le sixième commandement du décalogue, soit avec le confesseur lui-même, soit avec un tiers. Les normes émises en 1922 étaient une mise à jour, à la lumière du *CIC/17* et de la Constitution apostolique « *Sacramentorum poenitentiae* » promulguée par le pape Benoît XIV en 1741[144].

L'instruction de 1922 comprenait une courte section consacrée à un autre délit canonique, à savoir le « *crimen pessimum* » (Titre V du document), c'est-à-dire des pires crimes. Cette section traitait de l'inconduite cléricale avec une personne de son propre sexe. Elle détermina que les procédures spéciales pour

---

[143] Cette Instruction a été approuvée *in forma specifica* par le pape Pie XI et signée par le cardinal Merry del Val, Cardinal Secrétaire du Saint-Office. Bien que le document ait été imprimé par Vatican Press, il n'a pas été promulgué de manière normale dans les *Acta Apostolicae Sedis* (le journal officiel du Vatican). Il était donc censé être un document secret. Voir B. DALY, « The Instruction *Crimen Solllicitationis* on the Crime of Solicitation : Confusion or Cover-up of Paedophilia ? », dans *The Canonist,* 7 (2016), 14-15.; voir T. DOYLE, The 1922 Instruction and the 1962 Instruction *Crimen Sollicitationis*, promulgated by the Vatican, 3 October 2008, http://www.awrsipe.com/doyle/2008/2008-10-03 (5 septembre 2022). Nicholas P. Cafardi fait remarquer que : « la première page de l'instruction dit qu'elle doit être conservée avec diligence dans les archives secrètes de la curie [diocésaine] pour un usage interne, et ne doit pas être publiée ou commentée dans un commentaire canonique. Alors que l'instruction s'adresse à tous les patriarches, archevêques, évêques et autres ordinaires locaux, y compris des rites orientaux. Elle ne leur a évidemment pas été distribuée. Au lieu de cela, le texte était disponible sur demande aux évêques qui avaient besoin de connaître son contenu pour faire face à de tels crimes », voir DALY, « The Instruction *Crimen Solllicitationis* on the Crime of Solicitation », 15; voir N. P. CAFARDI, « The scandal of secrecy. Canon law & the sexual abuse », dans *Commonweal* 12 July 2010, https://www.commonwealmagazine.org/scandal-secrecy (consulté le 13 septembre 2022). K. DEMASURE fait la même remarque au sujet de la confidentialité de ce document en se posant une double question : « Premièrement, les évêques ont-ils été mis au courant de l'existence de ce document, puisqu'il n'a pas bien été distribué, pour dire le moins ? Deuxièmement, jusqu'à quand a-t-il été valide ? Le Code de droit canonique de 1983 l'a-t-il remplacé ? ». Voir DEMASURE, *La vérité nous rendra libres. Paroles de femmes dans la crise des abus,* 139-140.

[144] Voir BENOIT XIV, *AAS II*, 9 (1971), 505-508; voir aussi *CIC*/17, Document V, Voir aussi Fontes de GASPARRI, vol. I, 680.

les cas de sollicitation devraient aussi être utilisées pour les cas de « *crimen pessimum* », avec les adaptations rendues nécessaires par la nature du cas. Les normes concernant le « *crimen pessimum* » s'étendaient également au crime odieux d'abus sexuels d'enfants préadolescents des deux sexes ou avec des animaux[145].

Enfin, l'instruction de 1922 était donnée au besoin aux évêques qui devaient traiter des cas particuliers concernant la sollicitation, l'homosexualité cléricale, les abus sexuels sur enfants et la bestialité.

En somme, le document de 1922 traitait les cas des prêtres, auteurs des sollicitations sexuelles à l'occasion du sacrement de la confession. Toutefois, il fait mention aussi des abus des mineurs (no 71-74), en le qualifiant comme l'un des pires crimes (*crimen pessimum*)[146]. En effet, le pire crime ou délit est défini dans le n° 73 de l'instruction *Crimen sollicitationis* comme un comportement obscène du clerc avec des enfants préadolescents (impeberes)[147] de l'un ou l'autre sexe ou avec des animaux. Il appartenait aux évêques de mener une enquête préliminaire sur de telles allégations, d'en informer la sacrée congrégation du Saint-Office et d'engager un procès pénal. La perte de l'état clérical n'était autorisée que lorsqu'il n'y avait aucun espoir d'amendement. En effet, les procédures devaient être soumises au secret de la sacrée congrégation du Saint-Office, sinon la sanction était l'excommunication *latae sententiae* ou automatique qui ne pouvait être levée que par le Pape lui-même[148]. L'instruction *Crimen Sollicitationis* de 1962 viendra réaffirmer le crime d'abus sexuel sur des mineurs.

---

[145] Voir CONGRÉGATION POUR DOCTRINE DE FOI, *The Norms of the motu proprio "Sacramentorum Sanctitatis Tutela" (2001) – Historical Introduction*, Prepared by the Congregation for the Doctrine of the Faith, https://www.vatican.va/resources/resources_introd-storica_en.html (consulté le 30 juillet 2022).

[146] DEMASURE, *La vérité nous rendra libres. Paroles de femmes dans la crise des abus,* 138.

[147] Par le vocable « impeberes » (impubère), il fallait entendre, aux termes du c. 88, §2 du *CIC/17*, le mineur homme de moins de quatorze ans et la femme de moins de douze ans.

[148] Voir K. TAPSELL, *Potiphar's Wife. The Vatican's Secret and Child Sexual Abuse*, Adelaide, ATF Press, 2014, 13.

1.3.3 L'Instruction *Crimen sollicitationis* de 1962[149]

En 1962, le pape Jean XXIII a autorisé une réimpression de l'instruction de 1922, avec une petite section ajoutée concernant les procédures administratives à utiliser dans les cas où des clercs religieux étaient impliqués. De fait, l'instruction de 1962 reprend en substance celle de 1922 avec quelques compléments. Des copies de la réimpression de l'instruction de 1962 devaient être remises aux évêques réunis pour le Concile Vatican II (1962-1965). En effet, quelques exemplaires de cette réimpression ont été distribués aux évêques qui, entre-temps, avaient besoin de traiter des affaires réservées au Saint-Office, mais la plupart des exemplaires n'ont jamais été distribués[150]. Par ailleurs, l'instruction de 1962 n'était pas publiée dans le journal officiel du Vatican (*Acta Apostolicae Sedis*) comme c'était la coutume. Par contre, elle était gardée comme un document secret pour un usage interne et conservé dans les archives secrètes de la curie romaine[151], et « le fait que cette instruction ait été gardée secrète fit qu'elle a été fréquemment ignorée et non appliquée »[152].

---

149 SUPREME SACRED CONGREGATION OF THE HOLY OFFICE, Instruction on the Manner of Proceeding in Causes of *Solicitation Crimen sollicitationis*, March 16,1962, Vatican City, Typis polyglottis Vaticanis, 1962, https://www.vatican.va/resources/resources_crimen-sollicitationis-1962_en.html. (consulté le 2 septembre 2022). Bien qu'une instruction soit normalement un document administratif qui facilitait l'application de la loi mais n'y ajoutait rien, ni n'y dérogeait, cette instruction constituait une nouvelle loi, comme l'a expliqué Jean-Paul II : « Il faut garder à l'esprit qu'une instruction de ce genre avait force de loi puisque le Souverain Pontife, selon la norme du canon 247, 1 du *Codex Iuris Canonici* promulgué en 1917, présidait la Congrégation du Saint-Office, et l'instruction procédait de sa propre autorité, le Cardinal n'assumant alors que la fonction de Secrétaire », voir JEAN PAUL II, Lettre apostolique *Sacramentorum sanctitatis tutela*, 30 avril 2001, dans *AAS*, 93 (2001), 738; voir J.P. BEAL, The 1962 Instruction *Crimen sollicitationis* : Caught Red-handed or Handed a Red herring?, dans *Studia canonica*, 41 (2007), 200.

150 Voir *SST* 2001 – *Historical Introduction*.

151 Voir DEMASURE, *La vérité nous rendra libres. Paroles de femmes dans la crise des abus,* 139.

152 NKOUAYA MBANDJI, « Le pape François et la crise des abus sexuels. La poursuite de la réforme du droit pénal canonique », 591.

1.3.4 *CIC/1983*[153]

Le *CIC/83* a abordé les délits en matière sexuelle au moyen de diverses figures prévues par la loi canonique. Le c. 1395 envisage deux délits impliquant des clercs directement contre le sixième commandement du Décalogue. Il s'agit tout d'abord de concubinage, c'est-à-dire le rapport sexuel stable avec une personne du sexe opposé, mais aussi une situation compromettante ou scandaleuse du clerc dans tout autre péché externe contre le sixième commandement (c. 1395, §1). Les auteurs de ce délit sont punis de suspense *ferendae sententiae* obligatoire, c'est-à-dire moyennant une procédure judiciaire ou administrative, et dans le cas de persistance dans le délit malgré une monition, d'autres peines facultatives s'ajouteraient, y compris la perte de l'état clérical[154].

C'est par le biais du c. 1395, §2 que le législateur du *CIC/83* aborde la question des abus sexuels perpétrés par des clercs sur des mineurs. Le contenu de ce délit est vaste parce qu'il est question de toute faute contre le sixième commandement qui ne réunit pas les caractéristiques du délit précédent (c. 1395, §1). En effet, le délit visé par le c. 1395, § 2 doit avoir une des quatre caractéristiques suivantes : avoir été commis par violence (par viol), avec menaces (au risque de subir une conséquence punitive) ou bien publiquement ou encore à l'égard d'un mineur de moins de seize ans. C'est ici qu'entre en ligne de compte l'abus sexuel sur des mineurs, non divulgué et dès lors ne causant pas du tout ou pas encore de scandale[155]. La sanction prévue pour les auteurs de ce délit c'est *ferendae sententiae* indéterminée, selon la gravité du délit, jusqu'au renvoi de l'état clérical. Mais, il reste à savoir si le c. 1395 traite seulement des clercs et ne concerne pas les religieux et les autres consacrés

---

[153] JEAN PAUL II, Constitution apostolique « *Sacrae disciplinae leges* », 25 janvier 1983, dans *AAS,* 75 (1983), Pars II, vii-xiv, traduction française dans *DC,* 80 (1983), 244-247. Le *CIC/83* d'après le titre latin *Codex Iuris Canonici* est le code qui régit actuellement l'Église catholique latine. Les Églises catholiques orientales sont soumises, quant à elles, au Code des canons des Églises orientales de 1990 (CCEO). Outre les dispositions contenues dans ces deux codes, d'autres normes pontificales constituent l'essentiel de ce qu'il est convenu d'appeler le droit universel. Le *CIC/83* a été promulgué par le pape Jean-Paul II le 25 janvier 1983 et est entré en vigueur le 27 novembre 1983. Il remplace, en effet, le *CIC/1917*, et a pris en compte des changements apportés par le Concile Vatican II (1962-1965). À plusieurs reprises, le pontife romain a modifié quelques canons du Code de droit canonique. Récemment, le pape François a reformé le Livre VI du Code par la constitution apostolique *Pascite gregem Dei*, promulgué le 23 mai 2021, et entré en vigueur le 8 décembre 2021.

[154] Voir ibid., 89-90 ; voir BORRAS, *Les sanctions dans l'Église,* 193; voir *CIC/83,* c.1237.

[155] Voir *CIC/83,* c. 1237; voir NKOUAYA MBANDJI, *La prescription canonique*, 159-160.

qui ne sont pas des clercs[156]. Il convient de noter que le c. 695, §1[157] qui parle des religieux traite éventuellement de la violation par des religieux du c. 1395 et en particulier des actes sexuels envers des mineurs du c. 1395, §2[158].

1.3.5 *Sacramentorum sanctitatis tutela* (30 avril 2001)[159] et la lettre du 18 mai 2001 de la CDF[160]

En 2001, Jean Paul II promulgue un document de grande importance, à savoir le *motu proprio* (*m.p.*) « *Sacramentorum Sanctitatis Tutela* » (*SST*),

---

[156] D'après G. Mattia, les religieux sont également inclus dans ce précepte en vertu du c. 695, §1, qui contient une référence explicite au c. 1395. Voir G. MATTIA, « offenses against Special Obligations », commentaire du c. 1395, dans *Exegetical Comm*, vol. 4, 546. C. J. Scicluna partage le même point de vue que Mattia, il affirme que cette norme inclut évidemment les religieux qui sont dans les ordres sacrés même si elle ne mentionne que les clercs. Pour lui, dans une question aussi grave que les abus sexuels, aucune distinction ne doit être faite. Voir C. J. SCICLUNA, « Sexual Abuse of Children and Young People by Priest and Religious : Description of the Problem by a ''Church Perspective"», dans R.K. HANSON et al. (dirs.), *Sexual Abuse in the Catholic Church : Scientific and Legal Perspectives*, Cité du Vatican, LEV, 2003, 14. De même que T.J. Green commente que ce présent canon traite des clercs séculiers et religieux de toutes sortes. Voir T.J. GREEN, « Penalties for Individual Delicts », dans *CLSA Comm2*, 1599, note 287. Cependant, De Paolis n'est pas convaincu que la violation du sixième commandement du Décalogue prévue comme délit pour les seuls clercs devienne aussi délits pour les religieux en vertu du c. 695. Par conséquent, d'après lui, la violation du c. 1395 ne serait pas à vrai dire un délit. Voir V. DE PAOLIS, « Delitti contro il sesto commandamento », dans *Periodica*, 82 (1993), 315-316.

[157] Voir *CIC/83*, c. 695, §1 : « Un membre doit être renvoyé pour les délits dont il s'agit aux cann. 1395, 1397 et 1398, à moins que pour les délits dont il s'agit aux cann. 1395 §§2-3 et 1398 §1, le Supérieur majeur n'estime que le renvoi ne soit pas absolument nécessaire et qu'il a moyen de pourvoir autrement et suffisamment à l'amendement du membre ainsi qu'au rétablissement de la justice et à la réparation du scandale ». c. 695, §2 : « En pareils cas, le Supérieur, après avoir recueilli les preuves des faits et de leur imputabilité, signifie l'accusation et ses preuves au membre à renvoyer en lui donnant la faculté de présenter sa défense. Tous les actes, signés du Supérieur majeur et du notaire avec les réponses du membre rédigées et signées par lui, seront transmis au Modérateur suprême ». Il convient de signaler que ce canon a été modifié par le Motu Proprio *Recognitum Librum VI* du pape François du 26 avril 2022.

[158] NKOUAYA MBANDJI, « Le pape François et la crise des abus sexuels. La poursuite de la réforme du droit pénal canonique », 593.

[159] JEAN PAUL II, Lettre apostolique *Sacramentorum sanctitatis tutela*, 30 avril 2001, dans *AAS*, 93 (2001), 737-739, traduction française dans *DC*, 99 (2002), 363-365.

[160] CONGREGATION POUR LA DOCTRINE DE LA FOI, Lettre aux Évêques et aux autres Ordinaires et Supérieurs hiérarchiques de l'Église Catholique intéressés par les délits les plus graves réservés à la Congrégation pour la Doctrine de la Foi, 18 mai 2001, dans *AAS*, 93 (2001), 785-788, traduction française dans *DC*, 99 (2002), 364-365.

attribuant à la CDF[161] la compétence pour traiter et juger une série de délits graves qui relevaient jusque-là de divers dicastères. Ce *m.p.* fut alors accompagné d'un certain nombre de mesures et de normes de procédures sous le titre *de Normae de gravioribus delictis*. Ce qui marque un moment décisif dans la gestion ecclésiastique des abus[162]. De fait, la compétence du CDF était déjà mentionnée dans la Constitution apostolique *Pastor bonus* (art. 52)[163], celle de juger les délits contre la foi et les délits les plus graves, commis soit contre les sacrements soit contre les mœurs. Cependant, il n'y avait aucun détail sur la matière de ces « plus graves délits ». Par ailleurs, la lettre du 18 mai 2001 explicite ce que le CDF veut dire par délits les plus graves "contre les mœurs". Il s'agit, en effet, d'un délit contre le sixième commandement du décalogue commis par un clerc avec un mineur de dix-huit ans[164]. Cette lettre précise aussi les détails de délits concernant les sacrements de l'Eucharistie et de la Pénitence.

Il s'ensuit que le18 mai 2001, le préfet et le secrétaire du CDF, respectivement le Cardinal Joseph Ratzinger et l'Archevêque Tarcisio Bertone, envoient une lettre à tous les évêques catholiques romains pour les informer de la promulgation du *SST* du 30 avril 2001. Par le biais de cette lettre, ils ont indiqué que ce *m.p., SST* remplaçait l'instruction *Crimen sollicitationis*. C'est ainsi que bon nombre d'évêques ont pris connaissance de ce dernier document[165]. Selon le *m.p., SST* de 2001, l'action criminelle contre les délits réservés au CDF est éteinte par la prescription au bout de dix ans, une période plus longue que la législation précédente (*CIC/83*) qui prévoyait

---

[161] En vertu de la nouvelle constitution apostolique, *Praedicate evangelium* (« Prêchez l'Évangile »), tous les principaux départements du Vatican sont désormais appelés « dicastères ». Ainsi la CDF s'appellera dorénavant « Dicastère pour la doctrine de la foi » (DDF). Cette constitution apostolique sur la réforme de la Curie romaine promulguée par le pape François le 19 mars 2022, entrée en vigueur le 5 juin 2022, remplace *Pastor Bonus* publié par le pape Jean-Paul II le 28 juin 1988.

[162] Voir THIEL, *L'Église catholique face aux abus sexuels sur des mineurs*, 398; https://www.vatican.va/resources/resources_lombardi-nota-norme_fr.html (consulté le17 novembre 2022).

[163] Voir JEAN PAUL II, Constitution apostolique sur la Curie romaine *Pastor bonus*, 28 juin 1988, dans *AAS*, 80 (1998), 841-923, traduction française dans *DC*, 85 (1988), 897-912; 972-833.

[164] Voir CDF, « Lettre sur les délits les plus graves », 365. Il convient de noter que le *CIC/83* n'emploie pas la terminologie « Abus sexuel », de même que le *m.p. Sacramentorum sanctitatis tutel*a de 2001. Cependant, le Catéchisme de l'Église catholique fait usage de cette expression : « on rattache à l'inceste les abus sexuels perpétrés par des adultes sur des enfants confiés à leur garde. La faute se double alors d'une atteinte scandaleuse portée à l'intégrité physique et morale des jeunes, qui en resteront marqués leur vie durant, et d'une violation de la responsabilité éducative ». Voir CECC, *Catéchisme de l'Église catholique*, no 2389.

[165] Voir DEMASURE, *La vérité nous rendra libres. Paroles de femmes dans la crise des abus,*140-141.

cinq années (c. 1362). On note aussi une autre innovation en ce qui concerne le décompte du temps de prescription du délit contre des mineurs, qui commence à courir à partir du jour où le mineur atteint l'âge de dix-huit ans[166].

1.3.6 Les normes révisées de 2010 (21 mai 2010)[167] et les modifications apportées aux délits les plus graves contre les mœurs (15 juillet 2010)[168]

Presque dix ans après la promulgation de la Lettre apostolique donnée sous la forme de *m.p.* « *Sacramentorum sanctitatis tutela* » concernant les « *Normae de gravioribus delictis* » (Normes sur les délits les plus graves) réservée au CDF, ce Dicastère a jugé nécessaire et opportun de procéder à une révision des normes jusque-là en vigueur, en apportant des amendements non à tout le texte, mais seulement à certaines parties du document, afin d'améliorer l'application concrète. Les Normes révisées de 2010 portent éventuellement sur l'acquisition, la détention ou la divulgation d'images pornographiques de mineurs de moins de quatorze ans de la part d'un clerc (art. 6, §1, n°2) appartiennent aux délits les plus graves contre les mœurs, réservés au jugement du CDF[169]. De plus, les abus sur la personne qui jouit habituellement d'un usage imparfait de la raison sont considérés comme aussi

---

[166] Voir NKOUYA MBANDJI, *La prescription canonique*, 188-189.

[167] CONGREGATION FOR THE DOCTRINE OF THE FAITH, A brief introduction to the modifications made in the *Normae de gravioribus delictis* (21 May 2010) : « The new text of the *Normae de gravioribus delictis*, as revised by Pope Benedict XVI on 21 May 2010, contains modifications to both the substantial and the procedural norms found in the original text of *Sacramentorum sanctitatis tutela* », https://www.vatican.va/resources/resources_rel-modifiche_en.html (consulté le 19 août 2022).

[168] CONGREGATION POUR LA DOCTRINE DE LA FOI, « *Normae de gravioribus delictis* », dans *AAS*, 102 (2010), 419-434, traduction française dans *DC,* 107 (2010), 760-765; https ://www.vatican.va/resources/resources_norme_fr.html (consulté le 20 septembre 2022). Les normes révisées de 2010 préconisent, dans son article 30, que : § 1. Les causes de ce genre sont soumises au secret pontifical. § 2. Quiconque viole le secret ou, par dol ou négligence grave, cause un autre dommage à l'accusé ou aux témoins, sera, sur instance de la partie lésée ou même d'office, puni de peines adaptées par le Tribunal supérieur.

[169] L'article 6, §1, n°2 des normes révisées de 2010 innove dans le sens qu'il introduit une spécificité au délit de pornographie infantile absente du *m.p. Sacramentorum sanctitatis tutela* de 2001 même si la CDF dans sa pratique tient déjà compte de ce délit. Voir M.L. BARTCHAK, « Child Pornography and the Grave Delit of an Offense against the Sixth Commandment of the Decalogue committed by a Cleric with a Minor », dans *Periodica*, 100 (2011), 288; voir T.J. GREEN, « *Sacramentorum Sanctitatis Tutela*: Reflections on the Revised May 2010 Norms on More Serious Delicts », dans *The Jurist,*71 (2011), 139; voir J.A. RENKEN, « Normae de gravioribus delicts: 2010 Revised Version », dans *Studies in Church Law*, 6 (2010), 78.

graves que des actes de pédophilie (art. 6, §1, n°1)[170]. Enfin, la prescription pour les délits sur mineurs passe de dix à vingt ans.

De fait, les normes révisées devraient permettre un traitement accéléré des procédures, et la possibilité de ne pas suivre la procédure judiciaire en procédant par un décret extrajudiciaire. Le renvoi de l'état clérical quand le délit est manifestement constaté et après avoir accordé au coupable l'opportunité de se défendre pourra être plus prompte. Il sied de souligner que ces normes concernent aussi des délits d'une autre nature que ceux commis contre les mœurs, notamment les délits contre la foi- *delicta contra fidem*- (hérésie, apostasie et schisme), la violation et la divulgation du secret de la confession (art. 4§ 1) et l'ordination sacerdotale des femmes (art. 5).

1.3.7 La Lettre circulaire de la Congrégation pour la Doctrine de la Foi (3 mai 2011)[171]

Cette lettre circulaire est brève, mais dense, et constitue un nouveau point de départ très significatif pour éveiller davantage dans l'Église universelle la conscience de l'urgence de répondre de la façon la plus efficace au fléau des abus sexuels commis par des clercs. En effet, le but de la présentation des directives aux Conférences épiscopales est d'aider les évêques à suivre des procédures claires et cordonnées pour traiter ces cas d'abus, en garantissant la cohérence au niveau de l'Église universelle, mais aussi en tenant éventuellement compte de la situation concrète des juridictions au sein de la Conférence épiscopale[172].

Force fut de constater que la lettre circulaire développa une série d'indications générales, au premier rang desquelles figure l'attention prioritaire aux victimes des abus sexuels. Par ailleurs, l'Église doit à travers

---

[170] L'article 6, §1, n°1 des normes révisées de 2010 est une innovation apportée par les normes révisées de 2010 par le fait d'équiparer à un mineur de moins de dix-huit ans « la personne qui jouit habituellement d'un usage imparfait de la raison », dans la même perspective que les cc. 99 du *CIC*/83 et 908, §2 du CCEO qui assimilent aux enfants les personnes qui manquent habituellement de l'usage de la raison.

[171] Congregation pour la Doctrine de la Foi, Lettre circulaire pour aider les conférences épiscopales à établir des Directives pour le traitement des cas d'abus commis par des clercs à l'égard de mineurs, 3 mai 2011, dans *AAS*, 103 (2011), 406-412, traduction française dans *DC,* 108 (2011), 530-533. Le texte est suivi d'une note de synthèse, 534-536. Cette lettre circulaire est datée du 3 mai 2011 et rendue publique le 16 mai 2011.

[172] Les décrets généraux d'une conférence épiscopale doivent être considérés comme un complément à la législation universelle, et ne peuvent pas les supplanter ou les remplacer. Selon le c. 455, une *recognitio* est nécessaire par le Siège apostolique ou les dicastères compétents de la Curie romaine avant toute promulgation des décrets d'une conférence épiscopale et leur mise en pratique.

l'évêque ou son délégué se montrer prête à écouter les victimes ainsi que leurs familles et s'engager à leur fournir une assistance spirituelle et psychologique. Les nouvelles procédures devront aussi prendre en compte une meilleure formation et un suivi des clercs, notamment ceux qui passent d'un diocèse ou d'un séminaire à l'autre. En outre, la lettre rappelle que l'évêque diocésain a la responsabilité du bien commun des fidèles et de la protection des enfants et des jeunes en particulier. Par conséquent, il a l'obligation de donner une réponse adéquate aux cas éventuels d'abus sexuels des mineurs commis par des clercs dans son diocèse. La lettre prévoit aussi l'implication des supérieurs des instituts religieux dans les cas où les abus sont perpétrés par des religieux.

D'autre part, le CDF préconise la coopération avec la justice civile, sans porter atteinte au for interne sacramentel, la confession. Elle confirme avec vigueur que « l'abus sexuel de mineurs n'est pas seulement un délit au plan canonique. C'est aussi un crime qui fait l'objet de poursuite au plan civil. Bien que les rapports avec les autorités civiles diffèrent selon les pays, il est cependant important de coopérer avec elles dans le cadre des compétences respectives »[173]. La coopération concerne aussi les cas d'abus impliquant le personnel religieux et laïc qui travaillent dans les structures ecclésiastiques. De plus, le CDF affirme qu'un clerc ne doit pas retourner au ministère public s'il constitue un danger pour les mineurs ou un sujet de scandale pour la communauté. Il s'agit, pour l'Église catholique, d'assurer une réaction des autorités ecclésiastiques qui soit plus rigoureuse, plus cohérente et plus efficace[174].

---

[173] CDF, Directives pour le traitement des cas d'abus, 532. Il appert que l'absence de référence à la justice civile dans les Normes de *SST* de 2010 avait provoqué quelques critiques et était considérée comme un manque d'ouverture, et même un refus de l'Église de coopérer avec les autorités civiles afin de faire valoir la vérité et la justice au sujet des abus sexuels perpétrés par les clercs. Pour répondre aux critiques, MWANZA PINDI avance que les normes canoniques ont pour objectif l'ordonnancement pénal ecclésiastique sui generis (unique et distinct des lois étatiques). Par conséquent, on ne pourrait pas attendre des normes canoniques de légiférer sur le domaine civil. Cependant, le respect de compétences doit être de mise. Voir G. MWANZA PINDI, *Protection de l'enfance contre les délits sexuels dans l'Église*, Paris, Éditions l'Harmattan, 2013, 110-111.

[174] Voir THIEL, *L'Église catholique face aux abus sexuels sur des mineurs*, 410. Selon THIEL, le pape Benoit XVI aura, au final, manifesté son intransigeance à propos des abus sexuels sur les mineurs dans l'Église, alors que cela n'allait pas de soi au début de son pontificat. Il a pour la première fois rencontré des victimes, les a écoutées et leur a redit sa compassion. Dans sa *lettre pastorale aux catholiques irlandais*, il y reconnaît la responsabilité des évêques et leur demande d'appliquer les normes du droit canonique en affrontant les cas d'abus sur les enfants, de continuer à coopérer avec les autorités civiles, de mettre en place des procédures plus adéquates pour évaluer les candidats au sacerdoce et à la vie religieuse. Il diagnostique aussi une « préoccupation déplacée » pour la réputation de l'Église, mais ne perçoit pas encore totalement le caractère systémique de la crise des abus. C'est le pape François,

Ces orientations et directives, ajoute Federico Lombardi dans sa note de synthèse[175], prévoient de garantir à l'accusé des informations sur les accusations dont il fait l'objet et éventuellement la possibilité d'y répondre, en tous cas dans une défense digne et juste. En pratiquant les normes canoniques établies, l'Évêque ne doit rechercher que, d'après Mgr. Scicluna, l'amour de la vérité et de la justice dans le souci de sortir de la culture du silence et du déni des faits et non pas de protéger la réputation de l'institution au détriment des victimes[176].

1.3.8 La commission pontificale pour la protection des mineurs (22 mars 2014)

La Commission pontificale pour la protection des mineurs (CPPM) est créée par le pape François le 22 mars 2014 dans la deuxième année de son pontificat. Cette commission permanente a pour but de « de promouvoir la protection de la dignité des mineurs et des adultes vulnérables, à travers les formes et les modalités, conformes à la nature de l'Église, considérées les plus opportunes, ainsi que de coopérer dans ce but avec tous ceux qui, individuellement ou au sein d'une organisation, poursuivent le même objectif »[177]. En effet, selon le pape François, les cas d'abus sexuels sur les mineurs commis par certains membres du clergé ont imposé un examen de conscience sérieux de la part de l'Église. D'où l'importance fondamentale de l'écoute de ceux qui ont souffert d'abus, la demande de pardon aux victimes ainsi qu'à la communauté pour la souffrance infligée, mais aussi et surtout la mise en œuvre de tous les moyens nécessaires pour établir la justice, réparer les dommages causés et prévenir que de tels abus ne se produisent plus à l'avenir[178]. Le pape François précise que le devoir distinctif de la Commission consiste à lui proposer les initiatives les plus judicieuses pour la protection des mineurs et des adultes vulnérables. Ce nouvel organe dans l'Église catholique s'inscrit donc dans les efforts de lutte contre les crimes des abus sexuels et de pédophilie, et la promotion de la conscience sur la protection des mineurs. Par ailleurs, la Commission encouragera, avec le CDF, l'engagement des Églises particulières pour la

---

confronté à des révélations qui se multiplient, qui mesure la profondeur des dysfonctionnements dans l'approche de la question des abus sexuels dans l'Église.

[175] Voir la note de synthèse sur des Directives pour le traitement des cas d'abus commis par des clercs à l'égard de mineurs, dans *DC,* 108 (2011), 534-536.

[176] Voir C. SCICLUNA, « La recherche de la vérité dans les cas d'abus sexuels. Un devoir moral et légal », dans *Vers la guérison et le renouveau : Les abus sexuels des mineurs,* Rome, Pontificia Università Gregoriana, 2013, 88-92.

[177] Chirographie du Pape François instituant la Commission pontificale pour la protection des mineurs, https ://www.vatican.va/roman_curia/pontifical_commissions/tutela-minori/index_fr.htm (15 août 2022).

[178] *Ibid.*

protection de tous les mineurs et adultes vulnérables comme une priorité de la société et de l'Église[179].

Dans sa déclaration au Consistoire du 12 février 2015, le Cardinal Sean O'Malley, président du CPPM, proclame que l'Église doit s'assurer à ce qu'aucun clerc ou religieux qui a commis d'abus sexuel sur un mineur ne soit autorisé à exercer le ministère dans l'Église[180]. Pour sa part, le Pape François, dans son discours du 21 septembre 2017 aux membres CPPM, rappelle que « Le scandale des abus sexuels est véritablement un terrible fléau pour toute l'humanité et touche de nombreux enfants, jeunes et adultes vulnérables dans tous les pays et dans toutes les sociétés [...] l'abus sexuel est un péché horrible, en complète opposition et en contradiction avec ce que le Christ et l'Église nous enseignent »[181].

1.3.9 Le motu proprio *Comme une mère aimante* (04 juin 2016)[182]

Ce *m.p.* daté du 04 juin 2016, deux années après la création de la CPPM, est une mesure disciplinaire qui concerne les évêques qui ont été négligents dans le traitement de la crise des abus sexuels sur les mineurs et les adultes vulnérables[183]. Dans ce document, le Pape François veut renforcer l'engagement de l'Église catholique dans la protection des mineurs et des adultes vulnérables, « en donnant la possibilité de démettre un évêque ou un supérieur religieux pour manque de diligence grave dans son traitement des cas d'abus sexuels. La révocation pour négligence [...] concerne plus largement les actes ayant provoqué un dommage grave, physique, moral, spirituel ou patrimonial sur des personnes ou envers une communauté dans son ensemble »[184].

---

179 Voir *Ibid.*

180 Voir S. O' MALLEY, « Statement by H. Em. Cardinal Sean O'Mailley, OFM Cap at Consistory of 12 February 2015», http://benedettoxvi.va/resources (consulté le mars 2021).

181 FRANÇOIS, « Discours aux membres de la Commission pontificale pour la protection des mineurs », 21 septembre 2017, www.vatican.va/content/francesco/fr/speeches/2017 (consulté le 15 mars 2021).

182 FRANÇOIS, Lettre apostolique *m.p. Come una madre amorevole* (Comme une mère aimante), 4 juin 2016. Texte original italien dans *L'Osservatore Romano* du 5 juin 2016, dans *AAS,* 108 (2016), traduction française dans *DC,* 113 (2016), 96-97.

183 On peut noter que le terme « adulte vulnérable » est repris dans ce document: « The Church loves all her children like a loving mother, but cares for all and protects with a special affection those who are smallest and defenseless. This is the duty that Christ himself entrusted to the entire Christian community as a whole. Aware of this, the Church is especially vigilant in protecting children and vulnerable adults ».

184 FRANÇOIS, *m.p. Comme une mère aimante*, 96.

Ce *m.p.* précise la procédure à observer pour révoquer les évêques diocésains ou les supérieurs majeurs ayant couvert des abus sexuels. Le manque de diligence peut être considéré comme un motif grave quand il est question d'abus sur des mineurs ou sur des adultes vulnérables (art. 1). Une enquête pourrait être amorcée par la Congrégation compétente de la curie romaine s'il y a de sérieux indices tout en accordant à l'évêque le droit de défense selon le droit (art. 2). Par la suite vient la sanction qui dépendra du jugement du la CDF soit de rendre le décret de révocation soit d'exhorter l'évêque concerné de soumettre sa propre démission (art. 4). Cependant, le jugement de la CDF doit être présenté au Pape, assisté d'un collège de juristes, avant de prendre sa décision finale (art. 5). Il convient de noter que ce *m.p.* a été promulgué à partir d'une proposition de la CPPM et en référence au principe de responsabilité de l'Église[185]. Ainsi, ce document à caractère législatif appelle les évêques et ceux qui leur sont assimilés à appliquer le droit pénal canonique en cas d'agressions sexuelles sur des mineurs ou sur des adultes vulnérables. Il s'ensuit que la négligence dans la gestion des cas d'abus sexuels est désormais l'une des « causes graves » pour lesquelles les pasteurs de l'Église peuvent être révoqués de leur office ecclésiastique comme prévu par le c. 193, §1 du *CIC/83* et le c. 975, §1du *CCEO*[186], afin que l'évangélisation ne soit pas entravée au nom de la miséricorde.

1.3.10 La Lettre du pape François au peuple de Dieu (20 août 2018)[187]

La Lettre du Pape François au Peuple de Dieu marque un moment décisif dans l'histoire de l'Église catholique dans sa lutte contre les abus sexuels commis par un nombre important de clercs et de personnes consacrées. Cette lettre, orientée dans la même perspective que celle qu'il adressa à la Conférence épiscopale du Chili en mai 2018[188], dénonce les profondes

---

185 Voir FRANÇOIS, Discours aux membres de la Commission pontificale pour la protection des mineurs, 21 septembre 2017 www.vatican.va/content/francesco/fr/speeches/2017.(consulté le 30 mars 2021).

186 NKOUAYA MBANDJI, « Le pape François et la crise des abus sexuels. La poursuite de la réforme du droit pénal canonique », 613.

187 FRANÇOIS, « *Lettre au peuple de Dieu suite aux abus sexuels dans l'Église* », 20 août 2018, dans *DC,* 115 (2018), 118-121 (FRANÇOIS, « *Lettre au peuple de Dieu suite aux abus sexuels* »). Cette lettre a été publiée après une succession d'affaires d'abus sur mineurs et d'occultations au cœur de l'Église (Chili, McCarrick, rapport de Pennsylvanie). Dans sa Lettre aux Irlandais, le pape Benoit XVI avait utilisé la même expression « peuple de Dieu ».

188 Voir ID., *« Lettre du pape François aux 34 évêques chiliens au terme des quatre rencontres »* au Vatican, 17 mai 2018. Texte original est en espagnol, traduction française, dans *DC,* 115 (2018), 96. Dans cette lettre, le Pape François s'exprime en ces termes : « À la lumière de ces événements douloureux en ce qui concerne les abus

blessures faites d'expériences douloureuses chez les victimes. De fait, les blessures infligées par les abus sexuels, les abus de pouvoir et de conscience à un grand nombre de victimes ne subissent jamais de « prescription », rappelle le pape. La douleur de ces victimes a été, depuis trop longtemps, ignorée ou passée sous silence. Cette lettre appelle également au changement radical de l'attitude que le Pape François appelle « la culture du cléricalisme »[189]. Le cléricalisme, entretenu aussi bien par des prêtres que des laïcs, provoque une division dans le corps ecclésial qui encourage et aide à perpétuer beaucoup de maux qu'on dénonce aujourd'hui. Pour le Pape François, dire non aux abus équivaut à dire non au cléricalisme sous toutes ses formes. Dans cette lettre historique, le Pape en appelle à une conversion continue et profonde. D'une part, l'examen de conscience aussi bien individuelle que communautaire doit nous pousser à demander pardon aux victimes et réparer les dommages qui leur ont été infligés. D'autre part, la considération de l'avenir doit susciter un mouvement global de conversion ecclésiale pour empêcher la reproduction de mêmes scandales et abus envers les adultes vulnérables[190].

Pour ce faire, la participation active de toutes les composantes du peuple de Dieu est nécessaire. Chaque baptisé doit se sentir engagé dans la transformation ecclésiale et sociale dont on a tant besoin. Une telle transformation réclame la conversion personnelle et communautaire en faveur d'une culture de la protection des mineurs et des adultes vulnérables contre toute forme d'abus.

- abus de mineurs, abus de pouvoir et abus de conscience – ces rencontres ont été l'occasion d'approfondir la gravité de ces faits et les conséquences tragiques qu'ils ont eues en particulier pour les victimes. J'ai moi-même demandé pardon de tout cœur à certaines victimes, un pardon auquel vous vous êtes volontairement unis et avec la ferme intention de réparer les dommages provoqués ».

[189] Pour S. JOULAIN, le cléricalisme est un problème avant tout à cause de la culture qu'il transmet de domination d'un groupe de fidèles par un autre, mais aussi à cause du terrain fertile pour des agissements abusifs, en accordant aux clercs d'énormes pouvoirs spirituels, psychologiques en même temps qu'un accès privilégié aux mineurs et aux personnes vulnérables. Aussi, faut-il souligner que le cléricalisme dans l'Église catholique est inséparable de son contexte socio-culturel. Voir S. JOULAIN, « Le cléricalisme et les abus sexuels sur mineurs. Un défi pour le pontificat du Pape François », dans *Revue d'éthique et de théologie morale*, 4 (2018), 104.

[190] Voir FRANÇOIS, « *Lettre au peuple de Dieu suite aux abus sexuels* », 118.

1.3.11 La Lettre apostolique en forme de motu proprio *Vos estis lux mundi* (7 mai 2019)[191]

Le Pape François réunit, le 21 février 2019, à Rome les présidents des conférences épiscopales du monde entier pour qu'ils puissent apporter une réponse vigoureuse au scandale des abus sexuels perpétrés sur des mineurs et des adultes vulnérables par des membres de l'Église. Presque trois mois après cette rencontre, le 7 mai 2019, il publia une lettre apostolique, sous forme de *m.p. Vos estis lux mundi (*Vous êtes la lumière du monde), adressée premièrement aux évêques, mais aussi aux prêtres, aux religieux, et aux fidèles chrétiens laïcs. En effet, le Pape s'engage à ne ménager aucun effort afin de faire cesser la complicité de l'Église dans ces crimes d'abus sexuels des mineurs et personnes vulnérables, et amener les abuseurs devant la justice ecclésiastique, mais aussi devant la justice civile. Il a également identifié certains droits de victimes, et prévu un mécanisme pour enquêter sur les évêques et leurs équivalents qui ont perpétré ces abus ou qui ont entravé son enquête.

Le Pape François commence par affirmer que les crimes d'abus sexuel causent des dommages physiques, psychologiques et spirituels aux victimes, mais aussi vont à l'encontre du message de l'Évangile, en même temps qu'ils portent atteinte à la communauté des fidèles. Pour cette raison, il faut une conversion continue et profonde des cœurs, attestée par des actes concrets et efficaces de la part de tous les membres de l'Église afin que ces phénomènes, sous toutes leurs formes, ne se reproduisent plus. D'autre part, le Pape déclare que les victimes de ces abus soient assistées sur tous les aspects. Toutefois, il convient de protéger l'image et la vie privée des personnes concernées, ainsi que la confidentialité des données personnelles.

Les clercs et les religieux ont désormais l'obligation de signaler les cas d'abus présumés sur des personnes mineures ou vulnérables. Quant aux personnes qui signalent ces abus ou les victimes, le document précise que toute forme d'intimidation et de rétorsion à leur égard devront être considérées comme des entraves à la justice ecclésiastique et civile. Le document précise aussi que chaque diocèse doit mettre en place un système à la portée de tout

---

[191] FRANÇOIS, *La lettre apostolique m.p. Vos estis lux mundi* (= FRANÇOIS, *VELM*), Texte original italien dans *l'Osservatore Romano* du 10 mai 2019, traduction française dans *DC,* 116 (2019), 109-114. Voir https://www.vatican.va/content/francesco/fr/motu_proprio/documents/papa-francesco-motu-proprio-20190507_vos-estis-lux-mundi.html (consulté le 20 juillet 2022). C'est un texte législatif d'une grande importance qui depuis sa promulgation suscite encore beaucoup de questions. Voir NKOUAYA MBANDJI, « Le pape François et la crise des abus sexuels. La poursuite de la réforme du droit pénal canonique », 617.

le monde pour recevoir les signalements[192]. D'après l'article 1, §1a, la nature des abus qui doivent être signalés est précise, notamment contraindre quelqu'un avec menace ou par abus d'autorité à accomplir ou subir des actes sexuels, à accomplir des actes sexuels avec un mineur ou avec une personne vulnérable, et enfin à produire, exhiber, détenir ou distribuer, même par voie informatique du matériel pédopornographique, ainsi que recruter ou inciter un mineur ou une personne vulnérable à participer à des exhibitions pornographiques. Par ailleurs, le même article confirme que le « mineur » est toute personne âgée de moins de dix-huit ans ou équiparée comme telle par la loi[193]. Par « personne vulnérable », on entend toute personne se trouvant dans un état d'infirmité, de déficience physique ou psychique, ou de privation de liberté personnelle qui, de fait, limite, même occasionnellement, sa capacité de compréhension ou de volonté, ou en tout cas de résistance à l'offense[194].

Plusieurs articles du document sont également consacrés aux normes procédurales quand il s'agit d'abus commis par des évêques ou des cardinaux. Selon les cas, les faits devront être transmis soit directement au Saint-Siège, en l'occurrence à la CDF, soit à l'archevêque métropolitain. Lorsqu'un évêque est accusé, il revient à l'archevêque de mener une enquête canonique[195]. Toutefois, la présomption d'innocence est reconnue à la personne qui fait l'objet de l'enquête, et éventuellement le droit de défense[196]. Le texte fait référence à la justice civile. Il recommande le respect des lois de l'État où l'Église se trouve, en précisant que les normes canoniques doivent s'appliquer sans préjudice des droits et obligations établis en chaque lieu par les lois étatiques[197]. En effet, l'Église ne doit pas ignorer la compétence du pouvoir de l'État et la capacité de coercition de son système judiciaire. L'Église se doit de travailler avec les autorités civiles et demander que les coupables se soumettent au jugement des tribunaux étatiques. Le Pape François reconnaît

---

192 Voir FRANÇOIS, *VELM*, art. 3.

193 Voir *Ibid.*, art. 1, §2a. Toutefois, cette définition du mineur peut varier d'un législateur à l'autre. Par exemple, au Canada la définition de personne mineure varie d'une province à l'autre. De fait, elle varie d'une personne âgée de moins de seize ans à moins de dix-neuf ans. Voir Immigration, Réfugiés et Citoyenneté Canada. Définition provinciale d'un enfant mineur, https://www.canada.ca/fr/immigration-refugies-citoyennete/organisation/publications-guides/bulletins-guides-operationnels/demandes asile/canada/traitement definitions provinciales enfant mineur.html. Repris par CONFERENCE DES EVEQUES CATHOLIQUES DU CANADA, *Protection des personnes mineures contre les abus sexuels : Appel aux fidèles catholiques du Canada pour la guérison, la réconciliation et la transformation*, Ottawa, CECC, 2018, 92, partie II, §24 (= CECC, *Protection des personnes mineures*).

194 Voir *Ibid.*, art.1, §2. c.

195 Voir *Ibid.*, art. 6, 7, 8 et 9.

196 Voir *Ibid.*, art. 12, §7 et §8.

197 Voir *Ibid.*, art. 19.

que même si beaucoup a déjà été réalisé, nous devons continuer à apprendre des erreurs du passé afin de regarder vers l'avenir avec espoir[198]. Par ailleurs, certains diocèses [199] n'ont pas encore mis en place des structures fiables pour lutter contre les abus malgré qu'ils aient pris différentes mesures pour traiter de ces cas criminels[200]. *VELM* est un document législatif opportun. L'Église s'efforce d'éliminer à la fois les abus sexuels sur des mineurs et des personnes vulnérables commis par les clercs et les religieux, et les comportements d'obstruction des évêques et de leurs équivalents.

---

[198] Voir ibid., l'introduction.

[199] D'après *CIC/83*, le c. 369, « le diocèse est la portion du peuple de Dieu confiée à un Évêque pour qu'il en soit, avec la coopération du presbyterium, le pasteur, de sorte que dans l'adhésion à son pasteur et rassemblée par lui dans l'Esprit Saint par le moyen de l'Évangile et de l'Eucharistie, elle constitue une Église particulière dans laquelle se trouve vraiment présente et agissante l'Église du Christ, une, sainte, catholique et apostolique » (Voir aussi *Christus Dominus*, 11). Le diocèse se trouve défini comme une partie du peuple de Dieu, comme une responsabilité d'un Évêque et de l'ensemble des prêtres du diocèse. Dans chaque Église particulière existe toute l'Église, et toute l'Église existe sur la base d'Églises particulières. L'Autorité suprême de l'Église est liée à une Église particulière : celle de Rome. En d'autres termes, un diocèse est une circonscription ecclésiastique sur laquelle un évêque, en communion avec l'Église de Rome, a juridiction, gestion et gouvernance.

[200] Voir COMMISSION PONTIFICALE POUR LA PROTECTION DES MINEURS, *Annual Report on Church Policies and Procedures for Safeguarding.* https://www.tutelaminorum.org/annual-report/(consulté 28 août 2025). Ce rapport de 50 pages constitue la première évaluation annuelle des politiques et procédures mises en place par l'Église pour prévenir les abus sexuels au niveau mondial.

1.3.12 Le *Vademecum* sur quelques points de procédure dans le traitement des cas d'abus sexuels sur les mineurs commis par des clercs (16 juillet 2020)[201]

Le 16 juillet 2020, le CDF publia une instruction en forme de *Vademecum* portant sur quelques points de procédure dans le traitement des cas d'agressions sexuelles sur mineurs commis par des clercs[202]. Ce texte est un document majeur pour guider en toute vérité et justice l'action des ordinaires judiciaires[203] que sont les évêques et les hiérarques de l'Église catholique, et plus largement des canonistes dans l'exercice de leurs responsabilités, aussi bien à l'égard des victimes que des accusés. Il s'agit en effet d'un texte qui, sans être en soi normatif, tient compte de diverses normes canoniques en vigueur sur le sujet et vise à faciliter leur mise en application de manière efficiente. En particulier, les normes portant sur la voie administrative d'un procès pénal canonique après une enquête préalable. L'objectif de ce document se veut pédagogique parce qu'il concerne la manière d'appliquer le droit processuel en matière de délits les plus graves. Le document se veut aussi un outil de travail flexible qui peut être adapté chaque fois que la législation ou la pratique de la Congrégation change. En effet, le document ne modifie pas la législation en en vigueur, mais veut la clarifier.

---

[201] CONGREGATION POUR LA DOCTRINE DE LA FOI, *Vademecum* sur quelques points de procédure dans le traitement des cas d'abus sexuels sur les mineurs commis par des clercs (= CDF, *Vademecum*, 2020), https://www.vatican.va/roman_curia/congregations/cfaith/documents/rc_con_cfaith_doc_20200716_vademecum-casi-abuso_fr.html (30 août 2022). Le *Vademecum* se réfère au Code latin de droit canonique de 1983, au Code des canons des Églises orientales de 1990, au *m.p. Sacamentorum sanctitatis tutela* de JEAN PAUL II du 30 avril 2001, au *Guide to Understanding Basic CDF Procedures concerning Sexual Abuse Allegations* du 12 avril 2010, aux Normes du Pape BENOIT XVI, *De gravioribus delictis* du 21 mai 2010, au m.p. du Pape FRANÇOIS *comme une madre amorevole* du 4 juin 2016, et au *m.p.* du Pape FRANÇOIS *Vos estis lux mundi* du 7 mai 2019. Nous avons à faire avec la version 1.0 et il vise à établir une pratique homogène. Ce document n'est pas seulement basé sur les textes législatifs, mais aussi sur la pratique de la CDF.

[202] Voir B. DU PUY-MONTBRUN, « Un Vade-mecum opportun qui pose diverses questions », *Bulletin de Littérature Ecclésiastique* 122/3 (juillet-septembre 2021), 73. D'après l'auteur, l'expression « agression sexuelle » est préférable à celle d'« abus sexuel » lorsqu'il n'y a pas de consentement de la part de la personne qui s'est fait agresser.

[203] Par « Ordinaires judiciaires », il faut entendre un office ecclésiastique titulaire du pouvoir de juridiction, réservé notamment à l'évêque ou au hiérarque qui concerne aussi le Supérieur majeur d'un Institut de vie consacrée ou d'une Société de vie apostolique, signifiant qu'ils sont responsables du service de la justice auprès de leurs fidèles.

Il convient de noter que le projet du *Vademecum* touche l'application de la norme des cc. 1395, § 2 (c. 695 pour les religieux) du *CIC/1983* et 1453, § 1 du CCEO de 1990, y compris l'article 6, § 1 du *m.p. SST* du 30 avril 2001 du pape Benoit XVI, ce dernier complété par le *m.p. Vos estis lux mundi* du 7 mai 2019. Il s'agit, en effet, de « tout péché extérieur contre le sixième commandement du Décalogue » auquel il faut remédier. Ce document précise pour la première fois la typologie du délit en question, qui est « très large et peut inclure par exemple, les relations sexuelles consenties ou non consenties, le contact physique avec une arrière-pensée sexuelle, l'exhibitionnisme, la masturbation, la production de pornographie, l'incitation à la prostitution, les conversations et/ou avances à caractère sexuel, même sur les réseaux sociaux »[204]. Après une introduction, le *Vademecum* répond à neuf questions à savoir : qu'est-ce qui constitue un délit ? Que faire quand on reçoit une information sur un délit présumé ? Comment l'enquête préliminaire se déroule-t-elle ? Que peut faire le CDF à cette étape ? Quelles sont les décisions possibles au terme d'un procès pénal ? Quelles sont les procédures pénales possibles ? Qu'est-ce qui peut arriver au terme d'un procès pénal ? Que faut-il faire en cas de recours contre un décret pénal ? De quoi faut-il toujours tenir compte ?

L'enquête préalable[205] peut être déclenchée à partir de toute information sur l'existence d'un délit éventuel qui provient de quelque manière que ce soit à l'Ordinaire judiciaire[206]. Le DDF doit toujours en être informée[207]. Le document ajoute, ce qui est nouveau, que toute omission de cette obligation

---

[204] CDF, *Vademecum,* 2020, I, 2.

[205] Voir *CIC/83*, cc. 1717-1719, « enquête préalable », ce qui précède un éventuel procès pénal. Par ailleurs, l'expression « instruction » est à réserver au déroulement d'un procès pénal par la voie judiciaire. De même, il vaut mieux faire la différence entre un « suspect », terme attribué à la personne qui fait l'objet d'une enquête préalable licite et un « accusé » qui désigne la personne citée en justice, autrement dit la personne à juger dans le cadre d'un procès pénal canonique par la voie judiciaire ou administrative. Le suspect reste présumé innocent en droit tant qu'il n'a pas été définitivement jugé. Le suspect comme la victime ont le droit de désigner un avocat ecclésiastique. Voir DU PUY-MONTBRUN, « Un Vade-mecum opportun qui pose diverses questions », note 5.

[206] CDF, *Vademecum,*2020, II, No 9-13 et 19. Une enquête à partir de simple rumeur est délicate à mettre en œuvre. Il ne s'agit pas d'une dénonciation officielle. Sa légitimité peut donc « provenir des sources » : « oralement ou par écrit » même par une lettre anonyme à ne pas considérer, ou diffusées par les médias voire les réseaux sociaux ou « à travers des rumeurs entendues ». Mais cette attention n'implique pas de maintenir l'enquête si les accusations et les reproches ne sont pas assez pertinents, mais il faudrait sérieusement examiner la situation, et si l'information s'avère dénouée de vraisemblance, il sera sans suite. Mais même dans ce cas, il est souhaitable d'en informer la CDF. Voir *Ibid.*, II, No 19 ; Voir DU PUY-MONTBRUN, « Un Vade-mecum opportun qui pose diverses questions », 3.

[207] Voir *Ibid.*, II, No15.

d'enquêter pourrait constituer une infraction punissable en vertu de l'un ou l'autre Code de droit canonique et du *m.p.* du Pape François de 4 juin 2016[208]. Le *Vademecum* oblige l'Ordinaire judiciaire, dès la connaissance d'un délit, à prendre à l'encontre du possible suspect, sous la forme d'un précepte pénal, des mesures disciplinaires conservatoires qui s'imposent, mais n'ont rien d'une sanction pénale. L'enquête n'exclut pas une collaboration avec les autorités civiles, non pas en déposant une plainte, mais sous la forme d'un signalement, s'il y a un danger qui concerne un mineur[209]. Toutefois, l'enquête ne permet pas d'ignorer le secret professionnel, mais aucune obligation de silence ne peut être imposée à la personne qui fait le signalement, la personne qui prétend d'avoir été lésée, ni aux témoins[210]. Quant aux victimes, les autorités ecclésiastiques doivent les traiter avec respect et dignité tout en leur offrant tout ce dont elles ont besoin pour faire face à cette expérience traumatisante[211]. Elles ont le droit de demander de ne pas informer les autorités civiles, à condition qu'il ne soit pas contraire à la législation civile. Toutefois, l'Ordinaire ou le Hiérarque doit les encourager à exercer leurs devoirs et droits devant les autorités de l'État[212]. Le décret de conclusion doit être transmis à la DDF, et l'enquêteur préalable doit en principe être prêtre si le suspect est un clerc. Enfin, ce document fournit un tableau[213] qui sert de guide pour une présentation récapitulative du cas d'abus sexuels et doit être joint aux actes de cette enquête, mais ce guide ne saurait remplacer l'enquête préliminaire. Il est proposé que ce tableau récapitulatif soit également envoyé à la CDF. S'agissant d'un instrument flexible, il est prévu que ce *vademecum* puisse être mis à jour chaque fois qu'il est nécessaire.

---

[208] Voir *CIC*/83, c. 1389 ; c. 1464 CCEO/90 et *m.p. Comme une mère aimante.*

[209] Voir CDF, *Vademecum,* 2020, II, No 27 : « L'enquête doit être menée dans le respect des lois civiles de chaque État (cf. art. 19 *VELM*) ». Le but de l'investigation préliminaire c'est faire la collecte des données pour approfondir l'information du signalement et établir la vraisemblance (et non pas la certitude morale). La question est de savoir s'il y a un fondement suffisant en droit et en fait pour considérer que l'accusation est vraisemblable. Voir *Ibid.* III, No 32; *Ibid.*, III, No 49 : « Lorsque les lois de l'État imposent à l'Ordinaire ou au Hiérarque le signalement d'une *notitia de delicto*, ce dernier y est tenu, même s'il est prévisible que, conformément aux lois de l'État, il n'y aura pas d'ouverture de procédure (par exemple à cause de la prescription ou pour d'autres dispositions concernant le type de délit) ».

[210] Voir *Ibid.,* III, No 47 et VI, No 140.

[211]Voir *Ibid.,* III, No 55.

[212] Voir *Ibid.,* III, No 48, 56.

[213] Voir *Ibid.,* « Tableau récapitulatif pour les cas de *Delicta Reservata* », présenté à la fin du document.

1.3.13 Le nouveau Livre VI du *CIC*/83 (le 23 mai 2021)[214]

Le nouveau Livre VI du *CIC*/83 est entré en vigueur le 8 décembre 2021, après sa promulgation par la constitution apostolique *Pascite Gregem Dei* du 23 mai 2021[215]. Ce livre fait preuve de rigueur et de sévérité pour prévenir et corriger les abus susceptibles de mettre en danger la communion ecclésiale, autant que la crédibilité de l'Église[216], en particulier au sujet des abus sexuels sur mineurs et personnes habituellement affectées d'un usage imparfait de la raison. En effet, la rigueur s'exprime surtout par une présentation plus précise des délits et leurs sanctions. C'est précisément le cas à propos des délits jadis qualifiés *in sexto*, c'est-à-dire à l'encontre du sixième commandement du décalogue. Le nouveau Livre VI s'est enrichi de nombreuses normes depuis la parution du *CIC*/83, notamment les *Normae de gravioribus delictis* de 2001 révisées en 2010 et du *m.p. VELM* de 2019[217].

Le législateur de 2021 ajoute un troisième paragraphe au c. 1395[218]. En effet, la nouveauté de c. 1395, § 3 consiste à ajouter à des délits contre le sixième commandement du Décalogue l'hypothèse de l'abus d'autorité qui ne se trouve pas dans le *CIC/83* alors que la question des abus d'autorité sont

---

[214] FRANCIS, *Constitutio apostolica qua Liber VI Codicis iuris canonici reformatur Pascite gregem Dei, 23 May 2021*, dans *Communicationes*, 53 (2021), Liber VI, 17–40; Le nouveau livre VI du *CIC*/83, https://fr.zenit.org/2021/06/01/droit-canonique-le-nouveau-texte-du-livre-vi-sur-les-sanctions-penales/. Voir https://www.droitcanonique.fr/codes/cic-1983-1(28 août 2022).

[215] La Constitution apostolique *Pascite Gregem* du Pape François apporte des modifications au livre VI du *CIC/83* à propos des sanctions pénales dans l'Église. Des changements significatifs ont eu lieu dans le contexte actuel. Sur les 89 canons qui composent ce livre VI, 63 ont été modifiés partiellement ou radicalement soit 71%, 9 ont été déplacés et il y a seulement 17 qui demeurent inchangés, soit 19%. Voir B. GONÇALVES, « Le nouveau livre VI du code de droit canonique latin : une réforme dans la continuité du système pénal canonique », dans *L'Année canonique,* 61 (2021), 10.

[216] Voir A. BORRAS, « un nouveau droit canonique ? », 641 dans *Nouvelle Revue théologique*, 4 (2021), 636-651. Dans les notes en bas de page 641 et 642, BORRAS donne en détail les canons qui font l'objet de certaines précisions terminologiques et modifications dans le nouveau Livre VI. En fait, parmi les précisions terminologiques et modifications d'énoncés qu'on trouve dans le nouveau Livre VI, il y a une nouvelle appellation de ce livre, notamment *les sanctions pénales dans l'Église*, en lieu et place de *sanctions dans l'Église*. C'est, en effet, le mot « pénales » qui fait toute la différence.

[217] Voir BORRAS, « un nouveau droit canonique ? », 642 ; voir GONÇALVES, « Le nouveau livre VI » , 11.

[218] *CIC*/83, c. 1395, § 3 : « De la même peine dont il est question au § 2, sera puni le clerc qui, avec violence, menaces ou par abus d'autorité commet un délit contre le sixième commandement du Décalogue ou contraint quelqu'un à réaliser ou à subir des actes sexuels ».

devenues courantes. Le délit d'abus sexuel commis par l'abus d'autorité (*delictum abusus auctoritatis*) se traduit par la contrainte morale exercée soit par un clerc qui se sert de son état clérical ou de sa mission ecclésiale soit par un laïc dans l'exercice de ses fonctions ecclésiastiques pour obliger quelqu'un à accomplir un acte sexuel contraire à sa volonté et à ses intérêts[219]. Les sanctions pour l'abus d'autorité sont les mêmes que les peines prévues au c. 1395, § 2, à savoir de justes peines, y compris le renvoi de l'état clérical si le cas l'exige pour un clerc.

Par ailleurs, on note plus de précision quand on examine le nouveau c. 1398 de la législation de 2021. Cette précision porte sur deux aspects, notamment les destinataires auxquels le législateur s'adresse et le contenu de la norme. À propos des destinataires, ils sont répartis en deux catégories : les clercs, les membres des instituts de vie consacrée et des Sociétés de vie apostolique ainsi que des fidèles jouissant d'une dignité ecclésiastique ou exerçant un office ou une fonction dans l'Église. Concernant son contenu, le c. 1398, § 1 envisage trois délits susceptibles d'être commis par un clerc à l'endroit duquel on prévoit la privation d'office et d'autres sanctions, y compris le renvoi de l'état clérical. Le premier délit énoncé au c. 1398, § 1, 1° reprend le contenu de l'ancien c. 1395, § 2, c'est-à-dire le délit contre le sixième commandement avec une personne mineure de moins de 18 ans. La nouveauté de ce texte réside dans le fait que les crimes d'abus sexuels sur mineurs seront désormais considérés sous un titre différent. Il ne s'agit plus d'un manquement à des obligations de célibat des clercs, mais d'une atteinte grave à la dignité des mineurs ou des personnes qui ont habituellement un usage imparfait de la raison ou à qui la loi reconnaît une protection équivalente[220].

De plus, le c. 1398, § 1, 2° concerne les délits qui consistent à convaincre ou à inciter un mineur ou une personne habituellement affectée d'un usage imparfait de la raison ou une personne à laquelle le droit reconnaît une protection similaire, à s'exposer d'une manière pornographique ou à participer à ces genres d'activités de façon réelle ou simulée. Enfin, le c. 1398, § 1, 3° stipule sur les délits d'acquisition, de détention, d'exhibition et de diffusion, quels qu'en soient les outils utilisés, d'images pornographiques de mineurs ou des personnes jouissant habituellement d'un usage imparfait de la raison.

En dernière analyse, le nouveau c. 1398 inclut les abus sexuels et tout acte de détention et de diffusion d'images pornographiques commis sur des mineurs non seulement par des clercs, mais aussi par des religieux non ordonnés et par des laïcs qui occupent un office ou accomplissent une fonction

---

219 Voir A. BORRAS, « Le nouveau droit pénal spécial (canons 1364-1398) », 40 dans *L'Année canonique,* 61 (2021), 27-46.

220 Voir V. NKOUAYA MBANDJI, « The Revised Version of Book VI of the CIC/83: Major Changes and Issues Not Addressed, dans *Studies in Church Law*, 16 (2021), 31-69.

dans l'Église. La peine envisagée pour ce délit est obligatoire selon le c. 1336, § §2-4, et d'autres peines supplémentaires suivant la gravité du délit. La reformulation du c. 1341[221] du *CIC/83* démontre que le législateur apporte une note de sévérité face aux délits. L'énoncé actuel du c. 1341 n'est donc plus une recommandation, mais une injonction. Le législateur entend ainsi persuader de la nécessité de la peine, certes comme *extrema ratio*, dans le but de protéger les fidèles et de promouvoir le bien de la communauté ecclésiale. [222]

1.3.14 Les nouvelles « normes sur les délits réservés à la Congrégation pour la doctrine de la foi » (11 octobre 2021)[223]

Le Pape François a promulgué le 11 octobre 2021 une nouvelle version des normes sur les crimes réservés à la CDF. Le *SST* promulgué en 2001 par Jean-Paul II et amendé en 2010 par Benoit XVI a donc été modifié et mis à jour. En effet, un Rescrit du Pape François approuvant les normes sur les délits réservés à la CDF est publié par le Saint-Siège le 8 décembre 2021[224], à l'entrée en vigueur du nouveau Livre VI, le 8 décembre 2021.

Il s'agit ici d'harmoniser les Normes avec le Livre VI du Code canonique. Les changements introduits concernent principalement des aspects procéduraux visant à clarifier le bon fonctionnement de l'action pénale de l'Église dans l'administration de la justice. Les crimes couverts par la nouvelle version des normes restent les mêmes. Toutefois, les mesures normatives de différents *types émises surtout depuis 2016 sont incorporées, notamment les éléments du m.p., comme une mère aimante* et du *m.p.. VELM* visant une protection pénale plus sûre des biens majeurs de l'Église (la foi, la sainteté des sacrements, des personnes vulnérables, les mineurs et les adultes ayant un usage habituellement imparfait de la raison).

Parmi les principaux points introduits dans le texte règlementaire, nous pouvons noter le fait que les normes ont été mises à jour conformément au nouveau Livre VI du *CIC /83*. Les modifications normatives introduites par le *Rescriptum ex audientia SS.MI* du 3 décembre 2019[225] ainsi que le *Rescrptum*

---

[221] *CIC*/83, c. 1341 : « L'Ordinaire doit entamer la procédure judiciaire ou administrative en vue d'infliger ou de déclarer les peines dès qu'il aura constaté que ni les moyens de la sollicitude pastorale, surtout la correction fraternelle, ni la monition, ni la réprimande ne peuvent suffisamment rétablir la justice, amender le coupable, réparer le scandale ».

[222] Voir BORRAS, « un nouveau droit canonique ? », 644-645.

[223] Voir CDF, « normes sur les délits réservés à la congrégation pour la doctrine de la foi », https://www. Vatican.va (02 septembre 2022).

[224] Voir FRANÇOIS, « Rescriptum ex audientia SS.MI », 8 décembre 2021, https://www.vatican.va. (14 février2023).

[225] Voir ID., « Rescriptum Ex Audientia SS. Mi », 3 décembre 2019, https://www.vatican.va (14 février 2023).

ex audientia SS.MI du 6 décembre 2019[226] ont été intégrées. En effet, une distinction plus claire a été faite entre la procédure judiciaire (c. 1721 *CIC/17*et c. 1472 CCEO) et la procédure extrajudiciaire ou administrative (c. 1342, §1 et 1720 *CIC/17* et c. 1486 CCEO), qui ne semblait pas être suffisamment mise en évidence dans le texte précédent. La possibilité de soumettre les cas de délits *contra fidem* (art. 2) particulièrement graves directement à la décision du Pape concernant la révocation ou la déposition de l'état clérical, ainsi que la dispense de la loi du célibat et le cas échéant des vœux religieux est prévue ; les délais d'appel après le jugement de première instance ont été modifiés d'un mois à 60 jours (art. 16, §2), afin d'uniformiser la procédure judiciaire avec la procédure extrajudiciaire ; elle établit aussi la nécessité d'un protecteur pour assister l'accusé dans le procès pour garantir le droit de sa défense[227].

1.3.15 *Vademecum* sur quelques points de procédure dans le traitement des cas d'abus sexuels sur les mineurs commis par des clercs (5 juin 2022)[228]

La deuxième version du *Vadamecum* est devenue impérative en raison de l'entrée en vigueur du nouveau Livre VI du *CIC/83* et des Normes sur les délits réservés à la Congrégation pour la doctrine de la foi (8 décembre 2021), des *m.p.. fidem servare* (14 février 2022) et *Competentias quasdam decernere* (15 février 2022), et enfin de la Constitution apostolique *Praedicate Evagelium* (5 juin 2022). Ce texte n'a pas force de loi, mais entend répondre à un besoin pressant et croissant de connaissance de la pratique de la part des personnes assignées à gérer les cas d'abus sexuels commis par des clercs. En effet, « il s'agit d'une sorte de manuel qui depuis la *notitia criminis* jusqu'à la conclusion définitive de la cause, entend accompagner et guider pas à pas quiconque doit chercher la vérité dans le cas du délit susmentionné »[229].

À propos de la rédaction du document, le DDF a conservé la même numérotation que dans la première édition, en vue de faciliter l'usage et l'accès aux différents thèmes abordés par le *vademecum*. Mais cette révision a aussi pris en compte les réalités ecclésiales engagées depuis quelques années dans ce domaine d'abus sexuels en vue de rendre justice aux victimes, et dans le souci d'enrayer le phénomène. Toutefois, ce texte reste ouvert à de futurs

---

[226] Voir ID., « Rescriptum Ex Audientia SS. Mi », 6 décembre 2019, https://www.vatican.va (14 février 2023).

[227] Voir Vatican News, https://www.vaticannews.va/fr/vatican/news/2021-12/mise-a-jour-normes-crimes-reserves-congregation-doctrine-foi.html (13 septembre 2022).

[228] DICASTERE POUR LA DOCTRINE DE LA FOI (DDF), « Vademecum sur quelques points de procédure dans le traitement des cas d'abus sexuel sur mineur commis par des clercs », 05 juin 2022, https://www.vatican.va (DDF, *Vademecum* 2022).

[229] DDF, *Vademecum,* 2022, Introduction.

développements, affirme le DDF. Il convient de noter que les quinze documents sélectionnés ici proviennent de l'Église universelle. Cependant, depuis la lettre circulaire publiée par le DDF, le 3 mai 2011, qui indiqua clairement que les conférences épiscopales devaient aider les diocèses à établir des normes canoniques, un bon nombre de conférences épiscopales[230] à travers le monde ont mis en place de structures et de procédures pour la protection des mineurs et des personnes vulnérables contre les abus sexuels. Les normes édictées par les diocèses doivent être évaluées par le DDF pour assurer leur conformité avec les attentes du Saint-Siège dans un esprit de transparence et de responsabilité, comme signe de l'engagement des évêques pour la prévention des abus, la guérison des victimes, et la protection des mineurs. Les décrets généraux d'une conférence épiscopale doivent être considérés comme un complément à la législation universelle. En effet, « si une Conférence épiscopale s'est déjà pourvue de directives propres concernant le traitement des cas d'abus sexuels sur mineurs, en réponse à l'invitation faite par le DDF en 2011, ce texte pourra être pris en compte »[231].

1.3.16 La Lettre apostolique en forme de *motu proprio* « *Vos estis lux mundi* » (25 mars 2023)[232]

Le 25 mars 2023, le Pape François a approuvé une nouvelle version du motu proprio « *Vos estis lux mundi* », qui entrera en vigueur le 30 avril 2023. Cette version définitive, qui remplace celle de mai 2019, réaffirme son engagement à lutter contre les abus sexuels sur les mineurs et les adultes vulnérables. Cette promulgation survient après environ quatre ans d'expérimentation de la première version du *motu proprio* et à la suite de consultations avec les conférences épiscopales et les dicastères de la Curie romaine. Le premier point essentiel est que le Pape a confirmé la loi promulguée en 2019 comme une loi universelle de l'Église, et non plus à titre expérimental. Cette loi est particulièrement importante car elle introduit de nouveaux éléments significatifs dans l'histoire du droit canonique, notamment la reconnaissance de la pertinence pénale de l'abus sur un adulte vulnérable. Parmi les modifications apportées, on trouve une clarification de l'identité des victimes d'abus. Auparavant, il était question de mineurs et de personnes

---

[230] Nous pouvons citer ici les conférences épiscopales de Canada, des États-Unis d'Amérique, d'Australie, d'Angleterre et pays de Galles, de Nouvelle-Zélande, d'Écosse, de Sri Lanka, de Philippines, de Kerala, de Kenya, et d'Afrique du Sud. Cette liste n'est pas exhaustive.

[231] DDF, *Vademecum,* 2022, IX, 159.

[232] FRANÇOIS, La Lettre apostolique en forme de *Motu proprio* « *Vos Estis Lux Mundi* » (25 mars 2023), dans https://www.vatican.va/content/francesco/fr/motu_proprio/documents/20230325-motu-proprio-vos-estis-lux-mundi-aggiornato.html (consulté le 30 avril 2023).

vulnérables. Désormais, dans la nouvelle version, on inclut également les « adultes vulnérables » et les « personnes ayant habituellement un usage imparfait de la raison »[233].

D'autres modifications ont été apportées pour aligner les procédures contre les abus avec les réformes normatives introduites depuis 2019, telles que la révision du *motu proprio Sacramentorum sanctitatis tutela*, la réforme du livre VI du Code de droit canonique, et la nouvelle constitution de la Curie romaine, *Praedicate Evangelium*. Ces modifications concernent notamment les règles relatives aux adultes « vulnérables » et la protection des personnes signalant un abus présumé. La nouvelle législation précise également que les diocèses et les éparchies doivent créer des « organismes et des bureaux ». En plus des évêques et des supérieurs religieux, *Vos estis lux mundi* stipule désormais que les laïcs à la tête d'associations internationales sont responsables de leurs actes et doivent signaler les abus dont ils ont connaissance. Enfin, le texte promulgué par le pape François couvre, en plus du harcèlement et de la violence envers les enfants et les adultes vulnérables, la violence sexuelle et le harcèlement découlant d'un abus d'autorité[234].

Conclusion

Le scandale nous plonge dans une conjoncture dynamique et empirique suscitée par ses effets sociaux, publics et médiatiques. De toutes les acceptions du mot, le scandale désigne avant tout ce qui occasionne la chute, mais aussi détourne de l'Évangile qu'il défigure et déroute le fidèle en quête de Dieu. Le scandale est un concept plurivoque. Il exprime aussi quelque chose de l'identité sociale ou culturelle d'une époque, avec des considérations d'ordre moral et juridique. Le scandale commence par la publicité d'une transgression qui remet en cause de valeurs essentielles d'une communauté, suivie de la réaction qui dépend à la fois de la virulence de la transgression et de la qualité de la personne agissant par rapport à la communauté. De fait, il n'y a pas de définition du terme scandale dans le *CIC/1983*. Toutefois, du point de vue canonique, le concept de scandale apparaît comme un justificatif juridique efficace qui permet de légitimer l'intervention de l'autorité ecclésiastique.

Dans ce chapitre, nous avons aussi examiné comment l'Église a mené la lutte contre les abus sexuels commis par des clercs et des religieux non ordonnés à travers les normes canoniques et de nombreux documents du DDF ainsi que les lettres apostoliques des Papes. Cette lutte a été marquée par la

---

[233] Voir C. SCICLUNA, https://www.vaticannews.va/fr/vatican/news/2023-03/scicluna-vos-estis-lux-mundi-est-maintenant-une-loi-univelle.html (consulté 25 mars 2023).

[234] Voir LA CROIX, https://doc-catho.la croix.com/Le-pape-Francois-actualise-motu proprio-estis-lux-mundi-abus-sexuels-2023-03-30-1201261373 (consulté 30 mars 2023).

prise de conscience des drames provoqués par le comportement abusif de certains clercs et religieux, mais aussi de l'échec de la hiérarchie catholique à répondre de manière adéquate aux victimes de ces abus sexuels. À la suite de scandales d'abus sexuels, le Pape Benoit XVI a publiquement dénoncé la culture du silence, mais aussi la culture du cléricalisme, il a reconnu la responsabilité des évêques, et a renforcé l'arsenal législatif interne par de nouvelles normes canoniques plus précises et plus sévères.

Par ailleurs, le Pape François a également instauré la collaboration avec les autorités de la justice civile afin d'éviter qu'il y ait d'autres cas de scandales. Nous avons signalé la contribution du Pape Jean-Paul II qui a promulgué le *m.p. SST*, le 31 avril 2001. Il s'agissait d'une loi spéciale, par laquelle l'abus sexuel perpétré par un clerc sur un mineur fut inséré dans la liste des crimes plus graves (*delicta graviora*) ; et le Pape Benoit XVI, le 21 mai 2010, a pris d'autres mesures plus sévères comme la prescription pour les affaires d'abus sexuels sur mineurs fixée à 20 ans, ainsi que le recours au procès pénal administratif et la requête de démission de l'état clérical dans les cas les plus graves. L'Église continue de renforcer sa vigilance par la mise en place des procédures plus précises et concrètes pour éviter que ces abus sexuels ne se reproduisent. La position de l'Église catholique est claire. Il faut protéger les enfants et prendre soin des victimes, mais aussi appliquer les sanctions canoniques qu'encourent les coupables selon le droit pénal de l'Église.

S'adressant, le vendredi 21 janvier 2022, aux participants à l'Assemblée plénière du DDF, le Pape François affirmait que « l'Église poursuit avec une ferme détermination son engagement à rendre justice aux victimes des abus perpétrés par ses membres, en appliquant avec une attention et une rigueur particulières la législation canonique prévue »[235]. Pour le Pape François, il s'agit d'un engagement ferme pour enrayer le phénomène d'abus sexuels, rétablir la justice, réparer le scandale et corriger le coupable. Une lecture attentive des textes du Magistère de l'Église catholique sur le sujet des abus sexuels commis sur des mineurs démontre que le bien-être des enfants, des personnes vulnérables ou des personnes jouissant habituellement d'un usage imparfait de la raison est une préoccupation majeure pour l'Église. C'est pourquoi, chaque fois que l'autorité compétente estime que la violation d'une norme non pénale revêt les conditions d'une gravité particulière et discerne un besoin urgent de prévenir le scandale ou de le réparer, elle doit faire usage du pouvoir discrétionnaire pour punir le délinquant[236]. Et ces conditions exceptionnelles feront l'objet de notre deuxième chapitre qui est l'analyse et la discipline du c. 1399.

---

[235] FRANÇOIS, *Discours du Pape François aux participants à l'Assemblée plénière de la Congrégation pour la Doctrine de la Foi*, 21 janvier 2022, https : // www. vatican .va / content / francesco / fr / speeches / 2022 / january / documents/20220121-plenaria-cdf.html (consulté le 26 mars 2022).

[236] Voir *CIC*/83, c. 1399.

CHAPITRE 2

L'ANALYSE ET LA DISCIPLINE DU C. 1399 DU *CIC/83*

Introduction

Contrairement aux sociétés qui comptent sur le respect strict du principe de légalité pour contrer l'absolutisme et l'arbitraire, le droit canonique est régi par l'obéissance aux commandements révélés par Dieu dans les Écritures dans un équilibre juridique entre la Justice et la Miséricorde. Poursuivant une fin surnaturelle des baptisés, le droit canon est aussi subordonné à la visée eschatologique de l'Église qui est un instrument de Dieu pour gouverner, sanctifier et enseigner son peuple. Dans ce deuxième chapitre, nous allons analyser la possibilité laissée par le législateur de punir des cas de violation externe d'une loi divine ou canonique par un baptisé catholique, en dehors des délits explicitement mentionnés dans le Code ou dans d'autres lois ecclésiastiques[237]. Comment concilier cette disposition exceptionnelle du c. 1399 avec le principe de légalité selon lequel : « il n'y a pas de crime ni de peine, sans sanction pénale préalable » (*Nullum crimen, nulla poena, sine lege proevia sanctione poenali*). Quelles sont les implications de cette possibilité exceptionnelle de punir des délits non codifiés contre les lois divine et canonique lorsqu'ils sont cause et objet de scandale ? Nous analyserons cette disposition canonique en trois phases successives : dans un premier temps, nous présenterons les sources ecclésiales du c. 1399, dans un second temps, nous procéderons à l'analyse du contenu du c. 1399 et dans un troisième temps, nous confronterons le c. 1399 au principe de légalité auquel il fait indéniablement référence[238].

2.1 Les Sources du c. 1399

La teneur du c. 1399 du *CIC/83* a son correspondant au c. 2222, §1 du *CIC/17*. La même norme a été reprise au nouveau Livre VI de 2021[239]. Le

[237] Voir *CIC/83*, c. 1399 : « En dehors des cas établis dans la présente loi ou dans d'autres lois, la violation externe d'une loi divine ou canonique peut être punie, et alors d'une juste peine seulement, lorsque la gravité spéciale de la violation réclame une punition, et qu'il y a nécessité pressante de prévenir ou de réparer des scandales ».

[238] Voir J. GONZALEZ ARGENTÉ, « La norma general penal (c. 1399), ¿una excepción al principio Nulla poena sine lege poenali praevia? » dans Anuario de derecho canónico, 3 (2014), 60-61.

[239] Le nouveau Livre VI s'intitule désormais « Les sanctions pénales dans l'Église ». En effet, les titres sont souvent révélateurs de la tonalité et du contenu du texte. Ici, le titre s'enrichit de l'adjectif *pénal*. De ce fait, « il semble que le législateur de 2021

Pape Pie XII, dans son allocution adressée à une association d'experts juridiques, mit en lumière la relation de cause à effet entre la culpabilité et la punition, mais aussi admit le pouvoir discrétionnaire du juge[240]. Par ailleurs, on note aussi un lien avec une certaine doctrine de la liberté et de l'indépendance de l'Église à l'égard du pouvoir civil préconisée avant et après le *CIC/17* par les Pontifes romains.

2.1.1 Le c. 2222, §1 du *CIC/17*

Le Code Pio-bénédictin de 1917 avait une norme similaire à celle du c. 1399. Il s'agit du c. 2222, §1[241]. En effet, le *CIC/17* établit d'une part le principe « pas de peine sans culpabilité », car on ne peut être puni que pour une « violation extérieure de la loi moralement imputable », et d'autre part la loi doit être assortie d'une « sanction canonique au moins indéterminée[242] ». Le principe *nulla poena sine culpa* (pas de peine sans culpabilité) est fondé sur la loi naturelle divine. Cependant, le principe *nulla poena sine lege poenali praevia* (pas de crime, pas de peine, s'il n'y a pas de sanction pénale préalable ou s'il n'y a pas de jugement qui inflige une peine) est fondé sur le droit positif ecclésial. Par ailleurs, le principe « pas de peine sans loi » a son origine précisément dans le patrimoine canonique déjà au 12e siècle. En effet, « dès que le droit propre de l'Église a fait l'objet de compilations essentielles, le Pontife romain, seule source créatrice de droit nouveau, s'est efforcé d'astreindre les juges au strict respect des textes »[243]. Toutefois, l'application

---

préfère mettre l'accent sur le caractère pénal de la sanction comme un élément essentiel de conscientisation de la nécessité d'appliquer les sanctions pénales lorsque cela est requis ». B. GONÇALVES, « Le nouveau livre VI du Code de droit canonique latin : une réforme dans la continuité du système pénal canonique », dans *L'Année canonique*, 56 (2021), 10, note 11. D'autre part, l'adjectif *pénal* pourrait aussi insinuer qu'il existe des sanctions qui ne sont pas proprement pénales. Toutefois, le nouveau législateur conserve sa préférence pour le terme « peine » plutôt que celui de « sanction ». En effet, « le terme de *peine* apparaît 140 fois dans le nouveau livre VI contre 127 occurrences dans la version de 1983 ». Ibid., note 7.

[240] Voir PIE XII, « *De Ordine Supremo Militari Hierosolymitano Melitensi* » du 4 janvier 1955, dans *AAS*, 47 (1955), 59-87.

[241] Voir *CIC/17*, c. 2222, §1 : « Quand bien même une loi n'aurait pas été munie de sanction, le supérieur légitime peut en frapper la transgression d'une juste peine, même sans menace préalable, si le scandale causé ou la gravité exceptionnelle de la faute le comporte. En dehors de tels cas, le coupable ne peut être puni que s'il a violé la loi, après avoir reçu une monition avec menace, en cas de transgression, d'une peine *latae* ou *ferendae sententiae* ».

[242] Voir *CIC/17*, c. 2195, §1 : « Sous le nom de délit on entend en droit ecclésiastique, la violation extérieure et moralement imputable d'une loi à laquelle est attachée une sanction canonique au moins indéterminée ».

[243] J.-M. CARBASSE, *Histoire du droit pénal et de la justice criminelle*, Paris, PUF (Droit fondamental-Classiques), 2e éd., 2006, 171. Dans cet ouvrage, l'auteur nous

rigoriste n'a jamais été faite. La disposition contenue dans le *CIC/17* semble exprimer un équilibre entre la nécessité de défendre les droits des fidèles et l'urgence de préserver la nature et la finalité de l'ordre canonique.

D'une part, le législateur du Code Pio-Bénédictin a défini le délit comme « la violation extérieure et moralement imputable d'une loi à laquelle est attachée une sanction au moins indéterminée »[244]. D'autre part, le c. 2222, §1 du même Code établit la possibilité d'infliger une sanction, même sans menace préalable, à quiconque commet un acte non qualifié de crime ou de délit, mais qui, de l'avis du supérieur, peut être puni pour sa gravité particulière afin de prévenir ou d'éviter le scandale. En effet, le c. 2222, §1 est une exception du c. 2195, §1. Les deux canons apparemment contradictoires proviennent de la même autorité législative. Il sied donc de noter une distinction entre les circonstances ordinaires propres à l'application du c. 2195, §1 et les circonstances particulières du c. 2222, §1. Dans ce dernier canon, le Supérieur ou l'autorité compétente, impose la peine, en créant une incrimination pénale afin de sanctionner une transgression. Force est de constater que le c. 2222, §1 qualifie de façon unique certaines transgressions qui ne portent aucune sanction « a priori » en cas de scandale ou d'une gravité pastorale sérieuse. En dernière analyse, l'application du c. 2222, §1 exige que le Supérieur ecclésiastique agisse néanmoins avec prudence en cas de scandale grave, imposant au préalable un précepte pénal dans lequel la réparation du scandale est exigée en tenant compte de la situation de la personne offensée[245].

2.1.2 Discours du Pape Pie XII

Dans une allocution aux membres du VIe Congrès international de droit pénal, le 3 octobre 1953, le pape Pie XII affirmait que la fonction du droit, sa dignité et le sentiment d'équité naturelle à la personne humaine exigent que l'action punitive soit toujours fondée, non sur l'arbitraire et la passion, mais sur des règles juridiques claires et précises[246]. Dans une autre allocution donnée à Rome le 4 janvier 1955, Pie XII a souligné qu'il ne peut y avoir de sanction pénale sans culpabilité (cf. c. 1399) et il y a une relation de cause à effet entre le délit et la sanction pénale. Si cette dernière est prévue à la suite du délit, elle n'est qu'une prévision, car son application dépend de la décision

---

invite à constater qu'une caractéristique du droit pénal canonique est l'apparition précoce du principe de légalité.

[244] *CIC/17*, c. 2195, §1.

[245] Voir GONZALEZ ARGENTÉ, « *la Norma General penal (c. 1399)* », 61-64.

[246] Voir PIE XII, « Allocution to the Participants in the Sixth International Congress on Penal Law », dans *AAS*, 45 (1953), 730-744, traduction anglaise dans *The Catholic Mind*, 52 (1954), 111.

du juge[247]. En outre, Pie XII, présente les conditions préalables à chaque condamnation pénale, à savoir une loi pénale en vigueur, la connaissance certaine de l'acte à punir, tant du côté objectif, c'est-à-dire dans l'exécution du crime visé par la loi, que du côté subjectif, c'est-à-dire en ce qui concerne la culpabilité du sujet, la gravité de l'acte ; et enfin la sentence qui doit être prononcée par l'autorité compétente[248].

2.1.3 La liberté et l'indépendance de l'Église à l'égard du pouvoir civil

Le Pape Léon XIII, dans l'Encyclique *Immortale Dei*, en date du 1er novembre 1885, nous enseigne ce qui suit :

> Bien que composée d'hommes comme la société civile, cette société de l'Église, soit pour la fin qui lui est assignée, soit pour les moyens qui lui servent à l'atteindre, est surnaturelle et spirituelle. Elle se distingue donc et diffère de la société civile. En outre, elle constitue une société juridiquement parfaite dans son genre, parce que, de l'expresse volonté et par la grâce de son Fondateur, elle possède en soi et par elle-même toutes les ressources qui sont nécessaires à son existence et à son action[249].

---

[247] Voir PIE XII, « *De Ordine Supremo* », 65. Le Pape parle de la certitude morale dans les jugements humains. Le juge humain, qui n'a pas l'omniprésence et l'omniscience de Dieu, a le devoir de se forger, avant de rendre la sentence judiciaire, une certitude morale, c'est-à-dire d'exclure tout doute raisonnable et sérieux sur la culpabilité externe et interne; voir aussi BORRAS, *les sanctions dans l'Église*, 45-48. L'auteur parle de la causalité logique et juridique entre le délit et la peine. Le délit cause la peine. D'après Borras, si le délit cause la peine, il faut en chercher la cause formelle non pas simplement dans le fait de la violation externe de la loi ou du précepte, mais aussi dans l'imputabilité du délit.

[248] Voir *Ibid.*, 64.

[249] LEON XIII, *Actes de S.S.*, Édit. Bonne Presse, T.H., 27, traduction française dans *DC*, 52 (1955), 470. Le droit canonique est le produit d'une longue évolution consacrant d'une part sa relative autonomie par rapport à la théologie, et d'autre part sa séparation de la législation étatique. Voir P. CONDE, « La fragilité du droit. "Déthéologisation" et "théologisation" du droit canonique après Vatican II », dans *Droit et Société*, 63-64 (2006), 527-551. La notion de l'Église comme « société parfaite » fut la réaction des canonistes du 18e au début du 20e siècle. Soucieux de défendre les prérogatives de l'Église romaine, ces canonistes ont développé la théorie « L'Église, égale de l'État », selon laquelle l'Église, comme l'État, est détentrice de souveraineté, mais aussi indépendante du pouvoir civil. Cette conception d'une Église

Par la suite, le Pape Pie XI, dans son Encyclique *Quas primas*, en date du 11 décembre 1925, confirma cette doctrine en déclarant que l'Église :

> Instituée par le Christ sous la forme organique d'une société parfaite, elle réclame, en vertu de ce droit originel, qu'elle ne peut abdiquer, une pleine liberté et l'indépendance complète à l'égard du pouvoir civil. Elle ne peut dépendre d'une volonté étrangère dans l'accomplissement de sa mission divine d'enseigner, de gouverner et de conduire au bonheur éternel tous les membres du royaume du Christ[250].

On voit ici que l'Église se conçoit comme une société juridiquement parfaite et pleinement libre, elle jouit de droits propres octroyés par son divin fondateur, et ce n'est pas à la société civile de définir quels sont ses droits et quelles sont les limites dans lesquelles elle peut les exercer. Il s'agit de la particularité de l'ordre pénal de l'Église avec ses propres prérogatives différentes de l'ordre civil. En effet, le caractère salvifique *sui generis* de l'ordre ecclésial signifie que certaines valeurs ne peuvent jamais être sacrifiées même si elles ne sont pas explicitement justifiées par la loi[251]. Par ailleurs, le c. 1311, §1 du *CIC/83*, reprenant une affirmation déjà présente dans l'ancien Code de 1917 et dans toute la tradition canonique, selon laquelle « L'Église a le droit originel et propre de punir par des sanctions pénales les fidèles qui commettent des crimes », confirme la liberté et l'indépendance de l'Église par rapport au pouvoir civil ou étatique. En effet, les qualificatifs « originel » et « propre » indiquent ici, entre autres, qu'il ne s'agit pas d'un droit reçu d'une autre autorité humaine ni d'une imitation de systèmes juridiques étrangers à l'Église.

---

autonome par rapport à l'État se trouve en filigrane dans le *CIC/17*. En effet, sa constitution de promulgation *Providentissima Mater Ecclesia* décrit dès la première phrase la nature d'une Église créée par le Christ avec tous les attributs d'une société parfaite. Cependant, il y a eu un changement profond. À la suite du Concile Vatican II, l'Église va progressivement se reconnaître comme partenaire de l'État. L'Église catholique a ainsi modifié ses textes dans le sens d'une franche collaboration avec les institutions étatiques, et le modèle de la société parfaite désormais incompréhensible par les contemporains n'est plus à l'ordre du jour. Par exemple, on voit dans le *CIC/83* la notion de canonisation de certaines lois civiles (c. 22), et dans les récents documents du Magistère la volonté d'une collaboration respectueuse avec l'État dans les cas d'abus sexuels (*Vademecum*, 2022, II, 27; *Vos Estis Lux Mundi*, 2023, Art. 20).

[250] Ibid.

[251] Voir T. J. GREEN, « Penal Law: A Review of Selected Themes », dans *The Jurist,* 50 (1990), 245-246.

En revanche, les buts qui légitiment l'existence d'un système pénal prévu dans toute société se trouvent également pertinents dans l'Église[252]. Ainsi les pasteurs de l'Église ont le devoir d'assurer l'intégrité de la communion dans la foi, dans le culte et dans le gouvernement, qui sont des éléments essentiels du bien ecclésial commun, c'est-à-dire de l'ensemble des conditions nécessaires pour rendre possible l'accomplissement de la mission de l'Église[253]. L'Église en tant que communauté de fidèles s'appuie sur ses structures particulières et son organisation pour réaliser la mission que son Fondateur lui a confiée. Il s'ensuit que la jouissance des droits et l'accomplissement des devoirs sont confectionnés par les normes que tous les membres de la communauté ecclésiale doivent respecter.

2.1.4 Le projet de révision du c. 2222, §1[254]

La réforme du Code Pio-bénédictin, dans la mesure où il se réfère au principe de légalité des délits et des peines, a été abordée dans le groupe de révision du livre V du *CIC/17*. En effet, la décision a été prise de supprimer la définition du crime au profit de la notion de délit et de conserver la règle générale du c. 2222, §1. Certains consultants ont suggéré la nécessité d'établir des limites au système *ad arbitrium* de cette norme pénale générale et de préserver le *ius defensionis*[255]. Parmi les préoccupations de fond abordées par un nombre important de consultants durant le projet de révision figurait la pertinence du principe de légalité. Le *coetus* a constaté une importante diversité d'opinions sur la pertinence de ce principe, notamment par rapport à la norme conclusive 73 du schéma original qui prévoyait de pénaliser les individus même lorsque la loi n'indiquait pas explicitement qu'un certain type de conduite justifiait une pénalité. La plupart des consultants semblaient préoccupés par la norme, même si tous ne cherchaient pas à l'éliminer du schéma. Un groupe de consultants a souhaité l'affirmation sans équivoque de l'adage *nulla poena sine lege* et a déclaré que la norme 73 le contredit directement[256].

---

252 Voir CEC, no 2266.

253 Voir MIRAS, J., Practical Guide to Canonical Administrative Procedure in Penal Matters, unpublished class notes, Pamplona, University of Navarra, July 2015, 1-14. (= MIRAS, « Pratical Guide to Canonical Administrative Procedure in Penal Matters »).

254 Pour quelques notes de fond sur la formulation du schéma du droit pénal, voir T. GREEN, « The Future of Penal Law in the Church », dans *Jurist*, 35 (1975), 235-248; Pour les rapports officiels *coetus* sur la révision du schéma du droit pénal, voir *Communicationes*, 9 (1977), 304-322 (révision des normes 48-73).

255 Voir GONZALEZ ARGENTÉ, *La norma general penal (c. 1399)*, 65.

256 Voir T. J. GREEN, « Penal Law Revisited: The Revision of Penal Law Schema », dans *Studia canonica,* 15 (1981), 138.

En outre, un autre groupe a appelé à la suppression de la norme 73, mais a estimé que le principe de légalité était suffisamment opérationnel dans le schéma original dans des normes telles que 6 et 9-15. Un autre groupe était quelque peu préoccupé par la clarification du droit de la défense d'une personne affectée par la norme 73, mais ne voyait aucun problème à conserver un texte approprié. Enfin, certains consultants ont estimé que la norme 73 était acceptable puisqu'elle énonçait un profil générique d'un délit et évitait ainsi certains des problèmes systématiques posés par le c. 2222, §1. L'importance de cette question est également évidente du fait qu'elle a été abordée à la Séance plénière des Cardinaux membres de la Commission pontificale pour la révision du Code, en mai 1977[257], dans laquelle sept cardinaux ont opté pour l'application stricte du principe de légalité pénale et quatorze cardinaux ont estimé que ce principe ne peut être appliqué que d'une manière atténuée en droit canonique[258]. De plus, la majorité des membres de la plénière ont demandé que les mots « *cum sit de re valde gravi* » (puisqu'il s'agit d'une affaire très sérieuse) soient supprimés du canon 73 du Schéma de 1977. Cette modification a effectivement abouti à la promulgation du c. 1399 du *CIC/83* intégralement repris dans le nouveau Livre VI du 2021[259].

Le rapport de la CLSA s'était opposé à l'expression susmentionnée « *cum sit re valde gravi* » comme étant ouvert à d'éventuelles interprétations arbitraires. L'abandon de l'expression témoigne probablement d'un jugement selon lequel l'expression « *cum specialis violationis gravitas punitionem postulet* » (lorsque la gravité particulière de la violation exige une sanction) transmet de manière adéquate l'esprit du législateur pour que cette mesure ne soit prise que dans des circonstances exceptionnelles. Cependant, on peut

---

[257] Voir ibid., 138-139.

[258] Voir *Communicationes*, 7 (1975), 94; voir GONZALEZ ARGENTÉ, *La norma general penal (c. 1399)*, 65; voir PONTIFICIA COMMISSIO CODICI IURIS CANONICI RECOGNOSCENDO, *Schema Legis Ecclesiae fundamentalis. Textus emendatus*, Città del Vaticano 1971, « De opera consultorum in apparandis canonum schematibus. Coetus studiorum de Iure poenali », dans *Communicationes*, 7 (1975), 94: « Permulti propugnat ut clare enuntietur principium "nullum crimen sine lege" (...). Can 73 schematis constituit per se ipsum genericam quandam figuram delicti, pro peculiaribus adiunctis cum contemplantur; quod quidem *CIC*/17, can. 2222 §1, non efficiebat, plurium saltem commentatorum iudicio. Alii vero, etsi petant suppressionem can. 73, concedunt redactors schematis prae oculis habuisse principium legalitastis in normis exarandis, uti patet praesertim ex cann. 6 et 9-15. Aliqui suggesserunt ut in can 73 cautiones inseranturad arbitrium arcendum et ad ius defensionis salvandum »; voir aussi « Opera consultorum in apparandis canonum schematibus. Coetus studiorum de Iure Poenali: Adumatio diei 4 iunii 1977 », dans *Communicationes*, 9 (1977), 321; voir GONZALEZ ARGENTÉ, *La norma general penal (c. 1399)*, 65.

[259] Voir *Communicationis*, 9 (1977), 80; voir *Communicationis*, 12 (1977), 89-90.

encore émettre des réserves quant à l'effet potentiellement négatif de la norme sur les droits des individus. Le précepte pénal peut suffire ; en conséquence, nul ne serait passible d'une peine ecclésiastique à moins qu'elle ne soit spécifiée dans la loi ou par le précepte pénal[260].

Le texte de la norme (schéma 73 – c. 2222, §1) est le suivant : « Prater casus hac vel aliis legibus statutos, divinae vel ecclesiasticae legis externa violatio tune tantum potest iusta quidem poena vel paenitentia, puniri, cum specialis violationis gravitas punitionem postulet, et necessitas urgeat scandala praeveniendi vel reparandi »[261]. Thomas J. Green fait un commentaire pertinent sur la décision de la plénière en indiquant que des préoccupations apparemment légitimes concernant la protection de l'intégrité de la mission de l'Église et la prévention de dommages spirituels aux personnes l'ont emporté sur les préoccupations raisonnables concernant la sécurité juridique et les droits des croyants[262]. En tout état de cause, il y avait un différend entre ceux qui évaluaient le schéma original (c. 73), c'est-à-dire le c. 2222, §1. Certains étaient favorables à un tel canon, car il est impossible d'énumérer de manière exhaustive toutes les infractions portant notamment atteinte à l'intégrité et à la mission de l'Église. D'autres, cependant, mettaient en doute son efficacité pratique et craignaient une action arbitraire des autorités ecclésiastiques qui pourrait violer les droits chrétiens fondamentaux, par exemple le droit de ne pas être pénalisé sauf conformément à la loi (cf. c. 221, §3). Ils estimaient également que les situations disciplinaires problématiques n'entraînant aucune sanction légale pouvaient être traitées de manière responsable en édictant des préceptes pénaux pertinents[263]. Pour J. Sanchis, cette norme (c. 2222, §1) a été reprise dans la législation actuelle, car elle est considérée comme un « instrument » dont le gouvernement pastoral de l'Église, orienté vers le salut des âmes, ne peut s'en passer. Il est donc important de l'analyser attentivement pour déterminer les conditions dans lesquelles elle doit être appliquée et son utilité pour la sauvegarde de la communion dans l'Église[264].

---

[260] Voir GREEN, « Penal Law Revisited: The Revision of Penal Law Schema », 191.

[261] *Communicationes*, 9 (1977), 321. Traduction française : « En dehors des cas établis par cette loi ou d'autres, une violation extérieure de la loi divine ou ecclésiastique ne peut alors être punie que par une juste peine ou pénitence, lorsque la gravité particulière de la violation exige une punition et que la nécessité de prévenir ou de réparer les scandales est urgente ».

[262] Voir T. J. GREEN, Commentary on Book VI: *Sanctions in the Church*, dans J. P. BEAL, J. A. CORIDEN, and T. J. GREEN (eds), *New Commentary on the Code of Canon Law*, commissioned by the CLSA, Bangalore, Theological Publications in India, 2013, 1604; voir aussi T. J. GREEN, Commentary on Book VI: *Sanctions in the Church*, dans J. A. CORIDEN, T. J. GREEN, and D. E. HEINTSCHEL (eds), *New Commentary on the Code of Canon Law*, New York, Paulist Press, 930.

[263] Voir *Ibid.*

[264] Voir J. SANCHIS, Titre VII. General Norm (C. 1399), dans A. MARZOA, J. MIRAS

2.2. L'analyse du contenu du c. 1399[265]

Les groupes de mots contenus dans le c. 1399 que nous examinerons succinctement comprennent ce que le législateur entend par « en dehors des cas établis dans la présente loi ou dans d'autres lois », la loi divine et la loi canonique, la violation externe, la gravité spéciale de la violation, une juste peine, une nécessité pressante, la prévention et la réparation des scandales. Nous analyserons aussi les conditions d'application de ce canon, l'autorité compétente qui doit infliger la peine, enfin le rapport qui existe entre le c. 1399 et l'interprétation stricte des lois pénales imposées par le droit (c. 19).

2.2.1 « En dehors des cas établis dans la présente loi et dans d'autres lois »

Qu'est-ce que le législateur entend par « en dehors des cas établis dans la présente loi et dans d'autres lois » ? En tant que contraignante, la loi canonique a besoin d'être promulguée. Par l'expression « dans la présente loi », le législateur fait référence aux lois en vigueur dans l'ordonnancement canonique du *CIC/83* qui ont un caractère positif ecclésiastique. Ces lois se distinguent de la « loi divine »[266], comme le « droit canonique » se distingue du « droit divin »[267]. Par l'expression « d'autres lois », il s'agit d'autres

---

and R. RODRIGUEZ-OCANA (eds.), *Exegetical Commentary on the Code of Canon Law*, vol. 4/1, Montreal, Wilson & Lafleur, 2004, 559; voir aussi *Communicationes*, 6 (1974), 35.

[265] Le 19 décembre 2008, le Pape Benoît XVI a accordé à la Congrégation pour l'évangélisation des peuples une faculté spéciale concernant le canon 1399. Le 30 janvier 2009, le Pape Benoît XVI a également accordé à la Congrégation pour le clergé une faculté spéciale similaire concernant la violation du canon 1399. Ces facultés spéciales seront examinées dans le prochain chapitre lorsque nous discuterons de la dérogation à la disposition des canons 1317, 1342, 72 et 1349 qui traitent de l'application de sanctions perpétuelles à infliger aux clercs. Voir CONGREGATION FOR THE EVANGELISATION OF PEOPLES, Circular letter special faculties granted by Pope Benedict XVI, 19 December 2008, Special Faculty II, dans *Studies in Church Law*, 5 (2009), 69-70; CONGREGATION FOR THE CLERGY, Circular letter special faculties granted by Pope Benedict XVI, 20 January, Special Faculty II, dans *Studies in Church Law*, 5 (2009), 45-56.

[266] Voir c. 1315, §1, *CCEO* : « Celui qui a le pouvoir législatif peut également porter des lois pénales ; il peut encore, par ses lois, munir d'une peine convenable même une loi divine ou une loi ecclésiastique portée par une autorité supérieure, étant respectées les limites de sa propre compétence territoriale ou personnelle », et *CIC/83*, c. 98, §2 : « La personne mineure est soumise à la puissance de ses parents ou tuteurs, excepté ceux pour lesquels la loi divine ou le droit canonique l'exempte de cette puissance;[…] ».

[267] Voir *CIC/8*, c. 22 : « Les lois civiles auxquelles renvoie le droit de l'Église doivent

normes canoniques qui sont contraignantes, mais pas directement établies dans le Code[268]. Par l'expression « en dehors des cas établis », le législateur parle des cas qui constituent un délit pour lequel une sanction pénale n'est pas prévue. Le Code oriental utilise une expression similaire dans le c. 1464, §1 dans un contexte différent du c. 1399 du *CIC/83* : « en plus des cas déjà prévus par la loi », en invoquant l'imposition de sanctions appropriées pour les cas imprévus d'abus de pouvoir ou de négligence. Le législateur est conscient du fait qu'il n'a pas prévu une liste exhaustive, un catalogue des actes répréhensibles.

Force est de constater que toutes les lois de l'Église catholique ne sont pas contenues dans le Code. En effet, il y a de nouveaux documents qui viennent compléter ou modifier le nouveau Code. En vue d'éviter des malentendus et des conflits d'interprétation, la première chose à faire pour évaluer la portée d'un document est de remonter à sa source, et par la suite, prendre en considération la nature de ce document[269]. Compte tenu de l'abondance des documents législatifs que l'Église produit, nous devons être aptes à distinguer clairement entre ce qui porte un caractère officiel et ce qui n'est simplement qu'un point de vue personnel. En effet, il y a plusieurs documents pontificaux et de la Curie avec une portée législative tels que les documents du deuxième

---

être observées en droit canonique avec les mêmes effets, dans la mesure où elles ne sont pas contraires au droit divin et sauf disposition du droit canonique »; c. 24, §1 : « Aucune coutume contraire au droit divin ne peut obtenir force de loi »; c. 24, §2 : « Ne peut non plus obtenir force de loi, à moins qu'elle ne soit raisonnable, la coutume contraire au droit canonique ou qui est en dehors de lui ; mais une coutume expressément réprouvée par le droit n'est pas raisonnable » ; c. 1059 : « Le mariage des catholiques, même si une partie seulement est catholique, est régi non seulement par le droit divin, mais aussi par le droit canonique, restant sauve la compétence du pouvoir civil pour les effets purement civils de ce même mariage »; voir *CIC/83*, c. 1290 : « Les dispositions du droit civil, en vigueur dans un territoire en matière de contrats, tant en général qu'en particulier, et de modes d'extinctions des obligations, seront observées avec les mêmes effets en droit canonique pour les choses soumises au pouvoir de gouvernement de l'Église, à moins que ces dispositions ne soient contraires au droit divin ou que le droit canonique n'en décide autrement, restant sauves les dispositions du can. 1547 ».

[268] D'où l'importance de connaître et d'enseigner les différentes lois ecclésiastiques, pas seulement celles contenues dans le Code de droit canonique en vigueur, mais aussi les lois liturgiques, les lois pontificales, les décrets des dicastères de la Curie romaine, les lois émises par des conférences épiscopales et celles éditées par des évêques. Il appartient au baptisé de connaitre la loi ecclésiastique. Si nul n'est censé ignorer la loi – *mutatis mutandis*– aucun baptisé n'est censé ignorer la loi ecclésiastique. Connaître la loi est une obligation morale, une obligation ecclésiologique et une obligation juridique.

[269] Voir F. G. MORRISEY, *Les documents pontificaux et de la Curie : leur portée canonique à la lumière du Code de droit canonique de 1983*, Ottawa, Faculté de droit canonique, Université Saint-Paul, 2005, 45.

Concile du Vatican, et des sources du droit particulier et du droit propre. Toutefois, parmi tous les textes législatifs qui émanent du Pape, le *motu proprio* constitue la source la plus commune de la législation canonique, après le Code lui-même[270].

Par ailleurs, il convient d'admettre que le législateur ne pouvait pas prévoir tous les cas que la vie dans son dynamisme continuel présente ou peut présenter. L'intention du législateur est conditionnée par les circonstances existantes au moment de l'élaboration de la loi. Dès lors, il est possible qu'on ne trouve pas de norme juridique pénale canonique expressément établie applicable à une situation particulière[271]. C'est à juste titre que De Page affirme : « Toute loi est une œuvre humaine, c'est-à-dire incertaine, incomplète, faillible. Non seulement il n'a aucune prise sur l'avenir, mais souvent elle n'épuise pas le présent »[272]. En un mot, le législateur ne peut pas prévenir tous les cas de violation externe de la loi. D'où cette expression « en dehors des cas établis ».

2.2.2 La loi divine, la loi canonique ou l'élément légal du délit

Le c. 1399 parle de « la violation externe d'une loi divine ou canonique ». Il serait important d'aborder ici pour l'essentiel la notion de la loi divine et de la loi canonique mentionnées dans le c. 1399 afin d'avoir des précisions sur ces lois. Il convient de noter que le *CIC/17* ne contient pas de définition précise de la loi canonique ou ecclésiastique et de la loi divine ; le *CIC/83* non plus, bien qu'il y fasse référence[273]. La loi divine s'inscrit dans la trame de l'histoire du salut. Elle émane de Dieu. Elle se distingue de la loi humaine[274]

---

[270] Voir *Ibid.*, 20. Il y a beaucoup d'autres documents qui émanent du Saint-Siège ou du Magistère de l'Église catholique ou du droit particulier, notamment la profession de foi solennelle, les lettres décrétales, les lettres encycliques, les lettres apostoliques, les exhortations apostoliques, les adresses aux consistoires, les constitutions apostoliques, les motu proprio, les décrets, les instructions, les circulaires, les directoires, les notifications.

[271] Voir F.J. URRUTIA, *Les Normes Générales, Commentaires des canons 1-203*, Paris, Tardy, 1994, 87 (= URRUTIA, *Les Normes Générales*).

[272] H. DE PAGE, *Traité élémentaire de droit civil, t.1*, Bruxelles, Bruylant, 1934, n°214.

[273] URRUTIA, *Les Normes Générales*, 29.

[274] Dans toutes les sociétés, il existe des lois promulguées par l'autorité législative pour garantir le respect de la dignité de la personne humaine et du bien commun. Ces lois sont aussi appelées positives parce qu'elles sont le produit ou le résultat d'un acte du législateur et sont considérées comme lois humaines. Elles ne codifient que les actes extérieurs du fait que le législateur humain n'a compétence que sur les actes extérieurs qui définissent les devoirs et les obligations des uns envers les autres. Voir https://www.canada.ca/fr/patrimoine-canadien/services/a-propos-droits-personne.html (consulté le 15 mai 2023).

qui a pour objectif de régler les rapports des humains entre eux. La loi divine est instituée avant tout pour régler les rapports des hommes avec Dieu. En d'autres termes, c'est le droit divin positif qui est constitué des ordonnances divines sous l'expression positive telles qu'elles ont été révélées en vertu de la foi[275]. La base du droit canonique est constituée par les règles du droit divin naturel et positif qui concernent l'Église[276].

La loi divine c'est la loi donnée par Dieu lui-même. Il s'agit, en substance, de dix commandements ou de Décalogue dans l'Ancien Testament. En effet, le Décalogue est institué par Dieu. Dans le Nouveau Testament, Jésus résume le Décalogue en un seul énoncé à double volet, à savoir : « Tu aimeras le Seigneur ton Dieu de tout ton cœur, de toute ton âme et de toute ta pensée. C'est là le grand, le premier commandement. Un second est aussi important : tu aimeras ton prochain comme toi-même. De ces commandements dépendent toute la Loi et les Prophètes »[277]. Cette déclaration souligne non seulement l'unité de ces deux commandements fondamentaux, mais aussi une certaine hiérarchie des normes juridiques[278].

---

[275] Voir G. LESAGE, *La nature du droit canonique*, Ottawa, Éditions de l'Université d'Ottawa, 1960, 103-111. Le droit divin doit être considéré sous sa double manifestation naturelle et positive. D'une part, le droit divin naturel pourrait être défini comme les règles de conduite humaine inscrites dans la nature humaine pour maintenir l'ordre social. On dirait ce sont les principes universels qui assurent la convenance et le bien commun. Le droit naturel est un impératif auquel le législateur ecclésiastique ou civil doit se conformer comme à une ordonnance qui le transcende. D'autre part, le droit divin positif est constitué des données révélées en vertu de la foi. En effet, les ordonnances divines s'imposent aux normes canoniques non seulement sous leur forme naturelle, mais également sous l'expression positive que leur a donné le Rédempteur. Le droit divin positif est indissociable avec le droit canonique, l'un ne va pas sans l'autre. Le législateur ecclésiastique doit se référer à la Révélation pour n'en point contrarier les données.

[276] Voir J. T. M. DE AGAR, *Handbook on Canon Law*, Montréal, Wilson & Lafleur, 1999, 19: « The fundamental basis of canon law is constituted by the rules of divine law (natural and positive) that concern the Church. Sometimes the legislator declares the divine foundation possessed by the law which he has made, but there are many other canons which translate a divine precept into law even though this is not expressly indicated. In any case, their binding force is the same ». Pour Benoît XVI, la loi naturelle est une loi inscrite au cœur de l'homme ; elle a pour principe premier et fondamental celui de faire le bien et éviter le mal et constitue « la source des droits fondamentaux » des humains. Voir BENOIT XVI, « La loi naturelle, un message éthique », Discours au Congrès international sur la loi morale naturelle, dans *AAS*, 99 (2007), 244, traduction française dans *DC*, 104 (2007), 355.

[277] Mt 23,37-40; voir Ex 20,1-17; Dt 5, 10-22.

[278] Voir H. GUINOT, « Sources du droit canonique : quelques repères », https://www.droitcanonique.fr/blog/fiches-pratiques-2/post/sources-du-droit-canonique-quelques-reperes-58 (consulté le14 décembre 2022).

La loi divine n'est pas objet d'une autorité humaine. Elle pourrait être établie par écrit, comme le Décalogue, et être interprétée authentiquement par l'autorité compétente. Cependant, elle ne doit pas être manipulée dans n'importe quel sens par une autorité humaine, parce que c'est une donnée révélée. Le *CIC*/83 présume et affirme que tous les hommes sont obligés objectivement par la loi divine dans la mesure où ils la connaissent[279].

Le *CIC/83* ne donne pas aussi une définition de la loi d'une manière générale[280]. Il se limite à rappeler au c. 7 le principe selon lequel la loi n'entre en vigueur que lorsqu'elle est promulguée[281]. Par ailleurs, la loi ecclésiastique est définie, selon Francisco Janvier Urrutia, « comme la norme promulguée par le législateur, c'est-à-dire celui qui a la juridiction suprême dans une société parfaite (l'Église, en l'occurrence), pour son bien commun »[282]. Il convient de noter que les normes de l'Église ne sont pas simplement des exigences du bien commun, mais aussi qu'elles ont leur raison d'être au-delà du bien commun pour les fins spécifiques de la société ecclésiale[283]. Aussi, Urrutia ajoute que la notion de la loi ecclésiastique se présente comme une norme générale, autonome, promulguée par une autorité compétente ecclésiastique pour gouverner une communauté ecclésiale publique en vue des fins spécifiques de l'Église[284].

L'autorité compétente, c'est la personne qui occupe un office ecclésiastique muni de pouvoir législatif[285]. D'après le *CIC/83*, le législateur est celui qui exerce la fonction spécifique de légiférer. Et, légiférer est une

---

[279] Voir *CIC/83*, c. 748, §1 : « Tous les hommes sont tenus de chercher la vérité en ce qui concerne Dieu et son Église, et lorsqu'ils l'ont connue, ils sont tenus, en vertu de la loi divine, par obligation d'y adhérer et de la garder, et ils en ont le droit ». *LG* 14.

[280] De fait, le *CIC/83* a renoncé à la définition de la loi qui figurait dans le schéma de 1980 qui s'énonçait comme suit : « la loi est une règle générale donnée pour le bien commun par l'autorité compétente à une communauté ». Voir *Commucationis*, 14 (1982),131-132. Cette définition est très proche de celle de" saint Thomas d'Aquin : « la loi est une disposition de la raison donnée en vue du bien commun par celui qui a la charge de la communauté » (*Summa theol.* Ia,II,ae q.90, art.4, ad1): "*Ordinatio rationis ad bonum commune ab eo qui curam communitatis habet promulgata*". Le mot « lex » (loi) est dérivé, selon saint Thomas, de ligare = lier, parce qu'une loi obligerait à agir. La définition d'une loi selon saint Thomas est le plus souvent évoquée.

[281] Voir *CIC/17*, c. 8, §1 : « Les lois sont établies lorsqu'elles sont promulguées ».

[282] Voir URRUTIA, *Les Normes Générales*, 29 ; Saint Thomas d'Aquin présente une autre définition de la loi : « Une ordonnance de la raison en vue du bien commun, promulguée par celui qui a la charge de la communauté ». Voir Thomas d'Aquin, *Somme théologique*, I-II, q. 90, art.4.

[283] Voir URRUTIA, *Les Normes Générales*, 30.

[284] Voir *Ibid.*

[285] Il convient de noter que les fonctions dotées d'un pouvoir exécutif comme les dicastères de la Curie romaine, les vicaires généraux ou épiscopaux, ne sont pas compétents pour promulguer des lois, sinon avec un mandat du législateur. Voir c. 30.

fonction du pouvoir de gouvernement ou de juridiction spécifique qui ne se délègue pas, sauf exception établie par le Code[286]. Selon le droit canonique[287], le pouvoir de gouvernement ou de juridiction comprend le pouvoir législatif, exécutif et judiciaire[288].

La loi canonique est impérative à l'égard de ses destinataires[289]. Elle leur impose l'obligation canonique de conformer leurs comportements religieux et sociaux à ce qu'elle exige[290], ce qui est le moyen de collaborer au bien

---

[286] Voir *CIC/83*, c. 135, §2 : « Le pouvoir législatif doit s'exercer selon les modalités prescrites par le droit ; celui qu'un législateur inférieur à l'autorité suprême détient dans l'Église ne peut être délégué validement sauf autre disposition expresse du droit ; une loi contraire au droit supérieur ne peut être validement portée par un législateur inférieur ». En effet, le législateur suprême est celui qui a la juridiction suprême (Le Souverain pontife, les conciles œcuméniques) ainsi que ceux à qui l'autorité suprême a pu le déléguer. Il y a d'autres personnes dans l'Église qui possèdent le pouvoir législatif (le concile particulier, les conférences épiscopales, l'évêque diocésain).

[287] D'après R. NAZ, « le droit canonique n'est pas autre chose que l'ensemble des lois proposées, élaborées ou canonisées par l'Église, à une époque donnée. On peut distinguer trois sortes d'éléments dans le droit canonique. Les uns viennent de Dieu et sont seulement proposés par l'Église, ce sont les prescriptions du droit naturel, ou du droit divin positif. D'autres sont élaborées par les chefs de l'Église, en vertu du pouvoir législatif qu'ils tiennent de Jésus-Christ. D'autres enfin ne sont qu'approuvées, ayant été empruntées aux lois nationales, puis canonisées ou sanctionnées par l'Église. Qu'elles soient particulières ou universelles, les lois ecclésiastiques font partie du droit canonique, les premières au sens large, les dernières au sens strict ». Voir R. Naz, *Traité de droit canonique*, Tome Premier, Paris, Letouzey et Ané, 1954, 14.

[288] Voir *CIC/83*, c. 135, §1 : « Dans le pouvoir de gouvernement, on distingue les pouvoirs législatif, exécutif et judiciaire ».

[289] Voir *CIC/83*, c. 1 : « Les canons du présent Code concernent seulement l'Église latine ». En d'autres termes, le Code latin est obligatoire seulement pour les membres de l'Église latine. Il y a aussi des canons en référence implicite aux catholiques orientaux. Voir *CIC/83*, cc. 111-112, 214, 372, §2, 383, §2, 450, §1, 476, 479, §2, 518, 846, §2, 923, 991, 1021, 1109, 1248, §1.

[290] Voir *CIC*/83, c. 11 : « Sont tenus par les lois purement ecclésiastiques les baptisés dans l'Église catholique ou ceux qui y ont été reçus, qui jouissent de l'usage de la raison et qui, à moins d'une autre disposition expresse du droit, ont atteint l'âge de sept ans accomplis ». Le c. 11 réfère à un problème pratique et ainsi, il ne soumet pas tous les baptisés aux lois purement ecclésiastiques, mais seulement les baptisés catholiques, alors que le c. 1075, §2 énonce que l'Église aurait le droit de promulguer des lois qui lieraient aussi les baptisés non catholiques : « De même, c'est cette seule autorité suprême qui a le droit d'établir d'autres empêchements pour les baptisés. » L'expression « les baptisés » signifie ici tous les baptisés et non seulement les catholiques. La différence entre le c. 11 du *CIC/83* et le c. 12 du *CIC/17* est que ce dernier parlait seulement de « baptisés » et non de « baptisés dans l'Église catholique » et par conséquent soumettait aux lois ecclésiastiques tous les chrétiens, y compris les non-catholiques. Les non baptisés et les catéchumènes aussi ne sont pas

commun. Par le baptême valide, un être humain est incorporé dans l'Église du Christ et en étant un fidèle du Christ avec des droits et des obligations[291]. En d'autres termes, le destinataire de la loi canonique est toute personne qui a été validement baptisée, parce que le baptême l'incorpore ontologiquement dans l'Église comme membre. Il convient de souligner ici qu'il s'agit de l'Église catholique latine. De fait, les canons du Code de droit canonique ne concernent que les membres de l'Église catholique latine. Par conséquent, les lois ecclésiastiques et les sanctions pénales qui y sont établies ne sont applicables qu'aux chrétiens catholiques latins[292].

La prévision d'une sanction pénale par la loi ou le précepte pénal constitue l'élément légal de la notion de délit. D'après Alphonse Borras, « la notion canonique de délit, présupposée par notre Code à travers les dispositions des canons 1321 et 1399, comprend donc l'élément légal, non pas de manière absolue ou nécessaire, mais de façon habituelle »[293]. En d'autres termes, la prévision de la sanction pénale est la règle générale[294] qui peut toutefois souffrir d'exception comme dans les cas évoqués par le c. 1399. En effet, le c. 1321 du *CIC/83* fait allusion à l'élément légal du délit quand il parle de « la peine fixée par la loi ou le précepte »[295]. En effet, les délits et les sanctions pénales canoniques sont déterminés *a priori* par la loi. Cependant, l'élément légal d'un délit n'est pas nécessairement codifié en droit canonique, parce que ce dernier a une finalité toute particulière, à savoir le *salus animarum*. En

---

liés par les lois purement ecclésiastiques (voir *CIC/*83, c. 206). Le c. 11 du *CIC/83* vise donc ceux qui ont été baptisés dans l'Église catholique ou qu'ils y ont été reçus, jouissant de l'usage de la raison et ayant 7 ans accomplis. Voir *CDCA*, 41-42. Donc, « les sanctions pénales prévues par le Code ne sont pas d'application qu'à l'égard des catholiques latins ». BORRAS, *Les sanctions dans l'Église*, 24.

[291] Voir *CIC/*83, c. 96 : « Par le baptême, un être humain est incorporé à l'Église du Christ et y est constitué comme une personne avec les obligations et les droits qui sont propres aux chrétiens, toutefois selon leur condition, pour autant qu'ils sont dans la communion de l'Église et pourvu qu'aucune sanction légitimement portée n'y fasse obstacle ».

[292] Voir *CIC/*83, cc. 1 et 11. Pour être soumis aux lois purement ecclésiastiques, le *CIC/83* établit trois conditions cumulatives pour qu'une personne leur soit assujettie, à savoir le baptême, l'usage de la raison et l'âge. Si l'une des trois conditions fait défaut, la personne n'est pas sous la loi et par conséquent on ne pourrait pas parler d'une violation de ces lois ecclésiastiques. Cependant, toute personne soumise aux lois ecclésiastiques est tenue de prendre des moyens pour se familiariser avec elles parce que l'ignorance de la loi ecclésiastique a des répercussions juridiques sur le fidèle. Voir E. KONDE, *L'ignorance de la loi canonique et ses répercussions juridiques sur le fidèle, Extractum ex dissertatione ad Doctoratum in Facultate Iuris Canonici*, Rome, Pontificia Universitas Urbaniana, 2007, 136-218.

[293] BORRAS, *les sanctions dans l'Église*, 24.

[294] Voir A. BORRAS, *L'excommunication dans le nouveau Code de droit canonique*, Paris, Desclée, 1987, 26-27; voir BORRAS, *les sanctions dans l'Église*, 24.

[295] Voir *CIC/83*, *CIC/17*, c. 2195, §§ 1 et 2.

principe, la prévision de la sanction pénale a pour objectif d'assurer la protection de l'individu contre l'arbitraire du supérieur ou du juge et contre l'abus du pouvoir ou d'autorité[296]. En dernière analyse, nous faisons nôtre le point de vue de Dominique Le Tourneau ainsi formulé : « ce qui est clair [...] c'est que le principe de légalité n'appartient pas au droit divin et qu'il doit être appliqué dans l'Église avec prudence, c'est-à-dire en n'oubliant pas que le *salus animarum* doit rester en tout état de cause la loi suprême de tout le système canonique »[297].

2.2.3 La violation externe ou l'élément matériel et objectif du délit (c. 1321, §1)

La violation externe d'une loi ou d'un précepte pénal constitue l'élément objectif et matériel du délit. La violation externe est donc un élément physique indispensable pour qu'il y ait un délit. La violation externe veut dire qu'elle est perceptible et connaissable par d'autres personnes que l'auteur du délit. En effet, la violation, en tant qu'action extérieure, consiste à faire ce que la norme interdit ou à omettre ce que la loi ou le précepte ordonne[298]. De fait, le délit « se produit dans le monde extérieur, physique et comme tel, perceptible et connaissable par quelqu'un d'autre que son auteur. Une pensée purement interne du sujet et jamais exprimée ne peut constituer un délit »[299]. Mais pour qu'on parle de la violation de la loi pénale ou du précepte pénal, il est avant tout requis que l'acte posé par le délinquant lèse une norme obligatoire qui peut relever d'une loi divine ou de la loi canonique, c'est-à-dire une norme promulguée par le législateur, sinon il y aurait plutôt une faute morale et non pas un délit[300]. En effet, la différence entre le délit et le péché réside dans le

---

296 BORRAS, *les sanctions dans l'Église*, 23-24.

297 D. Le Tourneau, « L'interprétation du droit fondamental des fidèles à être jugés selon le droit (c. 221, § 3 », dans *Forum Canonicum*, 2 (2012), 158.

298 Voir S. BOKWANGA MOLAKU, *La signification du pouvoir coercitif dans l'Église*, Rome, Pontificia Universitas Urbaniana, 1991, 48 (= BOKWANGA MOLAKU, *la signification du pouvoir coercitif dans l'Église*) ; voir aussi MICHIELS, G., *De delictis et poenis. Commentarius libri V Codicis Iuris Canonici*, Paris – Turin – Romae – Neo Eboraci 1961, 71 (= MICHIELS, *De delictis et poenis*).

299 A. BORRAS, « Un droit pénal en panne ? Sens et incidence du droit pénal canonique », dans *RDC*, 56 (2009), 146 (= BORRAS, « Un droit pénal en panne ? Sens et incidence du droit pénal canonique »). Un délit est toujours une action extérieure, qui peut être soit connue ou publique, soit non connue ou occulte. Par contre, un acte uniquement interne ne peut pas être considéré comme un délit. Voir *CIC/83*, c. 1330 : « Un délit qui consiste en une déclaration ou en quelque autre manifestation de volonté ou de doctrine ou de science, doit être tenu pour non consommé si personne n'a perçu cette déclaration ou manifestation ».

300 Voir *Ibid.*

caractère externe et punitif ou correctif du délit[301]. L'Église catholique distingue le péché du délit par le fait que le délit est une violation externe assortie d'une sanction pénale[302].

Par ailleurs, il sied de souligner le caractère externe et public du délit. La publicité du délit repose sur le critère de la divulgation dans une collectivité[303]. La violation externe d'une loi peut être occulte, publique ou notoire. En effet, le *CIC/17* parlait de la division du délit en délit public, délit notoire et délit occulte[304]. Le délit peut donc être externe sans pour autant être public ou notoire. La violation occulte n'est pas soumise, du fait de sa nature, au pouvoir coercitif de l'Église[305]. La violation doit être externe, donc constatée, pour

---

[301] Voir *Ibid.*, 50-51. À ce sujet, la remarque de Nigro est pertinente quand il affirme qu'« on ne doit jamais oublier dans l'Église que tout délit est aussi un péché et que, si on le distingue du péché pour raison de technique juridique, c'est seulement parce qu'on ne veut pas munir tout péché de sanction, mais qu'on veut le faire seulement dans le cas où il est nécessaire de protéger, conserver, défendre, accroître et perfectionner la communion des membres de l'Église à la vie divine que le Christ est venu porter sur la terre en abondance ».Voir F. NIGRO, « Le Sanzioni nella chiesa come tutela della comunione ecclesiale », dans *La nuova legislazione canonica*, Studia Urbaniana 19 (1983), 465. Il convient de noter que le délit implique toujours un péché. En ce sens, tout délit est un péché vu l'imputabilité de l'infraction. Cependant, tout péché n'est pas nécessairement un délit. Pour être délictueux, l'acte doit être défini comme tel par le droit canonique en conformité avec le c. 1321, § 1. Voir BORRAS, *Les sanctions dans l'Église*, 16-18.

[302] Voir S. BOKWANGA MOLAKU, *La signification du pouvoir coercitif dans l'Église*, Rome, Pontificia Universitas Urbaniana Facultas Iuris Canonici, 1991, 50.

[303] BORRAS, « Un droit pénal en panne ? Sens et incidence du droit pénal canonique », 146 (= BORRAS, « Un droit pénal en panne ? Sens et incidence du droit pénal canonique »). Un délit est toujours une action extérieure, qui peut être soit connue ou publique, soit non connue ou occulte. Par contre, un acte uniquement interne ne peut pas être considéré comme un délit.

[304] Voir *CIC/17*, c. 2197 : « Le délit est public, s'il est déjà divulgué ou s'est produit ou se présente dans des circonstances telles qu'on puisse juger avec prudence qu'il doive facilement être divulgué ; il est notoire de notoriété de droit après la sentence du juge compétent passée en force de chose jugée ou après l'aveu du délinquant fait en justice selon le canon 1750 ; notoire de notoriété de fait, s'il est connu publiquement et a été commis dans des circonstances telles qu'il ne puisse être caché par aucun artifice ni excusé par aucune considération ; occulte, s'il n'est pas public ; occulte matériellement si le délit lui-même est caché ; occulte formellement si son imputabilité seule est cachée ». En effet, la publicité du délit ou, au contraire, son caractère occulte repose sur le critère de la divulgation dans une communauté.

[305] Un vieil adage canonique dit : « *De internis non iudicat Ecclesia* » (L'Église ne juge pas sur les affaires intérieures), et le Décret de Gratien déclare : « Cogitationis penam nemo patiatur » (que personne ne subisse la peine de la pensée). Voir GRATIEN, D.1 de poen., 14. Le principe 9 de la révision du Code affirme ce qui suit : « Pour ce

qu'elle soit un délit. De fait, un délit, par sa nature même, trouble l'ordre ecclésiastique à la différence d'une violation occulte ou interne de la loi qui ne bouleverse pas *a priori* l'ordre social. Il appartient donc au législateur de définir ce qui trouble la société ecclésiale, et ce qui est passible de sanction[306]. En dernière analyse, pour que la violation de la norme obligatoire d'une loi divine ou ecclésiastique soit dite externe et imputable, il n'est pas requis que l'acte soit public, mais il suffit qu'il soit exprimé de telle manière qu'il puisse être perçu par les sens externes, par exemple la vue ou l'ouïe (faits ou paroles)[307].

2.2.4 La gravité spéciale de la violation

L'incrimination du c. 1399 énonce qu'il s'agit d'un type de violation spécifique et grave. D'une part, le Code, suivant les principes directeurs de la réforme, s'est efforcé de réduire le nombre de délits en se concentrant sur ceux particulièrement nuisibles au salut des âmes[308]. D'autre part, il est ici question d'un acte grave auquel n'est pas attachée une sanction canonique préalable. La gravité renvoie à l'imputabilité de l'auteur du délit. En effet, ce dernier doit être grave en soi et pour la communauté ecclésiale par le fait même que le législateur l'a désigné comme tel. D'après Damian Astigueta, la violation doit être grave à deux niveaux, à savoir sur le plan objectif et sur le plan subjectif[309].

2.2.4.1 Sur le plan objectif

La violation d'une norme importante doit être grave, c'est-à-dire une norme qui contient une matière grave, soit en soi, soit en raison des circonstances.

---

qui concerne le droit de coercition, auquel l'Église comme société externe, visible et indépendante ne saurait renoncer, les peines seront en général *ferendae sententiae*, elles ne seront prononcées qu'au for externe et remises au même for ». Voir *CDCA*, 21. En effet, la croyance d'une personne au sujet d'un enseignement de l'Église ne peut être considérée comme un crime à moins qu'elle n'entraîne une action ou une manifestation extérieure qui viole une loi ou un précepte. De même, les pensées ou les souhaits d'une personne ne seraient pas considérés comme une violation externe d'une loi.

306 Voir E.F. REGATILLO, *Institutiones iurris canonici*, Santander, Sal Terrae, 1951, vol. II, 437-438.

307 N. DIENE, *La dynamique du principe de l'imputabilité dans le droit pénal canonique, Dissertatio ad Doctoratum in Iure Canonico*, Rome, 1996, 103.

308 Voir *Communicationes*, 1 (1964), 84-85.

309 Voir ASTIGUETA, « *Lo scandalo nel CIC : significato e portata giuridica* », 607-609.

Cette violation est grave quand elle produit un mal significatif[310]. Le mal doit être significatif par rapport à la société ecclésiale dans laquelle la loi canonique est en vigueur. Si le mal est grave en lui-même, mais n'a pas de pertinence extérieure selon le législateur, il ne constituera pas un délit au sens canonique. En ce sens, la valeur sociale menacée doit être une valeur essentielle à la société ecclésiale. Cette gravité en question ne sera pas l'objet d'une sensibilité individuelle ou subjective, mais d'une évaluation objective[311]. C'est l'auteur de la loi ou du précepte qui juge si la chose est grave en soi ou en raison des circonstances.

Il convient de faire référence ici au *m.p. SST* de 2001 qui a défini avec précision quels sont les délits les plus graves commis soit contre les mœurs soit dans la célébration des sacrements pour lesquels la compétence de la DDF est exclusive. Jean Paul II, dans cette lettre apostolique, considère le péché contre le sixième commandement du Décalogue avec un mineur comme un des délits les plus graves[312]. Comme nous l'avons vu au premier chapitre, les normes du *SST* de 2001 ont été révisées par les normes du 21 mai 2010 en incluant l'acquisition, la détention ou la divulgation d'images pornographiques de mineurs de moins de quatorze ans de la part d'un clerc au rang des délits les plus graves contre les mœurs, réservés au jugement de la

---

310 Pour la matière elle-même, tout délit contre la vie, la dignité et la liberté humaines (*CIC/83*, cc. 1397 et 1398). Par exemple homicide, mutilation, avortement et abus sexuels sur un mineur ou une personne habituellement affectée d'un usage imparfait de la raison. Notons que ces délits n'impliquent pas toujours une juste peine, mais aussi de lourdes peines.

311 Selon Burke, l'évaluation du scandale doit être comprise avant tout dans sa dimension objective. Pour lui, le scandale survient lorsqu'un acte public, manifestement contraire à la loi morale et ecclésiale, expose les fidèles au risque d'être induits en erreur ou de banaliser la gravité du péché. Dans cette perspective, la discipline concernant le refus de la sainte Communion ne repose pas sur une évaluation subjective de la conscience du pécheur – domaine qui échappe au jugement du ministre – mais sur la constatation extérieure et persistante de comportements publics contraires à la foi et à la morale. Le caractère public de ces comportements revêt une importance particulière dans le cadre du sacrement de l'Eucharistie. Par conséquent permettre l'accès à la Communion en une telle situation pourrait en effet donner l'impression que l'Église approuve ou tolère un état de vie objectivement incompatible avec la loi divine. Burke rappelle ainsi que le ministre de la Communion n'a pas à juger l'état intérieur du fidèle (le péché subjectif), mais seulement à prendre acte de la réalité objective et manifeste des faits. Le critère appliqué est donc d'ordre objectif : l'existence d'un péché grave, public et obstiné, lequel entraîne un scandale objectif et justifie, conformément au canon 915, le refus de l'accès à la sainte Communion. Voir R.L. BURKE, « Canon 915: The Discipline Regarding the Denial of Holy Communion to Those Obstinately Persevering in Manifest Grave Sin, » dans *Periodica*, 96 (2007), 3-58.

312 Voir NKOUAYA MBANDJI, *La prescription canonique des délits sexuels sur des personnes mineures*, 173-174.

DDF. En effet, tout délit sexuel sur un enfant ou un mineur commis par un clerc, un religieux ou un laïc en mission, médiatisé ou non, revêt une gravité spéciale[313].

2.2.4.2 Sur le plan subjectif ou l'élément subjectif du délit (c. 1321, § 3)

Le c. 2195 du *CIC*/17[314], source du c.1321, §2 du *CIC/83*[315], utilisait le terme « moralement imputable » au lieu de « gravement imputable » afin de souligner la nécessité que l'acte soit libre, conscient et volontaire et le fait que tout délit suppose un *dolus malus* et donc un péché formellement grave[316]. En ce qui concerne l'imputabilité, l'acte doit pouvoir se référer à un acte délictuel commis d'une manière grave, c'est-à-dire par dol ou faute (*CIC/83*, c. 1321, §1). Le §2 dudit canon évoque la faute non intentionnelle par « omission » ou faute « de la diligence requise »[317].

Par l'élément subjectif, on entend l'imputabilité qui donne au délit une dimension humaine. En effet, l'imputabilité constitue le fondement de toute

---

[313] Voir MWANZA PINDI, *La protection de l'enfance contre les délits sexuels dans l'Église*, 35-40 ; voir aussi c. 1398 du nouveau Livre VI de 2021.

[314] Voir *CIC/17*, c. 2195, §1 : « Sous le nom de délit on entend en droit ecclésiastique, la violation extérieure et moralement imputable d'une loi à laquelle est attachée une sanction canonique au moins indéterminée ».

[315] Voir Nouveau Livre VI, c. 1321, §2 : « Nul ne sera puni à moins que la violation externe de la loi ou du précepte ne lui soit gravement imputable du fait de son dol ou de sa faute ». Voir *CIC/17*, cc. 2195, §1, 2199, 220, §1, 2218, §2, 2228 ; *CCEO*, c. 1414, §1. Le *CIC/17* exigeait seulement que la violation soit moralement imputable, et non pas grave. Il convient de noter ici que le nouveau Livre VI de 2021 ajoute la notion de la présomption d'innocence au c. 1321 que nous venons de mentionner en ces termes : « Quiconque est retenu innocent jusqu'à ce que le contraire ne soit prouvé [...] ».

[316] Délit par dol : violation délibérée d'une loi ou d'un précepte pénal. Délit par faute ou délit coupable : omission de la diligence requise, concept qui comprend également l'ignorance coupable dans l'accomplissement d'une loi ou un précepte, quand ces normes l'ont ainsi disposé. L'acte moralement mauvais que constitue le délit doit être gravement imputable à son auteur, sur base du dol ou de la malice (*CIC/83*, c. 1321, §1) ; la faute n'entraînant pas habituellement la sanction pénale (*CIC/83*, c. 1321, §2).

[317] L'imputabilité suppose un acte humain qui implique l'intelligence et la volonté. Si ces deux facultés ne sont pas exercées, l'imputabilité n'existe pas. En effet, l'acte humain est imputé à son auteur quand ce dernier agit en toute lucidité et en plein consentement. L'imputabilité d'un délit à son auteur suppose donc un acte humain grave et moralement mauvais. Voir A. BORRAS, « Droit canonique, abus sexuels et délits réservés », dans *Vie consacrée*, 2 (2002), 85-86. En effet, en droit canonique, l'imputabilité morale est le préalable nécessaire à toute imputabilité légale. Si la première fait défaut la seconde ne peut exister ». BORRAS, *Les sanctions dans l'Église*, 17.

sanction pénale[318]. De fait, l'imputabilité morale est le préalable nécessaire à toute imputabilité pénale. Cette dernière résulte de la malice (*dolus*), c'est-à-dire de la volonté délibérée d'enfreindre la loi ou le précepte, ou encore de la faute (*culpa*), à savoir l'omission de la diligence requise. Le Code prévoit des circonstances qui excluent, atténuent ou aggravent l'imputabilité de l'infraction commise (c. 1322-1326)[319]. Deux éléments sont requis pour l'existence du dol, notamment la connaissance préalable et la liberté d'agir. En définitive, il y a une double source de l'imputabilité. Elle provient, soit de la commission d'un acte illicite ; soit de l'omission de la diligence requise. Donc, si le dol et la faute interviennent tous deux dans la qualification du délit imputé à son auteur, seul le dol est pris en compte pour sanctionner ce délit par une peine[320]. Cependant, elle est présumée à partir du moment où il y a eu violation externe, sauf évidence contraire[321]. Le c. 1321, § 3 énonce, en effet, que « la violation externe étant posée, l'imputabilité [au sens large] est présumée à moins qu'il n'en apparaisse autrement ». Par conséquent, un délit peut être imputé à une personne sans qu'elle soit fatalement coupable *a priori*. Dans cette logique, ce n'est pas le *dolus malus* qui est présumé au *for* externe « jusqu'à la preuve du contraire » et jusqu'à l'absence de condamnation définitive, mais l'imputabilité de l'acte en général. Il suffit de constater des indices sérieux dont le regroupement peut donc attester l'absence d'imputabilité chez un suspect sans se fixer sur l'intention du suspect ; la certitude totale n'étant pas requise[322]. Dans le contexte du c. 1399, la question d'imputabilité est d'une importance non négligeable, car on doit bien s'assurer de l'imputabilité de l'acte, c'est-à-dire de la volonté délibérée d'enfreindre la loi ou le précepte, ou encore de l'omission de la diligence requise quand il y

[318] BOKWANGA MOLAKU, *la signification du pouvoir coercitif dans l'Église*, 53.
[319] Il convient de noter que « la malice et la faute interviennent dans la qualification d'un acte extérieur en tant que délit et le rendent imputable à son auteur, seule la malice intervient pour sanctionner ce délit par une peine. La faute n'entre pas en ligne de compte pour la sanction pénale. C'est ce que prescrit le c. 1321, § 2 : l'auteur d'un délit causé par une faute n'est donc pas punissable, du moins en règle générale, à moins que la loi ou le précepte n'en dispose autrement ». BORRAS, *Les sanctions dans l'Église*, 17. Par ailleurs, le Code prévoit des circonstances qui excluent, atténuent ou aggravent l'imputabilité de l'infraction commise. Voir CIC/83, cc. 1323-1326.
[320] O. ÉCHAPPE parle de « l'impunité de principe de la faute ». Le délit peut résulter d'une manière directe, d'une volonté délibérée de violer la loi ou le précepte, que le droit pénal canonique appelle le dol, mais il peut aussi résulter d'une façon indirecte, c'est-à-dire d'une omission de la diligence requise, que le droit pénal canonique appelle faute. Voir VALDRINI, DURAND, ÉCHAPPE, J. VERNAY, *Droit canonique*, 380-381.
[321] Voir *CIC/83*, c. 1321, § 3.
[322] A. BORRAS, « Entre l'obsolescence de la norme et la vitalité de la doctrine : le sort actuel du livre VI du *CIC* : à propos d'un ouvrage récent » dans *Studia canonica*, 33 (1999), 143.

a scandale. Sans cet élément subjectif dans le cas de scandale, il y aurait des abus au détriment de la justice.

2.2.5 La notion de « juste peine »

La notion de « juste peine » est mentionnée une vingtaine de fois dans le nouveau Livre VI de 2021[323]. Elle est associée à différents délits. Il y a aussi d'autres canons qui envisagent une « autre peine » ou une « peine indéterminée » qui s'ajouterait à la peine principale déjà déterminée. De fait, les expressions « juste peine » et « peine indéterminée » sont équiparées[324]. La détermination de la « juste peine » est laissée à la prudente décision de celui qui portera le jugement. Cependant, la juste peine ou la peine indéterminée ne peut pas être perpétuelle ; ceci dans le but de limiter le pouvoir discrétionnaire réservé au juge lors du procès pénal. Il y a donc une limite à la gravité de la peine[325]. Compte tenu des facteurs aggravants ou atténuants de la culpabilité, les supérieurs compétents ou les juges « ont le pouvoir d'adapter quantitativement la peine selon le degré de responsabilité et les éléments du délit. Ils ont encore le pouvoir d'adapter qualitativement la peine lorsque la loi leur offre la faculté ou leur fait un devoir d'infliger une juste peine ou une peine laissée à leur estimation, à leur intime conviction »[326].

La détermination de la juste peine est un exercice complexe qui met en relation plusieurs facteurs, et nécessite compétence et expertise. Le supérieur compétent ou le juge qui statue sur la peine dispose d'une grande discrétion. Mais cette discrétion ne doit pas s'exercer de manière arbitraire, puisque le supérieur ou le juge doit tenir compte des principes législatifs et jurisprudentiels de détermination de la peine[327]. L'imposition d'une peine juste vise d'abord à assurer le respect de la loi, et la juste peine infligée doit être proportionnelle à la gravité du délit et au degré de responsabilité du

---

[323] Les vingt canons prescrivant « une juste peine » sont les suivants dans *CIC/83* : c. 1367 ; c. 1368 ; c. 1369 ; c. 1370, §3 ; c. 1371, §3 ; c. 1371, §5 ; c. 1373 ; c. 1374 ; c. 1375 ; c. 1376, §2 ; c. 1378, §2 ; c. 1379, §5 ; c. 1381 ; c. 1385, §2 ; c. 1389 ; c. 1390, §2 ; c. 1395, §2 ; c. 1396 ; c. 1398, §1 ; c. 1399. Le droit pénal canonique distingue une classification des peines en raison de certains critères, à savoir la finalité des peines, la modalité d'application, la durée des peines. En raison de finalité des peines, nous avons les peines médicinales ou les censures et les peines expiatoires. La censure est une peine ordonnée à l'amendement du coupable. Les peines expiatoires visent à rétablir la justice, à réparer le scandale et à restaurer l'ordre social perturbé.

[324] Voir PUY-MONTBRUN, *Le droit canonique au service de la justice ecclésiale*, 604.

[325] Voir *Ibid.*

[326] *Ibid.*, 40.

[327] Ces principes incluent notamment le principe d'équité (Nouveau Livre VI, c. 1321, §3), le principe de proportionnalité (Nouveau Livre VI, c. 1349), le principe de légalité (*CIC*/83, c. 221, §3) et le principe du caractère pastoral du droit canonique (Nouveau Livre VI, c. 1341).

délinquant. La juste peine est ainsi la peine ou la sanction qui convient le mieux possible aux circonstances et conséquences du délit. Une « juste peine » est une peine indéterminée, *ferendae sententia.* C'est une peine indéterminée parce qu'elle est laissée à la décision prudente du juge ou du supérieur. Elle n'est plus facultative en soi depuis le nouveau Livre VI de 2021[328]. Il appartient à l'autorité compétente, d'infliger la peine estimée juste et qui doit être prononcée *ferendae sententiae* soit par une sentence, soit par un décret extrajudiciaire (c. 1341), c'est-à-dire qu'elle peut être imposée par la voie judiciaire ou par la voie administrative[329].

Force est de souligner que le juge ou l'autorité compétente doit porter son choix sur la gamme des peines canoniques prévues par la loi, à savoir les censures (suspense, interdiction, excommunication) et peines expiatoires (privations diverses, interdictions, transfert pénal, renvoi de l'état clérical). Le juge pourrait infliger d'autres sanctions canoniques comme les remèdes pénaux, monition ou réprimande, mais aussi les pénitences comme œuvres de religion, de charité ou de piété[330]. Au moment de déterminer une peine, si la loi n'y pourvoit pas autrement, les juges pourront choisir celles qui sont proportionnées au scandale provoqué et à la gravité du dommage selon le c. 1349. Les juges doivent prendre en considération les différents facteurs, notamment la nature de l'acte délictuel, conformément au principe de proportionnalité. Toutefois, les juges n'infligeront pas de peines trop lourdes, à moins que la gravité du cas ne le réclame absolument ; même alors, ils ne peuvent pas infliger des peines perpétuelles. Il faut ici remarquer l'édiction du c. 695, §1 qui s'adresse aux religieux coupables d'avoir commis les délits dont il s'agit aux cc. 1397, §1 et §2 et 1395. Les délits dont il s'agit au c. 1395, §2, le Supérieur peut estimer que le renvoi [de l'état clérical] ne soit pas absolument nécessaire[331] et qu'il y a moyen de pourvoir autrement et suffisamment à l'amendement du membre ainsi qu'au rétablissement de la justice et à la réparation du scandale. C'est une décision du Pape François en

[328] A. BORRAS, « Un nouveau droit pénal canonique », dans *Nouvelle Revue Théologique*, 143 (2021), 645 (= BORRAS, « Un nouveau droit pénal canonique »). En effet, le nouveau Livre VI rend obligatoires des peines précédemment facultatives, aussi quant à leur prévision que quant à leur application). Ibid.

[329] Voir P. VALDRINI, J. P. DURAND, O. ÉCHAPPE, J. VERNAY, *Droit canonique*, Paris, Dalloz, 2e éd. 1999, 388-389 (VALDRINI, DURAND, ÉCHAPPE, VERNAY, *Droit canonique*).

[330] MWANZA PINDI, *La protection de l'enfance contre les délits sexuels dans l'Église*, 37.

[331] Voir *CIC/83*, c. 1395, §2 : « Le clerc qui a commis d'une autre façon un délit contre le sixième commandement du Décalogue, si vraiment le délit a été commis publiquement, sera puni de justes peines, y compris, si le cas l'exige, le renvoi de l'état clérical. »

date du 26 avril 2022.[332] Cette disposition qui intéresse les membres des Instituts de vie consacrée ne semble pas s'appliquer aussi aux clercs diocésains. Selon la loi, l'autorité compétente ne devrait pas avoir recours à des sanctions plus lourdes, mais seulement moyennes ou mineures[333]. Le c. 1349 établit un critère restrictif quant à la limite maximum de la « juste peine »[334], compte tenu de l'ampleur du pouvoir discrétionnaire accordé au juge au c. 1399. En effet, les peines expiatoires perpétuelles sont exclues[335]. Pour Velasio De Paolis, même la censure est exclue, et surtout l'excommunication dans la mesure où c'est une peine médicinale qui nécessite toujours un avertissement préalable[336]. D'après Damian Astigueta, le c. 1399 traite de deux situations différentes : prévenir et réparer. S'il s'agit de prévenir le scandale, il ne serait pas contradictoire de recourir à une peine médicinale

---

[332] Voir c. 695, §1 (2022) : « Un membre doit être renvoyé pour les délits dont il s'agit aux canons 1397, §1, 1397, §2 et 1395, à moins que pour les délits dont il s'agit au canon 1395, §2, le Supérieur n'estime que le renvoi ne soit pas absolument nécessaire et qu'il y a moyen de pourvoir autrement et suffisamment à l'amendement du membre ainsi qu'au rétablissement de la justice et à la réparation du scandale ». C'est en effet la lettre apostolique *Recognitum Librum VI* (Le Livre VI révisé), en forme de *motu proprio*, du Pape François, publiée le 26 avril 2022, qui est venu corriger, actualiser, la mention des canons cités au §1 dudit c. 695. On peut s'étonner de constater que cette mise à jour n'ait pas été prévue avant la publication du nouveau Livre VI 2021.

[333] Voir Le Nouveau Livre VI, c. 1349 : « Si une peine est indéterminée et si la loi n'y pourvoit pas autrement, le juge, au moment de déterminer les peines, choisira celles qui sont proportionnées au scandale causé et à la gravité du dommage ; toutefois, il n'infligera pas de peines trop lourdes, à moins que la gravité du cas ne le réclame absolument ; même alors, il ne peut pas infliger de peines perpétuelles ». Les peines expiatoires sont stipulées au c. 1336. Notons que la révision de 2021 de ce canon insère que, pour déterminer les peines appropriées, le juge doit choisir celles qui sont proportionnelles au scandale et à la gravité du préjudice causé par le délit. Ainsi, le législateur exige une véritable proportionnalité entre l'impact négatif du délit et la peine. Le canon révisé 1349 stipule également que, à moins que la gravité de l'affaire ne l'exige clairement, le juge doit se réserver le droit d'imposer des peines plus graves (sans mentionner spécialement les censures comme l'a fait le *CIC*/83). Voir RENKEN, *The Penal Law of the Roman Catholic Church, Substantive Law*, 217.

[334] Si le c. 1349 du *CIC/83* énonce que le juge n'infligera pas comme juste peine ou peine indéterminée de peines trop lourdes, à moins que la gravité du cas ne le réclame, le législateur prévoit certains cas où la peine est lourde et parfois obligatoire dans les canons suivants : 1371, §1, 1376, §2, 1377, §2, 1378, §2 et 1390, §2. Il s'agit des peines comme la censure (suspense, interdiction, excommunication) ou la privation de l'office, privation de charge, de ministère, de fonction, faculté de recevoir les confessions ou de la faculté de prêcher, de certains droits et privilèges ou honneurs ou titres, de la rémunération ecclésiastique, interdiction, payer une amende, sauf les peines perpétuelles et le renvoi de l'état clérical. Voir c. 1336, §§2-4.

[335] Voir RENKEN, *The Penal Law of the Roman Catholic Church, Substantive Law*, 217.

[336] Voir DE PAOLIS, *De Sanctionibus in Ecclesia*, 124.

ou une censure précédée d'un avertissement. Dans ce cas, si le coupable se repentait et changeait d'attitude, le but de la peine serait atteint et ceci serait le moyen le plus efficace pour éviter le scandale. Dans ces circonstances, l'application hâtive d'une peine expiatoire pourrait, justement à cause de la publicité ou de la notoriété, provoquer ce que l'on souhaite éviter. Si le délinquant, en revanche, ne changeait pas d'attitude, alors la peine expiatoire serait aussi applicable. En revanche, il s'agit de réparer le scandale, ici aussi le changement d'attitude du contrevenant pourrait aider à résoudre le problème. Mais vu l'urgence de l'affaire, le recours à la peine expiatoire doit être pris en compte. Par ailleurs, il serait adéquat d'offrir au délinquant la possibilité de changer avant de le punir avec une peine majeure[337]. Selon Thomas Green, la « peine juste » est expiatoire plutôt qu'une censure, car aucun avertissement n'est nécessaire pour son imposition et son objectif principal n'est pas de réformer le délinquant, mais de restaurer l'ordre ecclésial troublé. En conséquence, des censures telles que l'excommunication ou la suspense ne peuvent être imposées[338].

Désormais, la perspective est différente dès lors que le législateur de 2021 (nouveau Livre VI, sanctions pénales dans l'Église) a entrepris de déterminer de nombreuses peines antérieurement indéterminées, désignées par l'expression « juste peine », et il est plus question de peines expiatoires susceptibles d'aider les Ordinaires et les supérieur(es) dans le choix et l'application de ladite peine[339]. En outre, le législateur de 2021 rend obligatoires des peines auparavant facultatives en ce qui concerne leur prévision ainsi que leur application, cela s'inscrit souvent dans la perspective du scandale causé par le délit (c. 1344, 1°, 2° et 3°)[340].

Par ailleurs, le c. 1343 reconnaît le pouvoir discrétionnaire du supérieur compétent ou du juge pour tempérer une peine ou la remplacer par une

[337] Voir D. Astigueta, « *Lo scandalo nel CIC : significato e portata giuridica* », dans *Periodica*, 92 (2003), 614-615.

[338] Voir T. Green, Book VI Sanctions in the Church (cc. 1311-1399), dans *CLSA Comm2*, 1604.

[339] Borras, « Un nouveau droit pénal canonique », 644-645. C'est le cas dans les canons suivants dans *CIC/83* : c. 1365 (ex c.1371, 1°), c. 1371, §1 (ex-c.1372, 2), c.1372 (ex-c. 1375), c.1377, §1 (ex-c. 1386), c.1378, §1(ex-c.1377), c. 1379, §5 (ex-c.1379), c. 1383 (ex-c.1385), c.1390, §2, c. 1391, c. 1392, c. 1393 (ex-c. 1392).

[340] Voir *Ibid.* On passe du *potest punire* (peut punir) to *debet punire* (doit punir). Examinons à ce propos les dispositions suivantes : c. 1326, §1 (*iudex debet*), c. 1326, §3 (*poena facultativa fit obligatoria*), c. 1345 (*reus puniri debet*), c. 1372 (*puniantur*), c. 1389 (*puniatur*), c. 1390, §2 (*puniatur*), c.1391(*puniatur*), c. 1393 (*puniatur*), c. 1394, §1 (*puniri debet*). On peut noter le c. 1344, 1° et 3°où le juge ne peut différer la peine s'il faut réparer le scandale (1°) ou suspendre son application sauf si d'autres délits furent antérieurement commis ou que le scandale doit être réparé (3°).

pénitence. Le critère de discernement est essentiellement sa conscience et sa prudence[341].

2.2.6 Une nécessité pressante

Par « une nécessité pressente », on peut comprendre qu'il s'agit d'un besoin urgent de défendre un bien juridique qui se trouve menacé[342]. En effet, chaque loi canonique protège une certaine valeur. Il ne s'agit pas de n'importe quelle valeur, mais d'une valeur importante pour l'identité et la vie de l'Église. Il n'est pas aisé d'établir quel type de conduite le législateur envisage ici au c. 1399 ou dans quel domaine il en est question. Cependant, on doit noter le caractère d'urgence d'intervention de l'autorité ecclésiastique. La nécessité pressante d'agir est motivée par la réaction des victimes ou celle de la société. En effet, la réaction peut avoir lieu de la part des personnes lésées ou par l'intervention de l'autorité qui, lorsque la gravité spéciale l'exige, se substitue à l'individu et même au groupe pour réagir à sa place afin de prévenir, d'éviter ou de réparer le scandale. La réaction doit être adéquate c'est-à-dire dans le sens où elle est au même niveau que l'action posée. Il convient donc d'affirmer que le scandale met en lumière une sérieuse remise en cause de valeurs essentielles à la vie d'une communauté, provoquée par l'action d'une personne appartenant à la communauté. L'intensité de la réaction dépendra à la fois de la virulence de l'action et de la qualité de la personne agissant par rapport à la communauté. De fait, ce qui constitue le noyau du scandale, c'est le choc, la publicité, la stupéfaction, la remise en cause, l'attaque, la menace grave contre une valeur très importante à la communauté ecclésiale. Il ne s'agit pas simplement de la sensibilité de l'individu seul, mais de quelque chose d'essentiel pour l'Église[343].

L'appréciation de l'urgence de prévenir ou de réparer le scandale ainsi que de la sanction incombe à l'Ordinaire qui peut engager la procédure pénale, non au seul juge. Le souci de l'autopréservation institutionnelle a marqué la réaction de l'Église aux abus sexuels et pédophiles. Quand les membres du

---

341 Le c. 1343 dans *CIC/83* s'exprime en ces termes : « Si la loi ou le précepte concède au juge la faculté d'appliquer la peine ou non, celui-ci, restant sauf ce qui est prescrit au can. 1326, §3, définit la chose, selon sa conscience et sa prudence, suivant ce que requiert la restitution de la justice, l'amendement du coupable et la réparation du scandale ; le juge peut aussi, dans ces cas, si l'affaire le demande, tempérer la peine ou imposer à sa place une pénitence ». Avec une telle norme pénale facultative, le juge est libre de décider soit d'infliger une peine ; tempérer la peine ; imposer une pénitence au lieu d'une peine ; n'imposer ni peine ni pénitence. Le juge en décidera selon sa propre conscience et sa prudence. Notons que le c. 1343 été modifié par la Constitution apostolique *Pascite gregem Dei* du 23 mai 2021, entrée en vigueur le 8 décembre 2021.

342 Voir *CDCA*, 1239-1240.

343 ASTIGUETA, « *Lo scandalo nel CIC : significato e portata giuridica* », 616-617.

clergé ou les dirigeants ecclésiastiques se perçoivent comme ayant le dernier mot, il leur est difficile de résister à la tentation de ne pas agir et de s'installer dans une culture du secret pour protéger les délinquants au lieu de se soucier d'abord des victimes. Le silence ou l'inaction a paru primordial au profit de certains clercs et « pour éviter le scandale », comme nous l'avons expliqué au premier chapitre. L'image de l'Église en a pâti puisqu'elle a paru plus soucieuse de préserver sa réputation que d'écouter la détresse des victimes. De fait, plus que la correction du coupable, le bien-être de la communauté doit prévaloir face aux effets causés par le délit tout en respectant la présomption d'innocence[344].

2.2.7 La prévention et la réparation des scandales (*CIC/83*, c. 128[345])

Pourquoi user de ce canon dans le cadre de l'étude du c. 1399 ? Le c. 1399 parle aussi de « [...] *nécessité pressante de prévenir ou de réparer des scandales* ». En effet, les scandales peuvent produire des dommages et causer du tort, un dégât et une perte. Le c. 128, qui n'existait pas dans le *CIC*/17, est une obligation de la loi naturelle qui traite d'une question fondamentale d'équité et de justice naturelle. Ce canon reprend aussi une injonction biblique selon laquelle la personne qui cause le dommage doit le réparer et se réconcilier avant d'entrer en communion avec Dieu[346]. Le c. 128 dit : « quiconque ou n'importe qui ». Il semblerait qu'en vertu du c. 11[347], ceux qui ne sont pas liés par les lois de l'Église ne peuvent pas être tenus pour responsables ou concernés par cette norme[348]. Selon Hughes, la portée de ce c. 128 devrait être limitée aux actes qui relèvent de la compétence exclusive de l'Église telle que définie au c. 1401, §1 : « Cas concernant des questions spirituelles ou en rapport avec le spirituel »[349]. Il continue en disant que, compte tenu de la nature de l'Église et de sa mission, cette sphère de la juridiction comprend aussi le domaine de la foi, de la morale, des sacrements,

---

[344] Voir BORRAS, « Un nouveau droit pénal canonique », 645 ; voir aussi Le nouveau Livre VI, c. 1321, §1 ; voir H. HENRION-STOFFEL, *« La présomption en droit canonique »*, dans *Mélanges C. Lazerges*, Paris, Dalloz, 2014, 680.
[345] *CIC/83*, c. 128 : « Quiconque cause illégitimement un dommage à autrui par un acte juridique ou encore par un autre acte quelconque posé avec dol ou faute, est tenu par l'obligation de réparer le dommage causé ».
[346] Voir Ex 22,1-14; Mt 5,24.
[347] Voir *CIC/83*, c. 11 : « Sont tenus par les lois de l'Église purement ecclésiastiques les baptisés dans l'Église catholique ou ceux qui y ont été reçus, qui jouissent de l'usage de la raison et qui, à moins d'une autre disposition expresse du droit, ont atteint l'âge de 7 ans accomplis ».
[348] Voir M. HUGHES, *Persons in General and Juridic Acts*, Ottawa, Saint Paul University, 1989, 95 (= HUGHES, *Persons in General and Juridic Acts)*.
[349] Voir *CIC/83*, c.1401, §1.

de la liturgie et des droits individuels. En fait, tout acte accompli au cours d'un « ministère » peut être considéré comme « connecté avec le spirituel ». Le ministère inclut aussi le ministère laïc, par exemple, à travers l'enseignement ou l'éducation et le travail administratif dans la Curie diocésaine[350].

Il est significatif que le c. 128 ne dise pas que la personne qui a subi un préjudice peut ou devrait intenter une action en justice pour que le préjudice soit réparé, car ce canon fait obligation à la personne qui a causé le préjudice d'y remédier, conformément à l'obligation de la loi naturelle et à la directive biblique. Le c. 128 a donc deux objectifs. Premièrement, il encourage juridiquement une personne à réparer volontairement tout dommage ou préjudice infligé à une autre personne. Cependant, si l'auteur du dommage ne se conforme pas de sa propre initiative, la victime peut se référer au c. 221, §1 pour obtenir les moyens de faire respecter cette norme du c. 128. Ce canon fournit, deuxièmement, un fondement juridique à partir duquel l'autorité compétente de l'Église pourrait agir pour faire respecter ce principe et obliger une personne à réparer tout préjudice ou dommage qu'elle a infligé illégalement[351]. La réparation du dommage ou du scandale est à la fois une obligation morale et juridique qui existe entre l'auteur du dommage et la victime. Cette obligation de réparer le dommage causé existe en dehors de toute peine qui pourrait être infligée ou déclarée dans une procédure pénale. De plus, lors d'un procès pénal canonique, le juge « peut ajourner le procès relatif au dommage » en attendant la sentence[352]. Le procès pénal et l'action pour la réparation du scandale sont des procédures complémentaires, mais distinctes.

Il est à noter que le c. 128 exige à juste titre que le dommage dont on parle soit réalisé « illégitimement » parce que certains actes peuvent provoquer un dommage licite, inévitable et souvent regrettable à une autre personne. Par exemple, la révocation ou le transfert d'un curé selon les normes canoniques[353]. Dans ce cas, le curé est censé accepter les conséquences prévues lorsqu'il a refusé de démissionner ou de corriger le comportement qui a occasionné l'acte du supérieur[354]. L'un des principes concernant la réparation du dommage est que cette réparation doit être au moins connue comme l'était le dommage. Il doit y avoir un rapport de proportionnalité entre le dommage et la réparation[355]. La réparation, lorsqu'elle s'avère nécessaire, n'est pas un acte d'humiliation ou de vengeance, mais la réponse d'une

---

[350] Voir HUGHES, *Persons in General and Juridic Acts*, 96.

[351] Voir M. P. CHALMERS, « The Remedy of Harm In Accord With Canon 128 », dans, *Studia canonica*, 38 (2004), 113.

[352] Voir *CIC/83*, c. 1730, §1.

[353] Voir *CIC/83*, cc. 1740-1752.

[354] Voir R. A. HILL, « Canons and Commentary [cc. 124-128] », dans *CLSA Comm1*, 92.

[355] Voir M. THÉRIAULT, « Can. 128. Commentary », dans *ExComCIC*, vol. 1, 813.

autorité en vue du bien commun et du bien des personnes concernées. Notons que « la réparation ou la restitution du droit lésé ne sont pas toujours strictement possibles. Souvent, et le terme réparation doit l'inclure, c'est seulement une compensation qui devient possible. Ainsi une quantité d'argent n'est qu'une compensation pour la diffamation »[356]. Les Codes civils de différents pays traitant de l'indemnité accordée au demandeur qui a subi un préjudice moral, comme l'humiliation et la souffrance, par suite des actes du demandeur, peuvent servir comme des pistes sur la nature et la valeur des dommages à réparer causés par le scandale en question.

2.2.8 L'autorité compétente et son pouvoir discrétionnaire

Le c. 1399 indique que « la violation externe d'une loi divine ou canonique peut être punie ». La question que l'on se pose est la suivante : qui détient le pouvoir de punir et qui doit punir le délit dans le contexte de l'Église romaine catholique ? Le rôle de gouvernance des pasteurs comprend le pouvoir d'imposer des sanctions proportionnées pour protéger les valeurs ecclésiales pertinentes, lorsque le bien commun de l'Église l'exige[357]. En effet, le c. 1311, §1 affirme que « L'Église a le droit originel et propre de punir par des sanctions pénales les fidèles qui commettent des crimes »[358].

2.2.8.1 Le pouvoir de gouvernement

À la différence des systèmes juridiques étatiques où la distinction des trois pouvoirs de gouvernement existe, le c. 135 du *CIC/83*[359] établit que le système

---

[356] Voir URRUTIA, *Les Normes Générales,* 209.

[357] Signalons ici que ce n'est pas tous les pasteurs qui ont le pouvoir d'imposer des peines. Par exemple, le curé qui est aussi un pasteur tel que l'est l'évêque diocésain (*CIC*/83, c. 515), mais n'a pas le pouvoir d'imposer une peine. Voir Nouveau Livre VI, c. 1315, §1 : « Celui qui a le pouvoir de porter des lois pénales peut aussi munir d'une peine convenable une loi divine ». Le curé n'ayant pas le pouvoir législatif et donc ne peut pas imposer de peines canoniques.

[358] Voir J. MIRAS, « Pratical Guide to Canonical Administrative Procedure in Penal Matters », 1.

[359] *CIC/83*, c. 135, §1 : « Dans le pouvoir de gouvernement, on distingue les pouvoirs législatif, exécutif et judiciaire ». En effet, « Le pouvoir de gouvernement » est un titre nouveau dans le *CIC/83*. Dans *CIC/17*, l'équivalent de cc. 129-144 portait le titre « Du pouvoir ordinaire et délégué », appliqué surtout au pouvoir exécutif. Le nouveau titre laisse entendre que la matière traitée ici est beaucoup plus large. Cette matière prend en considération les trois formes du pouvoir de gouvernement (*potestas regiminis*), qui sont caractéristiques du droit ecclésial, notamment le pouvoir législatif, judiciaire et exécutif (cf. c. 135, §1). Le Titre VIII trouve bien sa place dans le Livre I du Code en raison de son application dans tout le droit canonique. Les cc. 136-144 s'attachent essentiellement à expliquer les conditions d'exercice du pouvoir

juridique canonique opère un seul et même pouvoir de gouvernement où les trois pouvoirs sont concentrés[360]. En d'autres termes, le pouvoir de gouvernement au sein de l'Église comprend le pouvoir législatif, exécutif et judiciaire entre les mains de chacune des autorités compétentes selon leur mission spécifique[361]. Cela distingue clairement le droit canonique des pouvoirs de gouvernement des États démocratiques qui, sur la base des théories générales de J. Locke[362] et C. Montesquieu[363], fonctionnent avec trois pouvoirs de gouvernement distincts : un pouvoir législatif dévolu au parlement, un pouvoir exécutif conféré à un monarque ou à un président, et un pouvoir judiciaire conféré aux tribunaux. Dès lors, « l'idée même du

exécutif. Concernant le pouvoir législatif, les cc. 7-22. Le pouvoir judiciaire est surtout traité aux Livres VI et VII, cc. 1400-1752. Par ailleurs, « soucieux de favoriser la protection des droits subjectifs, les Principes directeurs 7 (cf. *Communicationis*, 1 [1969] 83, Préface, supra p.23) indiquent qu'il faut distinguer les fonctions législative, judiciaire et administrative. Le contenu matériel varié des actes de pouvoir détermine la distinction herméneutique conceptuelle mentionnée par ce canon. Évidemment cette distinction herméneutique n'implique pas une *séparation* des pouvoirs. Comme dans les systèmes juridiques étatiques inspirés par la conception de l'État de droit ». ARRIETA, « Le pouvoir de gouvernement », 132.

360 Voir *CIC*/83, c. 331 : « L'Évêque de l'Église de Rome, en qui demeure la charge que le Seigneur a donnée d'une manière singulière à Pierre, premier des Apôtres, et qui doit être transmise à ses successeurs, est le chef du Collège des Évêques, Vicaire du Christ et Pasteur de l'Église tout entière sur cette terre ; c'est pourquoi il possède dans l'Église, en vertu de sa charge, le pouvoir ordinaire, suprême, plénier, immédiat et universel qu'il peut toujours exercer librement ».

361 Voir F. HANSEN, « The threefold power of governance », dans *Studia canonica*, 48 (2014), 373-374.

362 Voir J. LOCKE (1632-1704) présente les origines et les finalités du gouvernement et du pouvoir civils, à partir d'une analyse de l'état de nature. Il définit l'état de nature comme un état de paix, de liberté et d'égalité régi par un droit naturel et rationnel. Il défend aussi la deuxième révolution anglaise (1688) qui établit la monarchie parlementaire et limite les droits du souverain par un *Bill of the Rights* instaurant une série de garanties contre l'arbitraire royal, notamment au profit des marchands. Dans le Traité du gouvernement civil (1690), il condamne toutes les formes d'absolutisme.

363 Voir C. MONTESQUIEU (1689-1755), dans *De l'esprit des lois* (1748), il étudie les sociétés existantes et entend mettre en évidence les véritables lois sociales capables de protéger l'individu contre les abus du pouvoir. Dans le Livre XI, le plus célèbre *De l'esprit des lois*, inspiré par la Constitution anglaise, il trace les contours du régime idéal. Selon le principe « seul le pouvoir arrête le pouvoir », il préconise la distinction des pouvoirs. Cette règle, à laquelle se reconnaît aujourd'hui une constitution démocratique, est la première condition de l'État de droit, le fait d'accepter de s'autolimiter pour protéger l'individu contre la tendance à l'arbitraire inhérente à toute-puissance publique. *De l'esprit des lois*, XI, 6 : il y a dans l'état trois sortes de pouvoirs : la puissance législative, la puissance exécutrice de l'état, la puissance de juger.

pouvoir dans l'Église se situe aux antipodes de la conception moderne de la séparation des pouvoirs »[364].

Le pouvoir législatif est le pouvoir d'édicter des lois. Dans l'Église, le pouvoir législatif revient au Pontife Romain (cc. 331 et 333, §3), au Concile œcuménique pour l'Église universelle (cc. 337 et 341), aux Conciles particuliers (cc. 439-446), aux conférences épiscopales (c. 455) pour les Églises particulières de leur circonscription ecclésiastique, et à chaque évêque diocésain (c. 391) dans son diocèse[365]. Le pouvoir judiciaire est représenté par les tribunaux ou les juges et a pour fonction de résoudre des conflits selon les règles de la procédure judiciaire régulière du procès pénal canonique. Il est déconcentré puisque le Vicaire judiciaire doit être nommé par l'évêque selon le droit processuel. Le pouvoir exécutif est le pouvoir de faire appliquer les lois. Il a pour rôle de mettre en œuvre les lois promulguées par le pouvoir législatif. Mais, en droit canonique, le pouvoir, ou du moins le pouvoir de gouvernement ne se divise pas[366].

Le législateur prévoit une autre source du droit pénal objectif : le recours au précepte pénal, selon le c. 1399, pour sanctionner. L'auteur dudit précepte est celui qui bénéficie du pouvoir de gouvernement au *for* externe selon le c. 1319, §1 ; de même que ceux qui possèdent le pouvoir exécutif selon le c. 35 et suivant les dispositions des cc. 48 à 58. L'évêque diocésain est l'autorité ecclésiastique qui est compétente pour intervenir en ce qui concerne le c. 1399. Cependant, l'Évêque, en vertu de son pouvoir exécutif, et non en vertu de son pouvoir judiciaire, peut décider de procéder discrètement et rapidement par voie administrative en édictant un décret qui peut menacer d'une sanction sans passer par toutes les procédures judiciaires dans les limites permises par la loi. En outre, les Supérieurs majeurs des instituts religieux de droit pontifical qui possèdent le pouvoir judiciaire et les Supérieurs majeurs des sociétés de vie apostolique de droit pontifical qui possèdent le pouvoir judiciaire. À noter que le Code Pio-bénédictin « interdisait au vicaire général d'infliger des peines [d'infliger, voire de menacer, d'une sanction pénale],

---

364 O. ÉCHAPPE, « Juger dans l'Église catholique », dans *Les Cahiers de la Justice,* 2 (2010), 83 (= ÉCHAPPE, « Juger dans l'Église catholique »).

365 Voir R. PARALIEU, *Guide pratique du Code de Droit canonique. Notes Pastorales.* Paris, Éditions Tardy, 1985,71; voir *CDCA*, 132.

366 Le Concile Vatican II a affirmé que la plénitude du pouvoir est reçue sacramentellement dans l'ordination épiscopale. Il s'agit de l'incarnation des trois fonctions dans un seul homme. Dans ce sens, l'évêque semble avoir un pouvoir quelque peu absolu dans son diocèse, comme le pape l'est dans l'Église universelle (voir ÉCHAPPE, « Juger dans l'Église catholique », 84). Il est question ici d'un concept plutôt théologique que juridique qui reconnaît aux pasteurs légitimes la mission de gouverner, d'enseigner et de sanctifier les fidèles qui leur sont confiés dans la triple dimension législative, judiciaire et exécutive. C'est un sujet qui suscite de débats dans la science canonique. Voir VALDRINI, DURAND, ÉCHAPPE, J. VERNAY, *Droit canonique*, 194-198.

sauf [avec le] mandat spécial [de l'évêque] » (*CIC*/17, c. 2220, §2). Cette interdiction touchait [ainsi] l'application de la peine, mais également sa prévision. Il n'en va plus de même de nos jours. Désormais, c'est non seulement le « vicaire général » qui peut prévoir [et appliquer] une peine par cet acte administratif qu'est le précepte particulier, mais aussi les « vicaires épiscopaux » qui sont de plein droit habilités à le faire. Le mandat spécial n'est donc plus requis. Le détenteur du pouvoir judiciaire dont il est question au c. 1399 est l'ordinaire judiciaire ou celui qui dispose d'un pouvoir judiciaire propre[367]. C'est aussi exercé par l'Évêque conformément au Code de droit canonique et à la jurisprudence de l'Église universelle[368]. Ce pouvoir peut être exercé par le vicaire judiciaire, un prêtre idoine qui agit en tant que pouvoir vicaire et non en tant que délégué de l'évêque. De fait, le pouvoir judiciaire ne se délègue pas. Ainsi, le tribunal d'un Évêque diocésain et les juges qu'il nomme exercent le pouvoir judiciaire au nom de l'évêque (c. 391, § 2), mais selon le droit. Quand un juge porte une sentence, il le fait au nom de l'Évêque. L'Évêque demeure dans son diocèse la source de toute justice[369]. Le pouvoir du juge est un pouvoir ordinaire vicarial, lié à un office. Force est de souligner que « les juges jouiront d'une réputation intacte et seront docteurs ou au moins licenciés en droit canonique », précise le *CIC*, c. 1421, §3[370].

---

[367] Le Pape et les évêques sont les « juges nés » (voir *CIC/83*, cc. 1419 et 1442). Dans le cas absolu, ils pourraient l'exercer par eux-mêmes. Dans la plupart des cas, il désigne « un vicaire judiciaire ». Ce dernier constitue un seul et même tribunal avec l'évêque dans le cas d'un diocèse. Cependant, même si le c. 1319, §1, ne semble pas l'exclure de l'usage du précepte pénal, le vicaire judiciaire n'a pas à intervenir, en principe, dans la constitution de la menace d'une peine en forme de précepte. Cette possibilité ne lui est accordée que selon le c. 1470, §2.

[368] Il n'y a pas que l'évêque diocésain, bien entendu, qui est l'ordinaire judiciaire. Mais aussi celui qui lui est équiparé (c. 381, §2). En effet, l'ordinaire judiciaire qui peut décréter un précepte pénal sera l'évêque pour son diocèse. Le c. 1717, §1 précise « chaque fois que l'ordinaire a connaissance, au moins vraisemblable, d'un délit, il fera par lui-même ou par une personne idoine, une enquête prudente portant sur les faits, les circonstances et l'imputabilité du délit, à moins que cette enquête ne paraisse totalement superflue ». D'autre part, le c. 1342 permet à l'évêque qui a connaissance d'un délit canonique de le sanctionner directement par un « décret extra-judiciaire ».

[369] En pratique, l'évêque ne retient pas personnellement la justice ou ne le rend pas lui-même, mais il confie cette tâche à son tribunal ecclésiastique et à des spécialistes du droit canonique.

[370] De toute évidence, le Code de droit canonique accorde une grande importance à l'intégrité morale de ceux qui s'occupent la position du juge (*bona fama*). Ici, l'intégrité (*integra fama*) signifie plus que la simple bonne réputation. Le jugement de cette qualité est laissé à l'évêque diocésain compétent pour cette nomination.

2.2.8.2 Le pouvoir discrétionnaire.

Le pouvoir discrétionnaire est le concept qui traduit le mieux l'existence d'une volonté autonome du juge. Mais, l'autonomie ne signifie pas indépendance en droit car le juge est toujours tenu de respecter les principes généraux du droit. Il est toujours tenu de respecter le cadre défini par le législateur, ce qui ne lui empêche pas de décider avec discernement et souplesse la sanction. Selon le dictionnaire français, le terme « discrétionnaire » signifie s'en remettre à la discrétion de quelqu'un, c'est se confier à sa sagesse, à son jugement, à sa volonté et à sa compétence[371]. Tout comme en droit civil, le pouvoir discrétionnaire est entendu comme le pouvoir donné au juge de choisir entre deux ou plusieurs décisions également conformes à la loi[372]. Le pouvoir discrétionnaire est différent du pouvoir arbitraire. Ce dernier est illégitime dans la mesure où il ne repose pas sur un fondement légal.

Le critère du libre choix est au centre de la notion du pouvoir discrétionnaire du juge. En ce sens, pouvoir discrétionnaire et « pouvoir facultatif » peuvent être considérés comme synonymes du fait que le juge peut ou ne pas agir. En effet, suivant la conception qu'on se fait du degré de liberté conférée au juge en présence des questions indéterminées, l'opinion qu'on peut avoir de l'étendue de ce pouvoir peut varier. Compte tenu des qualités humaines, morales, spirituelles et intellectuelles requises par le droit de la part du juge, il y a lieu de croire que le juge exercera son ministère à bon escient. Dans le cadre du c. 1399, le principe discrétionnaire s'applique chaque fois que le juge ou le supérieur estime que la violation externe d'une norme non pénale revêt les conditions d'une gravité spéciale et d'un besoin urgent de prévenir le scandale ou de le réparer[373].

---

[371] Voir LE ROBERT, *Dictionnaire alphabétique et analogique de la langue française*, t. 2, Paris, 1972.

[372] Voir A. BARAK, « The Nature of Judicial Discretion and its Significance for the Administration of Justice », dans O. WIKLUND (dir.), *Judicial Discretion in European Perspective*, Norstedts Juridik, Kluwer Law International, 2003, 15 : « [...] judicial discretion as the power given to a judge to choose between two or more alternatives, when each of the alternatives is lawful ». Selon le *Vocabulaire juridique*, sous la direction de G. CORNU, Association Henri Capitant, 10e éd., Paris, PUF, 2014, voir « Arbitraire ». La décision arbitraire n'est pas, en effet, le résultat de l'application d'une règle existante, mais le produit d'une volonté tout à fait libre, alors que le pouvoir discrétionnaire, pour sa part, trouve ses limites dans une source qui lui est extérieure, à savoir la norme qui lui donne un caractère légal.

[373] Voir B. DU PUY MONTBRUN, *Le droit canonique au service de la justice ecclésiale*, 592.

2.2.9. Les conditions d'application de la norme générale du c. 1399

En lisant attentivement le c. 1399, on y trouve les conditions posées par le législateur pour son application. Comme il s'agit d'une matière pénale, ces conditions sont d'une interprétation stricte. En effet, les éléments suivants doivent être présents pour l'application de ce canon, à savoir :

1. Un acte extérieur (une action ou une parole)[374] viole une loi divine ou canonique pour laquelle une sanction pénale n'est pas prévue en cas de non-respect[375] ;
2. La gravité particulière de la violation exigeant une sanction ;
3. L'urgence de prévenir ou de réparer les scandales[376].

De l'analyse du c. 1399 se présente la possibilité de plusieurs lectures différentes selon que les trois éléments qui le constituent sont pris en compte d'une manière ou d'une autre. D'une part, pour Thomas Green, Damien Astigueta et Alphonse Boras, il s'agit de deux critères seulement, notamment la gravité particulière de la violation et de la nécessité urgente de prévenir ou de réparer les scandales, et les deux critères doivent être vérifiés pour imposer la sanction[377]. En d'autres termes, il faut qu'il y ait une transgression d'une gravité spéciale et la présence éminente d'un scandale ou la nécessité de réparer le scandale[378]. D'autre part, selon Astigueta, la deuxième partie du c.

---

[374] Voir W. H. WOESTMAN, *Ecclesiastical Sanctions and the Penal Process. A Commentary on the Code of Canon Law*, Ottawa, Faculty of Canon Law, Saint Paul University, 2003, 155.

[375] RENKEN, *The Penal Law of the Roman Catholic Church, Substantive Law*, 527. Nous sommes de même avis avec RENKEN et ASTIGUETE du fait que le législateur veut souligner l'importance de la violation d'une loi non pénale, c'est-à-dire non envisagée au départ ou au préalable par lui, le législateur.

[376] W. WOESTMAN précise que l'urgence doit dicter que quelque chose soit fait pour prévenir ou réparer les scandales pour le bien-être des fidèles. Il indique ainsi qu'il y a une finalité pour laquelle l'on doit prévenir ou réparer les scandales. C'est le bien-être des fidèles qui est au cœur de la riposte de l'autorité judiciaire.

[377] Voir T. GREEN, « Book VI: Sanctions in the Church », dans *CLSA Comm2*, 1604: « […] the canon speaks of "special gravity of the violation" and the "urgent need to prevent or repair scandals". Both criteria must be verified to impose the penalty». Voir aussi ASTIGUETA, « *Lo scandalo nel CIC : significato e portata giuridica* », 610 : « La trasgressione e lo scandalo costituiscono due condizioni per l'applicazione del canone ». Bernard du Puy-Montbrun parle aussi de deux conditions qui doivent être cumulatives. Voir PUY-MONTBRUN, *le droit canonique au service de la justice ecclésiale*, 592.

[378] BORRAS note que le *CIC/83* est plus rigoureux ou plus sévère que le *CIC/17*, car « l'emploi d'une particule disjonctive "*aut*" par le canon 2222, §1 du Code de 1917 suggérait bien qu'il suffisait d'une des deux conditions pour que s'applique la disposition de ce canon ». BORRAS, *Les sanctions dans l'Église*, 23.

1399, introduite par le mot *tunc tantum*[379], indique que les éléments mentionnés sont considérés comme des conditions *sine qua non* pour l'application de ce canon. Cependant, ces conditions doivent être présentes simultanément[380]. D'après Borras, « deux conditions sont formellement et conjointement requises [...] La première est la gravité particulière de la violation qui exige par là même une punition ; la seconde est la nécessité urgente de prévenir ou de réparer les scandales provoqués par cette infraction »[381].

Toutefois, il convient de noter qu'il s'agit bien d'une violation externe d'une loi divine ou canonique dans des « cas non établis par la loi ». En effet, on ne doit pas ignorer, comme le remarquent Renken[382] et Miras[383], le fait que le législateur veut souligner explicitement l'importance de la violation extérieure et particulière d'« une loi non pénale ». En d'autres termes, cette condition présuppose que le législateur ne définit pas la violation en question comme un crime ni n'a l'intention de définir théoriquement chaque violation concevable de la loi divine et logiquement de la loi ecclésiastique[384]. Ainsi, selon ces auteurs, on pourrait parler de trois conditions qui doivent être vérifiées pour l'application légitime de ce canon avec la menace d'une peine, notamment : 1. La violation extérieure d'une loi divine ou canonique autre que celle à laquelle une peine est attachée en cas de non-respect (c'est-à-dire qu'il s'agit des cas non établis par la loi) ; 2. La gravité particulière de la violation qui exige des sanctions ; 3. L'urgence de prévenir ou de réparer les scandales. Aussi, selon Renken et Miras si ces trois conditions ne sont pas formellement et conjointement requises, le c. 1399 ne s'applique pas[385]. Sans

---

[379] Le texte latin du c. 1399 se présente comme suit : « *Praeter casus hac vel aliis legibus statutos, divinae vel canonicae externa violatio tunc tantum potest iusta quidem poena puniri, cum specialis violationis gravitas punitionem postulat, et necessitas urget scandala praeveniendi vel reparandi* ». En effet, « tunc tantum » pourrait être traduit en ces termes : « alors seulement si » (notre propre traduction).

[380] Voir ASTIGUETA, « *Lo scandalo nel CIC : significato e portata giuridica* », 9.

[381] BORRAS, *Les sanctions dans l'Église,* 23.

[382] RENKEN, *The Penal Law of the Roman Catholic Church, Substantive Law*, 527: « Delict: To violate externally a divine or canonical (ecclesiastical) law other than one to which a penalty is attached for non-compliance, when the special gravity of the violation demands punishment and there is an urgent need to prevent or repair scandals ».

[383] Voir MIRAS, « Practical Guide to Canonical Administrative Procedure in Penal Matters », 25: « only the Ordinary (the canon does not say it explicitly, but the judge would not have power for this performance) can punish with a just penalty when these requirements are met simultaneously: • that there has been an external violation of a divine or canonical non criminal law; • That this offense is especially serious; • that there is urgent need to repair the damage and the scandal ».

[384] *Ibid.*

[385] RENKEN, *The Penal Law of the Roman Catholic Church, Substantive Law*, 532.

doute cherche-t-on à fournir des critères plus objectifs pour décider si un délit non prévu par la loi peut être puni, ce qui réduirait le risque d'un possible arbitraire de la part de l'autorité lors de la prise de cette décision[386].

Avant que l'Ordinaire puisse suivre la norme du c. 1341[387], dans les cas de comportements d'une gravité exceptionnelle nécessitant clairement une intervention pénale, il est raisonnable de supposer que l'auteur de l'infraction est conscient que sa conduite justifie une réaction punitive. Dans certaines circonstances, l'autorité compétente peut choisir de commencer par adresser un précepte pénal d'avertissement à l'auteur de l'infraction. En cas de non-respect de ce précepte, elle peut alors appliquer la peine prévue. Cependant, si la gravité et l'urgence de la situation justifient un recours direct au canon 1399, il est impératif de s'assurer que les conditions prévues par ce canon soient strictement respectées : la conduite en question doit être une violation extérieure d'une loi divine ou canonique, elle doit être d'une particulière gravité, et il doit y avoir une urgence à prévenir ou à réparer le scandale. Cette démarche ne doit toutefois être envisagée que comme une solution de dernier recours, dans des situations extrêmes où aucune autre alternative n'est possible[388].

---

[386] Voir J.L. SANCHEZ-GIRON, « El proyecto reforma del derecho penal canonico », dans *Ius canonicum*, 108 (2014), 598. D'après l'auteur, la formulation proposée du c. 1399 semble sensible aux objections que ce canon soulève par rapport au principe de légalité. Le nouveau canon demanderait ensuite que l'infraction, et sa gravité soient clairement envisagées dans les enseignements de l'Église, afin que l'application d'une sanction à celui qui l'encourt puisse être raisonnablement prévue.

[387] *CIC/83,* c. 1341 : « L'Ordinaire doit entamer la procédure judiciaire ou administrative en vue d'infliger ou de déclarer les peines dès qu'il aura constaté que ni les moyens de la sollicitude pastorale, surtout la correction fraternelle, ni la monition, ni la réprimande ne peuvent suffisamment rétablir la justice, amender le coupable, réparer le scandale ». Il convient de souligner que le c. 1341 a été remanié ou modifié par le législateur dans le nouveau Livre VI de 2021. Dans le Code de 1983, ce canon s'annonçait comme suit : « L'ordinaire aura soin de n'entamer aucune procédure judiciaire ou administrative en vue d'infliger ou de déclarer une peine que s'il est assuré que la correction fraternelle, la réprimande ou les autres moyens de sa sollicitude pastorale ne peuvent suffisamment réparer le scandale, rétablir la justice, amender le coupable ». Il appert que le législateur de 2021 fait preuve de plus de rigueur dans la prévision des sanctions et dans leur application à l'encontre du troisième principe directeur de la révision du Code de 1983 qui prônait l'exhortation et la persuasion en lieu et place des peines ou sanctions canoniques. C'est une réponse vigoureuse aux scandales des abus sexuels et le délit en matière financière dans l'Église catholique. D'ailleurs, le Pape François, sans ambages, l'affirme dans sa Constitution apostolique *Pascite Gregem Dei* (= *PGD*) du 23 mai 2021 en ces termes : « exhorter et persuader sont des attitudes insuffisantes et inopérantes », c'est pourquoi il convient de recourir aux sanctions canoniques quand il le faut. Bien entendu comme *extrema ratio*, c'est-à-dire seulement après l'échec des autres moyens pastoraux.

[388] Voir DICASTERE POUR LES TEXTES LEGISLATIFS, *Sanctions pénales dans l'Église*,

2.2.10 L'interprétation stricte des lois pénales imposée par le droit (c. 18) et le c. 1399

Quel rapport existe-t-il entre le c. 18 et le c. 1399 ? En effet, le c. 18 nous donne la clef d'interprétation en ce qui concerne les lois pénales dont c. 1399 en est une. Le c. 18 traite explicitement de l'interprétation de la loi, et présente une norme sur l'interprétation des lois pénales. Interpréter la loi au sens strict signifie donner aux mots de la loi un sens minimum d'extension, tout en gardant toujours le sens des mots et en ne leur attribuant pas un sens contraire de l'intention du législateur. L'interprétation stricte n'est pas identique à l'interprétation restrictive, car cette dernière concerne l'effet de l'interprétation d'une loi, c'est-à-dire « conformément à l'esprit du législateur ; la portée de la loi est circonscrite dans les limites plus étroites que l'exige le sens propre de son langage »[389]. Par contre, une interprétation stricte s'accroche au texte et au contexte, et tient compte de l'esprit du législateur, c'est-à-dire qu'« elle ne doit être appliquée qu'aux matières clairement définies dans le texte »[390]. Ainsi, « l'interprétation stricte limite le champ d'application de la loi au plus petit nombre de personnes ou au plus petit nombre de cas »[391], selon l'esprit du législateur. En effet, « d'une manière générale, les lois qui imposent une charge nécessitent une interprétation stricte, les lois qui accordent des facultés ou des pouvoirs bénéficient d'une interprétation large »[392].

Le c. 18 donne une liste des lois qui sont sujettes à une interprétation stricte. Par conséquent, toutes les autres lois doivent-elles être interprétées largement ? D'après Urrutia, « le législateur veut simplement garantir que l'interprétation ne doit pas être large dans ces trois hypothèses concrètes »[393] aux cas que le c. 18 décrit. Il faut cependant rappeler ici que cette règle est aussi un principe supplémentaire aux autres règles d'interprétation mentionnées dans le c. 17, mais elle concerne plus particulièrement une catégorie de lois imposées par le législateur. Selon le c. 18, le législateur s'est

---

169.

389 Voir J.A. ABBO & J.D. HANNAN, *The Sacred Canons: a concise presentation of the current disciplinary norms of the Church,* St. Louis, Missouri, B. Herder, 31-32: « In accordance with the mind of the legislator the range of the law is limited within narrower lines than the proper sense of its language demands».

390 Voir *Ibid.*, 38: « That is to say, they must be applied only to matters which are clearly included in the text ».

391 Voir T. PAZHAYAMPALLI, *A commentary on the New Code of Canon Law*, Bangalore, K J C Publications, 1985, 104: « Strict interpretation limits the scope of the law to the fewest number of people or the smallest number of cases».

392 Voir ABBO & HANNAN, *The Sacred Canons,* 40: « Generally speaking, laws that impose a burden require strict interpretation; laws that grant faculties or powers enjoy wide interpretation ».

393 URRUTIA, *Les Normes Générales,* 71.

soucié de ne déterminer que trois sortes de lois dont l'interprétation doit toujours être stricte, à savoir : les lois pénales, les lois restrictives du libre exercice des droits et les lois d'exception. Les sanctions doivent être correctement appliquées sans oublier le respect des droits de la défense vis-à-vis de la victime ou du plaignant. En effet, l'Église reconnaît les droits des victimes, mais il reconnaît également les droits de ceux qui sont accusés d'avoir commis des délits. Les droits des uns et des autres ne s'excluent pas mutuellement, mais coexistent[394].

Le canon 1399 repose sur le principe selon lequel les comportements qui ne sont pas expressément qualifiés de délits par une norme canonique ne peuvent pas être soumis à des sanctions pénales. Ce principe est ancré dans le c. 221, §3, qui stipule que « les fidèles ont le droit de n'être frappés de peines canoniques que selon la loi. » De plus, le c. 1321, §2 affirme que « nul ne sera puni à moins que la violation externe de la loi ou du précepte ne lui soit gravement imputable du fait de son dol ou de sa faute ». Cependant, comme le précise le c. 1399, même en l'absence de qualification explicite dans une loi ou de prescription dans un précepte pénal, une « violation externe d'une loi divine ou canonique » peut être sanctionnée si elle revêt une « particulière gravité » nécessitant une punition et impliquant la nécessité de prévenir ou de réparer le scandale[395].

2.3. Le c. 1399 et le principe de légalité

Le Code de 1983 aborde la question du principe de légalité pénale dans le cadre des obligations et des droits de tous les fidèles : la protection des droits par voie judiciaire (c. 221, §1) ; le droit d'être jugé selon les normes juridiques appliquées avec équité (c. 221, §2) et le droit d'être sanctionné *ad normam iuris* (c. 221, §3). Si le principe de légalité des délits et peines en droit pénal vise à garantir le respect des droits, on relèvera que le c. 1399 permet de sanctionner pénalement, sous certaines conditions, un comportement pour lequel aucune peine n'est prévue par la loi ou le précepte. Ce qui suscite beaucoup de discussions parmi les canonistes.

---

[394] Voir J. RENKEN, « The canonical rights of those accused of the delict of sexual abuse », dans *Studia canonica*, 54 (2020), 221-264. Cette étude porte sur l'identification des droits fondamentaux d'une personne accusée d'abus sexuel sur des mineurs et des personnes vulnérables dans l'Église catholique.

[395] Voir DICASTERE POUR LES TEXTES LEGISLATIFS, *Sanctions pénales dans l'Église*, 169.

2.3.1 Définition du principe de légalité des délits et des peines

En droit pénal, le principe de la légalité des délits et des peines dispose qu'on ne peut être sanctionné pénalement qu'en vertu d'un texte législatif de nature pénale, qui définit clairement que tel acte est un délit attaché d'une sanction pénale, selon l'adage *Nullum crimen, nulla poena sine lege*[396]. Dans les États modernes, en général, en ce qui concerne le système pénal, le principe de légalité des délits et des peines : « pas de peine sans loi (préalable à la peine) » est admis. Nul ne devrait être puni à moins que la peine ne soit déjà prévue dans la loi pénale et selon la loi pénale elle-même. Ce principe a été introduit surtout contre l'absolutisme des gouvernants pour défendre les droits des citoyens. Ainsi, aujourd'hui, le principe de légalité est accepté parmi les principes des droits fondamentaux humains[397]. En effet, Brian Austin identifie trois formulations pertinentes qui entérinent le principe de légalité[398]. En premier lieu, la Déclaration Universelle des droits de l'homme de 1948 qui formule ce principe en ces termes : « Nul ne sera condamné pour des actions ou omissions qui, au moment où elles ont été commises, ne constituaient pas un acte délictueux d'après le droit national ou international. De même, il ne sera infligé aucune peine plus forte que celle qui était applicable au moment où l'acte délictueux a été commis »[399]. En deuxième

[396] Voir P. Toxe, « Quel principe de légalité en droit canonique ? », dans *L'année canonique*, 56 (2014-2015), 229. En effet, ce concept qu'a développé le juriste Hans Kelsen permet d'assurer la cohérence du système juridique et d'interpréter un éventuel conflit entre plusieurs textes normatifs, en même temps qu'il peut apporter une garantie contre l'exercice arbitraire du pouvoir public; voir Cours Europeenne des droits de l'homme, *Guide sur l'article 7 de la Convention européenne des droits de l'homme, pas de peine sans loi: principe de légalité des délits et des peines*, document mis à jour au 31 décembre 2020, chrome-extension://efaidnbmnnnibpcajpcglclefindmkaj/https://www.fbls.net/7CEDH.pdf (10 octobre 2022).

[397] Voir De Paolis, *De Sanctionibus in Ecclesia,* 122.

[398] Voir B. T. Austin, « *Nullum Crimen, Nulla Poena Sine Lege*. The Principle of Penal Legality in the *Ius Vigens* », dans *Studia canonica*, 54 (2020), 9-10. D'après Herranz (voir J. Herranz, « Il principio di legalità nell'esercizio della potestà di governo », dans *Studi sulla nuova legislazione della Chiesa*, Monografie Giuridiche, no. 1, Milan, Giuffrè, 1990, 113-139), cité par Austin, « *Nullum Crimen, Nulla Poena Sine Lege* », 8), le principe de légalité pénale qui évoque d'emblée la maxime *nullum crimen, nulla poena sine lege*, a été formulé selon de nombreux auteurs par Feuerbach pour le code pénal Bavarois de 1813. Voir P.J.A.R Von Feuerbach, « The foundation of criminal law and the *nullum crimen* Principle », dans *Journal of International Criminal Justice*, 5, no. 4 (2007), 1005, cité par Austin, « *Nullum Crimen, Nulla Poena Sine Lege* », 8.

[399] Nations Unies, Assemblee Generale, *Déclaration Universelle de droit de l'homme*, 10 décembre 1948, art. 11, §2., 1948, https://www.un.org/fr/universal-declaration-human-rights/ (24 mai 2023).

lieu, ce texte a été adopté en tant qu'article 7, §1 de la *Convention européenne des droits de l'homme*[400] sans aucune modification substantielle. En troisième lieu, le *Statut de Rome de la Cour pénale internationale*[401] est également pertinent ici. Il est particulièrement intéressant de noter que sa formulation de *nullum crimen, nulla poana sine lege* se trouve dans la section de la loi intitulée « principes généraux du droit pénal ». Il s'agit manifestement de dispositions de fond qui ne peuvent pas être dérogées.

Dans le Livre VI du *CIC/83* de droit canonique, la maxime « *Nullum crimen, nulla poena sine lege* » trouve une expression générale dans c. 1321, §2 : « Nul ne sera puni à moins que la violation externe de la loi ou du précepte ne lui soit gravement imputable du fait de son dol ou de sa faute »[402]. Cette maxime trouve aussi une expression générale dans le c. 221, §3 : « Les fidèles ont le droit de n'être frappés de peines canoniques que selon la loi ». Ces canons étant des lois constitutives[403], ils ne peuvent être dispensés[404]. Par

---

[400] Voir CONSEIL DE L'EUROPE, *Convention Européenne des droits de l'homme*, 4 novembre 1950, art. 7 §1, Strasbourg, conseil d'Europe, 1950, https://www.echr.coe.int/Documents/Convention_FRA.pdf: (consulté 24 mai 2023) : « Nul ne peut être condamné pour une action ou une omission qui, au moment où elle a été commise, ne constituait pas une infraction d'après le droit national ou international. De même il n'est infligé aucune peine plus forte que celle qui était applicable au moment où l'infraction a été commise ».

[401] Voir COUR PENALE INTERNATIONAL, *Statut de Rome de la Cour pénale internationale*, Publication de la Cour pénale internationale, 2021, www.icc-cpi.int/sites/default/files/Publications/Statut-de-Rome.pdf (consulté 24 mai 2023), chapitre 3 : Principes généraux du droit pénal, art. 22, *Nullum crimen sine lege* : « 1. Une personne n'est responsable pénalement en vertu du présent Statut que si son comportement constitue, au moment où il se produit, un crime relevant de la compétence de la Cour. 2. La définition d'un crime est d'interprétation stricte et ne peut être étendue par analogie. En cas d'ambiguïté, elle est interprétée en faveur de la personne qui fait l'objet d'une enquête, de poursuites ou d'une condamnation. 3. Le présent article n'empêche pas qu'un comportement soit qualifié de crime au regard du droit international, indépendamment du présent Statut »; art. 23, *Nulla poena sine lege* : « Une personne qui a été condamnée par la Cour ne peut être punie que conformément aux dispositions du présent Statut ». art. 24 Non-rétroactivité ratione personae 1. Nul n'est pénalement responsable, en vertu du présent Statut, pour un comportement antérieur à l'entrée en vigueur du Statut. 2. Si le droit applicable à une affaire est modifié avant le jugement définitif, c'est le droit le plus favorable à la personne faisant l'objet d'une enquête, de poursuites ou d'une condamnation qui s'applique.

[402] *CIC/83*, 1321, §2. Ce canon a été modifié par la Constitution apostolique *Pascite gregem Dei* du 23/05/2012, entrée en vigueur le 08/12/2021.

[403] Voir J.M. HUELS, « Categories of Indispensable and Dispensable Laws », dans *Studio canonica*, 39 (2005), 50.

[404] *CIC/83*, c. 86: « Lorsqu'elles déterminent les éléments essentiels et constitutifs des institutions ou des actes juridiques, les lois ne sont pas objet de dispense »; voir AUSTIN, « *Nullum Crimen, Nulla Poena Sine Lege* », 11.

ailleurs, l'expression *nulla poena sine lege* constitue l'élément légal du délit auquel s'ajoute l'élément intentionnel dudit délit au nom de l'adage *nulla poeana sine culpa*[405]. Le principe de légalité pénale est formulé comme un droit dont le fidèle est titulaire et dont le contenu est que le droit de sanction de l'Église doit s'exercer selon les normes légales, c'est-à-dire selon la procédure pénale canonique édictée[406]. En effet, le c. 221[407], selon la doctrine, reconnaît le principe de légalité pénale comme un droit de fidèle chrétien de ne pas être puni sans être averti. L'introduction de ce principe avec cette formulation était une solution de compromis entre les thèses qui suggéraient la pleine incorporation du principe de légalité et celles de ceux qui ont fait valoir qu'il est incompatible avec le droit canonique ou inapproprié.

2.3.2 Le respect des droits

Le c. 221, §3 limite la modalité concrète d'exercice du pouvoir coercitif de l'Église puisque chaque délit et sa sanction correspondante au moins indéterminée doivent exister dans l'ordre juridique canonique. Ainsi, le droit de l'Église, en général, accepte le principe de légalité pénale, puisqu'il exige que le crime commis soit puni lorsqu'il y a violation d'une norme pénale et reconnaîtrait à ce principe une valeur constitutionnelle et un présupposé pour l'exercice de pouvoir coercitif[408]. En fait, le c. 221 exprime trois principes nécessaires, dans trois paragraphes distincts, pour garantir que les droits ne soient pas seulement reconnus, mais également revendiqués dans le but de donner à ces droits leur juste valeur et toute leur raison d'être. La source de ces droits ou la base de leur protection est la dignité de la personne humaine en tant qu'enfant de Dieu. L'Église doit, en effet, promouvoir et proclamer ces droits toujours et partout[409]. Le contexte de l'exercice de ces principes est

---

[405] Voir T. J. GREEN, « Penal Law: A Review of Selected Themes », 245.

[406] GONZALEZ ARGENTÉ, *la Norma General (c. 1399)* », 66. Dans le *CIC/83*, le principe de la légalité pénale qui s'exprime en quelque sorte dans les cc. 221, §3, 1315, 1319, 1321, 1341, 18, 36, §1, 19.

[407] Voir *CIC/83*, c. 221, § 1. Il appartient aux fidèles de revendiquer légitimement les droits dont ils jouissent dans l'Église et de les défendre devant le for ecclésiastique compétent, selon le droit. - § 2. Les fidèles ont aussi le droit, s'ils sont appelés en jugement par l'autorité compétente, d'être jugés selon les dispositions du droit qui doivent être appliquées avec équité. - § 3. Les fidèles ont le droit de n'être frappés de peines canoniques que selon la loi.

[408] Voir GONZALEZ ARGENTÉ, *la Norma General (c. 1399)* », 66.

[409] La dignité de la personne humaine est la pierre angulaire de tout l'enseignement social de l'Église catholique. En d'autres mots, la reconnaissance et le respect de la dignité de la personne humaine sont au centre de la pensée sociale de l'Église. En effet, le Concile Vatican II dans sa constitution pastorale *Gaudium et Spes* (GS) a souligné le caractère inaliénable de cette dignité (GS 12). En outre, étant créés à l'image et à la ressemblance de Dieu, nous sommes tous égaux en droits, comme

« l'Église en tant que communion », dans laquelle tous les fidèles jouissent de l'égalité fondamentale en dignité au nom de leur baptême et en action (c. 208)[410]. Par ailleurs, le c. 221 suscite un intérêt particulier pour notre étude. En effet, le c. 1399 prévoit la possibilité de punir d'une juste peine « la violation externe d'une loi divine ou canonique » même en dehors des cas établis par le Code ou par d'autres lois. Ce qui défavoriserait l'auteur de la violation de cette loi divine ou canonique du fait qu'il n'a pas été averti de la peine qu'il encourait en commettant une violation. Toutefois, « une telle disposition [...] constitue à l'évidence si ce n'est une exception ou une dérogation du moins une atténuation ou un complément codifié au principe juridique selon lequel il ne peut y avoir de sanction pénale sans délit qui doit normalement comprendre la prévision d'une peine »[411].

En effet, le principe de légalité dispose qu'on ne peut pas condamner pénalement sans une loi pénale qui définit clairement un acte de délit et une peine déterminée comme conséquence[412]. Ce principe a pour objectif de rationaliser l'exercice de l'autorité, de garantir l'égalité des sujets de droit devant la loi et d'éviter l'arbitraire éventuel de la part du juge ou de l'autorité dans l'exercice de son pouvoir, dans son interprétation de la loi et dans son application[413]. C'est un instrument juridique contre la tyrannie et l'anarchie au service d'un exercice juste du pouvoir de gouvernement. De fait, le principe de légalité n'est pas étranger au droit de l'Église. Comme un instrument juridique, ce principe peut s'appliquer aussi dans le droit canonique. L'Église étant une société juridiquement organisée, son droit est soumis à certains impératifs de cohérence comme les autres systèmes juridiques[414]. Toutefois, le législateur ecclésiastique ne cautionne pas que des actes répréhensibles,

---

enfants de Dieu. Cela est vrai où que nous soyons nés et quel que soit notre statut social ou économique. Voir Gn. 1,26.

410 Voir R. J. KASLYN, « Book II The People of God [cc. 204-746], dans J. P. BEAL, J.A. CORIDEN, et T.J. GREEN (eds.), *New Commentary on the Code of Canon Law*, Commissioned by The Canon Law Society of America, Bangalore, Theological Publications in India, 2013, 279.

411 PUY-MONTBRUN, *le droit canonique au service de la justice ecclésiale*, 592.

412 Voir P. TOXE, « Quel principe de légalité en droit canonique ? », dans *L'Année canonique*, 56 (2014), 229 (= TOXE, « Quel principe de légalité en droit canonique ? »).

413 Voir *Ibid.*

414 Voir *Ibid.*, 236-237. La préface du *CIC/83* mentionne les principes qui devaient commander les travaux de révision du Code et qui furent approuvés par l'Assemblée générale du Synode des évêques en octobre 1967. Parmi ces principes, plusieurs évoquent plus ou moins directement le principe de légalité, notamment le sixième et le septième principe ont un rapport direct avec le principe de légalité. Voir COMMISSION PONTIFICALE POUR LA REVISION DU CODE DE DROIT CANONIQUE, *Acta commissionis Principia quae Codicis iuris canonici recognitionem dirigant*, dans *Communicationes*, 1 (1969), 77-85.

mais non incriminés puissent passer sous silence sans encourir de sanction pénale. Dans cette perspective, il sied de considérer que le c. 1399 présente une originalité dans la réception et l'application du principe de légalité dans l'Église[415].

Selon Borras, l'Église n'applique pas le principe de légalité dans toute sa rigueur. Contrairement aux systèmes juridiques étatiques où seul le législateur établit des lois et des peines, l'autorité compétente ecclésiastique peut punir « la violation externe d'une loi divine ou canonique » à laquelle n'était pas attachée une sanction pénale[416]. Est-ce de l'arbitraire ? Toxé écrit que l'arbitraire n'est pas toujours synonyme de l'injustice. D'après lui, le respect d'une norme morale peut, en effet, garantir la justice dans la dynamique de cet exercice arbitraire et délicat du pouvoir. C'est à juste titre que le troisième principe de révision du *CIC/17* faisait droit à cette part de « non-droit » dont les autorités ecclésiastiques peuvent s'en servir à bon escient[417]. Le c. 221 préconise aussi que la loi doit être appliquée avec équité. En effet, l'équité tient compte des circonstances particulières dans lesquelles la loi doit s'appliquer[418]. Selon les mots du Pape Paul VI, l'équité est « la justice tempérée par la douceur de la miséricorde »[419]. L'équité canonique sauvegarde la justice naturelle reconnue par la raison humaine[420] et vise à

---

[415] Voir PUY-MONTBRUN, *le droit canonique au service de la justice ecclésiale*, 592.

[416] BORRAS, *les sanctions dans l'Église*, 23-24.

[417] Voir TOXE, « Quel principe de légalité en droit canonique ? », 238. Voici le troisième principe de révision du Code : « Pour favoriser au maximum le soin pastoral des âmes, outre la vertu de justice, on fera dans le nouveau droit une place à la charité, à la tempérance, à l'humanité, à la modération, par lesquelles on recherchera l'équité, non seulement dans l'application des lois que doivent faire les pasteurs, mais dans la législation elle-même et par conséquent chaque fois qu'il ne sera pas nécessaire d'observer strictement le droit à cause du bien public ou de la discipline ecclésiastique générale, on écartera les règles trop rigides et même plus, on recourra plutôt à l'exhortation et à la persuasion ». *CDCA*, 18-19.

[418] Voir C. LEFEVRE, « Équité », dans *Dictionnaire du droit canonique (DDC)*, tome 5, Paris, Letouzey et Ané, 1953, col. 394 (= LEFEVRE, art. « Équité »).

[419] PAUL VI, Allocution à la Sacrée Rote romaine, 8 février 1973, dans THORN, *Le Pape s'adresse à la Rote*, 126. En réalité le pasteur est tenu de respecter la règle et sa destination, d'appliquer la loi et les sanctions, mais sans ignorer l'adage « la justice n'a de valeur que si elle est tempérée par le baume de la miséricorde » (cf. HENRICUS DE SEGUSIO [Cardinalis Hostiensis], *Summa aurea*, ed. Lugduni, 1537, réimprimé à Aalen, 1962, 1, V *De dispensationibus*. Cité par PAUL VI, Discours au Congrès international de droit canonique, 4 février 1977, dans *DC*, 74 (1977). Cet adage médiéval est en effet attribué à Hostiensis ou à Henri de Suse, Cardinal-Évêque d'Ostie en 1263. Il s'inscrit dans l'épitre aux Galates, VI, 1 ; « Frères, lors même que quelqu'un serait pris en faute, vous, les spirituels, redressez-le dans un esprit de douceur, et prends garde à toi, toi aussi, tu peux être tenté »).

[420] Voir J. COUGHLIN, « Canonical Equity », dans *Studia canonica*, 30 (1996), 433; voir aussi PUY-MONTBRUN, *le droit canonique au service de la justice ecclésiale*, 47-

garantir que les droits soient protégés et les injustices corrigées dans des situations où la loi est incapable de corriger une injustice[421]. L'équité garantit que la mission de salut de l'Église reste primordiale,[422] reflétant l'Église comme *communio* dans laquelle tous les fidèles, en tant que filles et fils de Dieu, s'efforcent de promouvoir la sainteté de l'Église et celle des personnes[423].

2.3.3 Le c. 1399 du *CIC/83* et le Code des canons des Églises orientales

D'une part, il convient de garder à l'esprit que le Code des canons des Églises orientales[424] n'a pas un canon correspondant au c. 1399 du *CIC/83*[425]. Cependant, le principe de légalité est exprimé dans le *CCEO* au c. 24, §3[426] et au c. 1414, §1[427], dans des termes similaires au *CIC*/1983 (c. 221, §3). D'autre part, le Code oriental adopte une approche générale en stipulant que si la nature du délit le permet, une peine ne peut être imposée que si le contrevenant a été averti au moins une fois à l'avance, à l'aide d'une monition avec menace

52.

[421] Voir *CIC/83*, c. 85 qui prévoit des règles pour une dispense, c'est-à-dire un assouplissement d'une loi purement ecclésiastique dans un cas particulier.

[422] Voir *CIC/83*, c. 1752 qui nous rappelle que toute loi ecclésiastique doit être appliquée en harmonie avec la loi suprême de l'Église, c'est-à-dire le salut des âmes.

[423] Voir *CIC/83*, c. 210 qui stipule que « Tous les fidèles doivent, chacun selon sa condition propre, s'efforcer de mener une vie sainte et promouvoir la croissance et la sanctification continuelle de l'Église ».

[424] Voir JEAN-PAUL II, *Code des Canons des Églises Orientales, Cité du Vatican*, Librairie Éditrice Vaticane, 1997 (= *CCEO*).

[425] Voir J. ARIAS, « Les sanctions dans l'Église », dans *CDCA*, 1240 : « [le c. 1399] n'a pas de parallèle dans le *CCEO*, par cohérence avec le principe de légalité pénale sanctionné par le c. 1413, §1. Cependant, les cc. 1406, §2 et 1407, §3, inexistants dans le *CIC*, satisfont aux exigences du c. 1399 *CIC* par la monition assortie de la menace d'une peine » ; voir J. Renken, *The Penal Law of the Catholic Church*, 377, note 1. Pour Étienne Richer, « si l'équivalent du canon 1399 du CIC/1983 ne se trouve point dans le *CCEO*/1990, il convient toutefois de remarquer que selon les dispositions des canons 1406, §2 et 1407, §3 du *CCEO*, la monition pénale (cum comminatione poenarum) par laquelle le Hiérarque renforce une loi non pénale dans des cas particuliers (c. 1406) est suffisante, précise le canon 1407, §3, pour qu'une peine puisse être infligée (sous forme de précepte pénal) », E. RICHER, *La lumière montre les ombres*, 140, note 70.

[426] Voir c. 24, §3, *CCEO* : « les fidèles chrétiens ont le droit de n'être punis par des peines canoniques que selon la loi ».

[427] Voir c. 1414, §1, *CCEO* : « Est soumis aux peines seulement celui qui a violé une loi pénale ou un précepte pénal de manière délibérée ou par omission gravement coupable de la diligence requise ou bien par une ignorance gravement coupable de la loi ou du précepte ».

de peines, avec suffisamment de temps pour se désister du délit[428], par laquelle l'autorité ecclésiastique compétente renforce une loi non pénale dans des cas particuliers[429]. En somme, le Code oriental reflète une adhésion à la maxime *nulla poena sine lege* ou au soi-disant principe de légalité des délits et des peines[430]. On note d'ailleurs que ce principe de légalité existe bien au c. 1464 §1 du *CCEO* quand il s'agit d'abus d'un pouvoir, d'un office, d'un ministère ou d'une autre charge dans l'Église[431].

2.3.4 Discussions issues de la discipline du c. 1399

La discipline contenue dans le c. 1399 fait l'objet de nombreuses discussions parmi les canonistes[432]. En effet, ce canon prévoit la possibilité de

---

[428] Voir c. 1407, §1, *CCEO* : « Si au jugement du Hiérarque, qui peut infliger la peine, la nature du délit le permet, la peine ne peut pas être infligée, si le délinquant n'a pas reçu auparavant au moins une fois une monition pour désister du délit, en lui donnant un délai convenable pour venir à résipiscence ».

[429] Voir c. 1406, §2, *CCEO.*

[430] T. J. GREEN, « Penal Law in the Code of Canon Law and in the Code of Canons of the Eastern Churches: Some Comparative Reflections, dans *Studia canonica* », 28 (1994), 441.

[431] Voir c. 1464, §1, *CCEO* : « Celui qui, en plus des cas déjà prévus par le droit, a abusé d'un pouvoir, d'un office, d'un ministère ou d'une charge dans l'Église par un acte ou par une omission, sera puni d'une peine adéquate, sans exclure leur privation, à moins qu'une autre n'ait été établie contre cet abus par la loi ou par un précepte ».

[432] Pour de plus amples réflexions canoniques sur le c. 1399, J. Renken fournit une bibliographie très riche et variée sur les différentes positions (voir RENKEN, *The Penal Law of the Roman Catholic Church*, 379-380) : voir F. E. ADAMI, « Il diritto penale canonico e il principio 'nullum crimen, nulla poena sine lege' », dans *Ephemerides iurius canonici*, 45 (1989), 137-172 ; F. BOLOGNINI, « Profili critici sul principio 'Nullum crimen sine praevia lege poenali', dans *Studi in onore di Pietro D'Avack*, 4 vols., Milan, Giuffrè, 1976, vol. 1, 311-356 ; J. V. CASEY, *A Study of Canon 2222 §1,* Canon Law Studies 290, Washington, The Catholic University of America, 1949; F. COCCOPALMERIO, « La reforma del libro VI del Codigo de derecho canonico », dans J. L. SANCHEZ-GIRON and C. PENA (eds), *El Codigo de derecho canonico de 1983. Ballance y perspectivas a los 30 anos de su promulgacion*, Biblioteca Comillas Derecho Canonico 4, Madrid Universidad Pontificia Comillas, 2014, 389-391 ; G. DALLA TORRE, « Qualche considerazione sul principio di legalita nel diritto penale canonica », dans *Angelicum*, 85 (2008), 267-287 ; J. ARIAS GOMEZ, « El principio de legalidad en la reforma del libro V », dans *Ius canonicum*, 18 (1978), 291-318 ; C. BERNADINI, « Ossservazioni sul canone 1399 », dans *Monitor ecclesiasticus*, 114 (1989), 143-145; V. DE PAOLIS and D. CITO, *Le sanzioni nelle Chiesa. Commento al Codice di diritto canonico, Libro VI*, Rome, Urbaniana University Press, 2000, 99-106 ; E. DIZ PINTADO, « El principio de legalidad en el derecho canonico: en el Codigo de 1917 y en el de 1983 », dans *Revistaespanola de derecho canonico*, 41 (1985), 401-419; J. GONZALEZ ARGENTE, « La norma general penal (1399), « ¿una exception al principio Nulla peana sine lege poenali praevia ? »,

punir d'une juste peine la violation externe d'une loi divine ou canonique « en dehors des cas établis » par le Code de droit canonique ou par d'autres lois ecclésiastiques « lorsque la gravité spéciale de la violation réclame une punition, et qu'il y a nécessité urgente de prévenir ou de réparer des scandales »[433]. Au sujet du principe de légalité pénale en droit canonique, il s'avère que les points de vue des canonistes sont aussi variés que nuancés. En d'autres termes, la disposition du c. 1399 est « très diversement appréciée en doctrine »[434]. Pour notre part, nous retenons essentiellement deux positions complémentaires, à savoir que le c. 1399 constitue une mesure d'« exception » et un « complément »[435].

---

dans *Annuario de derecho canonico*, 3 (2014), 53-72; R. GOTTERO, « 'La norma generale' di diritto penale canonico » (can. 1399), dans *Quaderni di dirrito ecclesiale*, 10 (1997), 343-354 ; F. NIGRO, « Commentary on Book VI : De sanctionibus in Ecclesia », dans P. V. PINTO (ed), *Commento al Codice di diritto canonico*, 2nd ed., Studium Romanae Rotae, Vatican City, Libreria editrice vaticana, 2001, 830-831 ; G. NUNEZ, « Escandalo y canon 1399. Tutela penal del celibato sacerdotal. Commentario a la sentencia del Tribunal de la Rota Romana de 9 de julio de 2004 », dans *Ius canonicum*, 54 (2014), 741-754 ; B.F. PIGHIN, *Diritto penale canonico*, Istititio di diritto canonico San Pio X Manuali 3, Venice, Marcianum Press, 2008, 522-523; P. SOLA GIRANELL, « Alcane del principio de legalidad en el Codigo de derecho canonico de 1983 », dans *Anuario de derecho canonico*, 4 (2015), 201-221; A. G. URRU, *Punire par salvare : il sistema penale nella Chiesa*, Collana Euntes 14, Roma, Edizioni vivere in, 2002, 179-183; BORRAS, *les sanctions dans l'Église*, 23-25; voir PUY-MONTBRUN, *Le droit canonique au service de la justice*, 591-615 . Il sied de noter qu'il y a très peu de littérature en français sur le sujet.

433 B. DU PUY-MONTBRUN présente un cas selon lequel « l'évêque, par exemple, peut qualifier de délit un acte peccamineux au *for externe* sous la forme d'un acte administratif singulier (le précepte pénal) de la part de l'un de ses prêtres sans que cet acte résulte d'une incrimination ». Voir PUY-MONTBRUN, *Le droit canonique au service de la justice ecclésiale*, 592. W. H. WOESTMAN fournit un exemple pour illustrer une application possible de ce canon : un clerc, un religieux ou même un laïc, par le biais de publications antisémites, d'émissions de radio ou de télévision ou sur Internet, affirme à plusieurs reprises que des millions de Juifs n'ont pas été tués dans des camps de concentration par les nazis pendant la Seconde Guerre mondiale, et qu'une telle propagande porte préjudice aux fidèles , qui sont dupés par ces arguments, et un tort est causé à l'Église, qui est injustement accusée de cautionner clandestinement une telle campagne de haine. Si la personne continue une telle activité, qui viole la loi divine à cause du mensonge et de la gravité de l'offense qui nuit aux fidèles et à l'Église, et qu'il faut faire quelque chose pour prévenir le scandale et réparer ce qui a déjà été causé, l'ordinaire peut imposer une peine juste au contrevenant après qu'il a averti le coupable et menacer de le punir, et ces mesures ne parviennent pas à arrêter la propagande haineuse de l'individu. Voir W. H. WOESTMAN, *Ecclesiastical Sanctions and Penal Process*, 155-156.

434 Voir PUY-MONTBRUN, *Le droit canonique au service de la justice ecclésiale*, 592.

435 Ronny. E. Jenkins commente que le c. 1399 n'ignore pas nécessairement le principe de la légalité, mais place la signification du principe dans un contexte

D'une part, le c. 1399 pourrait être considéré comme une mesure d'exception par rapport au principe juridique de légalité des délits et des peines. En fait, il ne peut y avoir de sanction que dans la mesure où il y a eu préalablement un délit défini et établi. C'est pour dire que la sanction du délit résulte d'une incrimination préalable proprement canonique établie par le législateur[436]. Donc, « le délit pour lequel une sanction pénale n'est pas prévue ne peut se rencontrer qu'exceptionnellement »[437]. En effet, le c. 1399 doit être configuré comme une norme dérogatoire ou une exception aussi longtemps qu'il réglemente une option opportune dans l'ordonnancement canonique qui prévoit que certaines de ses lois ne soient pas accompagnées de sanctions pénales, et en vertu des conditions requises pour menacer d'une sanction[438]. Quand bien même le droit canonique embrasse le principe de légalité pénale, le système pénal canonique ne peut être identique aux systèmes étatiques et, par conséquent, admet des exceptions dans la perspective du service à la mission confiée à l'Église[439]. De fait, le principe de légalité constitue la base de tous les canons, à l'exception du c. 1399, où le principe discrétionnaire l'emporte sur le principe de légalité dans des cas particulièrement urgents et spéciaux qui ne sont pas expressément prévus par la loi[440]. En effet, « le c.

---

disciplinaire ecclésial particulier et approprié. En ce sens, on pourrait soutenir que le principe de légalité est mis en œuvre avec moins de force dans le système juridique de l'Église qu'il ne l'est dans la plupart des systèmes juridiques étatiques modernes. Mais cet argument n'a pas à être considéré comme une critique du code de l'Église. La faiblesse relative du principe de légalité est une force pour le but ultime de l'Église, le salut des âmes. Bien entendu, le salut des âmes ne doit jamais être exploité au profit d'une injustice judiciaire. Voir R. E. JENKINS, « *Nullum crimen, nulla poena sine lege* »: The Principle of Legality in Modern Canonical Theory and Practice, dans R. J. KASLYN (ed), *Essays in Honor of Sister Rose McDermott, S.S.J.*, Institutiones iuris Eccclesiae 1, Washington, The Catholic University of America, 2010, 393. Cependant, selon Juan Arias Gomez, le principe discrétionnaire du c. 1399 l'emporte sur le principe de légalité dans les cas les plus urgents et particuliers non prévus par la loi canonique: « The principle of legality forms the basis of all the penal canons, except for c. 1399, where the discretionary principle overrides the principle of legality in the most urgent and special of cases not provided for in the law ». Voir J. ARIAS GOMEZ, « Commentary on Canons 1311-1399 », dans E. CAPARROS, M. THÉRIAULT, and J. THORN (eds), E. CAPARROS and H. AUBÉ [2nd ed. eds.], *Code of Canon Law Annotated*, 2nd ed., Montréal, Wilson and Lafleur, 2004, 1029.

436 Voir BORRAS, *Les sanctions dans l'Église*, 23.

437 *Ibid.*

438 Voir V. DE PAOLIS, D. CITO, *Le sanzioni nella Chiesa : Commento al Codice di Diritto Canonoca. Libro VI*, Città del Vaticano, Urbaniana University Press, 2001, 367-369.

439 Voir GONZALEZ ARGENTE, « *La norma general penal (1399)* », 3.

440 Voir J. ARIAS & J. IGNACIO, « Commentary of Canons 1311-1399, dans J. IGNACIO (dir.), *Code of Canon Law Annontated*, 4th ed., Montreal, Wilson and Lafleur, 2022, 1026.

1399 énonce une exception au principe de légalité. C'est un principe théologique qui préside à cette exception, celui de la garantie de la communion ecclésiale qui impose(rait) *in extremis* de riposter pénalement à une grave violation du droit divin ou du droit canonique en raison du scandale que celle-ci provoque »[441].

D'autre part, le c. 1399 serait considéré comme un « complément » en ce sens qu'il comblerait les « lacunes »[442] du système pénal canonique lorsque la disposition d'une sanction pénale pour un certain comportement peccamineux fait défaut. Ce canon introduit alors le principe de discernement accordé au pouvoir judiciaire compétent. De ce fait, le principe de légalité pénal dans le *CIC/83* ne peut pas être appliqué de la même manière que dans les systèmes étatiques, car le système canonique a ses propres principes qui sont inconnus des autres systèmes juridiques séculiers, notamment *salus animarum* et *aequitas canonica*[443]. Selon Gottero, le c. 1399 est une norme complémentaire et secondaire qui doit être liée au caractère pastoral du droit pénal canonique et aux exigences de la logique juridique canonique. Le principe de légalité pénale dans le domaine canonique doit être considéré *sui generis*, puisque sa réception d'origine laïque impliquerait l'acceptation de ses fondements idéologiques, à savoir le libéralisme et la mentalité positiviste[444]. D'après Étienne Richer, le c. 1399 apporte une atténuation ou « un tempérament au principe de la légalité des délits et des peines »[445]. Pour Astigueta, la norme générale du c. 1399 n'annule pas le principe de légalité, mais « tend à le compléter »[446] ou plutôt à l'atténuer. Un tel affaiblissement de l'application

---

441 A. BORRAS, « Le nouveau droit pénal spécial (Canons 1364-1398), dans *L'Année canonique*, 61 (2021), 28 (BORRAS, « Le nouveau droit pénal spécial [Canons 1364-1398] »). Rappelons ici que l'exception était déjà envisagée par le CIC/17, c. 2222, §1.

442 Par « lacunes », nous faisons allusion au principe de la légalité pénale tel qu'il est conçu et reçu dans bon nombre de législations civiles. Cependant, il s'agit ici d'une application *sui generis* du principe de la légalité des délits et des peines en droit pénal canonique.

443 Voir R. BOTTA, *La norma penale nel diritto della Chiesa*, Bologna, Il Mulino, 2001, 25-34.

444 Voir R. GOTTERO, « *La norma generale' del diritto penale canonico* », dans *Quaderni di Diritto Ecclesiale*, 10 (1997), 345-354. Pour Gonzalez Argente, la doctrine soutient l'opinion commune selon laquelle le principe de légalité pénale a un fondement idéologique et une conception formaliste du droit qui nécessitent une critique dans le système pénal canonique. En effet, le positivisme juridique n'est pas adapté à la nature et à la mission de l'Église. Voir GONZALEZ ARGENTE, « *La norma general penal* (1399) », 72. Cependant, Bernard du Puy-Montbrun n'est pas de cet avis. Voir PUY-MONTBRUN, *Le droit canonique au service de la justice ecclésiale*, 591-615.

445 E. RICHER (éd.), *La Jurisprudence*, Toulouse, Presses Universitaires de l'ICT, 2023, 180.

446 D. G. ASTIGUETA, « *La legge penale più favorevole* », dans *Periodica*, 97 (2007),

stricte du principe de légalité, selon John Renken, vise à assurer le but ultime de l'Église, le *salus animarum*[447].

Certains canonistes remettent en question la valeur pratique de c. 1399. D'après Josémaria Sanchis, ce n'est que difficilement que ce canon peut être considéré comme une mesure pastorale efficace contre des situations urgentes et graves qui peuvent être résolues rapidement avec plus d'efficacité et de justice par d'autres moyens, mieux adaptés non pénaux ou sous la forme d'un précepte non pénal ou d'un précepte avec la menace d'une réprimande *intuitu personae*, comme le prévoit la loi (c. 1339, §2)[448]. Ces canonistes estiment que cette norme qui permet d'infliger une peine qui n'a pas été établie auparavant pose de sérieux problèmes plus qu'elle n'en résout. Selon Sanchis, la solution adoptée par le c. 1399 n'est pas la seule réponse possible. Ce n'est pas non plus la meilleure solution pour le bien de la communauté ecclésiale. Pour lui, face aux situations du c. 1399, un instrument efficace qui respecte les exigences de la justice est l'utilisation du précepte pénal (c. 1319)[449]. De même, d'après Juan Arias, « la solution est fournie par la création d'un précepte particulier qui comporte une peine précise que le destinataire encourrait s'il persistait dans son comportement. Son action deviendrait alors typiquement délictueuse et mériterait donc la peine établie »[450]. Par ailleurs, Alphonse Borras estime que la disposition du c. 1399 est défavorable à l'auteur de la violation de la loi ou du précepte du fait qu'il n'a pas été averti de la peine qu'il encourait en commettant le délit. Toutefois, la norme générale du c. 1399 doit être comprise comme « riposte équitablement canonique ». C'est-à-dire, le législateur doit agir là où il n'a pas prévu de peine, mais la gravité toute particulière de la violation a provoqué du scandale qui exige son intervention[451]. D'après Borras, « la faculté du supérieur reconnue par le canon 1399 est au service de l'élimination de tout *periculum animarum* [danger des âmes] causé par les effets de l'infraction grave et le scandale

---

196. Étant donné la nature de l'ordre canonique, le Code pénal canonique ne prétend pas ou ne voudrait pas envisager toutes les possibilités existantes de crimes et fait continuellement appel à l'équité canonique, cependant on ne peut pas dire qu'il la nie le principe de légalité des peines, au contraire, il tend à le compléter, affirme ce jésuite canoniste (Ibid.).

[447] Voir J. RENKEN, *The Penal Law of the Roman Catholic Church*, 378-379.

[448] Voir SANCHIS, Titre VII. General Norm (C. 1399), 561.

[449] Voir *Ibid.*

[450] J. ARIAS, « Livre VI, Les sanctions dans l'Église », dans *CDCA*,1240. Pour Arias, la souplesse de l'usage du précepte pénal comme source de droit et l'usage des moyens de communication très avancés sont une alternative efficace en lieu et place de l'usage du c. 1399. Ainsi, n'importe quelle situation d'une gravité spéciale et urgente peut être résolue par le biais du précepte pénal. En effet, la prévision d'une sanction pénale s'opère par deux moyens : la loi et le précepte.

[451] Voir BORRAS, *Les sanctions dans l'Église*,24.

qu'elle a provoqué »[452]. Autrement dit, la discipline du c. 1399 préconise la meilleure façon ou la moins mauvaise de rechercher le *salus animarum* de l'auteur du délit ainsi que des autres membres de la communauté[453]. Dans la même perspective, Calabrese considère que le c. 1399 introduit un juste équilibre entre le principe de légalité pénale et la protection du *salus animarum*, qui implique l'application d'une norme « parapluie » face à une conduite déroutante ou scandaleuse en dehors des lois pénales établies dans le Code ou par d'autres lois ecclésiastiques. Cette manière de concevoir le droit pénal canonique est typique de la nature ecclésiale et de sa finalité première[454]. De plus, John Renken considère que le c. 1399 cherche à atteindre un équilibre très délicat entre le bien commun et les droits des fidèles[455]. Certes, les autorités ecclésiastiques pourraient abuser de ce canon en l'appliquant de manière arbitraire ou excessive, mais des abus ou des incohérences similaires peuvent également se produire dans l'application d'autres lois pénales[456]. De fait, l'hypothèse d'abolir ou de supprimer le c. 1399 a été formulée par certains canonistes[457]. D'après ces derniers, l'usage du pouvoir discrétionnaire envisagé par ce canon risque de se transformer en arbitraire qui met en danger la communion, le bien de l'Église et les droits des personnes[458]. Toutefois, loin d'être abrogé ou aboli, le c. 1399 a été maintenu comme tel lors de la récente réforme du Livre VI du Code de droit canonique en 2021[459]. Cette décision démontre que le c. 1399 reste et demeure pertinent aux yeux du législateur suprême. En effet, cette norme a été incorporée dans la législation actuelle

---

[452] *Ibid.*

[453] Voir *Ibid.*

[454] Voir A. CALABRESE, *Diritto Penale Canonico*, Città del Vaticano, Libreria Editrice Vaticana, 2006, 347-349.

[455] Le concept du « bien commun » est très important dans l'Église. Le bien commun est compris comme « ensemble de conditions sociales qui permettent, tant aux groupes qu'à chacun de leurs membres d'atteindre leur perfection d'une façon plus totale et plus aisée ». *GS*, No 26.

[456] Voir J. RENKEN, *The Penal Law of the Roman Catholic Church*, 380-381.

[457] Voir GONZALEZ ARGENTE, « *La norma general penal (1399)* », 55; voir SANCHIS, « Commentary on General Norm, canon 1399 », 561.

[458] Voir SANCHIS, « Commentary on General Norm, canon 1399 », 561.

[459] Voir FRANÇOIS, Constitution apostolique *Pascite Gregem Dei*, 23 mai 2021. Le c. 1399 a été maintenu à l'identique, sans aucun changement. En effet, « on relèvera aussi que le c. 1399, encore appelé « norme générale » dans le nouveau Livre VI, permet toujours de sanctionner pénalement, sous certaines conditions, un comportement pour lequel aucune peine n'est prévue par la loi ou le précepte ». B. GONÇALVES, « Le nouveau Livre VI du Code de droit canonique latin : une réforme dans la continuité du système pénal canonique », dans *L'Année canonique*, 61 (2021), 24. Sur les 89 canons qui composent ce livre VI, 63 ont été modifiés (71%) modestement ou radicalement, 9 autres déplacés (10%) alors que 17 seulement restent inchangés (19%). De fait, le c. 1399 reste inchangé dans le nouveau Livre VI. Le législateur a fait le choix de ne pas modifier ou supprimer ce canon.

parce qu'elle est considérée comme un instrument dont le gouvernement pastoral de l'Église, orienté vers le salut des âmes, ne peut se passer[460]. Mais, bien que la protection du bien public de l'Église soit un bien incontestable, ce n'est pas un bien qui doit être poursuivi sans tenir compte de la légalité et de la justice des moyens mis en place[461]. En d'autres termes, l'usage du pouvoir dans l'Église ne peut être arbitraire, cela est interdit par la loi naturelle et par la loi divine positive ainsi que par la loi ecclésiastique[462]. Le débat sur ce point est loin d'être clos aussi longtemps que les faits suscitent le soupçon d'arbitraire, le soupçon que certaines décisions sont des verdicts de pouvoir plutôt que de vérité ; le soupçon que certains fidèles chrétiens sont punis non pas selon la norme de la loi (*ad norman legis*), mais simplement selon le bon vouloir du supérieur (*ad nutum superioris*)[463].

Conclusion

Les recherches menées au cours de ce chapitre nous ont permis de relever les différentes sources du c. 1399, à savoir le c. 2222 du *CIC/17*, les discours du Pape Pie XII préconisant que l'action punitive soit toujours fondée sur des règles juridiques claires et précises, le principe de la liberté et de l'indépendance de l'Église à l'égard du pouvoir civil ainsi que le projet de révision du *CIC/17*. Afin de réaliser l'objectif de ce deuxième chapitre, nous avons examiné succinctement les termes et expressions que le législateur a employés dans la disposition du c. 1399, en particulier les conditions posées

---

460 Voir *Communicationes.*, 6 (1974), 35.

461 Voir AUSTIN, « *Nullum Crimen, Nulla Poena Sine Lege*, 28.

462 PONTIFICIA COMMISSIO CONDICI IURIS CANONICI RECOGNOSCENDO, *Principia quae Codicis Iuris canonici recognitionem dirigant*, Vatican City, Typis polyglottis Vaticanis, 1967, no 6 : « *Verum tamen usus huius potestatis in Ecclesia arbitrarius esse non potest, idque iure naturali prohibente atque iure divino positivo et ipso iure ecclesiastico* ».

463 Voir AUSTIN, « *Nullum Crimen, Nulla Poena Sine Lege*, 29. Pour Torfs et d'autres canonistes « c'est ici que se situe le problème majeur du droit canonique, car en l'état actuel, il ne protège pas la loi, mais le législateur. [Dans le *ius vigens*] pour sauvegarder le bien commun, le caractère dynamique du législateur doit être préféré au caractère statique de la loi. Ainsi, la valeur éthique de la norme sans visage est abandonnée au profit du bon sens supposé du législateur qui, lui, a toujours un visage. Là se situe une des faiblesses majeures du droit canonique actuel, qui n'ose pas donner priorité à la loi comme concept abstrait, à la loi sans visage afin de garantir les droits de tous ». R. TORFS, « La rétroactivité des peines canoniques », dans Revue de droit canonique, 56 (2006), 197; voir aussi D. Le TOURNEAU, « L'interprétation du droit fondamental des fidèles à être jugés selon le droit : c. 221, 2, dans *Forum Canonicum*, 7 (2012), 155-173; voir aussi TOXE, « Quel principe de légalité en droit canonique ? », 229-248; voir aussi AUSTIN, « *Nullum Crimen, Nulla Poena Sine Lege*, 10-16.

par le législateur pour son application, notamment un acte extérieur qui viole une loi divine ou canonique pour laquelle une sanction pénale n'était pas préalablement prévue en cas de non-respect, la gravité particulière de la violation exigeant une sanction et l'urgence de prévenir ou de réparer les scandales.

Force est de constater que le c. 1399 constitue un défi face au principe de légalité. En effet, le principe de légalité des délits et des peines dispose que les règles de droit pénal doivent être déterminées par la loi, c'est-à-dire qu'on ne peut être condamné pénalement qu'en vertu d'un texte pénal bien défini[464]. Ce principe s'exprime par les termes *nullum crimen, nulla poena sine lege* (« [il n'y a] aucun crime, aucune peine, sans loi »). En fait, la prévision légale de la sanction a pour fonction d'assurer la protection des droits de l'individu contre l'arbitraire éventuel du juge pénal. Le principe de légalité a été consacré par la Déclaration des droits de l'homme. Toutefois, en droit pénal canonique, l'application du principe de légalité des délits et des peines est une question disputée. Par ailleurs, il est clair que ce principe de légalité n'a pas été adopté dans le système canonique dans toute sa rigueur, mais sous une forme nuancée[465]. On pourrait affirmer que le principe de légalité est mis en œuvre avec moins de force dans le système juridique canonique qu'il ne l'est dans la plupart des systèmes juridiques étatiques modernes. Il sied de comprendre que le droit de l'Église n'est pas un droit comme les autres en vertu de la valeur ou le bien juridique qu'il protège. À la différence de ce que prévoit le droit pénal de l'État, l'imposition d'une sanction ne fait pas suite à tout délit dans l'économie du système pénal ecclésial du fait que la sanction pénale demeure *l'extrema ratio*[466], en cas d'échec des autres moyens pastoraux. Il reste la question de savoir comment imposer la sanction requise par le c. 1399 selon les normes canoniques. En d'autres termes, il s'agit de la procédure canonique dans le contexte du c. 1399. Tel est l'objet du chapitre III.

---

[464] P. CANIN, *Droit pénal général*, Paris, Hachette, 2023, 21.

[465] AUSTIN, « *Nullum Crimen, Nulla Poena Sine Lege* », 13.

[466] Voir RICHER, *La Jurisprudence,* 171.

CHAPITRE 3

LA PROCÉDURE CANONIQUE COMME MOYEN POUR RESTAURER LA JUSTICE, CORRIGER LE COUPABLE ET RÉPARER LE SCANDALE

Introduction

Une fois les conditions du c. 1399 remplies, l'autorité compétente peut intervenir pour imposer une « juste peine ». En effet, cette dernière peut être imposée soit par l'Ordinaire, soit par les équiparés désignés en droit, en appliquant un procès pénal judiciaire ou extrajudiciaire[467]. Ce procès reflète également la quête de la justice et l'évitement de l'arbitraire. Il est question de faire valoir les droits de chaque partie en suivant la procédure. Les règles de procédure sont au cœur de la science juridique et méritent de ce fait d'être examinées.

Dans le présent chapitre, nous allons examiner la procédure canonique comme un moyen de punir, de prévenir ou de réparer des scandales. De fait, « dans un procès pénal, qu'il soit judiciaire ou administratif, le[s] juge[s] ou l'Ordinaire posent des actes importants voire déterminants pour l'issue du procès »[468]. Quelles normes de la procédure canonique l'Ordinaire doit-il suivre et appliquer pour garantir une solution adéquate face aux scandales ? Pour répondre à cette question, nous commencerons par aborder la question de signalement de la violation externe d'une loi divine ou canonique. Ensuite nous parlerons de l'enquête préalable qui pourrait justifier le choix à faire entre les deux voies de la procédure pénale, à savoir la voie judiciaire et la voie extrajudiciaire. En dernier lieu, nous envisagerons d'autres voies disciplinaires non pénales établies par le Code de droit canonique dans le but de réprimander, de prévenir ou de remédier aux scandales.

3.1 Le signalement

Le signalement permet à l'autorité ecclésiastique de prendre des mesures appropriées pour examiner les allégations et, le cas échéant, appliquer des sanctions pénales conformément au droit canonique face aux scandales. Il est

---

[467] Voir T. TSHINGOMBE ILUNGA, *La justice dans l'Église. Son organisation et sa réglementation. Droits des procès contentieux à l'intention des Tribunaux ecclésiastiques*. Abidjan, Éditions Paulines, 2021, 9 (= TSHINGOMBE ILUNGA, *La justice dans l'Église*).

[468] V. NKOUAYA MBANDJI, « L'instruction d'une cause pénale », dans *Studia canonica*, 53 (2019), 562 (= NKOUAYA MBANDJI, « L'instruction d'une cause pénale »).

important de se référer aux normes canoniques pour déterminer quand le signalement est obligatoire et quels sont les processus à suivre en cas d'allégations de mauvaise conduite.

3.1.1 Définition

Le signalement est toute information donnée sur l'avènement d'un scandale ou l'existence d'un délit éventuel à l'Ordinaire. C'est un moyen pour assurer la discipline et l'ordre au sein de l'Église. Ce terme de « signalement » n'apparaît pas dans le *CIC/*83. Cependant, le *CIC/*17 parlait déjà de « dénonciation » au c. 1935[469] afin d'obtenir la réparation d'un scandale, un dommage, ou par zèle pour la justice et avec l'intention de voir cesser un scandale. Cette information peut provenir de différentes sources[470]. Le devoir de vigilance de l'Ordinaire lui permet de se renseigner sur des comportements scandaleux ou des actions perturbant sérieusement l'ordre public ecclésial[471]. C'est particulièrement dans la m.p. *VELM* que le terme « signalement » est employé à maintes reprises. Par ailleurs, la doctrine canonique parle plutôt de la *notitia de delicto* et *de la notitia criminis*, termes qui sont repris dans le *vademecum* de DDF de 2020 et de 2022[472].

[469] *CIC*/17, c. 1935 : « §1 Tout fidèle peut cependant dénoncer le délit d'un tiers pour obtenir une satisfaction, la réparation d'un dommage, ou même par zèle pour la justice et avec l'intention de voir cesser un scandale ou quelque mal public ; §2 « Bien plus, l'obligation de dénoncer peut-être imposée à toute personne par le droit positif, par un précepte particulier légitime, par le droit naturel, lorsqu'il y a péril pour la foi, la religion, ou lorsqu'on peut redouter quelque mal public ».

[470] Voir DICASTERE POUR LA DOCTRINE DE LA FOI, *Vademecum* 2022, II. 10 : « Cette *notitia* peut donc provenir de différentes sources : être présentée officiellement à l'Ordinaire ou au Hiérarque, oralement ou par écrit, par la victime présumée, par ses tuteurs, ou par d'autres personnes qui prétendent être informées des faits ; parvenir à l'Ordinaire ou au Hiérarque de par l'exercice de son devoir de vigilance ; être présentée à l'Ordinaire ou au Hiérarque par les autorités civiles, de la manière prescrite par les lois locales ; être diffusée par les médias, y compris les réseaux sociaux ; parvenir à leur connaissance à travers des rumeurs entendues et de toute autre manière ».

[471] Voir ibid., II. 15 : « L'exercice du devoir de vigilance n'implique pas que l'Ordinaire ou le Hiérarque maintienne continuellement sous enquête les clercs qui lui sont soumis, mais il ne lui permet pas non plus d'omettre de s'informer de leur conduite dans ce domaine, surtout s'il a connaissance de suspicions, de comportements scandaleux, de conduites qui perturbent gravement l'ordre public ecclésial.

[472] Voir DICASTERE POUR LA DOCTRINE DE LA FOI, *Vademecum* 2022, II. 9: « La *notitia de delicto* (cf. can. 1717 § 1 *CIC* ; can. 1468 § 1 *CCEO* ; art. 10 *SST* ; art. 3 *VELM*) parfois appelée *notitia criminis*, est toute information sur un délit éventuel, qui parvient de quelque manière que ce soit, à l'Ordinaire ou au Hiérarque. Il ne s'agit pas nécessairement d'une dénonciation officielle ».

3.1.2 L'obligation de signaler un fait scandaleux ou un délit (*CIC*/17, c. 1935 et art. 3 du *VELM* 2023)[473]

Qui doit faire le signalement ? Tout clerc doit signaler immédiatement à l'Ordinaire du lieu où se sont déroulés les faits toute information dont il aurait connaissance, sauf s'il a acquis cette information dans le cadre de son ministère au for interne, mais aussi tout membre d'un institut de vie consacrée ou d'une société de vie apostolique doit faire le signalement[474]. Cependant, les fidèles laïcs qui exercent des ministères dans l'Église, peuvent présenter un signalement[475]. Il convient de noter la nuance faite entre l'obligation d'une part de clercs ou membres d'un Institut de vie consacrée ou d'une Société de vie apostolique de présenter le signalement et d'autre part la possibilité donnée aux fidèles laïcs de présenter éventuellement le signalement. Notons que la négligence de cette obligation pourrait entraîner des sanctions canoniques, voire civiles, notamment au Québec[476]. Cela sans préjudice par rapport au sceau sacramentel[477]. Quand le signalement concerne les évêques et équiparés,

---

[473] Déjà le *CIC*/17 parlait de l'obligation de signalement. Mais ici, il s'agit d'un délit général alors que *VELM* est plus concerné par les délits réservés « *de delictis gravioribus* ». Voir FRANÇOIS, Lettre Apostolique « *Vos Estis Lux Mundi* », du 25 mars 2023 (= *VELM* 2023). Il convient de noter que cet article 3, §2 du *VELM* 2023 porte plus de précision et un complément par rapport au même article du *VELM* 2019. Ce dernier mentionnait que « toute personne peut présenter un signalement », alors que le *VELM* 2023 met un accent sur les fidèles laïcs en ces termes : « toute personne, en particulier les fidèles laïcs qui occupent des offices ou exercent des ministères dans l'Église, peut présenter un signalement ». Les laïcs travaillant pour l'Église sont pour leur part encouragés à signaler les cas d'abus et de harcèlement. Mais aussi toute personne, même non-catholique ou totalement étrangère aux faits concernés, qui a connaissance de ces faits peut les signaler à l'ordinaire du lieu.

[474] Voir *VELM* 2023, art. 3, §1 : « Sauf dans le cas où un clerc a connaissance de l'information dans l'exercice de son ministère au sein du for interne, chaque fois qu'un clerc ou qu'un membre d'un Institut de vie consacrée ou d'une Société de vie apostolique a connaissance d'une information sur des faits visés à l'art. 1, ou des raisons fondées de penser qu'a été commis l'un de ces faits, il a l'obligation de le signaler sans délai à l'Ordinaire du lieu où se seraient produits les faits, ou à un autre Ordinaire parmi ceux dont il est question aux canons 134 *CIC* et 984 *CCEO*, étant sauves les dispositions du §3 du présent article ».

[475] Voir ibid., art. 3, §2 : « Toute personne, en particulier les fidèles laïcs qui occupent des offices ou exercent des ministères dans l'Église, peut présenter un signalement concernant l'un des faits énoncés à l'art. 1 en se prévalant des modalités établies à l'article précédent, ou de n'importe quelle autre manière appropriée ».

[476] Voir Le nouveau Livre VI du 2021, c. 1371, §1. Voir aussi CONFERENCE DES EVEQUES CATHOLIQUES DU CANADA (CÉCC), Protection des personnes mineures contre les abus sexuels, 2018, 4.1.

[477] Voir *VELM* 2023, art. 4, §1. Notons qu'effectuer un signalement selon les normes canoniques ne constitue pas une violation du secret d'office. Le souverain pontife a

il est adressé à l'Autorité déterminée selon les normes des articles 8 et 9 du *VELM*[478]. Le signalement peut toujours être adressé au dicastère compétent[479]. Par ailleurs, le signalement doit contenir toute information utile pour assurer une évaluation objective et précise des faits[480]. D'une part, la personne qui présente le signalement doit être protégée. D'autre part, à la victime et aux témoins ne peut être imposé le silence sur le contenu de l'affaire, mais la réputation des personnes concernées ainsi que la confidentialité des données personnelles doivent être sauvegardées, ce qui n'est pas sans paradoxe[481]. En tout état de cause, la personne signalée jouit de la présomption d'innocence selon les normes canoniques[482]. Il convient de noter que le fait de signaler une situation à l'Ordinaire ne prive personne de son droit de s'adresser aux autorités policières ni d'entreprendre des recours en justice. En effet, « tous préjudices, rétorsions ou discriminations pour avoir présenté un signalement sont interdits et peuvent être assimilés aux comportements dont il est question à l'art. 1§, lettre b) »[483]. Son auteur sera passible d'une peine canonique s'il commet « des actions ou omissions directes visant à interférer ou éluder des enquêtes civiles ou des enquêtes canoniques, administratives ou pénales »[484].

donc souhaité que le secret de la confession demeure absolu, ce qui exclut une dénonciation de faits rapportés par un fidèle dans le confessionnal. Si « le confesseur qui, lors de la célébration du sacrement, est mis au courant d'un *delictum gravius*, devra donc tenter de convaincre le pénitent de faire part de son information par d'autres voies, afin de permettre à qui de droit d'agir ». *Vademecum* 2022, art. 14.

478 La hiérarchie de l'Église est également condamnable en cas d'actions « visant à interférer ou éluder des enquêtes civiles ou des enquêtes canoniques, administratives ou pénales ouvertes à l'encontre d'un clerc ou d'un religieux », spécifie le texte. Par ailleurs, les diocèses ou les éparchies (Églises orientales) doivent mettre en place « individuellement ou ensemble » un ou plusieurs dispositifs « facilement accessibles au public pour permettre de présenter des signalements » sur des cas d'agressions sexuelles, de harcèlement ou de diffusion d'images pédopornographiques, précise encore ce texte.

479 Voir *VELM* 2023, art. 3, §3.

480 Voir *VELM* 2023, art. 3, §4.

481 Voir *VELM* 2023, art. 4, §2.

482 Voir *VELM* 2023, art. 13, §7 : « À la personne qui fait l'objet d'une enquête est toujours reconnue la présomption d'innocence et la légitime protection de la bonne réputation », tout en observant des lois de l'État concernant les obligations de signalement aux autorités civiles compétentes. Voir *VELM* 2023, art. 20.

483 Voir *VELM* 2023, art. 4, §2.

484 Voir *Rescripta ex audientia* du 6 décembre 2019.

3.1.3 Cas particuliers

Si le signalement concerne des faits ou des scandales qui se seraient produits dans un autre diocèse, des précisions sont à retenir. Sauf quand il s'agit des cardinaux, patriarches, évêques et légats du Pontife romain, l'Ordinaire qui a reçu le signalement doit le transmettre rapidement à l'Ordinaire du lieu où les faits auraient eu lieu, ainsi qu'à l'Ordinaire propre de la personne signalée. Restant sauves les diverses ententes entre les deux Ordinaires, il revient à l'Ordinaire du lieu où se seraient produits les faits de mener la procédure selon la norme du droit prévue pour le cas particulier[485]. En outre, que faire si la personne signalée (l'auteur supposé des faits) est arrêtée par la police ? Attendu que la police a enquêté sur la plainte et a conclu qu'elle justifiait l'arrestation, l'Ordinaire agit comme si l'accusation était fondée. De ce fait, il avise le Dicastère et prend les mesures préventives ou conservatoires appropriées pour assurer la sécurité des fidèles et de leurs communautés pendant tout le processus[486].

Par ailleurs, si la personne signalée est membre d'un Institut de vie consacrée ou d'une Société de vie apostolique, selon le cas, l'Ordinaire qui a reçu le signalement en informe sans délai l'Ordinaire personnel (ou le Supérieur majeur de la personne signalée compétent pour adopter les mesures prévues par le droit canonique) et l'Ordinaire du lieu où se seraient produits les faits. La communication et la collaboration entre les Ordinaires concernés doivent être effectives afin d'éviter les conflits de compétence ou duplications dans le travail, spécialement si le clerc est religieux[487]. Si la personne signalée est décédée, aucun type de procédure pénale ne peut être engagée[488].

---

485 Voir *VELM* 2023, art. 2, §3.

486 Voir *Vademecum* 2022, II. 26 : « L'enquête canonique préalable doit être menée indépendamment de l'enquête correspondante des autorités civiles. Toutefois, si la législation de l'État interdit des enquêtes parallèles à la sienne, l'autorité ecclésiastique compétente s'abstiendra d'ouvrir l'enquête préalable et informera le DDF du signalement, lui communiquant tout matériel utile. S'il lui semble approprié d'attendre la fin de l'enquête civile pour en obtenir éventuellement les résultats ou pour d'autres raisons, il est bon que l'Ordinaire ou le Hiérarque consulte le DDF à ce sujet ».

487 Voir *Vademecum* 2022, II. 21, 22 et 31.

488 Voir *Vademecum* 2022, IX. 160.

3.2 L'enquête préalable (cc. 1717-1719)[489]

[489] Certains auteurs emploient souvent le mot de "préliminaire" pour désigner l'enquête des canons 1717 et suivants. D'autres emploient le terme "préalable". D'autres encore utilisent les deux termes indistinctement. Le Code de droit canonique se montre peu prolixe sur la qualification de cette enquête. *CIC/83,* cc. 1717-1719 parlent tout simplement de l'enquête. De même que le *CIC*/17 ne donne aucune qualification à l'enquête qu'il mentionne au cc.1939-1946. R. Naz parle aussi bien d'une enquête préliminaire que d'une enquête préalable, mais il utilise plus fréquemment l'expression "enquête préalable". (Voir R. NAZ, *Traité de Droit Canonique*, Paris, Letouzey et Ané, 1948, Tome 4, Livres IV et V, 409-414). F. Loza, dans son commentaire des cc. 1717-1719, utilise l'expression "enquête préalable" (F. LOZA, « Le Procès », *CDCA*, 1530-1533). A. Denkha parle aussi de l'enquête préalable dans son article « Procédures pénales canoniques ». Voir A. DENKHA, « Procédures pénales canoniques de l'Orient à l'Occident », dans *l'Année canonique* 62 (2022), 270. Anne Bamberg également parle plus précisément de l'enquête préalable concernant le *CIC*/83, cc. 1717-1719 : « S'il y a des rumeurs de malversations, d'abus, de délits ou de crimes, l'Ordinaire – pensons à l'évêque diocésain – devrait s'en inquiéter et sans tarder mener l'enquête préalable à un procès pénal (can. 1717-1719) dont le but est, selon le can. 1718, de voir s'il convient d'engager une procédure pénale ou si d'autres moyens *peuvent suffisamment réparer le scandale, rétablir la justice, amender le coupable* (can. 1341) ». A. BAMBERG, « Sanctions canoniques face aux abus financiers », dans *Revue de droit canonique*, 69 (2019), 97.
Une brève observation s'impose. Nous choisissons l'expression "enquête préalable" plutôt que "enquête préliminaire". Certes, "préalable" est similaire à "préliminaire". Selon le *Petit Robert*, est « préliminaire » (en latin *praeliminaris* et synonyme de « préalable ») ce qui précède, prépare une autre chose considérée comme plus importante », dont il ne fait pas partie. L'enquête "préliminaire" comme l'enquête préalable, est une étape préalable requise avant un éventuel procès pénal, judiciaire ou extra-judiciaire. De fait, « l'évêque diocésain [...] est invité à décréter l'ouverture d'une enquête dite "préalable" qui est une enquête administrative, non judiciaire à la différence du droit français. Mais cette enquête [...] a pour but d'établir l'imputabilité au sens strict du suspect, c'est-à-dire s'il est bien l'auteur du délit des faits incriminés qui lui sont reprochés ». PUY-MONTBRUN, *Le droit canonique au service de la justice ecclésiale*, 354. C'est donc « une enquête administrative en forme judiciaire qui précède un éventuel procès pénal canonique ». Ibid., 159. Dans son commentaire du c. 1717, §1, Étienne Richer parle aussi de « l'enquête préalable : une obligation morale et juridique ». E. RICHER, *La lumière montre les ombres. Crise d'efficience et de fondements du droit pénal de l'Église*, Toulouse, Les Presses Universitaires, 2016, 152-156. En d'autres termes, « l'enquête préalable constitue la phase préliminaire visant à vérifier les faits. Elle est vraiment de nature administrative. Cette enquête est ordonnée pour éviter des procès inutiles ou préjudiciables, sans fondement suffisant en droit et en fait ». F. LOZA, dans *CDCA,* 1530. Dans le cadre de la procédure pénale judiciaire, on parle de l'instruction préparatoire qui « a pour objectif de déterminer d'une part l'existence de l'infraction et d'autre part si les charges qui pèsent sur telle ou telle personne nécessitent son jugement par la juridiction compétente ». C.

Le c. 1717, §1 du *CIC/*83 dispose comme suit : « Chaque fois que l'Ordinaire a connaissance, au moins vraisemblable, d'un délit, il fera par lui-même ou par une personne idoine, une enquête prudente portant sur les faits, les circonstances et l'imputabilité du délit, à moins que cette enquête ne paraisse totalement superflue ». Dans la procédure pénale canonique, l'enquête préalable est une obligation morale et juridique, sauf quand il s'agit d'un délit notoire ou indéniable dont l'enquête est manifestement superflue[490].

L'enquête préalable n'est pas un procès et ne fait pas techniquement partie du procès pénal lui-même, et son but n'est pas d'atteindre la certitude morale au sujet du déroulement des faits qui font l'objet de l'accusation. En effet, elle « consiste en l'enquête prudente que l'Autorité est tenue de mener, soit par elle-même, soit par l'intermédiaire d'une autre partie déléguée, afin de vérifier sur des bases suffisantes - par le biais de témoignages et de preuves – s'il est nécessaire ou non d'engager formellement la procédure d'enquête visant à infliger une sanction pénale à un sujet »[491]. De fait, le seul but de cette enquête est de recueillir des éléments et de les examiner, afin de pouvoir ensuite voir s'il y a lieu d'entamer la procédure pénale[492]. Elle sert donc à recueillir les données utiles pour approfondir le signalement du délit pour en établir la vraisemblance[493]. Pour ce faire, elle établit les faits allégués et l'imputabilité de la personne signalée toujours au sens strict[494]. L'enquête préalable est essentiellement de nature administrative[495]. Elle doit être menée dans le

---

RENAULT-BRAHINSKY, *L'essentiel de la procédure pénale*, Paris, Gualino, 2023, 93. Il convient de noter que « la récente réforme du Livre VI ayant porté sur le droit pénal mais pas sur la procédure pénale, n'a apporté aucune modification aux cc. 1717-1719 *CIC*. Mais trois canons ne suffisent manifestement pas à baliser les contours de l'investigation préliminaire ». J-P. SCHOUPPE, « Quand le Supérieur (évêque ou religieux) apprend l'injustice… : l'enquête préalable. Le traitement de la nouvelle du délit et l'investigation préliminaire », dans E. BESSON (sous la direction de), *La réparation de l'injustice. Ius restitutio Iustitiae.*Toulouse, Presses Universitaires de l'ICT, 2021, 229 (= SCHOUPPE, « Quand le Supérieur (évêque ou religieux) apprend l'injustice… : l'enquête préalable »).

[490] RICHER, *La lumière montre les ombres. Crise d'efficience et de fondements du droit pénal de l'Église*, 2016, 152-156.

[491] DICASTERE POUR LES TEXTES LEGISLATIFS, *Sanctions pénales dans l'Église. Guide d'application du Livre VI du Code de droit canonique*, Cité du Vatican 2023, 179 (= DICASTERE POUR LES TEXTES LEGISLATIFS, *Sanctions pénales dans l'Église*).

[492] Voir ibid.,175.

[493] Voir *Vademecum* 2022, III. 33.

[494] Voir *Vademecum* 2022, III. 34.

[495] Voir J. RENKEN, *The penal Law of the Roman Catholic Church. Commentary on Canons 1311-1399 and 1717-1731 and Other Sources of Penal Law*, 390. En effet, « l'imputabilité dont il s'agit ici, au canon 1717 du *CIC*/1983, désigne l'imputabilité au sens strict à distinguer de l'imputabilité au sens large, c'est-à-dire la culpabilité. L'enquête préalable (*investigatio praevia*), dont la nature est administrative, n'a nullement pour objectif de juger de la culpabilité du délinquant présumé, mais de

respect des lois civiles de chaque État, particulièrement celles qui concernent les éventuelles obligations de signalement aux autorités civiles compétentes[496]. De fait, l'enquête préalable a pour objectif de déterminer si le signalement est suffisamment crédible pour justifier l'ouverture d'un procès pénal judiciaire (c. 1721) ou extra-judiciaire (c. 1720)[497]. Il sied de noter que dans le système pénal, aussi bien civil que canonique, une personne accusée est présumée innocente jusqu'à preuve du contraire. En effet, lorsqu'une allégation est portée contre une personne, on mènera une enquête minutieuse, mais toujours respectueuse des personnes concernées[498]. Par ailleurs, « l'Ordinaire ne peut vraiment prendre des mesures punitives sans avoir vérifié la crédibilité de toute information criminelle dont il a eu connaissance d'une façon ou d'une autre. De plus l'enquête préalable est importante pour éviter des procédures dommageables ou inutiles, ou bien d'autres qui seraient sans fondements *in iure* et *in facto* »[499]. C'est pourquoi Damian Astigueta précise que l'évaluation de la dénonciation (*notitia criminis)* ainsi que l'ouverture de l'enquête préalable sont une obligation morale et juridique de l'Ordinaire comme gardien, promoteur et responsable du bien de l'Église selon l'esprit du c. 392[500]. Il poursuit en affirmant que « tout le déroulement

---

vérifier si les faits présumés qui lui sont reprochés lui sont factuellement imputables » (= RENKEN, *The penal Law of the Roman Catholic Church. Commentary on Canons 1311-1399 and 1717-1731 and Other Sources of Penal Law*). RICHER, *La lumière montre les ombres. Crise d'efficience et de fondements du droit pénal de l'Église*, 2016, 152-156, note 105. Bernard du Puy-Montbrun suggère, dans plusieurs de ses publications, de parler « d'enquête administrative en forme judiciaire ». Voir B. du PUY-MONTBRUN, « juger un délinquant ? », *Revue pénitentiaire et de droit pénal* nº4 (2006), 751 ; ID., « Le droit pénal est-il désuet », *Liberté Politique* 44 (2009), 31 ; « L'agression sexuelle et sa sanction en droit pénal canonique », *Liberté Politique* 49 (2010), 115.

496 Voir *Vademecum* 2022, II. 27 ; voir *VELM* 2023, art. 20.

497 Voir RENKEN, *The penal Law of the Roman Catholic Church. Commentary on Canons 1311-1399 and 1717-1731 and Other Sources of Penal Law*), 390.

498 Voir F. MORRISEY, *Application du droit (Notes de cours),* Ottawa, Université Saint Paul, 1996, 10 (= MORRISEY, *Application du droit*).

499 A. URRU, « Observations sur l'imposition des peines dans des cas particuliers », 370, dans P. M. DUGAN (sous la direction de), *La procédure pénale et la protection des droits dans la législation canonique* – Actes d'un colloque tenu à l'Université pontificale de la Sainte Croix, Rome, 25-26 mars 2004, traduit par Jean Pelletier, Montréal, Wilson et Fleur (Coll. Gratianus-Série Actes, 2008)

500 Voir D. ASTIGUETA, « L'investigazione praevia », *I delitti riservati alla Congregazione per la Dottrina della Fede*, Rome, Urbaniana University Press (Quaderni di Ius Missionale 3), 2014, 87 (= ASTIGUETA, « L'investigazione praevia »), cité par RICHER, *La lumière montre les ombres. Crise d'efficience et de fondements du droit pénal de l'Église,* 154; voir *CIC*/83, c. 392 : « §1. Parce qu'il doit défendre l'unité de l'Église tout entière, l'Évêque est tenu de promouvoir la discipline commune à toute l'Église et en conséquence il est tenu d'urger l'observation de toutes

du procès pénal, tant judiciaire qu'administratif, dépend de la façon dont a été effectuée l'enquête préalable. Lorsque surviennent certains problèmes durant la phase préliminaire, ceux-ci peuvent mettre en péril toute la procédure postérieure »[501]. Cependant, Fernando Loza souligne que c. 1717 « ne prescrit rien sur la façon de mener cette enquête préalable »[502]. En d'autres termes, les dispositions et modalités concrètes de cette enquête ne sont pas clairement stipulées par la loi[503], mais Fernando estime qu'« on peut lui appliquer les dispositions des canons 1526-1586, *mutatis mutandis* »[504].

3.3 Les mesures disciplinaires et conservatoires (*CIC*/83, c. 1722[505] ; *CIC*/17, c. 1956-1958 ; *CCEO*, c. 1473)

Selon le Dicastère pour les textes législatifs, « lorsque les circonstances l'exigent, l'Autorité ecclésiastique peut prendre certaines mesures disciplinaires à l'encontre du suspect. La raison qui rend nécessaire l'adoption de telles mesures, formellement différentes des mesures conservatoires, qui ne sont permises qu'une fois le procès commencé, est la protection de la réputation des personnes impliquées, les exigences du bien public et la prévention du scandale, ou la nécessité d'éviter la répétition du délit »[506]. Seul

---

les lois ecclésiastiques. §2. Il veillera à ce que des abus ne se glissent pas dans la discipline ecclésiastique, surtout en ce qui concerne le ministère de la parole, la célébration des sacrements et des sacramentaux, le culte de Dieu et des saints, ainsi que l'administration des biens »; voir aussi J. SANCHIS, « L'indagine previa al processo pénale », dans *Ius Ecclesiae* 4 (1992), 517.

[501] *Ibid.*, 79, cité par RICHER, *La lumière montre les ombres. Crise d'efficience et de fondements du droit pénal de l'Église,* 151.

[502] F. LOZA, « Le Procès », dans *CDCA*, 1531.

[503] Voir RICHER, *La lumière montre les ombres. Crise d'efficience et de fondements du droit pénal de l'Église,* 151.

[504] F. LOZA, « Le Procès », dans *CDCA*, 1531. En effet les cc. 1526-1586 font partie du Livre VII du *CIC*/83, Titre IV (Les preuves) et comprennent les six chapitres suivants : les déclarations des parties ; la preuve documentaire ; les témoins et les témoignages ; les experts ; le transport sur les lieux et la reconnaissance judiciaire et les présomptions.

[505] *CIC*/83, c. 1722: « Pour prévenir des scandales, pour protéger la liberté des témoins et garantir le cours de la justice, après avoir entendu le promoteur de justice et l'accusé lui-même, l'Ordinaire peut à tout moment du procès écarter l'accusé du ministère sacré ou d'un office ou d'une charge ecclésiastique, lui imposer ou lui interdire le séjour dans un endroit ou un territoire donné, ou même lui défendre de participer en public à la très sainte Eucharistie ; toutes ces mesures doivent être révoquées dès que cesse le motif, et prennent fin quand le procès pénal est achevé».

[506] DICASTERE POUR LES TEXTES LEGISLATIFS, *Sanctions pénales dans l'Église*, 189-190. On peut noter que le Dicastère pour les textes législatifs fait la distinction entre les mesures disciplinaires qui imposent une interdiction et les mesures conservatoires qui ne sont permises qu'une fois le procès ait commencé. Les mesures préventives

l'Ordinaire et non le juge peut prendre une ou plusieurs de ces mesures ou d'autres différentes mieux adaptées au cas[507]. Notons que le contenu concret de ces mesures disciplinaires et le type de mesures doivent correspondre au type de délit faisant l'objet de l'enquête et à la nature du scandale que l'on cherche à prévenir. Par exemple, interdire de confesser des mineurs, ne serait pas la mesure la plus appropriée dans une enquête d'ordre économique[508]. Ces mesures sont de simples dispositions administratives qui n'ont pas un caractère pénal, mais plutôt prudentiel et qui visent à écarter le suspect du ministère sacré, d'un office ou d'une charge ecclésiastique et lui imposer une interdiction[509]. Ces mesures prudentielles, souvent restrictives et prohibitives, sont surtout d'ordre pastoral pour assurer le bien commun des fidèles et promouvoir la justice[510].

En effet, le *CIC*/83, c. 1722 autorise explicitement l'adoption de « mesures de précaution » à tout moment du procès. Toutefois, au cours de l'enquête préalable, avec un juste motif, l'Ordinaire peut adopter par décret des mesures disciplinaires adéquates, proportionnées et raisonnablement limitées dans le temps, même dans les cas qui ne sont pas réservés au DDF[511]. De plus, ces

---

peuvent être inclues dans le décret de citation ou dans un autre décret séparé, et peuvent aussi être communiquées oralement à l'auteur de l'infraction mais consignées ensuite dans le procès-verbal. Voir ibid., 204.

507 Voir RENKEN, *The penal Law of the Roman Catholic Church. Commentary on Canons 1311-1399 and 1717-1731 and Other Sources of Penal Law*), 423.

508 Voir DICASTERE POUR LES TEXTES LEGISLATIFS, *Sanctions pénales dans l'Église*, 190.

509 Voir *CIC*/83, c. 1722. Ce canon reprend en substance les cc. 1956-1958 du *CIC*/17. Il correspond au c. 1473 CCEO. Ce canon concerne aussi bien le clerc que le laïc. En effet, la prohibition d'exercer le ministère sacré vaut seulement pour le clerc tandis que le retrait d'un office ou d'une charge ecclésiastique touche aussi bien le clerc que le laïc puisque le laïc peut aussi être titulaire d'un office selon le c. 145, sauf les offices qui ont trait à la charge d'âmes. Voir *CIC*/83, c. 274.

510 Voir NKOUAYA MBANDJI, « L'enquête préliminaire dans la procédure pénale canonique », 207.

511 Voir DICASTERE POUR LES TEXTES LEGISLATIFS, *Sanctions pénales dans l'Église*, 190. Si les circonstances l'exigent, rien n'empêche donc l'Ordinaire de prendre discrètement certaines mesures adéquates, proportionnées mais qui ne sont pas nécessairement les ordres ou les interdictions du c. 1722. Notons aussi que l'art. 19 du Motu proprio *SST* permet aux Ordinaires d'appliquer des mesures prudentielles, autrement dit les mesures conservatoires du c. 1722 dès le début ou durant l'enquête préliminaire pour ce qui constitue des délits graves réservés au DDF. art. 19 du *SST* : « Restant sauf le droit de l'Ordinaire ou du Hiérarque, dès le début de l'enquête préliminaire, d'imposer ce qui est prévu par le can. 1722 du Code de droit canonique et par le can. 1473 du Code des Canons des Églises orientales, le Président en exercice du Tribunal, sur instance du Promoteur de Justice, possède le même pouvoir aux mêmes conditions déterminés par lesdits canons ». CONGREGATION POUR LA DOCTRINE DE LA FOI [DDF], *Normae de delictis Congregationi pro Doctrina Fidei*

mesures peuvent être reprises aussi bien au procès judiciaire qu'au procès administratif du fait que le c. 1722 ait été placé après le c. 1720 relatif au procès administratif et le c. 1721 concernant le procès judiciaire[512]. Dans la pratique, ces mesures prudentielles sont souvent mises en œuvre avant ou pendant l'enquête préalable[513]. Un autre terme qui est employé pour dire la même chose c'est « suspension temporaire » ou « congé administratif ». Ce retrait provisoire du ministère est aussi qualifié de « suspension temporaire des facultés du ministère »[514]. Le *Vademecum* exige que ces mesures prudentielles en forme de précepte, et cela est nouveau, soient expliquées au suspect « pour qu'il ne pense pas avoir été jugé et condamné avant l'heure »[515]. En effet, ces mesures ne constituent pas une sanction pénale, les sanctions ne seront prononcées qu'à l'issue du procès, soit par le décret administratif, soit par la sentence[516]. En fait, il convient de signaler que « les mesures conservatoires doivent être révoquées si la cause qui les a provoquées disparaît, et qu'elles cessent avec la conclusion de l'enquête. En outre, elles peuvent être modifiées [par un nouveau précepte] – par aggravation ou par allègement – si les circonstances le demandent »[517], par un nouveau décret de l'Ordinaire[518]. Même si les mesures conservatoires sont purement préventives, elles pourraient avoir des effets graves sur la réputation de la personne, par conséquent, elles ne devraient être appliquées qu'en cas de nécessité[519]. En tout état de cause, cet acte administratif admet un recours dans les délais fixés par la loi, soit un recours administratif, soit contentieux, auprès de l'Ordinaire[520]. Toutefois, à la différence du recours contre une peine déclarée

reservatis seu Normae de delictis contra fidem necnon de gravioribus delictis, 21mai 2010, dans *AAS* 102 (2010), 419-430; dans *DC* 107 (2010), 760-764.

512 Voir J.P. BEAL, « Administrative Leave »: Canon 1722 Revisted », dans *Studia canonica*, 27 (1993), 310.

513 Voir NKOUAYA MBANDJI, « L'enquête préliminaire dans la procédure pénale canonique », 208.

514 Voir J.P. BEAL, « Administrative Leave »: Canon 1722 Revisted », dans *Studia canonica*, 27 (1993), 295.

515 Voir *Vademecum* 2022, III. 61.

516 Voir DICASTERE POUR LES TEXTES LEGISLATIFS, *Sanctions pénales dans l'Église*, 192.

517 Voir *Vademecum* 2022, III. 61.

518 Voir DICASTERE POUR LES TEXTES LEGISLATIFS, *Sanctions pénales dans l'Église*, 192.

519 Voir J. MARTIN, « Commentary on Canons 1717-1731 », dans G. SHEEHY, et al. (ed), *The Canon Law : Letter and Spirit, A pratical Guide to the Code of Canon Law*, prepared by CLSGBI in association with the CCLS, Collegeville, The Liturgical Press, 1995, 957.

520 Voir T. J. GREEN, « The Penal Process. cc. 1717-1731 », dans *CLSA Comm2*, 1812 (= GREEN, « The Penal Process »). Pour Thomas Green, contrairement au *CIC/1917*, c. 1958, le présent code permet un recours administratif contre un tel décret selon les règles habituelles. Avec l'aide d'un avocat, l'accusé peut être en mesure de contester

ou infligée administrativement, qui a un effet suspensif (*CIC/*83, c. 1353), le recours contre de telles restrictions n'a pas d'effet suspensif, l'accusé doit observer les restrictions spécifiées dans les mesures conservatoires pendant le recours[521]. En effet, l'effet suspensif entraînerait la paralysie du décret jusqu'à ce que l'instance supérieure ait tranché la question[522]. Enfin, en adoptant ces mesures conservatoires ou disciplinaires, on doit tenir compte du nouveau c. 1321, §1[523] qui demande que la présomption d'innocence soit protégée à tout moment, ce qui nécessite également une utilisation proportionnelle de ces mesures[524].

avec succès les raisons invoquées pour justifier de telles mesures. Il est illégitime de les imposer indéfiniment à un accusé sans aucun rapport réel avec un procès. Voir *CIC/*83, cc. 1732-1739 (le recours contre les décrets administratifs) et cc. 996-1004 *CCEO.* Un recours administratif est un recours gracieux ou *supplicatio* qui est adressé à l'auteur même du décret avant d'être adressé au supérieur hiérarchique de l'auteur du décret, ce qui relève d'un recours hiérarchique, alors que le recours contentieux est adressé à la deuxième section du tribunal de la signature apostolique après avoir épuisé les recours administratifs. Toutefois, il n'est pas envisagé par le *Vademecum* en cas de procès pénal par la voie administrative ou extra-judiciaire.

521 Voir ibid., 1813. Les raisons pour lesquelles le suspect peut et doit être restreint dans l'exercice d'un ministère ou d'une charge ecclésiastique, souvent inspirées du c. 1722, sont pertinentes, à savoir prévenir des scandales, protéger la liberté des témoins et garantir le cours de la justice. Ces mesures restrictives ne doivent pas être prises à la légère et le droit de l'accusé à ne pas être indûment accablé doit être soigneusement respecté. Voir ibid., 132.

522 Voir J. ARIAS, Livre VI. Les sanctions dans l'Église, dans *CDCA,* 1204; voir *CCEO*, c. 1319 et c. 1487, §2.

523 Voir le Nouveau Livre VI, c. 1321, §1 « Quiconque est retenu innocent jusqu'à ce que le contraire ne soit prouvé ».

524 Voir DICASTERE POUR LES TEXTES LEGISLATIFS, *Sanctions pénales dans l'Église*, 190. Pour Thomas Green, les restrictions radicales du *CIC/*83, c.1722 peuvent être injustifiées, étant donné que les préoccupations qui les sous-tendent peuvent être traitées par d'autres mesures moins onéreuses. Par exemple, l'Ordinaire peut émettre un précepte pénal interdisant tout contact de l'accusé avec les témoins ou utiliser les remèdes pénaux que sont l'avertissement et la réprimande. D'après T. Green, ces mesures moins accablantes peuvent protéger suffisamment les droits de la communauté et ceux de l'accusé. Voir GREEN, « The Penal Process », 1813.

3.4 La prévision et l'application des sanctions pénales canoniques[525]

Le délit constitue la cause de la peine, établissant ainsi une relation de cause à effet entre les deux. En droit canonique, aucune sanction pénale ne peut être appliquée sans qu'il y ait préalablement un délit ou une violation externe d'une loi divine ou canonique (c. 1321, §1 et c. 1399)[526]. En d'autres termes, « la peine ne se conçoit ni ne se justifie sans délit »[527]. Cependant, la première chose à souligner est que le droit canonique envisage la sanction pénale comme une solution de dernier recours[528], tant au moment de l'établissement de la sanction, que lors de son application ou de sa rémission. Les sanctions pénales dans l'Église se déclinent selon trois figures, à savoir les peines, les remèdes pénaux et les pénitences. Il convient de noter de cette distinction que les deux dernières catégories de sanctions ne relèvent pas strictement du statut de peine[529]. Les remèdes pénaux ont un objectif préventif face aux délits, tandis que les pénitences canoniques ont pour but, soit de remplacer une sanction, soit d'en aggraver la rigueur[530]. La lecture du droit pénal canonique permet de distinguer une typologie des peines en raison de la finalité (les peines médicinales ou censures et les peines expiatoires) ; en raison de la modalité d'application (les peines *ferendae sententiae* et les peines *latae sententiae*) et en raison de la durée (les peines temporaires et les peines perpétuelles)[531].

---

525 Il convient de rappeler que les dispositions du Code de droit canonique s'appliquent exclusivement à l'Église catholique latine, conformément au *CIC*/83, c.1. En outre, les lois ecclésiastiques n'engagent que les fidèles catholiques, tel que stipulé au *CIC*/83, c. 11. Par conséquent, les sanctions pénales prévues par le Code ne concernent que les catholiques de rite latin. Enfin, l'intervention de l'autorité ecclésiastique dans le cadre des sanctions disciplinaires ou pénales, en vertu du c. 1399, est strictement régie par les dispositions du Code.

526 Voir BORRAS, *Les Sanctions dans l'Église*, 24 : « La notion canonique de délit, présupposée par notre Code à travers les dispositions des canons 1321 et 1399, comprend donc l'élément légal, non pas de manière absolue ou nécessaire, mais de façon *habituelle* ».

527 BORRAS, « Le nouveau droit pénal spécial (Canons 1364-1398), 28.

528 Voir Le Nouveau Livre VI, c. 1341. Il s'agit d'un principe fondamental du droit canonique, à savoir la peine comme ultime moyen pastoral.

529 S. BUKWANGA MULAKU, *La signification du pouvoir coercitif dans l'Église*, 57.

530 Voir *CIC*/83, c. 1312, §3 : « En outre, sont employés des remèdes pénaux et des pénitences, dont il s'agit aux cann. 1339 et 1349, les premiers surtout pour prévenir les délits, les secondes plutôt pour remplacer une peine ou l'augmenter ».

531 En ce qui concerne les mesures pénales, il convient de noter que la condition préalable est qu'il doit d'abord exister une loi pénale précisant les sortes de délits particuliers auxquels correspondent des sanctions pénales qui peuvent être médicinales ou expiatoires, *latae sententiae* ou *ferendae*, discrétionnaires ou obligatoires. Ensuite, il doit y avoir une autorité jouissant de la compétence nécessaire pour établir, imposer et remettre les peines, et pour en déterminer les procédures à

3.4.1 Le caractère *extrema ratio* de la sanction canonique

En droit procédural pénal canonique, l'imposition d'une sanction pénale est considérée comme le dernier recours, réservée aux situations où tous les autres moyens légaux dictés par la sollicitude pastorale n'ont pas réussi à atteindre les objectifs de correction et de réparation[532]. En d'autres termes, lorsque tous les autres moyens pastoraux ont été épuisés[533]. Dans le contexte de l'Église catholique, les moyens pastoraux font référence aux efforts visant à résoudre les problèmes ou à corriger les comportements répréhensibles d'une manière pastorale. Ces moyens peuvent inclure l'exhortation, la prédication, la correction fraternelle, la monition et la réprimande[534]. Ces moyens s'expliquent par la qualification du droit pénal canonique comme droit pastoral par nature[535] et par sa finalité qui est le salut des âmes[536]. S'il est vrai que l'application d'une peine canonique soit en principe considérée comme le dernier recours (*extrema ratio*), le c. 1341 modifié en fait une directive expresse incombant à l'Ordinaire investi du pouvoir judiciaire. Ce n'est plus simplement une recommandation, mais une obligation en cas d'échec des autres moyens pastoraux[537]. On constate un changement

---

suivre. Voir DE PAOLIS, « Les sanctions pénales, les mesures et les pénitences dans le droit canonique », 178-179.

532 Voir RICHER, « La rareté de la jurisprudence pénale de l'Église, causes et conséquences », 171-172.

533 Voir E. B. RUTAGAYINGABO, *La peine comme « extrema ration » dans l'économie du système pénal ecclésial. Théorie et application du canon 1341*, Toulouse, Éditions Ad Limina (coll. Thèse), 2021, 367.

534 Voir *CIC*/83, c. 1341.

535 Voir J-L. HIEBEL, « Pastorale et droit canonique pénal », dans *Revue de droit canonique*, 56 (2006), 174. Il s'agit toujours de faire revenir le *christfidelis* délinquant dans la pleine communion de l'Église. D'après Giuseppe Di Mattia, le c. 1311 crée le climat de la pastoralité en ouvrant le champ de la sollicitude pastorale, et le c.1341 pose les critères de la fonctionnalité pastorale d'un Ordinaire judiciaire aux pouvoirs considérables en lien direct avec le c. 1752 qui exprime la finalité pastorale de la sanction pénale. Voir G. D. MATTIA, « Pena e azione pastorale nel diritto penale della Chiesa », dans *Monitor ecclesiasticus*, 114 (1989), 35-67.

536 Voir *CIC*/83, c.1752.

537 Voir A. BORRAS, « Un nouveau droit pénal canonique ? », 644 ; A. BORRAS, « La constitution *Pascite Gregem Dei* et le nouveau Livre VI », dans H.QUEINNEC (dir.), *Mélanges en l'honneur du professeur Pierre Branchereau, Liber*, Officialité interdiocésaine de Rennes, éd. Frémur, 2022, 87-105 ; voir A. BORRAS, « Le nouveau droit pénal général (c. 1311-1363). *Nihil novi sub sole* ? », dans *Studia canonica,* 56 (2022), 245-277 ; voir B. GONÇALVES, « Le nouveau Livre VI du Code de droit canonique latin : une réforme dans la continuité du système pénal canonique », dans *L'Année canonique* 61 (2022), 9-25 ; voir D. G. ASTIGUETA, « Una prima lettura del nuovo Libro VI de la Codice come strumento della carita pastorale », dans *Periodica*,

important dans la discipline pénale de l'Église. En effet, le nouveau texte du c. 1341 du Livre VI de 2021 fait obligation à l'Ordinaire judiciaire d'engager des procédures de sanction : « L'Ordinaire doit entamer la procédure judiciaire ou administrative en vue d'infliger ou de déclarer les peines dès qu'il aura constaté que ni les moyens de la sollicitude pastorale, surtout la correction fraternelle, ni la monition ni la réprimande ne peuvent suffisamment rétablir la justice, amender le coupable, réparer le scandale »[538]. Toutefois, il y a toujours des situations dans lesquelles la peine est suspendue pour des raisons pastorales afin d'assurer le *salus animarum*[539].

3.4.2 La finalité des peines canoniques

La raison d'être des sanctions canoniques est étroitement liée au fondement du droit pénal canonique. Le nouveau c. 1311, §2 tel qu'introduit par le législateur de 2021 doit être interprété dans ce contexte[540]. Dans ce canon, les trois objectifs poursuivis par la discipline pénale ecclésiastique sont clairement définis. Certes toujours comme *extrema ratio* dans l'objectif de protéger les fidèles et de promouvoir le bien de la communauté ecclésiale[541]. En d'autres termes, l'exercice du ministère pastoral exige, si nécessaire, l'application des sanctions dans le but de rétablir la justice, de corriger les comportements scandaleux ainsi que de réparer les conséquences du scandale causé[542]. Le système pénal canonique est avant tout pastoral. En effet, la finalité des peines canoniques est essentiellement médicinale et expiatoire, avec une dimension personnelle, sociale et ecclésiale. La peine doit donc être

---

110 (2021), 351-384.

538 Voir DICASTERE POUR LES TEXTES LEGISLATIFS, *Sanctions Pénales dans l'Église*, 80.

539 Voir *Ibid.*, 92.

540 Le Nouveau Livre VI, 2021, c. 1311, §2 : « Celui qui préside dans l'Église doit protéger et promouvoir le bien de la communauté elle- même et de chacun des fidèles, avec charité pastorale, par le témoignage de sa vie, par les conseils, exhortations et, si nécessaire, par l'infliction ou la déclaration des peines, suivant les préceptes de la loi, qui doivent toujours être appliqués avec l'équité canonique, et en tenant compte de la restauration de la justice, la correction du coupable et la réparation du scandale ». Ce canon est étroitement lié au c. 1341, premier canon du titre relatif à l'application des sanctions (Titre V de la 1ere partie), mais aussi avec le dernier canon du Livre VI, à savoir le c. 1399.

541 Voir BORRAS, « Un nouveau droit pénal canonique », 644-645.

542 Voir DICASTERE POUR LES TEXTES LEGISLATIFS, *Sanctions pénales dans l'Église*, 4. En fait, « le droit pénal [de l'Église] se limite à établir un nombre très limité de délits, cherchant à punir uniquement les comportements extérieurs que l'autorité ecclésiastique a identifiés comme particulièrement préjudiciables à la communauté de foi, aux sacrements et au gouvernement, et à protéger les droits des personnes et de l'ordre de la justice ». Ibid., 25.

un instrument pastoral ordonné et orienté vers sa finalité ultime qui n'est rien d'autre que le salut des âmes[543]. C'est dans cette perspective que le législateur exhorte les autorités ecclésiales, qu'il s'agisse des Ordinaires ou des juges, à envisager le droit pénal comme un outil de gouvernance pastorale. Il leur recommande d'y recourir chaque fois que cela s'avère nécessaire pour atteindre les trois objectifs fondamentaux du droit pénal[544].

Par ailleurs, la réparation des dommages doit être envisagée dès le début du procès pénal, « avec l'accord des parties », par l'Ordinaire lui-même « ou l'enquêteur », ceci pour « éviter des procès inutiles » (c. 1718, § 4). Toutefois, le promoteur de justice pourra « faire appel chaque fois qu'il estime qu'il n'a pas été suffisamment pourvu [...] au rétablissement de la justice » (c. 1727, § 2). Cela exige qu'il soit vraiment actif dans le procès et qu'il soit suffisamment indépendant par rapport à l'Ordinaire. Le Code prévoit aussi une action en réparation des dommages (cc. 1729-1731). En effet, la « partie lésée peut exercer une action contentieuse au pénal pour obtenir la réparation des dommages » (c. 1729, § 1), question qui est traitée comme une intervention de tiers dans le procès (c. 1596). Cette intervention doit absolument avoir lieu « au premier degré du jugement pénal » sinon elle « n'est plus admise » (c. 1729, § 2) et la sentence n'aura « aucun effet juridique à l'égard de la partie lésée » (c. 1731). Il convient de signaler ici une avancée au c. 1361, § 4 de la nouvelle législation de 2021 : « La peine ne peut être remise tant que, suivant le jugement prudent de l'Ordinaire, le coupable n'aura pas réparé le dommage éventuellement causé »[545]. De fait, la réparation peut être exigée par une des peines prévues au c. 1336, § 2 à 4.

---

543 Voir BOKWANGA MOLAKU, *La signification du pouvoir coercitif dans l'Église*, 115.

544 Voir P. TOXE, « Principes généraux et modifications substantielles du droit pénal général », dans B. GONÇALVES, *Après le rapport de la CIASE...la réforme du droit pénal canonique*, Paris, Les Éditions du Cerf, 2024, 141 (= TOXE, « Principes généraux et modifications substantielles du droit pénal général »).

545 Voir Le Nouveau Livre VI, c. 1361: « §1 La remise de peine peut être faite même à un absent ou sous condition. §2 La remise de peine au for externe sera faite par écrit, à moins qu'une raison grave n'engage à faire autrement. §3 La demande de remise de peine ou la remise elle-même ne seront pas divulguées, à moins que cela ne soit utile pour protéger la réputation du coupable ou nécessaire pour réparer un scandale. §4 La peine ne peut être remise tant que, suivant le jugement prudent de l'Ordinaire, le coupable n'aura pas réparé le dommage éventuellement causé. Telle réparation ou restitution peut être exigée de lui, par le moyen d'une des peines prévues au can. 1336, §§ 2-4, et cela vaut aussi lorsque lui est remise la censure dont il est question au can. 1358, § 1 ».

3.4.3 Les peines médicinales ou les censures (cc. 1331-1333)[546]

Le c. 1312, §1, 1° désigne les peines médicinales par le terme synonyme de censure en précisant les canons qui en parlent, notamment les cc. 1331-1333. La censure est une peine ordonnée à l'amendement du délinquant[547], et « a pour objectif la conversion du délinquant »[548]. La censure a pour effet de priver le fidèle de certains biens temporels ou spirituels, principalement les sacrements. Elle a donc une finalité corrective qui ne dépend pas de la censure (qui n'est qu'un moyen), mais de la volonté libre du sujet délinquant[549]. Dès que la contumace cesse, la remise de la peine doit aussi être accordée (c. 1358, §1). Par ailleurs, « la cessation de la contumace consiste à se repentir de son délit, à réparer de façon appropriée les dommages et le scandale ou à promettre sérieusement de le faire (c. 1348, § 1) »[550]. En effet, la contumace est une forme de résistance obstinée à l'autorité ecclésiastique, se manifestant par un refus délibéré de se conformer à un ordre sous peine de censure[551]. En d'autres termes, « la contumace désigne l'attitude de celui qui, malgré les monitions, continue de commettre le délit ou refuse de faire pénitence pour le délit commis et de réparer les dommages et le scandale qui en ont résulté »[552]. Il convient de noter qu'une censure ne peut être infligée validement à moins qu'auparavant le coupable n'ait été averti au moins une fois d'avoir à mettre fin à sa contumace, et qu'un temps convenable ne lui ait été donné pour venir à résipiscence[553]. Le Code prescrit expressément l'invalidité de la censure *ferendae sententia* s'il n'y a pas eu au moins une monition[554]. Les peines médicinales ou censures sont de trois sortes : l'excommunication, la suspense

---

[546] Notons que « le nom de "peines médicinales" met immédiatement en évidence leur finalité : celle de guérir, et donc d'amener le délinquant à la conversion ». DICASTERE POUR LES TEXTES LEGISLATIFS, *Sanctions pénales dans l'Église*, 54. Pour l'histoire du concept de « censures », on se référera volontiers à l'aperçu qu'en fait A. BRIDE, art. *Censures* (peines), dans *DDC* 3, col. 169-173.

[547] Voir DE PAOLIS, « Les sanctions pénales, les mesures pénales et les pénitences dans le droit canonique », 188.

[548] DICASTERE POUR LES TEXTES LEGISLATIFS, *Sanctions pénales dans l'Église*, 54.

[549] Voir *CIC*/17, c. 2241, §1 : « La censure est une peine par laquelle un baptisé, délinquant et contumace, est privé de certains biens, spirituels ou attachés à des biens spirituels, jusqu'à ce que la contumace ayant cessé, il reçoive l'absolution » ; voir aussi Nouveau Livre VI, c. 1347 : « Une censure ne peut être infligée validement à moins qu'auparavant l'accusé n'ait été averti au moins une fois d'avoir à mettre fin à sa contumace, et qu'un temps convenable ne lui ait été donné pour venir à résipiscence ».

[550] BOKWANGA MOLAKU, *la signification du pouvoir coercitif dans l'Église*, 58-59.

[551] Voir E. JOMBART, « Des délits et des peines », dans R. NAZ, *Traité de droit canonique* 4, 629.

[552] BORRAS, *Les sanctions dans l'Église*, 64.

[553] Voir *CIC*/17, cc. 2233, § 2 et 2242, § 2.

[554] Voir *CIC*/17, c. 2242, § 2.

et l'interdit[555]. En effet, ces trois peines peuvent être infligées au moyen d'une sentence judiciaire ou d'un décret pénal[556].

---

[555] Le *CIC*/17 définit l'*excommunication* comme « l'exclusion de la communion des fidèles » (c. 2257). Il ne s'agit pas d'une exclusion définitive de l'Église, à laquelle le baptême fait lier de façon indélébile (*CIC*/83, cc. 204 et 205), mais d'une privation de la « communion proprement ecclésiale *in sacris* ». G. MICHELS, *De delictis et poenis*, vol. 3, Paris, 1961, 220. Cette privation touche les biens spirituels qui constituent l'objet spécifique du gouvernement de l'Église, et consiste essentiellement en une interdiction d'exercice d'un ensemble de droits subjectifs et de leurs devoirs corrélatifs, sans affecter la capacité de jouissance de ces derniers. Voir BORRAS, *Les sanctions dans l'Église*, 77. *L'interdit* est « une censure par laquelle certaines actions sacrées sont interdites à des fidèles, qui restent cependant dans la communion de l'Église » (*CIC*/17, c. 2268). L'interdit faisait l'objet de développements détaillés et importants dans le Code de 1917, alors que le Code de 1983 semble l'assimiler à l'excommunication aux effets atténués (une excommunication mineure). La *suspension* est une peine qui ne concernait que les clercs, « c'est une peine divisible quant à ses effets, qui peuvent consister en la défense d'accomplir des actes du pouvoir d'ordre, ou de juridiction, ou d'exercer des pouvoirs inhérents à un office. Les c. 1333, §3 et 4 et 1334 énumèrent certaines garanties pour le clerc suspens ». ÉCHAPPE, « Le droit pénal de l'Église », 386-387. Notons que la suspension touche maintenant les laïcs. Voir V. NKOUAYA MBANDJI, « The Revised Version of Book VI of the *CIC*/83 : Major Changes and Issues Not Addressed, dans *Studies in Church Law*, 16 (2021), 41 (= NKOUAYA MBANDJI, « The Revised Version of Book VI of the *CIC*/83). En ce qui concerne la suspension, « auparavant, il s'agissait d'un type de sanction à appliquer uniquement aux clercs, puisqu'ils étaient les seuls à assumer des offices ou des ministères ecclésiastiques. La nouvelle discipline pénale est toutefois conforme à la législation actuelle, qui ne réserve pas ces fonctions aux seuls clercs : bon nombre de fonctions ecclésiastiques de toute nature et de ministères liturgiques peuvent désormais être confiés à des personnes consacrées non-clercs, et à des fidèles laïcs. Par conséquent, ces derniers peuvent être aussi éventuellement sanctionnés par la peine de suspension de telles fonctions ». DICASTERE POUR LES TEXTES LEGISLATIFS, *Sanctions pénales dans l'Église*, 60.

[556] Voir DICASTERE POUR LES TEXTES LEGISLATIFS, *Sanctions pénales dans l'Église*, 30.

3.4.4 Les peines expiatoires (c. 1336) [557]

Les peines expiatoires visent à rétablir la justice, à réparer le scandale et à restaurer l'ordre social perturbé[558]. Le *CIC*/17 les appelait *peines vindicatoires,* une expression qui pourrait donner l'impression d'une vengeance contre le coupable, mais le Code de 1983 a préféré parler de peines expiatoires. « L'expiation serait dès lors synonyme de réparation. C'est ce qui nous autorise à parler de finalité réparatoire de ces peines, en ce sens qu'elles tendent principalement ou, pour mieux dire, directement, c'est-à-dire en premier lieu, à la réparation du délit et de ses dommages »[559]. En effet, les peines expiatoires sont ordonnées au bien de la société mettant l'accent sur les aspects dissuasifs de la peine, alors que les censures sont plutôt ordonnées au bien et l'amendement du délinquant[560].

Les peines expiatoires peuvent être imposées pour un temps indéterminé ou pour un temps déterminé (c. 1336, §1). « Contrairement aux censures, leur rémission ne dépend pas de la cessation de la contumace, mais de l'expiation effective de ces peines ou de la rémission légitime faite par l'autorité compétente »[561]. En fait, les censures et les peines expiatoires se recoupent, parce qu'elles interviennent d'abord comme une réaction de l'Église contre le délit, et puis comme des moyens qui visent la conversion qui, dans l'Église, est le but de toute peine[562]. Le c. 1336, §2-5 nous donne une liste indicative de ces peines, notamment l'ordre de demeurer dans un lieu ou de payer une amende ; prohibitions possibles d'accomplir des actes d'une certaine nature ; privations de certains droits dont jouit le sujet, enfin comme sanction maximale pour les clercs et pour les délits graves, la peine du renvoi de l'état clérical[563]. Il revient à l'autorité compétente, soit par la voie judiciaire ou par la voie extrajudiciaire, c'est-à-dire par les juges ou l'Ordinaire, de choisir le type de peine le plus approprié à infliger tout en tenant compte des circonstances établies par le droit canonique[564].

---

[557] Dans *CIC*/17, c. 2286, ces peines appelées vindicatoires indiquaient que leur finalité était l'expiation du délit et le sacrifice personnel vécu en vue de la correction et de la réparation : « Les peines vindicatives sont celles qui tendent à l'expiation du délit, de sorte que leur remise ne dépende pas de la cessation de la contumace du délinquant » ; Voir DICASTERE POUR LES TEXTES LEGISLATIFS, *Sanctions pénales dans l'Église*, 63.

[558] Voir DE PAOLIS, « Les sanctions pénales, les mesures pénales et les pénitences dans le droit canonique », 188.

[559] BORRAS, *Les sanctions dans l'Église*, 88.

[560] Voir ÉCHAPPE, « Le droit pénal de l'Église », 387.

[561] BOKWANGA MOLAKU, *la signification du pouvoir coercitif dans l'Église*, 61.

[562] Voir *Ibid.*

[563] Voir DICASTERE POUR LES TEXTES LEGISLATIFS, *Sanctions pénales dans l'Église*, 64-66.

[564] Voir *Ibid.*, 66.

3.4.5 Les diverses modalités d'imposition des sanctions pénales

Il y a deux voies différentes d'imposition des sanctions pénales, notamment la voie judiciaire et la voie administrative (c. 1342, §1). De manière générale, le droit canonique privilégie la voie judiciaire devant les tribunaux ecclésiastiques comme étant la forme la plus appropriée pour l'imposition des peines canoniques. En particulier, lorsque l'imposition d'une peine perpétuelle s'avère nécessaire — sauf dans les cas exceptionnels prévus par le droit, tels que les délits réservés au Dicastère pour la Doctrine de la Foi — il est impératif de recourir à la voie judiciaire plutôt qu'à la voie extrajudiciaire (c. 1342, §2). Par ailleurs, « les causes traitées par la voie administrative (c. 1342, §1 ; c. 1720) ne sauraient par définition donner lieu à une jurisprudence publiée par le Tribunal de la Rote puisqu'en l'occurrence c'est le tribunal suprême de la Signature Apostolique (deuxième Section) qui traite les éventuels recours contentieux concernant les décrets extrajudiciaires »[565]. En tant que Secrétaire du Tribunal suprême de la Signature apostolique, Frans Daneels a dressé un bilan significatif sur ce sujet :

> À part certaines indications indirectes dans les causes contentieuses administratives portées à l'attention de la Signature, j'ai bien peu d'informations sur la pratique des dicastères de la Curie romaine qui traitent les recours hiérarchiques concernant les peines imposées ou déclarées par procès administratif. L'information sur l'activité administrative pénale dans l'Église est donc assez rare, en partie attribuable au fait que cette activité requiert une grande confidentialité. Mais il est certain qu'on ferait preuve de naïveté si on pensait qu'une telle activité n'existe pas. En conséquence, nous manquons d'indications sur la pratique et la jurisprudence contentieuse administrative que la Curie romaine pourrait fournir à ceux qui se spécialisent dans l'étude du droit pénal canonique. Cela les aiderait à approfondir leur compréhension et améliorer leur interprétation du droit pénal de l'Église, en examinant non seulement des problèmes théoriques, mais aussi des questions pratiques montrant son efficacité[566].

---

565 RICHER, « La rareté de la jurisprudence pénale de l'Église, causes et conséquences », 173.

566 F. DANEELS, « L'imposition administrative des peines et la révision judiciaire de leur légitimité », dans P. M. DUGAN (dir.), *La procédure pénale et la protection des droits dans la législation canonique.* Actes d'un colloque tenu à l'Université

Selon le c. 1319 [567], le titulaire du pouvoir de gouvernement peut être l'auteur d'un précepte pénal au for externe sous certaines conditions.

Ce précepte est considéré comme un acte administratif singulier, et en cas de contestation, le recours contentieux est dirigé vers le Tribunal de la Signature apostolique[568]. Ce dernier se prononce sur la légalité, ainsi que sur la procédure, du précepte en question[569]. Ces divers éléments ajoutent une complexité qui, dans une certaine mesure, rend l'obtention d'une jurisprudence pénale, qu'elle soit judiciaire ou administrative, moins accessible en soi[570].

---

pontificale de la Sainte Croix, Rome, 25-26 mars 2004, traduit par Jean Pelletier, Montréal, Wilson et Lafleur (coll, Gratianus-Série Actes), 2008, 307.

[567] Voir *CIC/*83, c. 1319 : « §1 Dans la mesure où quelqu'un peut, en vertu de son pouvoir de gouvernement, imposer des préceptes au for externe, suivant les dispositions des cann. 48-58, il peut aussi, dans la même mesure, menacer par précepte de peines déterminées, à l'exception des peines expiatoires perpétuelles »; §2 : « Si, après avoir mûrement pesé l'affaire, un précepte pénal est porté, il faut observer les dispositions des cann. 1317 et 1318 ». En effet, « Ce canon se rapporte au précepte en tant que source de droit objectif, c'est pourquoi il ne peut provenir que d'un supérieur jouissant du pouvoir de gouvernement au for externe. L'on peut de même affirmer qu'il envisage de façon toute spéciale le précepte particulier, étant donné que le précepte général s'identifie avec la loi ». *CDCA*, 1175. De fait. « Ceux qui ont le pouvoir exécutif sur une communauté de fidèles, à savoir l'évêque et ceux qui ont le statut d'Ordinaire selon le canon 134, peuvent aussi imposer directement à une personne ou même à plusieurs personnes bien déterminées une chose (une conduite) à faire ou à omettre, en imposer une peine en cas de désobéissance. Contrairement aux lois générales qui obligent tout le monde, ces préceptes pénaux ne concernent que les personnes auxquelles ils s'adressent (can. 49), même s'ils ont la même force contraignante qu'une loi (can. 52) ». DICASTERE POUR LES TEXTES LEGISLATIFS, *Sanctions Pénales dans l'Église*, 35.

[568] Voir *CIC*/83, c. 1400 : « §1 Sont objets de jugement : 1° les droits des personnes physiques ou juridiques dans leur poursuite ou leur revendication, ou les faits juridiques dans leur déclaration ; 2° les délits lorsqu'il s'agit d'infliger ou de déclarer une peine. §2 Cependant, les litiges nés d'un acte du pouvoir administratif ne peuvent être déférés qu'au supérieur ou au tribunal administratif ; Voir *CIC/*83, c. 1445 : « §2 Ce Tribunal [Le Tribunal suprême de la Signature Apostolique] connaît des différends nés d'un acte du pouvoir administratif ecclésiastique qui lui ont été légitimement déférés, des autres litiges administratifs qui lui sont déférés par le Pontifc Romain ou par les dicastères de la Curie Romaine, et du conflit de compétence entre ces dicastères ».

[569] Voir FRANÇOIS, *Praedicate Evagelium*, art. 197, § 1 : « La Signature Apostolique, tribunal administratif pour la Curie romaine, juge des recours contre les actes administratifs singuliers, qu'ils émanent des dicastères ou de la Secrétairerie d'État ou bien qu'ils soient par eux approuvés, chaque fois que la question est de savoir si l'acte a enfreint une loi, dans la délibération ou dans la procédure ».

[570] Voir RICHER, « La rareté de la jurisprudence pénale de l'Église, causes et

Le droit pénal canonique se distingue par une modalité particulière d'imposition des peines, à savoir la modalité d'application *ferendae sententiae* et la modalité dite *latae sententiae*. Le Code manifeste une préférence évidente pour la modalité d'application *ferendae sententiae*[571]. Le c. 1314 nous explique ces deux modalités en s'appuyant sur l'ancien c. 2217 du *CIC*/17 qui dispose que la peine est : « *Latae sententiae* si elle est déterminée par la loi ou le précepte de façon à être encourue par le fait qu'on commet un délit ; *ferendae sententiae* si elle doit être infligée par le juge ou le supérieur », au moyen respectivement d'une sentence judiciaire ou d'un décret administratif. Une autre distinction entre les deux types de peines réside dans le moment où elles commencent à engager le délinquant. Les peines *latae sententiae* prennent effet dès que l'individu prend conscience de l'acte commis et de ses conséquences pénales et morales. En revanche, les peines *ferendae sententiae* n'acquièrent force obligatoire qu'à partir de leur imposition formelle par un décret administratif ou une décision judiciaire[572]. De nombreuses voix se sont élevées pour proposer l'abolition des peines *latae sententiae*, en s'appuyant sur l'exemple de la tradition orientale, qui n'a jamais adopté cette modalité d'imposition des peines et a choisi de ne pas l'introduire dans le *Code des canons des Églises orientales*. Cependant, cette forme de sanction demeure inscrite dans la législation actuelle, réaffirmée lors de la révision du Livre VI en 2021.

Il convient de rappeler que le maintien des peines *latae sententiae* avait déjà suscité des débats controversés lors de la réforme du *CIC*/17[573].

---

conséquences », 174-175.

[571] Voir Nouveau Livre VI, c.1314 : « Ordinairement la peine est *ferendae sententiae*, de telle sorte qu'elle n'atteint pas le coupable tant qu'elle n'a pas été infligée ; mais elle est *latae sententiae*, si la loi ou le précepte l'établit expressément, de telle sorte qu'elle est encourue *ipso facto* par le fait même de la commission du délit ». La préférence pour les peines *ferendae sententiae* est encore plus évidente dans l'injonction du c. 1318, qui recommande aux législateurs de limiter l'établissement des peines *latae sententiae* aux seules circonstances spécifiées par les dispositions canoniques : « Les peines *latae sententiae* ne seront pas établies, sauf éventuellement pour certains délits d'une malice exceptionnelle qui pourraient causer un grave scandale, ou ne pourraient pas être punis efficacement par des peines *ferendae sententiae* ; les censures et surtout l'excommunication, ne seront établies qu'avec la plus grande modération et seulement pour les délits d'une spéciale gravité ». Voir Le Nouveau Livre VI, c. 1318.

[572] Voir DICASTERE POUR LES TEXTES LEGISLATIFS, *Sanctions pénales dans l'Église*, 30.

[573] Voir DE PAOLIS, « Les sanctions pénales, les mesures et les pénitences dans le droit canonique ». 190, Voir aussi BORRAS, *Les Sanctions dans l'Église*, 52-53.

3.5 La procédure pénale : la voie judiciaire et la voie extrajudiciaire ou administrative

Le Code offre deux voies possibles pour l'application des peines canoniques, à savoir la voie judiciaire et la voie extrajudiciaire ou administrative[574]. En premier lieu, quand on prend en considération le c. 1342, §1[575] comme point de départ, nous constatons que le législateur nous offre un critère pour choisir entre la voie judiciaire et la voie extrajudiciaire. En effet, la loi stipule que le critère pour choisir entre une voie ou l'autre, c'est la présence de « justes causes qui s'opposeraient à un procès judiciaire »[576]. De manière générale, « le droit préfère la voie judiciaire, devant les tribunaux ecclésiastiques, comme la forme la plus appropriée pour l'imposition des peines canoniques »[577]. De fait, il y a des scandales qui peuvent se produire dans lesquelles la voie judiciaire s'avère inefficace ou inefficiente à mettre en œuvre au risque de causer plus de dommages à la communauté. On pourrait penser au cas où l'accusé ne conteste pas les accusations portées contre lui ou

---

[574] Voir *CIC*/83, c. 1341. Pour une étude plus approfondie sur l'instruction d'une cause pénale et sur le rôle du juge et de l'Ordinaire dans les deux types de procès, voir V. NKOUAYA MBANDJI, « L'Instruction d'une cause pénale », dans *Studia canonica*, 53 (2019), 561-601.

[575] Voir *CIC*/83, c. 1342, §1 : « Chaque fois que de justes causes s'opposeraient à un procès judiciaire, la peine peut être infligée ou déclarée par décret extrajudiciaire, selon le can. 1720, surtout pour ce qui concerne le droit de la défense et la certitude morale de celui qui émet le décret selon le can. 1608. Les remèdes pénaux et les pénitences peuvent être appliqués par décret dans tous les cas ».

[576] Le Dicastère pour les textes législatifs a apporté plus de précision et d'explication sur l'expression « justes causes »: « Le Code ne dit pas quels peuvent être les justes motifs pour procéder par voie extrajudiciaire, puisque cette appréciation relève de la responsabilité de l'autorité ecclésiastique. La raison ne doit être ni la plus grande rapidité ni la plus grande simplicité de la procédure extrajudiciaire, puisque les deux voies requièrent une observation similaire des règles établies, une évaluation égale des témoins et des preuves, etc. Cependant, des motifs raisonnables peuvent conseiller de suivre la voie extrajudiciaire, tels que le manque de personnel formé pour mener à bien une procédure judiciaire, l'éloignement du tribunal le plus proche s'il n'y en a pas dans le diocèse, l'urgence particulière de résoudre l'affaire s'il s'agit d'un délit manifeste, etc. La voie judiciaire implique cependant, par rapport à la voie extrajudiciaire, une plus grande publicité de l'action et une plus grande diffusion des nouvelles et des débats, dont les conséquences ne devront pas être négligées. La procédure extrajudiciaire, en revanche, bien qu'elle exige la communication aux parties de tous les éléments du procès (documentation, témoignages, preuves, etc.) nécessaires pour garantir les droits de la défense, permet à l'Autorité d'exercer un plus grand contrôle sur la diffusion des informations relatives au procès ». DICASTERE POUR LES TEXTES LEGISLATIFS, *Sanctions pénales dans l'Église*, 82-83.

[577] DICASTERE POUR LES TEXTES LEGISLATIFS, *Sanctions pénales dans l'Église*, 82.

quand il y a existence de preuves évidentes du délit[578]. Parmi des motifs raisonnables d'opter pour la voie extrajudiciaire dont le Dicastère pour les textes législatifs fait mention, on note l'urgence particulière de résoudre l'affaire quand il s'agit d'un délit manifeste, notamment en cas de scandale. Notons que « la voie judiciaire implique cependant, par rapport à la voie extrajudiciaire, une plus grande publicité de l'action et une plus grande diffusion des nouvelles et des débats, dont les conséquences ne doivent pas être négligées »[579].

En deuxième lieu, l'Ordinaire doit engager une procédure judiciaire ou extrajudiciaire, s'il n'existe pas d'autre moyen de réparer un scandale provoqué par une violation de la loi divine ou du droit canonique[580]. Pour Thomas Green le c. 1341 est très significatif en raison de son rôle fondamental pour guider les Ordinaires au moment opportun d'engager une procédure pénale[581]. Selon De Paolis, la voie pénale, bien que légitime, n'est pas toujours la seule ni la meilleure solution[582]. Les modifications apportées au droit pénal en 2021 incluent certaines dispositions qui se présentent pour réparer le

---

[578] D'après BORRAS, les Consulteurs estimèrent que la revendication de l'exclusivité de la procédure judiciaire n'est pas réaliste, la procédure administrative - par décret extrajudiciaire – étant plus souple et plus rapide. On parvient finalement à la formulation actuelle du c. 1342, §2 n'exigeant que des « causes justes » pour faire exception à la règle. Par ailleurs, si la voie judiciaire semblait plus apte à rendre adéquatement la justice compte tenu de la grande complexité dans la procédure, c'était plutôt la procédure administrative qui gagnait la faveur de beaucoup, du fait qu'elle pourrait assurer aussi une protection de l'administration de la justice étant donné que le c. 1342, §3 recommande le supérieur qui imposerait ou déclarerait la peine par décret administratif à observer ce que la loi ou le précepte établit pour la procédure judiciaire. Voir BORRAS, *Les sanctions dans l'Église*, 108.

[579] DICASTERE POUR LES TEXTES LEGISLATIFS, *Sanctions pénales dans l'Église*, 82-83.

[580] Voir *CIC*/83, c. 1341 : « L'Ordinaire doit entamer la procédure judiciaire ou administrative en vue d'infliger ou de déclarer les peines dès qu'il aura constaté que ni les moyens de la sollicitude pastorale, surtout la correction fraternelle, ni la monition ni la réprimande ne peuvent suffisamment rétablir la justice, amender le coupable, réparer le scandale »; voir *CIC*/1917, c. 2214.

[581] Voir T.J. GREEN, « Commentary on canon 1341", dans *CLSA Comm2*, 1558.

[582] Voir DE PAOLIS, « Commentary on Canon 1341 », dans *Exegetical Comm*, Vol. IV/1, 366 (= DE PAOLIS, « Commentary on Canon 1341 ») : « L'Église ne peut rester passive ou indifférente aux délits commis en son sein. Ce serait trahir sa mission même et, pour les pasteurs, ce serait ignorer leurs responsabilités. Certes, le c. 1341 ne peut signifier l'indifférence à l'égard d'un délit ou la passivité dans la tâche de rétablir la justice ou d'aider les fidèles à reprendre le chemin de la conversion et du salut. Le problème est de savoir quelle voie emprunter pour éliminer les conséquences des actes délictueux. La voie pénale en est une, mais elle n'est pas la seule, ni même toujours la bonne. C'est pourquoi la perspective du c. 1341 est précisément de nous donner le choix de la voie ». [Nous traduisons].

scandale. Par exemple le c. 1344[583] donne au juge la possibilité, selon sa conscience et sa prudence, de différer, de s'abstenir ou de suspendre l'obligation d'infliger la peine lorsqu'il existe un besoin urgent de réparer un scandale. De plus, le scandale pourrait être une publicité sur la gravité de crimes commis par le délinquant[584].

En troisième lieu, on doit tenir compte de la norme qui régit l'application des peines perpétuelles infligées aux individus selon le c. 1342, §2[585]. En effet, la loi fixe une limite à l'application de la procédure administrative, à savoir que les peines perpétuelles ne peuvent pas, en principe, être prononcées ou déclarées par décret. Seules les peines expiatoires peuvent être des peines perpétuelles. Parmi les peines expiatoires, le renvoi de l'état clérical est considéré comme une peine perpétuelle[586]. En prévoyant les Facultés spéciales que nous examinerons dans ce chapitre comme faisant partie de la procédure administrative, le législateur suprême fait exception à la norme du Code en infligeant le renvoi de l'état clérical par la procédure extrajudiciaire[587].

---

583 Voir *CIC*/83, c. 1344 : « Même si la loi utilise des termes impératifs, le juge peut, selon sa conscience et sa prudence : 1° différer l'infliction de la peine à un moment plus opportun, s'il prévoit que de plus grands maux peuvent résulter d'une punition trop précipitée du coupable, à moins que la nécessité de réparer le scandale ne soit urgente ; 2° s'abstenir d'infliger la peine ou bien infliger une peine plus douce, ou appliquer une pénitence, si le coupable s'est amendé et a aussi réparé le scandale et le dommage éventuellement causé, ou bien s'il a été suffisamment puni par l'autorité civile, ou si l'on prévoit qu'il le sera ; 3° suspendre l'obligation d'accomplir la peine expiatoire si le coupable a commis un premier délit après avoir mené une vie honorable et s'il n'y a pas nécessité urgente de réparer le scandale ; toutefois, si le coupable commet un nouveau délit dans les délais fixés par le juge lui- même, il subira la peine due pour l'un et l'autre délit, à moins que, entre-temps, ne soit intervenue la prescription de l'action pénale pour le premier délit ». Ce canon a été modifié par le Constitution apostolique *Pascite gregem Dei* du 23/05/2021, entrée en vigueur le 08/12/2021; voir *CIC*/17, c. 2223; voir *CCEO*/1990, c. 1409.

584 Voir B. DALY, « Scandal in Canon Law», dans *The Canonist* Vol. 14 No 2, 2023, 131.

585 Voir *CIC*/83, c. 1342, §1 : « […] Les peines perpétuelles ne peuvent pas être infligées ou déclarées par décret, ni les peines que la loi ou le précepte qui les a établies interdit d'appliquer par décret ».

586 Voir D. ASTIGUETA, « Le Facolta Speciali », 136.

587 Voir *Ibid.* La Congrégation pour le Clergé introduit la législation par une réflexion sur le ministère sacerdotal. De la lecture de ce texte il y a deux objectifs. En premier lieu, le vif désir de la Congrégation de contribuer à maintenir l'honneur du service sacerdotal, affirmant que les prêtres sont appelés à prolonger la présence du Christ. En deuxième lieu, offrir aux pasteurs de nouveaux moyens procéduraux pour répondre à certains problèmes de grande envergure concernant certaines situations survenues dans l'exercice de leur mission où les moyens offerts par le *CIC*/83 ne se sont pas avérés efficaces. En d'autres termes, il peut y avoir des cas de manquements graves à la discipline où les moyens pastoraux et juridiques s'avèrent insuffisants et inadaptés

Pourquoi cette exception à l'encontre de la norme envisagée par le *CIC*/83 ? Sans donner une réponse très explicite, le Dicastère pour les textes législatifs affirme que « malgré la préférence générale pour la voie judiciaire, la nouvelle discipline tient compte du fait que, dans de nombreuses occasions, il sera nécessaire de suivre une procédure extrajudiciaire pour imposer une peine »[588]. Cependant, l'autorité compétente doit observer deux exigences essentielles, à savoir le respect du droit de défense et la certitude morale selon le c. 1608[589].

Face aux scandales, l'Église ne peut pas rester indifférente et l'autorité compétente se doit d'intervenir dans les situations de sérieuse gravité objective pour rétablir la justice, obtenir l'amendement de la personne coupable et pour réparer le scandale ou le prévenir[590]. L'autorité compétente pourrait donc agir de trois façons[591] :

1/Soit par un procès pénal judiciaire régulier, au cas où la norme canonique l'exige à cause de la gravité de la peine, ou quand l'autorité compétente considère que c'est adéquat de procéder ainsi[592].

---

pour atteindre les objectifs de la punition. Enfin, le texte présente les principes théologiques et juridiques qui doivent guider la relation entre pasteurs et prêtres. En dernière analyse, le document fait appel au principe de *salus animarum* pour justifier ces mesures exceptionnelles, c'est-à-dire le niveau d'une justice supérieure qui requiert l'intervention d'une autorité au-delà des normes universelles. Voir ibid., 136-138.

[588] DICASTERE POUR LES TEXTES LEGISLATIFS, *Sanctions pénales dans l'Église*, 83.

[589] Voir *Ibid.*; voir aussi *CIC*/83, c. 1341, §1. *CIC*/83, c. 1608 stipule que : « §1 Pour rendre une sentence, il est requis chez le juge la certitude morale au sujet de l'affaire à trancher par la sentence. §2 Le juge doit tirer cette certitude des actes et des preuves. §3 Cependant, le juge doit apprécier les preuves selon sa conscience, restant sauves les dispositions de la loi relatives à la valeur de certaines preuves. §4 Le juge qui n'a pu acquérir cette certitude prononcera que le droit du demandeur n'est pas établi et renverra le défendeur quitte, à moins qu'il ne s'agisse d'une cause jouissant de la faveur du droit, auquel cas il faut décider en faveur de cette cause ».

[590] Voir *CIC*/83, c. 1341.

[591] Voir *CIC*/83, c. 1718 : « §1Quand les éléments réunis par l'enquête paraîtront suffisants, l'Ordinaire décidera : 1° si un procès peut être engagé pour infliger ou déclarer une peine ; 2° si, compte tenu du can. 1341, il est expédient d'engager ce procès ; 3° s'il faut avoir recours à un procès judiciaire ou si, à moins que la loi s'y oppose, il faut procéder par décret extrajudiciaire ».

[592] Voir DICASTERE POUR LES TEXTES LEGISLATIFS, *Sanctions pénales dans l'Église*, 172 ; voir *CIC*/83, c. 1721. Si l'Ordinaire considère qu'il est opportun de poursuivre l'accusé de manière judiciaire plutôt qu'extrajudiciaire, et qu'il a donc l'intention d'engager un procès pénal, les règles à suivre seront les règles ordinaires énoncées dans les cans. 1717-1731.

2/Soit par un procès pénal extrajudiciaire avec un décret, conformément à la procédure établie dans la loi canonique, mais « qui est actuellement moins réglementée dans le Code de Droit Canonique »[593].

3/ Soit par d'autres procédures disciplinaires canoniques non pénales qu'on peut identifier dans le Code de droit canonique[594]

3.5.1 La voie judiciaire

Dans cette section, nous présenterons pour l'essentiel la voie pénale judiciaire qui est, faudrait-il le souligner, « la procédure ordinaire ou habituelle » recommandée par le Code de droit canonique[595]. Cependant, on constate dans la pratique une inclination vers la voie pénale extrajudiciaire ou administrative que nous examinerons de manière plus détaillée dans les lignes qui suivent.

3.5.1.1 *Normes procédurales*

Si l'Ordinaire a décidé de procéder par la voie judiciaire, au moyen d'un procès devant les tribunaux ecclésiastiques, les cc. 1717-1731 sur le procès pénal s'appliquent[596]. De fait, « dans ce cas l'Ordinaire met fin à son action et laisse les étapes suivantes entre les mains du promoteur de justice et du

---

[593] *Ibid.;* voir *CIC*/83, c. 1720.

[594] Voir *CIC/83*, c. 1341 : « L'Ordinaire doit entamer la procédure judiciaire ou administrative en vue d'infliger ou de déclarer les peines dès qu'il aura constaté que ni les moyens de la sollicitude pastorale, surtout la correction fraternelle, ni la monition ni la réprimande ne peuvent suffisamment rétablir la justice, amender le coupable, réparer le scandale » ; voir aussi *CIC*/83, c. 1311, §2 : « Celui qui préside dans l'Église doit protéger et promouvoir le bien de la communauté elle - même et de chacun des fidèles, avec charité pastorale, par le témoignage de sa vie, par les conseils, exhortations et, si nécessaire, par l'infliction ou la déclaration des peines, suivant les préceptes de la loi, qui doivent toujours être appliqués avec l'équité canonique, et en tenant compte de la restauration de la justice, la correction du coupable et la réparation du scandale ».

[595] Voir BORRAS, *Les Sanctions dans l'Église*, 108; voir aussi NKOUAYA MBANDJI, « L'instruction d'une cause pénale », 562-563.

[596] *CIC*/83, cc. 1717-1731 contiennent des critères à observer, également dans la voie extrajudiciaire, ainsi que l'ensemble des normes établies en particulier dans le Livre VII du Code de droit canonique. Voir DICASTERE POUR LES TEXTES LEGISLATIFS, *Sanctions pénales dans l'Église*, 199. En effet, « ces normes de procédure sont reparties en trois chapitres traitant respectivement de *l'enquête préalable* au procès pénal (cc. 1717-1719), du *déroulement du procès* (cc. 1720-1728), tant *administratif* (c. 1720, avec renvoi explicite aux canons. 1342-1350) que *judiciaire* (cc. 1721-1728), et enfin de *l'action en réparation des dommages* (cc. 1729-1731) ». BORRAS, *Les sanctions dans l'Église*, 109.

Tribunal compétent »[597]. En effet, l'Ordinaire doit transmettre les actes de l'enquête au promoteur de justice et au Tribunal compétent. Le promoteur de justice, à son tour, présentera le libelle d'accusation au juge[598]. Le fait que l'Ordinaire transmette ces actes au promoteur de justice ne signifie pas que la qualité du juge lui est niée[599], le droit lui permet d'exercer le pouvoir judiciaire par lui-même ou par un autre. C'est ainsi il est tenu de constituer en principe un tribunal diocésain ou un tribunal local[600].

Comme le juge est celui qui ouvre la voie judiciaire, il doit suivre toutes les formalités et les normes relatives aux jugements en général (cc. 1400-1500) et aux jugements contentieux (cc. 1501-1670) qui s'appliquent aussi dans les procès pénaux (cc. 1728, §1). En outre, il devra, bien entendu, observer les prescriptions des cc. 1341-1353 relatives à l'application des peines.

Le juge veillera à la *contestatio accusationis* et procédera à la citation de l'accusé[601]. À partir de ce moment, l'instance est ouverte[602] et « la prescription de l'action criminelle est suspendue pour trois ans »[603]. Le juge doit aussitôt inviter l'accusé « à se constituer un avocat » ou bien en désigner un « qui restera en fonction tant que l'accusé n'aura pas constitué le sien »[604]. L'avocat est obligatoire dans les causes pénales, l'accusé ne peut agir par lui-même[605]. C'est à l'avocat de l'accusé que revient le droit de s'exprimer en dernier au cours de la phase de discussion[606]. Il est clairement établi que l'accusé est

---

[597] DICASTERE POUR LES TEXTES LEGISLATIFS, *Sanctions pénales dans l'Église*, 200.

[598] Voir *CIC*/83, c. 1721, §2. Il convient de mentionner ici l'article de Valère Nkouaya Mbandji sur l'instruction d'une cause pénale où il s'intéresse particulièrement au rôle du juge et de l'Ordinaire aussi bien dans le procès pénal judiciaire que dans le procès pénal extrajudiciaire. Voir V. NKOUAYA MBANDJI, « L'instruction d'une cause pénal », dans *Studia canonica*, 53 (2029), 561-601.

[599] Le c. 1721, §1 affirme que le procès est engagé sur ordre ou avec l'accord de l'Ordinaire. Mais il appartient au promoteur de justice de rédiger le libelle accusatoire, les « charges » ou le « chefs d'accusations » à l'encontre de l'accusé et de le présenter au juge.

[600] Voir *CIC*/83, cc. 1412-1422.

[601] Il est important de souligner que le juge a la possibilité d'approuver ou de rejeter le libelle accusatoire, en fonction du contenu d'accusation. Aussitôt que le juge (c. 1505, §2) ou le collège des juges (c. 1425) est saisi par le libelle accusatoire, il doit d'emblée vérifier sa compétence suivant la norme du c. 1408 : « Toute personne peut être assignée devant le tribunal de son domicile ou son quasi-domicile », et selon le c. 1412 : « Dans les causes pénales, l'accusé, même absent, peut être assigné devant le tribunal du lieu où le délit a été commis ». Voir NKOUAYA MBANDJI, « L'instruction d'une cause pénale », 567.

[602] Voir *CIC*/83, cc. 1512, 1517.

[603] Voir *CIC*/83, c. 1362, § 3.

[604] Voir *CIC*/83, c. 1723.

[605] Voir *CIC*/83, c.1481, § 2.

[606] Voir *CIC*/83, c. 1725.

retenu innocent jusqu'à ce que le contraire soit prouvé[607]. Il faut encore rappeler deux choses importantes : que l'accusé « n'est pas tenu d'avouer son délit » et qu'on ne peut pas lui déférer le serment[608]. Cependant, l'interrogation de l'accusé constitue un moyen utile de recherche de la vérité. En effet, au cours de l'interrogatoire, le promoteur de justice qui assume le rôle d'auditeur doit exposer les preuves ainsi que les témoignages recueillis à l'encontre de l'accusé. Celui-ci a alors la possibilité de fournir des explications ou de reconnaître les faits[609]. D'après le c. 1561, l'interrogatoire des témoins est fait par le juge, par son délégué ou par un auditeur. Le notaire doit être présent, de même que les parties, le promoteur de justice et les avocats. Selon les dispositions du c. 1562, §1, le juge doit rappeler au témoin l'obligation sérieuse de dire toute la vérité conformément au c. 1532. Il est important de noter que, même si le témoin refuse de prêter serment, cela ne le rend pas coupable et le juge doit néanmoins recueillir son témoignage sans prestation de serment, comme stipulé au c. 1562. Ainsi, le serment n'est pas considéré comme une condition indispensable en droit canonique lors de l'interrogation des témoins, respectant la liberté de conscience de ces derniers[610].

À différence du *CIC*/17, le *CIC*/83 introduit une autre séquence en plaçant la preuve documentaire entre les témoignages des parties et ceux des tiers. Cette disposition prévoit que la preuve par documents précède les témoignages, la preuve d'expert, la preuve par transport sur les lieux et la reconnaissance judiciaire[611]. Le c. 1539 reconnaît les documents, qu'ils soient publics ou privés, comme moyens de preuve dans toutes affaires judiciaires. Dans la mesure du possible, seuls les documents originaux ou dûment authentifiés devraient être admis. Pour être considéré comme une preuve au cours du procès, un document doit être soumis au juge, permettant ainsi à ce dernier de construire un argument légitime justifiant sa conviction concernant l'objet du litige[612]. Il incombe au juge de prendre la décision d'admettre ou de rejeter un document, voire d'ordonner la présentation d'un document commun aux deux parties lors du procès, conformément au c. 1545. Ce choix doit être fait en respectant les dispositions du c. 1546, qui concerne les documents susceptibles de violer un secret qui doit être préservé[613]. Il est pertinent de

---

[607] Voir *CIC*/83, c. 1321, § 1.

[608] Voir *CIC*/83, c. 1728, § 2.

[609] Voir NKOUAYA MBANDJI, « L'instruction d'une cause pénale », 577.

[610] Voir *Ibid.*, 580.

[611] Voir *CDCA*, 1538.

[612] Voir NKOUAYA MBANDJI, « L'instruction d'une cause pénale », 582-583.

[613] Voir *CIC*/83, c. : « §1 Personne n'est tenu de produire des documents, même communs, qui ne peuvent être communiqués sans risque de dommage selon les dispositions du can. 1548, § 2, n. 2 ou sans danger de violer un secret qui doit être gardé. §2 Cependant, si une partie seulement du document en cause peut être reproduite et présentée sous forme de copie sans ces inconvénients, le juge peut

souligner que la preuve documentaire, en comparaison avec le témoignage, offre une fiabilité supérieure, pourvu que le document soit intact, clair, précis, véridique et authentique[614]. Notons qu'à travers le c. 1582, le législateur confère au juge la latitude de déterminer la pertinence d'opter pour un transport sur les lieux ou une reconnaissance judiciaire en tant que moyens de preuves extraordinaires[615]. Cependant, les présomptions représentent des formes de preuves indirectes. Elles sont souvent utilisées pour faciliter la prise de décision lorsque les faits exacts sont difficiles à établir de manière directe. D'après le c. 1584, « la présomption est la conjecture probable d'une chose incertaine »[616], c'est-à-dire l'hypothèse probable d'un fait incertain. Mais, « en situation d'entière certitude, nulle n'est besoin de présomption »[617]. Une fois la phrase d'instruction conclue, c'est-à-dire quand toutes les preuves sont acquises, le juge doit par un décret publier les actes du procès.

La publication des actes consiste à rendre à toutes les parties les actes de l'instruction, leur permettant ainsi d'en prendre connaissance et de préparer des moyens de défense en vue des débats. Cependant, dans les causes liées à l'intérêt public et enfin d'éviter des conséquences graves, le juge peut décider qu'un acte ne doit pas être révélé à quiconque, tout en veillant à garantir les droits de la défense[618]. La phase de la publication offre aux parties la

ordonner qu'elle soit produite ». Voir *CIC*/17, c. 1823; *CCEO*/1990, c. 1227. L'examen judiciaire (*accessus*) implique que je juge, soit personnellement soit par l'intermédiaire d'autres personnes, se rende sur le lieu présumé du délit. Le lieu à visiter doit être compris dans la juridiction du juge, sinon une autorisation de l'Évêque diocésain est requise, conformément au c. 14699, §2. En revanche, la reconnaissance judiciaire (*recognitio*) se produit lorsque le juge examine les objets dans le tribunal en vue de leur éventuelle admission en tant que preuves ou pièces à conviction. Le c. 1583 exige qu'un procès-verbal de la reconnaissance judiciaire soit dressé et signé du juge et du notaire pour qu'il soit considéré comme une preuve au procès. Voir NKOUAYA MBANDJI, « L'instruction d'une cause pénale », 585-586.

[614] Voir *CDCA*, 1373.

[615] Voir C.A. COX, « Judicial Examination and Inspection », commentaire des cc. 1582-1583, dans *CLSA Comm2*, 1696-1697.

[616] *CIC*/83, c. 1584 : « La présomption est la conjecture probable d'une chose incertaine ; la présomption du droit est celle fixée par la loi elle-même, et la présomption de la personne est celle conjecturée par le juge ».

[617] NKOUAYA MBANDJI, « L'instruction d'une cause pénale », 586. On parle de présomption de droit (*iuris*) lorsqu'elle est déterminée par la loi elle-même ou judiciaire (*hominis*) quand elle est conjecturée par le juge. Par nature, ces deux types de présomptions admettent la preuve contraire. Voir *Ibid.*

[618] Voir *CIC*/83, c. 1598, §1 : « §1 Lorsque les preuves ont été constituées, le juge doit, par décret et sous peine de nullité, permettre aux parties et à leurs avocats de prendre connaissance à la chancellerie du tribunal des actes qui ne leur sont pas encore connus ; de plus, si les avocats le demandent, il peut leur en être donné copie ; cependant, dans les causes qui concernent le bien public, pour éviter de très graves dangers, le juge peut décider qu'un acte ne doit être montré à personne, en veillant

possibilité de solliciter du juge l'introduction de nouvelles preuves, si elles estiment qu'il est nécessaire d'en ajouter à celles déjà recueillies. Cette faculté permet la présentation de nouveaux éléments probants et, le cas échéant, conduit à une nouvelle publication des actes[619]. Une fois que toutes les preuves, y compris celles présentées après la publication des actes, ont été intégrées aux actes juridiques, on entre dans une nouvelle étape de la procédure, la conclusion de la cause. Cette étape découle principalement du fait que le juge considère qu'il n'y a plus quelque chose à rechercher pour que la cause soit suffisamment instruite. En d'autres termes, le juge a pu rassembler suffisamment de preuves pour motiver une décision juste. Une fois que la conclusion de la cause est rendue effective par le décret du juge, débute la phase des plaidoiries[620]. Pendant la phase de plaidoiries ou de débats, les parties présentent au juge leurs arguments juridiques et analysent de manière critique les faits et les preuves du procès. Les échanges contradictoires entre les parties permettent au juge d'obtenir une synthèse plus approfondie des faits et une évaluation plus précise des preuves. En matière pénale, que ce soit dans des plaidoiries écrites ou orales, l'accusé, son avocat ou son procureur ont toujours le droit de conclure en dernier[621]. Cette dernière intervention marque le début de la phase finale du procès, celle du jugement.

Selon le c. 1609, §1, le président du tribunal collégial est tenu de déterminer, par décret, le jour et l'heure de la réunion des juges pour délibérer sur la cause. À cette date prévue, chacun des co-juges doit présenter ses conclusions écrites (*votum*) concernant le fond de l'affaire, en exposant les motifs juridiques et factuels soutenant ses conclusions. Ces dernières sont annexées aux documents de l'affaire et conservées de manière confidentielle. Avant de rendre un jugement sur le fond de la cause, les juges doivent respecter deux impératifs essentiels. Tout d'abord, ils doivent parvenir à la certitude morale concernant l'affaire à juger. Deuxièmement, cette certitude morale doit découler des actes et des preuves (*ex actis et probatis*) présentés au cours du procès, et non de la conviction personnelle subjective d'un juge[622].

---

toutefois à ce que les droits de la défense restent toujours saufs. §2 Pour compléter les preuves, les parties peuvent en produire d'autres au juge ; les preuves une fois constituées, il y a lieu à nouveau au décret prévu au § 1, si le juge l'estime nécessaire »; voir *CIC/83*, cc. 1858; 1859; voir aussi *CCEO/1990*, c. 1281.

[619] Voir *CIC/83*, c. 1598, §2.

[620] Voir NKOUAYA MBANDJI, « L'instruction d'une cause pénale », 586.

[621] Voir *CIC/83*, c. 1725 : « Dans la discussion de la cause, qu'elle soit écrite ou orale, l'accusé, son avocat ou son procureur ont toujours le droit de s'exprimer les derniers ».

[622] Voir *CIC/83*, c. 1608: « §1 Pour rendre une sentence, il est requis chez le juge la certitude morale au sujet de l'affaire à trancher par la sentence. §2 Le juge doit tirer cette certitude des actes et des preuves. §3 Cependant, le juge doit apprécier les preuves selon sa conscience, restant sauves les dispositions de la loi relatives à la valeur de certaines preuves. §4 Le juge qui n'a pu acquérir cette certitude prononcera

3.5.1.2 *La sentence*

Le procès pénal judiciaire se conclut avec la prononciation d'une sentence. Cependant, il peut aussi finir d'une autre manière, mais « *ad normam iuris* »[623]. La sentence est également appelée jugement. Il s'agit de l'acte solennel du juge ou du tribunal qui décide sur l'objet du procès. Ce jugement englobe tous les éléments de fait et de droit qui sont contenus dans les requêtes des parties, formellement précisés dans le doute. Cependant, la sentence ne se limite pas à être une simple décision basée sur la raison ; elle comporte aussi une injonction émanant de la volonté propre à la fonction judiciaire[624]. Cette caractéristique confère à la sentence un caractère impératif. La sentence est condamnatoire quand le juge est parvenu à la certitude morale sur la culpabilité de l'accusé. Elle est absolutoire lorsque le juge parvient à la certitude morale que la personne concernée n'est pas coupable, c'est-à-dire l'accusé résulte innocent[625]. Cela peut se produire lorsque les éléments de preuve recueillis ne sont pas assez convaincants pour étayer la culpabilité de l'accusé ou « s'il appert que le délit n'a pas été commis par l'accusé, le juge doit le déclarer par une sentence et relaxer l'accusé »[626]. Une sentence peut être interlocutoire ou définitive. Une sentence interlocutoire est celle qui définit une cause incidente, c'est-à-dire connexe à la cause principale, tandis qu'une sentence définitive définit la cause principale, dont l'objet est autonome. Elle est l'acte judiciaire par lequel se conclut le procès[627]. Le juge doit enfin veiller à l'exécution de la sentence – à défaut, il risque une lourde sanction[628] – tout en sachant que, quelle que soit la voie suivie, « l'appel ou le

---

que le droit du demandeur n'est pas établi et renverra le défendeur quitte, à moins qu'il ne s'agisse d'une cause jouissant de la faveur du droit, auquel cas il faut décider en faveur de cette cause » ; voir *CIC*/17, c. 1291; *CCEO*/1990, c. 1869.

623 Voir *CIC*/83, c. 1517 : « L'instance est ouverte par la citation ; cependant elle prend fin non seulement par le prononcé de la sentence définitive, mais aussi par les autres manières prévues par le droit ».

624 Voir *CDCA*, 1607.

625 Voir NKOUAYA MBANDJI, « L'instruction d'une cause pénale », 592.

626 Voir *CIC*/83, c. 1726.

627 Voir *CIC*/83, c. 1607 : « Une cause traitée par voie judiciaire est tranchée par le juge au moyen d'une sentence définitive si elle est principale, ou d'une sentence interlocutoire si elle est incidente, restant sauves les dispositions du can. 1589, § 1. »; voir aussi *CCEO*/1990, c. 1290; *CIC*/17, c.1868.

628 Voir *CIC*/83, c. 1371 : « §5 Qui n'aura pas observé le devoir de mettre à exécution une sentence exécutoire sera puni d'une juste peine, y compris d'une censure ». En effet, selon le c. 1363 § 1, si « le décret exécutoire du juge dont il s'agit au can. 1651 n'est pas notifié au condamné, l'action exécutoire de la peine est éteinte par prescription ». Notons que ce canon ne mentionne que la sentence et non le décret extrajudiciaire.

recours contre des sentences judiciaires ou des décrets qui infligent ou déclarent une peine ont un effet suspensif »[629].

3.5.1.3 La publication de la sentence

La publication ou intimation de la sentence peut se faire de deux manières : soit par la consignation d'une copie aux parties ou à leurs procureurs soit par la transmission de la copie par poste (avec accusé réception) par un autre mode sûr[630]. Le Code de droit canonique exige la publication de la sentence pour que la décision produise ses effets[631]. La loi étant telle que la sentence n'a aucun effet si elle n'est pas publiée, une attention particulière doit être accordée à cette question. Cette norme vise à prévenir tout retard dans la publication des sentences ecclésiastiques et à éviter que les délais pour les contester ne soient bloqués *sine die*. De fait, les délais pour l'appel ou les recours commencent à courir au moment de la publication de la sentence. En effet, « le droit d'attaquer la sentence provient non du fait que la partie sait qu'elle a été lésée par la sentence, mais du fait qu'elle possède une connaissance intégrale de la sentence [...] des motifs et des arguments qui fera voir à la partie les possibilités qu'elle a d'obtenir la révocation de la sentence attaquée »[632]. Il est nécessaire de rédiger la publication de la sentence avec précision sur le plan juridique, en veillant à ce qu'elle soit clairement compréhensible par les personnes concernées même si elles n'ont pas de connaissances spécialisées en droit canonique[633].

En outre, la sentence (ou le document de publication) doit déterminer comment la sentence elle-même peut être contestée, notamment soit en prétendant qu'elle était nulle (*CIC/*83, cc. 1620, 1622), soit en faisant appel de la décision devant une juridiction supérieure, soit devant le tribunal de deuxième instance, soit devant la Rote romaine (*CIC/83*, c. 1630 donne 15 jours pour faire appel, voir aussi *CIC/83*, c. 1682). Comment se présente la perspective de la voie pénale extrajudiciaire ou administrative ?

---

[629] *CIC/*83, c. 1353 ; voir *CIC/*83, cc. 2243 ; 2287 et *CCEO/*1990, cc. 1319 ; 1487.

[630] Voir *CIC/*83, c. 1616 : « La publication ou la signification de la sentence peut se faire en remettant une copie aux parties ou à leurs procureurs, ou en leur faisant parvenir, selon le can. 1509 ». Ce canon prescrit la façon de procéder à la publication d'une sentence ecclésiastique. En effet, « il est important que le fait de la publication et la façon d'y procéder soient consignés dans les actes du procès ». *CDCA*, 1436.

[631] Voir *CIC/*83, c. 1614.

[632] C. DE DIEGO-LORA, « commentaire du c. 1614 », dans *CDCA*, 1435.

[633] Voir A. BAMBERG, *Jurisprudence canonique*, 9-10.

3.5.2 La voie extrajudiciaire ou administrative

Dans cette section, nous allons d'abord examiner brièvement les principales étapes de la procédure pénale extrajudiciaire. En deuxième lieu, nous allons explorer les Facultés spéciales concédées au Dicastère pour le clergé par le pape Benoît XVI en 2009 comme une praxis ou une application concrète dans l'imposition de sanctions pénales par le biais d'une procédure administrative.

3.5.2.1 Les principales étapes de la procédure pénale extrajudiciaire[634]

La réglementation complète de la procédure pénale administrative est assurée par la norme du c. 1720[635]. L'Ordinaire est l'autorité compétente pour mener à bien cette procédure. Il utilise ainsi son pouvoir exécutif dans le procès pénal administratif[636]. Avant de commencer le procès, l'Ordinaire doit chercher à avoir la certitude que le délit a été commis, grâce à une enquête préalable. Il détient un rôle prééminent dans cette enquête, il exerce l'action

---

[634] Voir DICASTERE POUR LES TEXTES LEGISLATIFS, *Sanctions pénales dans l'Église*, 200-218. Notons : « À la différence du procès pénal judiciaire, le législateur canonique est assez laconique quand il traite du procès extrajudiciaire. La raison pourrait être perçue dans le fait que le législateur pénal de 1983 préfère la voie judiciaire à celle extraordinaire qui ne doit être suivie que lorsque des justes causes s'opposeraient – *iustae causae obstent* – à la tenue d'un procès judiciaire (c. 1342, §1) ». NKOUAYA MBANDJI, « L'Instruction d'une cause pénale », 594. En dépit de la préférence générale de la voie judiciaire, le législateur pénal de 2021 reconnaît qu'il sera souvent nécessaire d'opter pour une procédure extrajudiciaire pour l'imposition de sanctions dans de nombreuses situations. Voir DICASTERE POUR LES TEXTES LEGISLATIFS, *Sanctions pénales dans l'Église*, 33. En effet, ce guide du Dicastère pour les textes législatifs vient étoffer la procédure pénale extrajudiciaire. Voir ibid., 200-218.

[635] Voir *CIC*/83, c. 1720 : « Si l'Ordinaire estime qu'il faut procéder par un décret extrajudiciaire : 1° il notifiera à l'accusé l'accusation et les preuves en lui donnant la possibilité de se défendre, à moins que l'accusé régulièrement cité n'ait négligé de comparaître ; 2° il appréciera soigneusement avec l'aide de deux assesseurs les preuves et tous les arguments ; 3° s'il constate avec certitude la réalité du délit et si l'action criminelle n'est pas éteinte, il portera un décret selon les cann. 1342-1350, en y exposant, au moins brièvement, les attendus en droit et en fait »; voir *CIC*/17, cc. 1933; 2225; 2233; voir *CCEO*/1990, c. 1486.

[636] Voir NKOUAYA MBANDJI, « L'Instruction d'une cause pénale », 594 ; voir *CIC*/83, c. 135 : « Dans le pouvoir de gouvernement, on distingue les pouvoirs législatif, exécutif et judiciaire ». L'application de la peine par la voie extrajudiciaire est une des particularités du système juridique canonique, elle n'existe pas dans le système séculier ou le droit civil. Voir L. DE BERNARDIS, « Via giudiziale e via amminitrativa nell' irrogazione della pena », dans *Monitor Ecclesiasticus,* 14 (1989), 146.

criminelle. De fait, le *CIC/*83 n'envisage pas l'intervention du promoteur de justice dans la voie pénale administrative[637]. Par ailleurs, le c. 1342, §3 interpelle le supérieur qui imposerait ou déclarerait la peine par décret administratif ou extrajudiciaire à observer ce que la loi ou le précepte établit pour la voie judiciaire. De la sorte, l'Ordinaire judiciaire qui ouvre le procès par la voie administrative doit donc offrir toutes les garanties qu'offre le juge dans le procès judiciaire[638]. Lorsque l'Ordinaire opte pour une procédure pénale extrajudiciaire, il procède, succinctement, par les étapes suivantes [639]:

1° Décret d'ouverture de la procédure ;
2° Nomination de l'Instructeur et des Assesseurs ;
3° Convocation de l'accusé pour lui faire connaître l'acte de l'accusation ;
4° Recueil des témoins et des preuves présentées par l'accusé ;
5° Étude et évaluation des procès-verbaux ;
6° Décret final ;
7° Recours éventuel contre le Décret pénal

En dernière analyse, l'Ordinaire doit fonctionner comme un juge[640]. Il émet l'acte d'accusation et notifie au prévenu l'accusation et les preuves en lui donnant la possibilité de se défendre[641] ; il écoute les témoins et reçoit des preuves présentées par l'instructeur ; il doit apprécier soigneusement avec l'aide de deux assesseurs les preuves et tous les arguments ; il étudie et évalue des procès-verbaux ; il doit porter un décret selon les canons sur l'application des peines[642] et expose, au moins brièvement, les raisons en droit et en fait, et ceci selon sa certitude morale à laquelle renvoie le c. 1342, § 1, certitude qu'il doit tirer « des actes et des preuves »[643]. De plus, il doit notifier au condamné ce décret extrajudiciaire assorti du décret exécutoire. En effet, s'il ne le fait pas l'action exécutoire de la sanction pénale risquerait d'être « éteinte par

---

[637] Voir *CIC*/83, cc. 1718 et 1720.

[638] Voir BORRAS, *Les sanctions dans l'Église*, 108.

[639] Voir DICASTERE POUR LES TEXTES LEGISLATIFS, *Sanctions pénales dans l'Église*, 200. Chacune de ces étapes est développée dans ce guide. Voir *Ibid.*, 200-218. Mais nous aborderons aussi ces différentes étapes quand nous parlerons des Facultés spéciales dans les lignes qui suivent.

[640] Voir *CIC*/83, c. 1342 : « § 3 Ce qui est dit du juge dans la loi ou le précepte, ce qui touche l'infliction ou la déclaration d'une peine dans un jugement, doit être appliqué au Supérieur qui infligerait ou déclarerait une peine par décret extrajudiciaire, à moins qu'il n'en aille autrement ou qu'il ne s'agisse de dispositions concernant seulement la procédure ».

[641] Le *CIC*/83, c. 1720 ne dit pas explicitement que l'accusé doit avoir un avocat pour le procès extrajudiciaire comme c'est le cas dans le procès pénal judiciaire, mais implicitement il l'admet du fait que le droit de défense est un droit naturel fondamental (c. 221).

[642] Voir Le Nouveau Livre VI, cc. 1342 à 1350

[643] Voir *CIC*/83, c.1608, § 2.

prescription »[644]. Enfin, recours éventuel contre le décret pénal. Il s'ensuit que l'Ordinaire est la figure juridique centrale dans tout le procès pénal extrajudiciaire[645]. Ce procès peut aussi être mené par le délégué de l'Ordinaire. Mais, la procédure pénale administrative ne prévoit pas cette délégation, elle pourrait néanmoins être légitime si elle est interprétée comme une faculté de délégation du pouvoir exécutif dans des circonstances spécifiques[646]. Notons que bien des procès extra-judiciaires sont d'une lenteur affligeante que les praticiens du droit constatent, même si ledit procès est susceptible d'être plus rapide.

---

644 Voir *CIC*/83, cc. 1363, § 1 et § 2.

645 Voir V. De Paolis, « Il processo penale amministrativo », dans Z. Suchecki (dir.). *Il processo penale canonico*, Rome, LUP, 2003, 216.

646 Voir NKouaya Mbandji, « L'Instruction d'une cause pénale », 597 ; voir aussi *CIC*/83, 137 : « §1 Le pouvoir exécutif ordinaire peut être délégué pour un acte particulier ou pour un ensemble de cas, à moins d'une autre disposition expresse du droit. §2 Le pouvoir exécutif délégué par le Siège Apostolique peut être subdélégué pour un acte particulier ou pour un ensemble de cas, à moins que le délégué n'ait été choisi en raison de ses qualités personnelles ou que la subdélégation n'ait été expressément interdite. §3 Le pouvoir exécutif délégué par une autre autorité ayant pouvoir ordinaire, s'il a été délégué pour un ensemble de cas, ne peut être subdélégué que cas par cas ; s'il a été délégué pour un acte particulier ou pour des actes déterminés, il ne peut être subdélégué sans concession expresse du délégant. §4 Aucun pouvoir subdélégué ne peut de nouveau être subdélégué sans concession expresse du délégant ».

3.5.2.2 *Nature et finalités des Facultés spéciales*[647]

L'actuel Dicastère pour le Clergé avait été approché à plusieurs reprises par des évêques pour compléter les normes canoniques existantes afin de régler les graves problèmes du clergé et il a proposé trois Facultés spéciales au pape Benoît XVI pour examen[648]. Les Facultés spéciales constituent une intervention du législateur suprême en dérogation à certaines lois procédurales de la discipline universelle afin de venir en aide aux évêques qui se trouvent devant certaines situations d'indiscipline insolubles ou urgentes à résoudre[649]. C'est le 30 janvier 2009 que le Pape Benoit XVI a accordé à la Congrégation

---

647 Le 18 avril 2009, le cardinal Claudio Hummes, préfet de la Congrégation pour le Clergé, a publié une lettre circulaire expliquant que le 20 janvier 2009, le pape Benoît XVI avait accordé des Facultés spéciales à la Congrégation pour traiter les graves problèmes du clergé. Voir Circular Letter on Special Faculties and Procedures for Laicizing Some Priests, dans *Studies in Church Law* 5 (2009), 45-56. Ce document est accompagné de commentaires de Msgr. RONNY E. JENKINS, 56-60 et de W. H. WOESTMAN, 60-68. Quelques semaines plus tôt, le 31 mars 2009, le cardinal Ivan Dias, préfet de la Congrégation pour l'Évangélisation des Peuples avait publié une lettre circulaire expliquant que le 19 décembre 2008, le pape Benoît XVI a accordé des Facultés spéciales à sa Congrégation pour faire face aux préoccupations connexes. Voir aussi RENKEN, J., « Special Faculties to the Congregation for the Evangelization of Peoples », dans *Studies in Church Law* 5 (2009), 269-273.

648 Les Facultés Spéciales ont été communiquées à tous les ordinaires du monde par la Lettre Circulaire n° 20090556, datée du 18 avril 2009. La version authentique du document est en langue italienne et se trouve dans *Regno Documenti*, 13 (2009), 392-396. Par la suite, des directives procédurales ont été émises par une autre Lettre Circulaire no 20100823, datée du 17 mars, qui se trouve dans sa version originale italienne dans *Ius Ecclestae*, 23 (2011), 229-235 (= Directives procédurales), Elle est accompagnée d'un commentaire de F. PAPPADIA, « Congregazione per il Clero, Lettera Circolare per l'applicazione delle tre Facolta spciali concesse il 30 gennaio 2009 dal Sommo Pontefice : Ambiito e procedimento di applicazione delle Facolta speciali della Congregazione per il Clero », dans *Ius Ecclesiae*, 23 (2011).

649 Voir K. GILLESPIE, « The Special Faculties Granted to the Congregation for the Clergy: For the Salvation of Souls and the Good Order of the Ecclesiastical Community: Context, Purpose, and Use », dans *Studia canonica* 48 (2014), 314 (= GILLESPIE, « The Special Faculties Granted to the Congregation for the Clergy »).

[Dicastère] pour le Clergé trois Facultés spéciales concernant la perte de l'état clérical[650], par décret extrajudiciaire, à savoir[651] :

1° La première Faculté spéciale « permet de traiter et de présenter au Saint-Père, pour approbation en forme spécifique et décision, les cas de renvoi de l'état clérical *in poenam* [en tant que peine ou comme sanction pénale canonique], avec dispense des obligations sacerdotales, y compris le célibat, de clercs qui auraient attenté au mariage même seulement civilement et qui, après les monitions, ne se repentiraient pas, et continueraient leur vie irrégulière et scandaleuse (cf. c. 1394) ; et de clercs coupables de graves péchés contre le 6e commandement » [652] à l'encontre d'un majeur qui n'est pas vulnérable[653].

2° La deuxième Faculté spéciale permet au Dicastère « d'intervenir au sens du c. 1399 *CIC*, soit en intervenant directement dans les cas soumis au Dicastère, soit en confirmant les décisions des Ordinaires, dès lors que les Ordinaires compétents le demanderaient, en raison de la gravité spéciale de la violation des lois, et du besoin et de l'urgence d'éviter un scandale objectif. Cela est concédé en même temps que la dérogation aux prescriptions des cc. 1317, 1319, 1342, et 1349 *CIC*[654], concernant

---

650 *CIC*/83, c. 290 dispose qu'un clerc perd l'état clérical dans trois cas, à savoir (1) l'invalidité de son ordination sacrée ; (2) la peine de renvoi légitimement infligée ; (3) par le rescrit du Siège apostolique. D'après Alexandre Bordenave, « De la combinaison de cette disposition avec les c. 291 et 292, il est possible de tirer la définition suivante de la perte de l'état clérical comme mesure canonique par laquelle un clerc se voit privé de l'ensemble des droits réservés aux clercs tout en étant libéré de l'ensemble des obligations liant ceux-ci, à l'exception du célibat (sauf à obtenir une dispense spécifique du pontife romain) et pouvant être appliquée soit à titre pénal soit à titre gracieux », A. BORDENAVE, « La perte de l'état clérical. Faut-il assumer un plaider coupable canonique? », dans *L'Année canonique*, 63 (2023), 148.

651 Voir J. MERCIER, « Les "Facultés spéciales" concédées à la Congrégation pour le Clergé » dans H. QUEINNEC, *Mélanges en l'honneur du professeur Pierre Branchereau. Liber Amicorum*, Rennes, Frémur Éditions, 2022, 117-118 (= MERCIER, « Les "Facultés spéciales" concédées à la Congrégation pour le Clergé »); voir aussi A. NERI, « La perdita dello stato clericale *in poenam* : la facultà spciali della Congegazione per el Clero », dans *Jus et Justitia* 16 (2012), 103-105.

652 D'après Mgr Joël Mercier, Archevêque titulaire de Rota, les cas les plus fréquents portent sur le concubinage et différents autres délits contre le 6e commandement, particulièrement les comportements homosexuels, ainsi que d'autres délits accomplis avec violence, ou menaces, ou publiquement. Voir *Ibid.*,117, note 3.

653 Voir *CIC*/83, c. 1395, §1, §2.

654 Il convient de signaler que tous les canons mentionnés dans la Faculté spéciale II ont été modifiés par la Constitution apostolique *Pascite gregem Dei* du 23 mai 2021, entrée en vigueur le 08 décembre 2021. Dans le c. 1317, on note que « le renvoi de l'état clérical ne peut être établi par le législateur inférieur » remplace « le renvoi de l'état clérical ne peut être établi par la loi particulière »; au sujet du c. 1319, §1, on y ajoute que quand on impose des préceptes au for externe on doit suivre les

l'application des peines perpétuelles, à appliquer aux diacres pour des causes [délictuelles] graves et aux prêtres pour des causes [délictuelles] très graves, en soumettant toujours lesdits cas directement au Souverain Pontife pour approbation en forme spécifique et décision »[655].

Dès lors que l'approbation du Souverain Pontife a été obtenue, un Rescrit spécifique est rédigé en réponse à la *Petitio* présentée par l'Ordinaire, destiné à notifier à l'intéressé la décision prise en réponse à la *Petitio* présentée par l'Ordinaire. Cette décision, confirmée *in forma specifica* par le Saint-Père, produit ses effets *ipso iure*, indépendamment de l'adhésion ou du refus de l'intéressé[656]. Par ailleurs, conformément au canon 333, §3 *CIC*/83, « Contre une sentence ou un décret du Pontife romain, il n'y a ni appel ni recours.

3° La troisième Faculté spéciale permet au Dicastère « de traiter les cas des clercs qui ont abandonné le ministère depuis plus de cinq années consécutives et qui, autant qu'une vérification attentive permette de constater, persistent dans cette absence volontaire et illicite du ministère : faculté de prendre acte et de déclarer la perte de l'état clérical avec dispense des obligations sacerdotales, y compris le célibat »[657]. Cette Faculté spéciale concerne la demande de la part de l'Ordinaire d'un rescrit au Dicastère pour le Clergé par lequel est déclarée la perte de l'état clérical du clergé concerné, qui persiste « dans une absence volontaire et illicite du ministère » supérieure

---

dispositions des cc. 48-58 ; pour le c. 1342, on y ajoute « [...] selon le can. 1720, surtout pour ce qui concerne le droit de la défense et la certitude morale de celui qui émet le décret selon le can. 1608 » ; Quant au c. 1349, on y ajoute aussi que le juge choisira les peines qui sont proportionnées au scandale causé et à la gravité du dommage. Voir le Nouveau Livre VI du Code de droit canonique, 2021.

[655] Cette Faculté est directement liée au canon à l'étude, à savoir le c. 1399. En effet, elle permet l'intervention vigoureuse de l'autorité compétente ecclésiastique face aux comportements gravement contraires à la discipline ecclésiastique et à la morale. Il s'agit des peines implicitement autorisées par le Code qui ordinairement ne considéreraient pas le renvoi de l'état clérical. Pour Mgr. J. Mercier, les cas varient beaucoup, on pourrait mentionner entre autres la contumace d'un clerc, la désobéissance à l'autorité légitime, sans oublier de graves violations de la discipline canonique en matière des biens temporels. Voir ibid., 118, note 4.

[656] MERCIER, « Les "Facultés spéciales" concédées à la Congrégation pour le Clergé », 121.

[657] Cette Faculté n'entre pas dans le cadre de notre étude, mais il était nécessaire de la mentionner pour une vue d'ensemble de toutes les Facultés spéciales. Selon J. Mercier, « c'est la Faculté la plus utilisée et elle témoigne de la volonté du Dicastère de venir en aide aux Ordinaires qui ne savent pas comment agir à l'égard des clercs qui abandonnent l'exercice du ministère pour diverses raisons [...]. La 3e Faculté permet à l'Ordinaire compétent, qui est toujours celui de l'incardination, de présenter la demande au nom de l'intéressé, quand est vérifiée cette absence volontaire et illicite pour une période supérieure à cinq années consécutives ». Ibid., 118, note 5.

à cinq années consécutives ; perte avec dispense correspondante des obligations sacerdotales, célibat inclus[658].

Comme leur nom l'indique, les Facultés spéciales sont des dispositions juridiques canoniques exceptionnelles. Elles révèlent un cheminement canonique dans l'arène du droit pénal de l'Église. On pourrait dire que les Facultés spéciales se trouvent entre deux développements significatifs dans la manière dont l'Église vit sa vie communautaire. D'une part, elles démontrent la relation qui existe entre la norme de droit dans le Code de droit canonique de 1983 et les dérogations ainsi que les dispositions spéciales disposées ultérieurement par le Souverain Pontife soit par *motu proprio* soit par Facultés spéciales. D'autre part, elles démontrent l'urgence qui a déterminé une révision de perspective concernant les droits que toute théorie juridique confère aux individus accusés d'actes répréhensibles, et le bien commun

---

[658]. Il s'agit d'une procédure disciplinaire, non pénale. C'est le cas de clercs (diacre ou prêtre) qui ont quitté leur ministère volontairement et qui peuvent se désintéresser d'une telle initiative près du Dicastère. L'Ordinaire peut donc se charger de présenter lui-même cette demande au nom dudit clerc qui s'en désintéresse. Toutefois, on pourrait faire une analogie entre la situation décrite par la Faculté spéciale III et celle du délit du c. 1392 (Deuxième Partie du Livre VI : Les délits singuliers et les peines prévues pour eux) qui est un des délits contre les obligations spéciales. En effet, le législateur de 2021 en fait un délit nouveau : « Le clerc qui abandonne volontairement et illégitimement le ministère sacré pendant six mois consécutifs, avec l'intention de se soustraire à l'autorité compétente de l'Église, sera puni suivant la gravité du délit de la suspense ou aussi des peines établies au can. 1336, §§2-4, et dans les cas les plus graves il peut être renvoyé de l'état clérical ».

En effet, en termes de durée, au lieu de cinq ans consécutifs comme mentionné dans la Faculté spéciale III (janvier 2009), le nouveau c. 1392 (décembre 2021) parle plutôt de six moins consécutifs et y ajoute « avec l'intention de se soustraire à l'autorité compétente de l'Église ». B. Gonçalves fait remarquer que le c. 1392 tire son origine de deux textes : Tout d'abord, comme une mesure disciplinaire dans le cadre de la IIIe Faculté spéciale conférée au préfet de la Congrégation pour le Clergé, lui permettant de prononcer la perte de l'état clérical pour tout clerc ayant abandonné volontairement et illégitimement le ministère sacré. Ensuite, de manière analogue, le motu proprio *Communis vita* du 16 mars 2019 (*Comm* 51 [2019], 15-17) introduit dans le nouveau canon 694, §1, 3° la disposition selon laquelle un membre d'un institut religieux est automatiquement renvoyé s'il s'est absenté illégitimement de sa maison religieuse, conformément au canon 665, §2, pendant une période ininterrompue de 12 mois, et si son lieu de résidence demeure inconnu. De plus, le c.1392 requiert également deux conditions intentionnelles : que l'abandon soit volontaire, démontrant ainsi une action humaine, et qu'il inclue l'intention de se soustraire à une autorité légitime. Dans de tels cas, la sanction est obligatoire, *ferendae sententiae*, expiatoire et proportionnée à la gravité du délit. Elle peut consister en une peine selon le canon 1336, §§ 2-4, potentiellement en la suspension ou même le renvoi de l'état clérical. Voir B. GONÇALVES, « Commentaires du Livre VI », dans *CDCA, 5e éd., 2024,* 1083-1084.

propre à l'Église, dans le contexte des clercs au sein de la communauté ecclésiastique[659]. En effet, toute la teneur du document et la logique fondatrice des Facultés spéciales font preuve de la cohérence que l'Église attend de ses ministres sacrés, c'est-à-dire la concordance de vie et de ministère[660].

Ces trois Facultés spéciales ont un double objectif. En premier lieu, elles visent à garantir le bon ordre de la communauté ecclésiale, et en deuxième lieu, elles recherchent à assurer le bien du clerc délinquant nonobstant la dimension de la sanction pénale qui en fait partie. En d'autres termes, la finalité de cette mise en œuvre de la discipline ecclésiastique est de promouvoir la réalisation de la *Salus animarum* qui est la loi suprême de l'Église, mais aussi de remédier à des besoins pressants des pasteurs dans la tâche de gouverner leurs Églises particulières[661]. Chacune de ces Facultés est censée fournir des moyens supplémentaires qui pourraient déjà être présents dans le Code de droit canonique pour résoudre les violations graves contre la loi ecclésiastique. Les évêques et les supérieurs majeurs peuvent ainsi trouver l'intervention du Dicastère pour le clergé efficace pour traiter de tels cas lorsqu'ils ne peuvent être résolus par d'autres moyens déjà prévus par la loi. En effet, la lettre circulaire du Cardinal Claudio Hummes[662] rappelle aux évêques que lorsque surviennent des situations de scandale, en particulier de la part des ministres de l'Église, l'évêque doit agir avec fermeté et décision, avec justice et sérénité, comprenant que même l'imposition de sanctions est un instrument de communion qui est un moyen de restaurer ce qui fait défaut à l'individu et au bien commun[663]. Dans ces cas lamentables, l'évêque est tenu d'agir avec diligence, selon les normes canoniques établies, pour le bien spirituel des personnes impliquées, pour la réparation du scandale et pour la protection et l'assistance des victimes[664].

Le Dicastère n'est pas libre de les utiliser arbitrairement, mais doit soumettre ses décrets à l'approbation finale du Souverain Pontife. Ainsi, il ne s'agit pas simplement de demander la dispense du célibat sacré, qui est réservé exclusivement au Souverain Pontife, mais d'imprégner toute la décision de la certitude de la confirmation papale *in forma specifica*[665].

---

659 Voir GILLESPIE, « The Special Faculties Granted to the Congregation for the Clergy », 302-303.

660 Voir *Ibid.*, 303.

661 Voir MERCIER, « Les "Facultés spéciales" concédées à la Congrégation pour le Clergé »,117-118.

662 Voir CONGREGATION FOR CLERGY, « Circular Letter on Special Faculties and Procedures for Laicizing Some Priests », dans *Studies in Church Law* 5 (2009), 48-49 (= Circular Letter on Special Faculties).

663 Voir JOHN PAUL II, address to the Roman Rota (February 17, 1979), in *Insegnamenti di Giovanni Paolo II* (1972/2), 412.

664 Voir CONGREGATION FOR BISHOPS, *Directory for the Pastoral Ministry of Bishops* (February 22, 2004), 44.

665 Voir GILLESPIE, « The Special Faculties Granted to the Congregation for the

C'est l'obligation de l'Ordinaire d'assurer la discipline ecclésiastique parmi le troupeau confié à ses soins, pour le bien de l'Église particulière et des âmes des personnes concernées. Il est doté de tous les moyens nécessaires pour être un véritable Pontife parmi les siens, imbu de la juridiction requise par la nature de sa fonction et exerçant le pouvoir ordinaire - législatif, judiciaire et exécutif - conformément à la norme de la loi universelle par laquelle la communion ecclésiastique est facilitée (*CIC*/83, cc. 381, 391, 392, *LG* 25, 27)[666].

3.5.2.3 Les points communs aux trois Facultés spéciales

Il sied de noter que les trois Facultés spéciales sont appliquées par la voie administrative, dont les directives ont été portées à la connaissance des Ordinaires diocésains par la Lettre circulaire du 17 mars 2010, avec une annexe et les indications procédurales communes pour la Faculté spéciale I et la Faculté spéciale II, toutes les deux de caractère pénal. Par ailleurs, la même lettre du 17 mars 2010 souligne que l'application des Facultés spéciales ne dépend pas seulement de l'évaluation de l'Ordinaire diocésain, mais elle est aussi soumise à des conditions précises et au discernement du Dicastère pour le Clergé[667]. De fait, ces Facultés spéciales sont une dérogation au principe établi au c. 1342, §2 afin que l'une des peines les plus graves, à caractère perpétuel, puisse être prononcée par un procès pénal administratif[668].

Une autre caractéristique commune aux trois Facultés spéciales est qu'elles sont présentées au Souverain Pontife pour son approbation finale ou sa confirmation *in forma specifica*. Contre une telle décision souveraine, il n'y a ni appel ni recours. Lorsqu'un clerc est destitué de l'état clérical, cette destitution prend effet immédiatement et le libère de ses obligations antérieures. Dans les deux premières Facultés spéciales, il y a un élément particulier digne de mention, qui illustre leur véritable motivation : à la peine de renvoi de l'état clérical est liée la dispense du célibat sacré, accordée directement par le Souverain Pontife. La raison en est que la portée des peines canoniques puisse être atteinte, à savoir le rétablissement de la justice, la réforme du coupable et la réparation du scandale, de manière que le bon ordre

---

Clergy », 314.

666 Voir V. De Paolis, « La disciplina ecclesiastica al servizio della communion », dans *Monitor ecclesiasticus,* 116 (1991), 15-48.

667 Voir Mercier, « Les "Facultés spéciales" concédées à la Congrégation pour le Clergé », 119.

668 Voir *CIC*/83, c. 1342 : « §2 Les peines perpétuelles ne peuvent pas être infligées ou déclarées par décret, ni les peines que la loi ou le précepte qui les a établies interdit d'appliquer par décret ».

soit rendu à la communauté ecclésiastique et que soient offerts au clerc tous les moyens pratiques de se réconcilier avec cette communauté et avec Dieu[669].

La procédure d'application de chacune des Facultés spéciales est structurée en deux phases : diocésaine et apostolique. Il est essentiel d'accorder la plus grande attention à la protection du droit à la défense du clerc tout au long de la phase diocésaine, notamment pendant l'interrogatoire du clerc concerné. De plus, le clerc a le droit de consulter les actes du dossier et de présenter ses observations. Lors de la phase apostolique, le clerc accusé sera informé que les actes ont été reçus par le Dicastère pour le Clergé. Il conservera la possibilité de présenter des preuves et arguments supplémentaires pour sa défense. Toutefois, il est important de noter que dans la majorité des cas, l'instruction est déjà considérée comme complète à la fin de la phase diocésaine, et il est rare que de nouvelles preuves soient présentées durant la phase apostolique[670].

*3.5.2.4 Faculté spéciale I : CIC/*83, *c. 1394*[671] *et c. 1395*[672] *en rapport avec le scandale*

En examinant le texte de la Faculté spéciale I, il apparaît que la seule véritable nouveauté prévue dans cette Faculté spéciale concerne la dérogation

---

[669] Voir GILLESPIE, « The Special Faculties Granted to the Congregation for the Clergy », 313.

[670] Voir MERCIER, « Les "Facultés spéciales" concédées à la Congrégation pour le Clergé », 119-120.

[671] *CIC*/83, c. 1394: « §1. Un clerc qui attente un mariage même seulement civil encourt la suspense *latae sententiae*, restant sauves les dispositions des cann. 194, §1, n.3, et 694, §1, n.2, si après avoir reçu une monition, il ne se repent pas ou persiste à faire scandale, il doit être puni de privations de plus en plus graves et même du renvoi de l'état clérical. §2. Le religieux de vœux perpétuels qui n'est pas clerc, s'il attente un mariage même civil encourt l'interdit *latae sententiae*, restant sauves les dispositions du can. 694 §1, n.2 ». Signalons que ce canon est celui modifié par la Constitution apostolique *Pascite gregem Dei* du 23/05/2021, entrée en vigueur le 08/12/2021.

[672] *CIC*/83, c. 1395: « §1. Le clerc concubin, en dehors du cas dont il s'agit au can. 1394, et le clerc qui persiste avec scandale dans une autre faute extérieure contre le sixième commandement du Décalogue, seront punis de suspense, et si, après monition, ils persistent dans leur délit, d'autres peines pourront être graduellement ajoutées, y compris le renvoi de l'état clérical. §2. Le clerc qui a commis d'une autre façon un délit contre le sixième commandement du Décalogue, si vraiment le délit a été commis publiquement, sera puni d'une juste peine, y compris, si le cas l'exige, le renvoi de l'état clérical. §3. De la même peine dont il est question au §2, sera puni le clerc qui, avec violence, menaces ou par abus d'autorité commet un délit contre le sixième commandement du Décalogue ou contraint quelqu'un à réaliser ou à subir des actes sexuels ». Notons que ce canon a été aussi modifié par la Constitution apostolique *Pascite gregem Dei* du 23/05/2021, entrée en vigueur le 08/12/2021.

à la disposition du c. 1342, §2 permettant l'imposition d'une peine perpétuelle, à savoir le renvoi de l'état clérical, par une procédure pénale administrative qui aboutit à un décret extrajudiciaire[673]. En effet, le Code de droit canonique permet déjà à un évêque de traiter les deux situations mentionnées ci-dessus. La peine pour violation du c. 1394 ou du c. 1395 est une peine juste, pouvant aller jusqu'au renvoi de l'état clérical si le cas le justifie. Toutefois, en vertu du *CIC/*83, une telle sanction doit avoir lieu dans le cadre d'un procès judiciaire formel. Ainsi, la lettre circulaire permet désormais que le renvoi de l'état clérical, lorsqu'il est justifié, ait lieu par la voie d'une procédure administrative abrégée qui entraîne la dispense[674].

Les délits considérés ici sont assez clairs du point de vue de la loi et de la jurisprudence[675]. La lettre circulaire explique que le Dicastère pour le Clergé a étudié des cas de membres du clergé qui (1) tentent de se marier, même civilement et, après avoir été avertis, ne se sont pas retirés de cet état, mais ont plutôt persévéré dans leur conduite irrégulière et scandaleuse [c. 1394, §1] et (2) vivent en concubinage et commettent d'autres délits graves contre le Sixième Commandement du Décalogue [c. 1395, §§1-2] et qui ne manifestent aucun signe de repentance malgré des avertissements répétés ni aucune intention de demander la dispense des obligations découlant de l'ordination sacrée[676]. La lettre ajoute que fréquemment la peine expiatoire de suspense s'est avérée inefficace ou inadéquate, de sorte que ce n'est que par la perte de l'état clérical que le clerc serait libéré des droits et obligations de l'état clérical (c. 292)[677]. De fait, l'Ordinaire reste compétent pour mettre en œuvre le processus judiciaire pour remédier aux violations graves du célibat clérical[678].

---

[673] Voir M. GOLAB, « Facultades especiales para la dimision del estado clerical », dans *Ius canonicum»*, 50 (2010), 671-674.

[674] Voir R. E. JENKINS, « Commentary on the Circular Letter », dans *Studies in Church Law*, 5 (2009), 57.

[675] Voir GILLESPIE, « The Special Faculties Granted to the Congregation for the Clergy », 315.

[676] Voir Circular Letter on Special Faculties and Procedure for Laicizing Some Priests. Tandis que la loi dispose qu'un clerc qui tente de se marier, même civilement, est automatiquement suspendu avec tous les effets du c. 1333, l'Ordinaire est tenu de procéder à la déclaration de la peine selon la norme du droit. Voir *CIC/*83, c. 1395.

[677] Voir *CIC*/83, c. 292 : « Le clerc, qui perd l'état clérical selon les dispositions du droit, perd en même temps les droits propres à l'état clérical, et il n'est plus astreint à aucune des obligations de l'état clérical, restant sauves les dispositions du can. 291 ; il lui est interdit d'exercer le pouvoir d'ordre, restant sauves les dispositions du can. 976 ; il est de ce fait privé de tous les offices et charges, et de tout pouvoir délégué ».

[678] Cependant le processus judiciaire nécessite une intervention papale ultérieure pour obtenir une dispense de l'obligation de célibat. Voir *CIC/*83, c. 291 : « En dehors des cas du can. 290, no1, la perte de l'état clérical ne comporte pas la dispense de l'obligation du célibat, qui n'est concédée que par le seul Pontife Romain ». Il est important de se référer ici du c. 290 : « L'ordination sacrée, une fois validement reçue, n'est jamais annulée. Un clerc perd cependant l'état clérical : 1° par sentence judicaire

Le Code de droit canonique considère la pénitence comme le premier et le plus efficace moyen de mettre fin à la situation scandaleuse créée par le clerc. En effet, la raison avancée dans les Facultés spéciales du Dicastère pour le Clergé, pour laquelle ces cas sont considérés, est que les peines prévues par le Code ne semblent pas suffisantes pour la repentance[679]. Le repentir du clerc doit non seulement être évalué par l'Ordinaire, mais on doit aussi s'assurer qu'il est vérifiable et conforme aux fins du système pénal de l'Église, à savoir le rétablissement de la justice, la réforme du coupable, la réparation du scandale[680]. À défaut du repentir souhaité du clerc, l'Ordinaire peut procéder à d'autres privations[681]. De telles actions doivent toujours être distinguées des décisions administratives de l'Ordinaire qui peuvent avoir des résultats similaires, mais aussi sont motivées par des motifs entièrement différents et par des décrets purement administratifs[682]. L'Ordinaire doit agir rapidement pour remédier à la situation et doit évaluer quelle est la peine la plus appropriée aux circonstances concrètes, en tenant compte en particulier du scandale provoqué et de la probabilité de la repentance du clerc[683].

Même si cette Faculté spéciale prévoit le renvoi d'un clerc de l'état clérical *in poenam*, c'est pour une raison pastorale. Tout d'abord parce qu'elle supprime le scandale permanent d'un clerc menant objectivement une vie contraire à sa vocation et à sa mission, et devenant une source de scandale pour les fidèles. Ensuite, parce qu'elle permet au clerc de faire la paix avec Dieu et l'Église en étant dispensé de toutes les obligations cléricales, y compris le célibat. S'il n'y a pas d'autres obstacles ou empêchements, il peut régulariser une situation conjugale irrégulière en contractant mariage dans l'Église[684].

---

ou décret administratif qui déclare l'invalidité de l'ordination ; 2° par la peine de renvoi légitimement infligée ; 3° par le rescrit du Siège Apostolique ; mais ce rescrit n'est concédé par le Siège Apostolique aux diacres que pour des raisons graves et aux prêtres pour des raisons très graves ».

679 Voir D. ASTIGUETA, « Le Facolta Speciali », 139.

680 Voir *CIC/*83, cc. 1341, 1347, §2, 1358.

681 Voir *CIC/*83, c. 1395, §1

682 Voir F. PAPPADIA, « Congregazione per il Clero, Lettera Circolare per l'applicazione delle tre "Facolta speciali" concesse il 30 gennaio 2009 dal Sommo Pontefice : Ambito e procedimento di applicazione delle Facolta speciali della Congregazione per il Clero », dans *Ius Ecclesiae*, 23 (2011), 244.

683 Voir D. ASTIGUETA, « Facolta concesse alla Congregazione per il Clero », dans *Periodica*, 99 (2010), 7.

684 Voir W. WOESTMAN, « Commentary on the Circular Letter », dans *Studies in Church Law*, 5 (2009), 63-64.

3.5.2.5 Faculté spéciale II : CIC/83, c. 1399

La Faculté spéciale II mérite une attention toute particulière parce qu'elle concerne le canon à l'étude, à savoir le c. 1399. Comme on le sait, c. 1399 prévoit la situation où l'autorité ecclésiastique compétente peut imposer des peines pour les violations de lois non expressément prévues par le droit universel ou particulier, lorsqu'un fidèle du Christ a violé une loi divine (loi naturelle ou positive) ou ecclésiastique externe, à condition que cette violation extérieure soit cumulativement très grave et source de scandale[685]. Alors que la finalité de cette norme générale est de doter l'autorité ecclésiastique compétente des moyens nécessaires pour intervenir en cas de violations imprévues de la loi qui, compte tenu de la gravité particulière de la violation, exigent une intervention pénale dans le but de prévenir ou de réparer le scandale. Il faut noter que la loi elle-même interdit l'application de la peine de renvoi de l'état clérical n'importe quand sauf là où elle est expressément prévue par la loi universelle[686]. Il s'agit d'une norme supplémentaire comme un outil juridique pour traiter les cas qui n'ont pas été prévus. En effet, il peut être difficile d'imaginer des situations qui nécessitent cette norme et qui implique la perte de l'état clérical qui est une sanction grave et définitive[687].

3.5.2.6 Faculté spéciale III et le nouveau canon 1392

Dans les cas relevant de la troisième Faculté spéciale, l'Ordinaire d'incardination, après avoir conduit les enquêtes nécessaires, doit parvenir à une certitude morale de l'abandon irréversible du clerc, sur la base d'une éventuelle déclaration de l'intéressé, de témoignages, de sa réputation ou encore d'indices concordants. Comme le bien public est en jeu, le Promoteur de justice participe toujours à la phase diocésaine de la procédure ; ses observations sont transmises par l'Ordinaire à la Congrégation, accompagnées du *votum* de ce dernier et de la demande d'application de la troisième Faculté spéciale pour les clercs qui auraient volontairement et illégitimement quitté le ministère pendant 5 ans consécutifs[688].

Le législateur de 2021 a introduit le délit d'abandon du ministère ecclésiastique confié à un clerc, tel que prévu par le canon 1392[689]. Ce délit

---

685 Voir *CIC*/83, c. 1399.

686 Voir GILLESPIE, « The Special Faculties Granted to the Congregation for the Clergy », 320.

687 Voir D. ASTIGUETA, « Le Facolta Speciali », 148.

688 Voir MERCIER, « Les "Facultés spéciales" concédées à la Congrégation pour le Clergé », 121-122.

689 Voir Nouveau Livre VI : « Le clerc qui abandonne volontairement et illégitimement le ministère pendant six mois consécutifs, avec l'intention de se soustraire à l'autorité compétente de l'Église, sera puni suivant la gravité du délit de

concerne exclusivement les clercs qui quittent volontairement et illégitimement leur ministère, c'est-à-dire par une décision personnelle, sans contrainte et ni autorisation de l'autorité légitime, pendant une durée continue de six mois, avec l'intention manifeste d'échapper à l'autorité ecclésiastique compétente. Ainsi, le comportement constitutif de ce délit suppose deux éléments matériels, notamment l'abandon du ministère pendant la durée spécifiée et le caractère illégitime de cet abandon. À ces conditions s'ajoutent deux éléments intentionnels précisés par le canon 1392, à savoir l'abandon doit être volontaire et motivé par la volonté de se soustraire à l'autorité compétente dont relève le clerc[690].

Le délit d'abandon du ministère ou de l'office assigné oblige l'autorité compétente à engager une procédure de sanction. Conformément au canon 1392, la peine encourue est toujours de nature *ferendae sententiae*. Ainsi, en fonction de la gravité du délit, l'autorité pourra imposer soit la censure de la suspension (cf. n° 39), soit une peine expiatoire (cf. n° 42) choisie parmi celles prévues au canon 1336, §§ 2-4. Dans les cas les plus graves, l'application de la peine perpétuelle du renvoi de l'état clérical n'est pas exclue[691].

3.5.2.7 Procédure pénale administrative et dérogations

La lettre circulaire explique que les Ordinaires ont souvent demandé l'intervention directe du Siège Apostolique (ou la confirmation par le Siège Apostolique de leur propre décision) pour faire face à des situations où des problèmes autres que le célibat clérical qui n'ont pas pu être résolus par des tentatives pastorales ou canoniques existantes, où aucune fin à ces situations n'est prévue, et où les fidèles sont scandalisés et le bien commun de l'Église est lésé. Dans certaines de ces situations, les Ordinaires ont demandé l'imposition d'une peine perpétuelle, voire le renvoi de l'état clérical[692]. Cette Faculté spéciale II est une réponse à ces demandes des Ordinaires. La procédure peut être engagée par le Dicastère ou l'Ordinaire compétent. Selon William Woestman, cette procédure pourrait être utilisée pour tous les délits graves mentionnés dans le Code, ainsi que pour d'autres délits très graves non mentionnés explicitement dans le Code, s'il est nécessaire ou urgent d'éviter un scandale objectif[693]. Comme nous l'avons déjà noté, l'Ordinaire doit estimer concrètement quelle procédure pénale lui est ouverte et s'il peut entamer une procédure pénale judiciaire *in loco* ou s'il doit recourir aux

---

la suspense ou aussi des peines établies au can. 1336, §§2-4 et dans les cas les plus graves il peut être renvoyé de l'état clérical ».

690 Voir DICASTERE POUR LES TEXTES LEGISLATIFS, *Sanctions pénales dans l'Église*, 153.

691 Voir *Ibid.*, 154.

692 Voir Circular Letter on Special Faculties.

693 Voir WOESTMAN, « Commentary on the Circular Letter », 65.

dispositions exceptionnelles de la Faculté spéciale II. Il est évident que lorsqu'une procédure judiciaire a été entamée *in loco*, elle doit se poursuivre jusqu'à son terme, avec le droit normal d'appel auprès des différentes instances supérieures.

La procédure à suivre pour l'application de la Faculté spéciale II est la même que celle de la Faculté spéciale I, à savoir la procédure administrative pénale, qui présume qu'une enquête préalable a été menée et que les résultats ont été jugés comme nécessitant une intervention du type prévu dans cette Faculté spéciale (cc. 1717-1718). Selon la même logique, les canons pertinents en matière de collecte des preuves, de droit de la défense et d'appréciation des preuves doivent être suivis, de même que ceux qui examinent l'adéquation de la peine proposée. La Faculté spéciale II déroge à un certain nombre de normes procédurales : c. 1317 (qui dit que « le renvoi de l'état clérical ne peut être établi par le législateur inférieur) ; c. 1319 (qui stipule que celui qui a le pouvoir de gouverner peut émettre des préceptes menaçant de peines déterminées, à l'exception des peines expiatoires perpétuelles et quand on impose des préceptes au for externe on doit suivre les dispositions des cc. 48-58) ; c. 1342, §1 (la peine infligée ou déclarée par décret extrajudiciaire doit suivre la norme du c. 1720) et §2 (qui recommande que les peines perpétuelles ne puissent être imposées ou déclarées par décret) c. 1349 (qui stipule qu'on ne peut pas imposer des peines perpétuelles si une peine est indéterminée et le juge choisira les peines qui sont proportionnées au scandale causé et à la gravité du dommage)[694]. La Faculté spéciale II déroge à toutes ces dispositions du Code de droit canonique. Cela est nécessaire, car la sanction attachée à une violation du c. 1399 ne permet pas le renvoi de l'état clérical. Le Code ne permet pas non plus d'imposer le renvoi de l'état clérical par le biais d'une procédure administrative. En d'autres termes, il y a lieu d'imposer des peines perpétuelles aux clercs qui violent les lois divines ou canoniques lorsque la gravité particulière de la violation exige une punition et qu'il y a un besoin urgent de prévenir ou de réparer le scandale, par une procédure administrative. Un évêque ou un Ordinaire qui demande l'intervention du Dicastère pour le clergé pour des raisons graves pour les diacres et pour les raisons les plus graves pour les prêtres, instruira l'affaire selon une procédure administrative légitime[695]. Il ressort également du texte du canon que le terme "Ordinaire" comprend toutes ses connotations possibles et concerne donc également les religieux une fois qu'ils ont été renvoyés de leur institut conformément à la norme de droit[696].

D'aucuns pourraient faire remarquer que la discipline du c. 1399 ne devrait être utilisée qu'avec parcimonie, et s'inquiéter que son application trop

---

694 Voir RENKEN, « The 2009 Special Faculties conceded by Pope Benedict XVI to Address Serious Clergy Issues », 286.
695 Voir *Ibid.*
696 Voir ASTIGUETA, « Facolta concesse alla Congregazione per il Clero », 22.

fréquente puisse conduire à des abus. La lettre circulaire prévoit clairement que le canon ne sera évoqué qu'à l'occasion d'une violation plus grave, lorsqu'il est nécessaire ou urgent d'éviter un scandale objectif. En outre, le Dicastère lui-même veillera sans doute à l'équilibre de l'application du c. 1399 dans l'Église universelle, dans la mesure où les Ordinaires qui demandent son application doivent s'adresser au Saint-Père par l'intermédiaire du Dicastère pour le Clergé[697].

3.5.2.8 Procédures pour l'application des Facultés spéciales I et II[698]

Comme l'indiquent clairement les Directives procédurales émises par le Dicastère pour le Clergé, il est prévu que la procédure d'application de ces Facultés spéciales découle du c. 1720, à savoir une procédure pénale administrative qui se termine par une sanction par décret extrajudiciaire[699]. Le procès exige de l'Ordinaire qu'il initie localement le procès pénal administratif, tel que prévu dans le Code et résumé dans la Lettre circulaire. Lorsque le procès est complété localement par un décret (cc. 35-38) émis par l'Ordinaire, les actes du procès sont transmis au Dicastère pour le Clergé, qui présentera alors le cas au Saint-Père pour son approbation *in forma specifica* et sa décision[700]. En d'autres termes, l'Ordinaire pourrait lui-même émettre le décret et le présenter au Dicastère pour le Clergé pour examen dans la perspective de la Faculté spéciale I ou Faculté II, reconnaissant ainsi qu'il n'a pas le pouvoir d'imposer le renvoi de l'état clérical par décret extrajudiciaire. Il est ainsi plus probable que la formulation du décret final sera laissée au même dicastère, à présenter au Souverain Pontife pour son approbation finale *in forma specifica*[701].

La procédure à suivre est en substance celle prévue par le c. 1720, qui doit être appliquée à la lumière des autres canons pertinents pour la collecte et l'appréciation des preuves, la certitude morale concernant le délit et son imputabilité à l'accusé, et l'adéquation de la peine de renvoi de l'état clérical pour le délit en question[702]. Par ailleurs, on présuppose que l'enquête préalable

[697] Voir RENKEN, « The 2009 Special Faculties conceded by Pope Benedict XVI to Address Serious Clergy Issues », 286-287.

[698] Voir *Procedural Guidelines*, Annexe 1: The application of Special Faculties I and II. Ce document fait mention de six points. Ces derniers offrent de garanties juridiques fiables de respect des droits des personnes accusées et leur permettent d'assurer convenablement leur défense.

[699] Voir *Ibid.*

[700] Voir RENKEN, « The 2009 Special Faculties conceded by Pope Benedict XVI to Address Serious Clergy Issues », 283.

[701] Voir GILLESPIE, « The Special Faculties Granted to the Congregation for the Clergy », 317.

[702] Voir PAPPADIA, « Congregazione per il Clero, Lettera Circolare per l'applicazione

a été entreprise comme prévu par le c. 1717, à moins que l'Ordinaire ne la juge superflue en raison de la notoriété du crime. L'enquête préalable doit être menée avec la diligence prévue par la loi pour fonder l'intervention plus grave d'une procédure pénale. Il est également à présumer que l'Ordinaire a examiné le résultat de l'enquête préalable à la lumière du c. 1718, et qu'il a ainsi établi de bonnes raisons de procéder par voie de procédure pénale administrative en vue de demander l'application de la Faculté spéciale[703]. En somme, il est nécessaire de prévoir les différentes actions prévues par le *CIC*/83, cc. 1717-1718 pour le décret administratif approprié, dûment motivé en droit et en fait[704]. Sans entrer dans les différents canons qui guident l'Ordinaire ou son délégué dûment désigné dans la conduite d'un procès[705], il peut être utile de relever un certain nombre d'éléments qui ne peuvent manquer à l'enquête préliminaire d'une procédure pénale administrative[706]. De façon générale, la procédure de sanction pénale administrative ou extrajudiciaire, telle qu'illustrée dans le *Guide d'application du Livre VI du Code de droit canonique*, comporte quatre étapes, à savoir : 1° l'acquisition de l'information d'un éventuel délit ; 2° le déroulement de l'enquête préalable ; 3° le déroulement de la procédure pénale extra-judiciaire ; et 4° la conclusion de la procédure extrajudiciaire[707]. Après les deux premières étapes, la procédure administrative en question peut commencer[708]. Signalons que s'il

---

delle tre Facolta speciali », 242-245; voir aussi ASTIGUETA, « Facolta concesse alla Congregazione per il Clero », 13-14.

703 Voir GILLESPIE, « The Special Faculties Granted to the Congregation for the Clergy », 317-318.

704 Voir *CIC*/83, c. 50 : « Avant de porter un décret particulier, l'autorité doit rechercher les informations et les preuves nécessaires et, autant que possible, entendre ceux dont les droits pourraient être lésés »; voir aussi PAPPADIA, « Congregazione per il Clero, Lettera Circolare per l'applicazione delle tre "Facolta speciali" », 245.

705 Voir *CIC*/83, c, 1342 : « §3 Ce qui est dit du juge dans la loi ou le précepte, ce qui touche l'infliction ou la déclaration d'une peine dans un jugement, doit être appliqué au Supérieur qui infligerait ou déclarerait une peine par décret extrajudiciaire, à moins qu'il n'en aille autrement ou qu'il ne s'agisse de dispositions concernant seulement la procédure ».

706 Voir GILLESPIE, « The Special Faculties Granted to the Congregation for the Clergy », 318-319.

707 Voir DICASTERE POUR LES TEXTES LEGISLATIFS, *Sanctions pénales dans l'Église*, 173.

708 Notons que cette procédure par la voie administrative n'échappe pas à l'exigence canonique d'un procès juste et équitable reconnu à tous les fidèles du Christ. Cette procédure est différente de la procédure judiciaire ou pour les causes réservées. Voir DICASTERE POUR LES TEXTES LEGISLATIFS, *Sanctions pénales dans l'Église*, 199.

s'agit d'un clerc, l'enquête ne peut être menée que par un prêtre[709]. La procédure suivie doit garantir ce qui suit[710] :

1° L'accusé doit être avisé de l'accusation et avoir le droit de présenter une défense et de se prévaloir d'une représentation canonique par l'intermédiaire d'un avocat dûment désigné avec au moins l'approbation tacite de l'Ordinaire[711]. Lorsque l'accusé est dûment et légitimement cité, mais refuse de coopérer, de comparaître ou s'abstient de répondre ou de participer d'une autre manière, il doit être déclaré absent par décret. À cet égard, son droit de comparaître plus tard dans la procédure reste intact, et il devrait continuer à être informé des actes formels de la procédure et avoir la possibilité de présenter une défense. Idéalement, l'accusé souhaitera participer au processus, fournira une déposition ou aura peut-être déjà laissé diverses déclarations relatives au crime dont il est accusé[712].

2° Lorsque tous les éléments de preuve ont été recueillis, ils sont soumis à l'examen de deux assesseurs[713], dûment désignés par le décret approprié.

---

[709] Nous sommes d'accord avec Ataa Denkha qui pense qu'il est temps que le système canonique de droit pénal s'ouvre à la collaboration des laïcs, « cesser de réserver des fonctions aux seuls clercs, et profiter de leurs compétences larges comme de leur regard à distance des réflexes cléricaux. Les laïcs sont tout à fait aptes à rechercher la justice ! DENKHA, « Procédures pénales canoniques de l'Orient à l'Occident », 279. Mais aussi en vertu de la reconnaissance et l'affirmation de l'égale dignité des baptisés ainsi que de leur commune responsabilité. Voir *LG* § 37 (Concile Vatican II).

[710] Voir *Procedural Guidelines*, Annexe 1.

[711] Il est vrai que le texte de la Circulaire ne prévoit pas expressément la désignation d'un avocat, et certains auteurs soutiennent que dans une procédure administrative il n'y a pas d'obligation de prévoir une telle désignation, il est tout à fait approprié que l'accusé ne se contente pas d'être invité à présenter sa défense, mais aussi conseillé quant à son droit de nommer un avocat conformément à la loi. Voir A. CALABRESSE, *Diritto Penale Canonica*, 2nd ed., Roma, 1996, 165. Cependant, Les Directives Procédurales prévoient expressément cette possibilité. Voir PAPPADIA, « Congregazione per il Clero, Lettera Circolare per l'applicazione delle tre "Facolta speciali" », 243. Le *CIC*/83, c. 1483 rassemble en un seul canon toutes les exigences subjectives de capacité, de qualités morales et religieuses, d'aptitude professionnelle, auxquelles doivent répondre aussi bien l'avocat que le procureur.

[712] PAPPADIA, « Congregazione per il Clero, Lettera Circolare per l'applicazione delle tre "Facolta speciali" », 243-244.

[713] Voir *CIC*/83, cc. 1424 et 1720, 2°. Il convient de noter que les éléments de preuves sont portés à la connaissance de l'accusé, lui donnant en même temps la possibilité de présenter les preuves à sa décharge. Puisqu'il s'agit d'une cause pénale, l'Ordinaire pourrait compléter les preuves en interrogeant les témoins ainsi que l'accusé et rassembler les arguments contre ou favorables à l'accusé (*CIC*/83, c. 1452, §1). De fait, « le but du procès est la déclaration de la vérité de la part d'un tiers impartial, après qu'ont été offertes aux parties des opportunités semblables de présenter des arguments et des preuves dans le cadre de discussion appropriée ». BENOIT XVI, Allocution au tribunal de la Rote du 28 janvier 2006, traduction française dans *DC* no

Même s'il était tout à fait approprié compte tenu de la gravité des faits à l'étude et de la peine à infliger que les assesseurs soient qualifiés en droit canonique, cela n'est pas requis par la loi. L'Ordinaire est libre de nommer le prêtre qu'il veut[714]. Ils doivent cependant être des individus prudents et judicieux et estimés pour leur impartialité. Les preuves doivent être présentées aux assesseurs dans un délai suffisant pour leur permettre de les examiner de manière approfondie et d'arriver à leurs conclusions. Ils devraient alors se réunir avec l'Ordinaire et discuter de la question entre eux. Les évaluateurs soumettent également leurs avis écrits et signés. Un procès-verbal doit être établi des discussions et de leurs résultats. L'Ordinaire n'est pas lié par leur opinion et ils ne signent pas le décret éventuel[715].

3° Que la *Pétition* soit émise conformément aux dispositions de *CIC*/83, cc. 1342-1350, s'il ne subsiste aucun doute sur le délit commis, et que l'action pénale n'est pas éteinte par prescription, au sens du *CIC*/83, cc. 1313 et 1362. Ce décret, émis selon les normes du *CIC*/83, cc. 35-38, doit être une décision manifestement justifiée, énonçant, ne serait-ce que de manière sommaire, les motifs de droit et de fait sur lesquels la *Pétition* est fondée[716].

4° L'Ordinaire compétent transmettra au Saint-Siège tous les actes accompagnés de son *votum* et de la pétition mentionnée au point 3° ci-dessus[717] ;

2354 (2006), 257. Aussi, étant donné que la consultation des assesseurs par l'Ordinaire ou son délégué est requise ad validitatem, une preuve écrite de cette consultation doit être fournie. Voir G. ASTIGUETA, « La procedura stragiudizale pénale », dans GRUPPO ITALIANO DOCENTI DI DIRITTO CANONICO (dir), *Il dirito nel mistero della : IV Prassi amministrativa e procedure specialli*, Rome, Lateran University press, 2014, 269-280.

714 Voir *CIC*/83, c. 1424.

715 Voir ASTIGUETA, « Facolta concesse alla Congregazione per il Clero », 14. Notons que le fait que l'Ordinaire ne soit pas formellement lié par l'avis des assesseurs ne signifie pas qu'il puisse le traiter à la légère : il doit avoir un motif bien motivé pour une divergence d'opinion grave et doit pouvoir peser tous les arguments présentés, pour et contre, la culpabilité de l'accusé et la peine la plus appropriée comme réponse aux actes considérés. Voir GILLESPIE, « The Special Faculties Granted to the Congregation for the Clergy », 319, note 43.

716 En fait, la forme des documents qui affirment le renvoi de l'état clérical par le Pape n'est pas toujours motivée en droit et en fait, ce qui n'est pas très satisfaisant. La deuxième Faculté spéciale qui permet au Pape de renvoyer un clerc de l'état clérical sur le fondement de c. 1399 est une exception qui ne respecte pas le « due process », et si plusieurs délits lui étaient reprochés, dont parfois certains sont prescrits, il ne saura même pas pour quel délit finalement il a perdu son état clérical.

717 L'Ordinaire devra présenter ses conclusions écrites sur le fond de l'affaire (*votum*), avec les raisons tant de fait que de droit motivant ses conclusions. Il doit tenir compte des exigences du c. 1608, notamment celle de parvenir à la certitude morale au sujet de l'affaire à traiter, excluant tout doute raisonnable, et qui découle des actes et des preuves (*ex actis et probatis*) du procès et non de la conviction personnelle. Voir

5° Si, de l'avis du Saint-Siège, une instruction complémentaire est nécessaire, elle sera communiquée à l'Ordinaire compétent et les matériaux nécessaires à l'accomplissement de l'instruction seront indiqués[718] ;

6° Le décret de renvoi de l'état clérical, accompagné de la dispense des obligations découlant de l'ordination sacrée, y compris le célibat, sera envoyé à l'Ordinaire compétent, qui en assurera la notification à l'intéressé. En principe, le décret pénal doit résumer les principaux éléments de l'accusation et du déroulement du procès, en signalant les motifs sur lesquels la décision est fondée, en droit et en fait[719].

Une autre nouveauté en matière d'application des peines concerne le clerc renvoyé de l'état clérical : s'il « se trouve, à cause de cette peine, dans une réelle indigence, l'Ordinaire doit pourvoir à lui porter secours du mieux possible » et le canon précise maintenant : « mais sans lui confier des offices, ministères et charges »[720]. Renvoyé de l'état clérical, il ne peut revenir sous d'autres formes. Rappelons que ce processus concerne les délits en violation du cc. 1394-1395 du *CIC*/83. Cependant, il ne concerne pas les cas d'agressions sexuelles de mineurs par le clergé, qui doivent être traités par le Dicastère pour la Doctrine de la Foi et qui devraient être examinés selon les normes de la lettre apostolique m.p. *Sacramentorum sanctitatis tutela* du Pape Jean-Paul II délivré le 30 avril 2001[721], mais qui ont été modifiées par le *Rescriptum ex Audientia* du 11 octobre 2021, et publiées le 7 décembre 2021[722], à la suite de la Constitution apostolique *Pascite gregem Dei* (23 mai

---

NKOUAYA MBANDJI, « L'Instruction d'une cause pénale », 590-592.

[718] La motivation d'une décision judiciaire se fonde sur la certitude morale à partir de l'évaluation attentive de tous les actes et les preuves (*CIC*/83, c. 1608). Elle doit tenir compte non seulement de la conscience du juge mais aussi de l'évidence des preuves qui sont présentées. Voir A. BAMBERG, *Introduction à la jurisprudence canonique*, Strasbourg, 1990, 8-9.

[719] Voir *CIC*/83, c. 51 : « Le décret sera donné par écrit avec l'exposé au moins sommaire des motifs, lorsqu'il s'agit d'une décision ».

[720] Voir Le Nouveau Livre VI, c. 1350 § 2 : « §1 Pour les peines à infliger à un clerc, il faut toujours veiller à ce que celui-ci ne manque pas des ressources nécessaires à une honnête subsistance, à moins qu'il ne s'agisse du renvoi de l'état clérical. §2 Cependant, si un clerc renvoyé de l'état clérical se trouve, à cause de cette peine, dans une réelle indigence, l'Ordinaire doit pourvoir à lui porter secours du mieux possible, mais sans lui confier des offices, ministères et charges »; voir *CIC*/17, cc. 2229; 2303; voir aussi *CIC*/1990, c. 1410.

[721] Voir JOHN PAUL II, Apostolic letter motu proprio *Sacramentorum sanctitatis tutela*, 30 avril 2001, dans *AAS*, 93 (2001), 737-739. Les délits les plus graves réservés à la Congrégation pour la Doctrine de la Foi sont identifiés dans : Congrégation pour la Doctrine de la Foi, epistula, *De delictis gravioribus*, 18 mai 2001, dans *AAS*, 93 (2001), 785-788.

[722] Voir *Rescriptum ex Audientia* du 11 octobre 2021, https: // press . vatican . va / content / salastampa / it / bollettino / pubblico / 2021 / 012 / 07 / 0825/01732.html (consulté le 03 septembre 2025).

2021). Le *Vademecum* du 5 juin 2022 clarifie l'application de ces normes en détaillant les procédures[723]. En tout état de cause, il sera également impératif de se conformer aux règles édictées par le droit civil[724].

3.6 Les voies disciplinaires canoniques non pénales

Dans cette section, nous examinerons les voies disciplinaires canoniques non pénales que l'on retrouve dans le Code de droit canonique. Ainsi, les autorités ecclésiastiques disposent non seulement de peines pour sanctionner les délits effectivement commis et prouvés par le procès pénal, mais aussi de remèdes pénaux adaptés au traitement de situations que l'on pourrait qualifier d'intermédiaires, parce que le délit n'a pas été effectivement commis (*CIC*/83, c. 1328, §2), ou que le comportement ne constitue pas en soi un délit, ou enfin, parce que l'action délinquante présumée n'est pas suffisamment certaine pour que la sanction pénale puisse être appliquée (*CIC*/83, c. 1348)[725].

3.6.1 Le précepte pénal (c. 1319 ; c. 1339, §4)

Selon les normes générales du droit canonique, « un précepte particulier est un décret par lequel il est imposé, directement et légitimement, à une ou plusieurs personnes déterminées, de faire ou d'omettre quelque chose, surtout pour urger l'observance de la loi »[726]. Par ailleurs, un précepte pénal est un type de précepte particulier auquel est attachée la menace d'une sanction déterminée en cas de non-respect. Contrairement aux lois ou aux décrets généraux qui s'appliquent à tous les "*christifideles* "[727] en général et nécessitent un pouvoir législatif pour être imposés, les préceptes pénaux s'appliquent à une personne en particulier et ne nécessitent qu'un pouvoir

[723] DDF, *Vademecum* 2022.

[724] Voir DICASTERE POUR LES TEXTES LEGISLATIFS, *Sanctions pénales dans l'Église*, 206.

[725] Voir J. SANCHIS, « Commentary on Canon 1399 », dans *Exegetical Comm*, Vol. IV/1, 351.

[726] *CIC*/83, c. 49.

[727] Nouveau Livre VI, c. 1311, §1 parle des destinataires de la norme pénale : « L'Église a le droit inné et propre de contraindre par des sanctions pénales les fidèles qui ont commis des délits ». Il s'agit de « *Christifideles delinquentes* ». Pour mieux comprendre cette notion, il faut tenir compte de trois canons, à savoir 204, 96 et 11. Le c. 204 explique la notion du "*christifideles* " : « Les fidèles du Christ sont ceux qui, en tant qu'incorporés au Christ par le baptême, sont constitués en peuple de Dieu [...] ». Avec le c. 96, le baptisé est incorporé à l'Église du Christ et devient une personne qui est sujet des droits et des devoirs. Enfin le c. 11 établit trois conditions pour être destinataire de la loi purement ecclésiastique, notamment être baptisé dans l'Église catholique ou y être reçu ; jouir de l'usage de la raison et atteindre l'âge de sept ans accomplis.

exécutif pour être imposés[728]. Le précepte pénal n'entre en jeu que si les remèdes pénaux de monition, de réprimande et de vigilance, infligés à quelqu'un, même à plusieurs reprises, ont été inefficaces, et il est prévisible qu'ils continueront à l'être. Dans une telle situation, l'Ordinaire peut émettre un précepte pénal. Le précepte pénal a une portée limitée ; cependant, il peut établir des sanctions lorsque l'infraction est commise et est qualifiée de délit, qui est punissable par la norme juridique (c. 1321, §2), et alors la peine peut être infligée soit par la loi pénale (universelle et particulière, voir c. 1315) ou par un précepte pénal (c. 1319)[729]. La peine attachée au précepte doit toujours être déterminée, c'est-à-dire explicitement identifiée, et le c. 1319 interdit la menace de peines expiatoires perpétuelles. Tous les préceptes pénaux doivent être en accord avec les canons sur les décrets et préceptes singuliers (cc. 48-58)[730]. En cas de doute, les préceptes sont toujours soumis à une interprétation stricte (c. 36, 2) et le recours peut être fait à l'autorité compétente (cc. 1734-1739) ou au Tribunal Suprême de la Signature Apostolique.

Quelle est la fonction du "précepte pénal" ? D'après le Dicastère pour les textes législatifs, le précepte pénal est « l'un des principaux instruments que la nouvelle discipline pénale a identifiés dans le but de faciliter le gouvernement pastoral des communautés [...] pour corriger divers types de

---

[728] Voir Nouveau Livre VI, c. 1319 : « §1 Dans la mesure où quelqu'un peut, en vertu de son pouvoir de gouvernement, imposer des préceptes au for externe, suivant les dispositions des cann. 48-58, il peut aussi, dans la même mesure, menacer par précepte de peines déterminées, à l'exception des peines expiatoires perpétuelles. §2 Si, après avoir mûrement pesé l'affaire, un précepte pénal doit être porté, il faut observer les dispositions des cann. 1317 et 1318 ». Ce canon a été modifié par la Constitution apostolique *Pascite gregem Dei* du 23/05/2021; voir aussi *CIC*/17, c. 2220 et *CCEO*/1990, c. 1406. Retenons : bien que tous les supérieurs religieux qui jouissent du pouvoir de gouvernement puissent édicter des préceptes, seuls les supérieurs majeurs et les chapitres généraux des instituts religieux cléricaux de droits pontificaux peuvent édicter des préceptes pénaux. Voir ROSINSKI, *Due Process to be Followed in the Administration of Discipline*, 159; voir aussi WOESTMAN, *Ecclesiastical Sanctions and the Penal Process*, 20-21.

[729] Voir J. JACOB, *Delicts of Financial Malfeasance in the Revised Book VI of the 1983 Code of Canon Law, A dissertation submitted to the Faculty of Canon Law, Saint Paul University, Ottawa, Canada, in partial fulfillment of the requirements for the degree of Doctor of Canon Law*, Ottawa, Saint Paul University, 2024, 230-231.

[730] Voir J. SANCHIS, « Commentary on Canon 1319 », dans *Exegetical Comm*, Vol. IV/1, 251 : « The legitimacy of a precept is determined by its essential elements, which are competence, written form and notification or summons. Functional competence is executive power in the external forum, territoriality, personally or materially determined. The external form of a precept must obligatorily be written, with at least a summary indication of the reasons (cf. c. 51). Notification or summons of the precept may be made ordinarily (document with the written text of the precept), extraordinarily (cf. 55) or by equivalent (c. 56) ».

transgressions ou d'actes graves contre la discipline »[731]. En d'autres termes "le précepte pénal" constitue le recours de l'Autorité lorsqu'elle estime, après une série des monitions ou des corrections infructueuses, qu'aucun changement de comportement ne peut raisonnablement être anticipé de la part de la personne concernée[732]. En de telles situations, la loi prescrit expressément à l'Ordinaire d'instituer un précepte pénal spécifiant le comportement à suivre et la sanction encourue en cas de désobéissance[733]. Il est obligatoire de consigner cela par écrit, d'avoir préalablement une confrontation appropriée pour confirmer les circonstances et enfin présenter la motivation, même de manière concise[734]. Le précepte pénal se distingue par sa souplesse, car il ne représente pas véritablement une "sanction pénale", mais plutôt une façon de qualifier comme délictueux un comportement spécifique lié à un sujet particulier[735]. Ainsi, en cas de violation de ce qui est prescrit, il est impératif d'engager la procédure régulière d'enquête pour constater la violation du précepte pénal, puis d'émettre un décret singulier imposant la sanction pénale prévue dans le précepte, sauf s'il s'agit d'une peine *latae sententiae*[736].

Le précepte est un acte administratif. Par sa nature, le précepte est un décret particulier, un ordre qui a force obligatoire et non une exhortation, un ordre donné par l'Ordinaire ou le supérieur "*ex officio* " et non "*ad instantiam*" ; il suppose une loi préalable[737]. Si le précepte pénal est un acte du pouvoir de gouvernement, il est avant tout un acte du pouvoir exécutif, un acte du supérieur, une personne revêtue d'autorité, c'est-à-dire de celui qui a la compétence de donner un ordre. Pour le c. 1319, seuls ceux qui ont le pouvoir de gouvernement au for externe peuvent imposer des préceptes pénaux. Comme nous l'avons déjà dit, le précepte pénal est une injonction, "un devoir-

731 DICASTERE POUR LES TEXTES LEGISLATIFS, *Sanctions pénales dans l'Église*, 75. Il s'agit des moyens pénaux traditionnels repris dans la nouvelle législation de 2021, mais qui étaient aussi prévus dans la législation de 1983.

732 Voir Nouveau Livre VI, c. 1339, §4 : « Si des monitions ou des corrections ont été faites en vain, une ou plusieurs fois à une personne, ou si on ne peut attendre d'elles aucun effet, l'Ordinaire donnera un précepte pénal, dans lequel il prescrira avec précision ce qui doit être fait et ce qui doit être évité ».

733 Voir DICASTERE POUR LES TEXTES LEGISLATIFS, *Sanctions pénales dans l'Église*, 75.

734 Voir *Ibid.*, 76.

735 Voir *Ibid.*, 75.

736 Voir *Ibid.*, 76. En effet, « les peines imposées peuvent être des peines expiatoires ou même des censures, même sous forme de *latae sententiae*, bien qu'elles ne soient pas de nature perpétuelle ». *Ibid.*, 75.

737 Voir J. BENETRUY, « Le précepte en droit canonique. Précepte pénal. Procédure pénale par manière de précepte », dans *L'Année canonique*, 5 (1957), 44 (= BENETRUY, « Le précepte en droit canonique. Précepte pénal).

faire "[738], en ce qu'il « impose, directement et légitimement, à une ou plusieurs personnes déterminées, de faire ou d'omettre quelque chose, surtout pour urger l'observation de la loi »[739].

3.6.2 La monition (c. 1339, §1)

La monition est un des remèdes pénaux que le *CIC/*83 présente dans le c. 1339, §1[740]. Ce canon prévoit une double catégorie de destinataires[741] : d'une part « la personne qui se met dans l'occasion proche de commettre un délit » ; d'autre part, « la personne sur laquelle pèse un grave soupçon d'avoir commis un délit ». La monition se transforme en un avertissement soulignant l'impératif d'effectuer ou de s'abstenir d'une action. Dans ce contexte, son objectif semble être la prévention de comportements récidivants, comme le stipule notamment le c. 1348 lorsqu'aucune peine n'est infligée à un accusé[742]. Dans le souci de protéger la réputation du destinataire, le c. 1339, §1 recommande qu'on mène une enquête sérieuse afin de s'assurer si l'occasion proche du délit existe réellement ou si le délit en question a été éventuellement commis. La monition est adressée par l'Ordinaire, en vertu de son pouvoir (de gouvernement) exécutif au for externe, par lui-même ou par son délégué. Alphonse Borras souligne « qu'il ne s'agit donc pas d'un avertissement amical ou paternel mais bel et bien d'une monition canonique »[743]. La loi requiert la monition en tant qu'étape préliminaire à la censure, en stipulant toujours la nécessité d'un délai approprié pour évaluer si un changement de

[738] BORRAS, *Les sanctions dans l'Église*, 59.

[739] Voir *CIC/*83, c. 49 : « Un précepte particulier est un décret par lequel il est imposé, directement et légitimement, à une ou plusieurs personnes déterminées, de faire ou d'omettre quelque chose, surtout pour urger l'observation de la loi.

[740] Le *CIC/*83 parle des remèdes pénaux et les pénitences dans les canons 1339-1340. Dans ce Code, la matière est condensée mais aussi simplifiée, contrairement au Code pio-bénédictin qui énonçait quatre remèdes pénaux (*CIC*/17, c. 2306), le nouveau Code n'en a retenu que deux. Quant aux pénitences, le *CIC*/17 en donnait une liste indicative (*CIC/*17, c. 2313, §1), le *CIC*/83 n'en énumère plus, mais il se contente d'en indiquer l'objet d'une manière générale (*CIC*/83, c. 1340, §1).

[741] Voir *CIC/*83, c. 1339, §1 : « À la personne qui se met dans l'occasion proche de commettre un délit ou sur laquelle, après une enquête sérieuse, pèse un grave soupçon d'avoir commis un délit, l'Ordinaire peut faire une monition par lui-même ou par autrui » ; voir *CIC/*17, c. 2307.

[742] Voir *CIC*/83, c. 1348 : « Lorsqu'un accusé est absous d'une accusation, ou bien lorsqu'aucune peine ne lui est infligée, l'Ordinaire peut pourvoir à l'intérêt du coupable et au bien public par des monitions appropriées et d'autres moyens de sollicitude pastorale, ou même, si l'affaire le demande, par des remèdes pénaux ».

[743] BORRAS, *Les sanctions dans l'Église*, 97.

comportement a effectivement eu lieu ou non[744]. En outre, c. 1339, §3 prescrit de garder une copie de la monition dans les archives de la curie[745].

3.6.3 La réprimande (c. 1339, §2)

Le second remède prévu par le Code est la réprimande comme prescrit dans le c. 1339, §2[746]. Cette mesure est plus rigoureuse que la monition, non pas tant en raison de la nature matérielle ou même de la moralité de l'acte, mais plutôt en raison du scandale provoqué ou de la perturbation significative de l'ordre. L'Ordinaire fait ainsi un reproche ferme ou une réprimande au coupable en raison de ses agissements provoquant le scandale ou perturbant l'ordre[747]. Il le fait soit personnellement, soit par le biais de son délégué[748], en tenant compte de la condition canonique de l'intéressé, de manière adaptée aux faits et selon les circonstances de temps et de lieu[749]. Pour la réprimande, comme c'est le cas pour la monition, la confirmation de son occurrence nécessite une preuve concrète, de préférence sous la forme d'un document préservé dans les archives confidentielles de la curie[750]. La réprimande peut être rendue publique ou rester confidentielle ou secrète[751].

---

744 Voir DICASTERE POUR LES TEXTES LEGISLATIFS, *Sanctions pénales dans l'Église*, 74.

745 Voir *CIC*/83, c. 1339: « §3 Il faut toujours garder trace certaine de la monition et de la réprimande, au moins dans quelque document qui sera conservé dans les archives secrètes du curie » ; voir *CIC*/17, c. 2309, §5.

746 Voir *CIC*/83, c. 1339: « §2 À la personne dont le comportement a provoqué un scandale ou une grave perturbation de l'ordre, l'Ordinaire peut donner une réprimande d'une manière adaptée aux conditions particulières de personne et de fait »; voir *CIC*/17, c. 2308 ; *CCEO*/1990, c. 1427.

747 Voir BORRAS, *Les sanctions dans l'Église*, 97.

748 Voir *CIC*/83, c. 1339, §1.

749 Alphonse Borras souligne que « la considération de ces circonstances est particulièrement importante si l'Ordinaire veut que sa réprimande ait quelque chance de ramener le coupable à de meilleurs sentiments et de le conduire sur la voie du repentir et d'un changement réel d'attitude ». Voir BORRAS, *Les sanctions dans l'Église*, 98.

750 Voir *CIC*/83, c. 1339, §3.

751 Voir *CIC*/17, c. 2309, §5.

3.6.4 La vigilance (c. 1339, §5)[752]

La vigilance, telle que définie dans le Code[753], est conçue comme une mesure visant à empêcher la récidive dans la commission de délits, et donc à être appliquée notamment envers ceux susceptibles de réitérer des délits. Puisque c'est son objectif, la surveillance peut être considérée comme un remède qui, à la discrétion de l'autorité, peut-être combinée avec d'autres sanctions imposées au coupable en accord avec la loi, prononcées par jugement ou énoncées par décret. L'intention est de vérifier si le comportement de la personne sous surveillance est conforme à la loi[754]. C'est un remède pénal à prendre en cas de nécessité en raison de la gravité du cas. L'Ordinaire doit la prescrire par écrit, au moyen d'un décret singulier en précisant de manière claire qui est responsable de la personne à surveiller, la méthode de vérification, ainsi que d'autres détails adaptés aux circonstances pour assurer l'efficacité du remède. De plus, la personne désignée pour la surveillance doit accepter cet engagement, tout en respectant toujours la loi de l'État où on se trouve[755].

Cette mesure ne doit pas être considérée comme une double peine. Les conditions permettant d'y recourir sont relativement étendues. En effet, bien que la norme suggère que ce sera notamment dans le cas où la personne serait en danger de récidive, elle n'en fait pas une condition indispensable. Il suffit que la gravité de la situation le justifie pour que l'on puisse appliquer cette mesure[756]. D'une manière pratique, selon Naz, il s'agit de « la défense de paraître en certains lieux ou l'obligation de rester dans un lieu déterminé et de se présenter, à intervalles fixes, au supérieur ou à son délégué »[757]. Salvator

---

752 Signalons que la vigilance [vigilantiae submittere] était une mesure pénale prévue dans le *CIC*/17, c. 2311 : « §1 Si la gravité du cas le comporte, et surtout s'il s'agit de quelqu'un en danger de retomber dans le même crime, que l'Ordinaire le soumette à la surveillance. §2 La surveillance peut aussi être prescrite pour aggraver la peine surtout à l'égard des récidivistes »; voir aussi *CIC*/17, cc 2306 ; 2234. Estimé bon moyen d'éviter les récidives, il avait été maintenu dans la législation des Églises orientales et figurait au *CCEO*/1990, c. 1428. Cependant elle n'a pas été considérée comme une institution autonome par le *CIC*/83, toutefois elle a été utilisée en pratique. Voir DICASTERE POUR LES TEXTES LEGISLATIFS, *Sanctions pénales dans l'Église*, 76.

753 Nouveau Livre VI, c. 1339, § . « Si la gravité du cas le requiert, et surtout dans le cas où la personne se trouverait en danger de retomber dans le délit, l'Ordinaire, au-delà même des peines infligées selon le droit ou déclarées par sentence ou décret, le soumettra à des mesures de vigilances déterminées par un décret particulier ».

754 Voir DICASTERE POUR LES TEXTES LEGISLATIFS, *Sanctions pénales dans l'Église*, 77.

755 Voir *Ibid.*

756 Voir TOXE, « Principes généraux et modifications substantielles du droit pénal général », 156.

757 R. Naz, *Traité de Droit canonique*, tome IV, Paris, Letouzey et Ané, 1954, 2e

Peperoni identifiait deux niveaux de rigueur dans les mesures de vigilance : La première, plus légère, impliquait seulement l'obligation de se présenter périodiquement devant une autorité ou son délégué. La seconde, plus sévère, imposait une interdiction de quitter son lieu de résidence sans l'autorisation préalable de la personne responsable de la vigilance[758].

3.6.5 La pénitence canonique (c. 1340)[759]

Selon le *CIC*/17, c. 1312, « les pénitences sont imposées au for externe soit pour que le délinquant échappe à la peine soit pour qu'il reçoive l'absolution ou la dispense de la peine déjà contractée ». Dans la nouvelle législation, c. 1312, §3[760] énonce une autre finalité qui n'était pas formellement stipulée dans la législation pio-bénédictine, notamment pour remplacer une peine ou l'augmenter. Le législateur a apporté une nouveauté par rapport à l'ancienne disposition qui considérait la pénitence canonique comme simplement une mesure de clémence en faveur de l'auteur du délit « pour lui épargner une peine ou la lui remettre ». Désormais, la pénitence sert à remplacer une peine ou à l'aggraver. Les pénitences sont imposées pour la commission d'un acte qui est à la fois un péché et un délit, ou du moins un délit non consommé[761]. D'après De Paolis, les pénitences canoniques visent à réparer le scandale, à obtenir la preuve du changement d'attitude du délinquant et à assurer sa volonté sincère de s'amender. Ces pénitences ont alors un double effet : punir l'auteur du scandale par une peine moindre tout en évitant une peine plus

---

édition, 696.

758 Voir S. PEPERONI, *Lineamenta Iuris Poenalis canonici*, Rome, Pontificium Athenaeum Antonianum, 1966, 434.

759 Le c. 1340 ne porte pas sur la pénitence sacramentelle, qui relève du for interne, mais sur la pénitence canonique, applicable au for externe. Cette dernière suppose la commission d'une faute, tandis que la première ne concerne que le péché. Néanmoins, les deux visent l'expiation, dans le sens le plus profond de la correction du coupable. Voir BORRAS, *Les sanctions dans l'Église*, 98.

760 Nouveau Livre VI (2021), c. 1312, §3 : « En outre, sont employés des remèdes pénaux et des pénitences, dont il s'agit aux cann. 1339 et 1340, les premiers surtout pour prévenir les délits, les secondes plutôt pour remplacer une peine ou l'augmenter ».

761 Voir *CIC*/83, c. 1328 : « §1 Qui pour commettre un délit a accompli ou omis un acte et cependant, en dépit de sa volonté, n'a pas consommé le délit, n'est pas atteint par la peine prévue pour le délit consommé, à moins que la loi ou le précepte n'en dispose autrement. §2 Si, de par leur nature, les actes ou omissions conduisent à l'exécution du délit, l'auteur peut être soumis à une pénitence ou à un remède pénal, à moins que de lui-même il n'ait renoncé à poursuivre l'exécution du délit qu'il avait commencée. Cependant, si un scandale ou un autre grave dommage ou un danger survenait, l'auteur, même s'il a renoncé spontanément, peut être puni d'une juste peine, plus légère cependant que celle qui a été prévue pour le délit consommé ».

sévère prévue par la loi, ou, dans les cas où la peine est déjà prévue, la remplacer par une pénitence[762].

La pénitence canonique est un aussi un acte administratif au for externe provenant du pouvoir exécutif. Elle doit donc être consignée par écrit (c. 37). Même si le Code ne le spécifie pas explicitement, il est impératif d'attester de manière certaine l'application d'une pénitence canonique, idéalement à travers un document préservé dans les archives confidentielles de la curie[763]. Le c. 1340, §1 explique qu'une pénitence consiste en « l'accomplissement d'une œuvre de religion, de piété ou de charité »[764]. Il appartient à l'Autorité de juger de la pertinence de l'infliction des pénitences en examinant toutes les circonstances du cas, en prenant compte, en plus de l'attitude du sujet, des impératifs de justice et de la nécessité de réparer le scandale[765]. Par ailleurs, « la loi peut établir d'autres peines expiatoires, qui privent le fidèle d'un bien spirituel ou temporel, et qui soient conformes à la fin surnaturelle de l'Église »[766].

Conclusion

Afin de réaliser l'objectif de ce chapitre, à savoir la procédure canonique comme moyen de punir, prévenir ou de réparer le scandale, il est apparu nécessaire d'aborder au préalable la question de signalement qui consiste à faire parvenir une information pertinente sur la survenance d'un scandale ou l'existence d'un éventuel délit à l'Ordinaire. Ce dernier est tenu de mener, soit par lui-même, soit par l'intermédiaire d'une autre partie déléguée, une enquête préalable afin de vérifier sur des bases suffisantes s'il est nécessaire ou non d'engager formellement la procédure canonique pénale visant à infliger une sanction pénale à un sujet de droit canonique. Lorsque les circonstances l'exigent, l'Ordinaire doit entamer la procédure de jugement de l'accusé par le biais d'un procès pénal judiciaire ou par le biais d'une procédure pénale extrajudiciaire ou administrative. Ces deux approches ou voies ont des points communs et des différences importantes. Il appartient à l'Ordinaire d'indiquer

---

762 Voir V. De Paolis, « Penal Sanctions, Penal Remedies and Penances in Canon Law», dans P.M. Dugan (ed.), *The Penal Process and the Protection of Rights in Canon Law*, Montreal, Wilson & Lafleur, 2005, 175.

763 Voir *CIC*/83, c. 1339, §3.

764 Le *CIC*/17, c. 2313, §1 énonçait les principales pénitences, notamment :1° De réciter des prières déterminées ; 2° D'accomplir un pieux pèlerinage ou d'autres œuvres de piété ; 3° D'observer un jeûne particulier ; 4° De consacrer des aumônes à de pieux usages ; 5° De faire les exercices spirituels pendant quelques jours dans une maison pieuse ou religieuse ».

765 Voir Dicastere pour les Textes legislatifs, *Sanctions pénales dans l'Église*, 78.

766 *CIC*/83, c. 1312, §2.

quelle voie choisir pour sanctionner un comportement scandaleux ou délictueux, en tenant compte de l'ensemble des circonstances et des possibilités qui s'offrent à lui. La procédure judiciaire se termine par une sentence des juges ou du tribunal alors que la procédure extrajudiciaire se conclut par un décret de l'Ordinaire, à la suite des évaluations faites par l'autorité compétente selon les normes canoniques. Dans des circonstances particulières, notamment dans les cas d'un scandale, l'Évêque peut faire appel au Dicastère pour le Clergé, en demandant l'application des Facultés spéciales qui leur ont été accordées. Dans de pareilles situations, c'est la procédure extrajudiciaire ou administrative qui est suivie. Le procès tenu par la voie administrative n'échappe pourtant pas à l'exigence canonique d'un procès juste et équitable. Par ailleurs, il y a d'autres moyens que l'autorité ecclésiastique compétente peut employer pour intervenir face au comportement scandaleux ou délictueux prévus dans la législation canonique, qui ne sont pas réellement des sanctions pénales, mais des remèdes pénaux, dans le but de faciliter le gouvernement pastoral. En effet, il s'agit du précepte pénal, la monition, la réprimande, la vigilance et les pénitences. Tous ces moyens peuvent être mis en œuvre afin de rétablir la justice, amender le coupable et réparer le scandale.

En définitive, la procédure canonique apparaît comme un instrument essentiel, bien que dernier recours, pour assurer la justice au sein de l'Église. Comme l'affirme le pape Jean-Paul II : « Le juste procès est l'objet d'un droit de la part des fidèles (cf. c. 221) et constitue en même temps une exigence du bien public de l'Église. Les normes canoniques concernant la procédure doivent être observées par tous les protagonistes du procès comme autant de manifestations de cette justice instrumentale qui conduit à la justice substantielle »[767]. En effet, si le procès doit être évité autant que possible afin de préserver la communion ecclésiale, il demeure, dans certaines situations déterminées, le moyen le plus approprié pour résoudre des questions d'une importance majeure, en particulier celles qui concernent le scandale dans l'Église. Dans ce contexte, le respect du droit de la défense et des principes du contradictoire s'avère essentiel, tant pour la protection des droits des parties que pour la sauvegarde de la communion ecclésiale.

Le déclenchement d'une imposition de sanction exige la présence d'un acte extérieur concret accompli par un fidèle catholique sous la juridiction de l'Ordinaire respectif qui nécessite un examen minutieux en vue d'une éventuelle sanction. En outre, il est nécessaire que le pasteur ait la capacité juridique d'imposer des sanctions du fait qu'il s'agit d'un sujet propre ou en fonction de sa compétence juridictionnelle[768]. Surtout, la procédure doit être conduite dans le strict respect des principes fondamentaux, parmi lesquels

---

[767] Jean-Paul II, dans *AAS* 82 [1990], 872-877, voir aussi J. Thorn, *Le pape s'adresse à la Rote,* 222.

[768] Voir Dicastere pour les Textes legislatifs, *Sanctions dans l'Église*, 172.

figurent le droit à la défense et l'exigence du procès contradictoire, essentiels au bien des parties et à la communion ecclésiale. Il est impératif d'éviter tout jugement *a priori*, la présomption d'innocence étant un socle inébranlable. En conséquence, la culpabilité du sujet ne peut être établie qu'au terme de la procédure pénale, après examen rigoureux et objectif des faits et éléments impliqués, concrétisant ainsi la nature profondément pastorale du droit processuel de l'Église. La procédure canonique participe, elle aussi, au caractère pastoral du droit de l'Église, et par les motifs qui l'inspirent, rentre dans le plan de l'économie du salut, le *salus animarum* étant la loi suprême de l'Église.

Dans le quatrième et dernier chapitre, nous nous proposons d'approfondir notre analyse en étudiant quelques cas spécifiques où le scandale est en cause ainsi que des exemples jurisprudentiels où la norme du c. 1399 a été appliquée ; offrant ainsi un aperçu concret des implications et des défis rencontrés dans la mise en œuvre de la discipline canonique au sein de l'Église.

CHAPITRE 4

L'APPLICATION DU C. 1399

Introduction

Le droit pénal de l'Église a fait l'objet de relativement peu de recherches dans le domaine du droit canonique[769], mais aujourd'hui il est davantage exploré. D'après le diagnostic du Pape Benoit XVI, le droit pénal canonique ecclésiastique fonctionnait jusqu'à la fin des années 1950 ; bien qu'il fût sujet à des critiques, il était tout de même appliqué. À partir du milieu des années 1960, il a simplement cessé de l'être. La période mentionnée, soit le milieu des années 1960, est une période de grands changements dans l'Église catholique, notamment avec le Concile Vatican II (1962-1965), qui a apporté des réformes importantes sur de nombreux aspects de la vie de l'Église. Ces réformes ont eu un impact sur la manière dont le droit canonique était interprété et appliqué dans certaines situations[770], révélant ainsi une déficience dans la mise en œuvre de la législation pénale canonique[771].

Ce chapitre se penchera sur la notion de jurisprudence dans le droit pénal canonique, les facteurs justificatifs de la rareté de cette jurisprudence dans la justice de l'Église ainsi que sa place dans le droit pénal canonique. Nous présenterons également l'analyse canonique de quelques cas jurisprudentiels où la norme du c. 1399 a été appliquée dans le but de constater comment une autorité compétente ecclésiastique peut utiliser ce canon pour réagir à divers comportements de nature scandaleuse de certains fidèles sous sa juridiction. Cette analyse se présentera comme une synthèse englobant la conceptualisation canonique du scandale, explorée dans le premier chapitre, puis les conditions préalables à l'application de la norme générale du c. 1399 exposées au deuxième chapitre, ensuite la procédure canonique à suivre ainsi

---

[769] Voir J. PELLETIER, Préface de l'édition française, dans P. M. DUGAN (dir.), *La procédure pénale et la protection des droits dans la législation canonique.* Actes d'un colloque tenu à l'Université pontificale de la Sainte Croix, Rome, 25-26 mars 2004, traduit par Jean Pelletier, Montréal, Wilson et Lafleur (coll, Gratianus-Série Actes), 2008, xv.

[770] Voir BENOIT XVI, *Lumière du monde – Le Pape, l'Église et les signes des temps.* Un entretien avec Peter Seewald, traduit de l'allemand par Nicole Casanova et Olivier Mannoni, Paris, Bayard, 2011, 46. Lors de son entretien avec Peter Seewald en juillet 2010, Benoît XVI a souligné le caractère perfectible du système pénal canonique, en cohérence avec sa décision d'engager une révision du Livre VI du Code de droit canonique. Voir RICHER, *La lumière montre les ombres. Crise d'efficience et de fondements du droit pénal de l'Église*, 34.

[771] Voir P. VALDRINI, « À propos de l'efficience en droit canonique », dans *L'Année canonique* 38 (1996), 109-112; J-C. ROCHET, « L'efficacité du droit canonique », dans *L'Année canonique* 38 (1996), 137-139.

que les sanctions mises en œuvre examinées dans le troisième chapitre. Dans ce dernier chapitre, nous analyserons également les mécanismes alternatifs de gestion et de réparation des scandales, en particulier ceux préconisés par le Code de droit canonique, tout en intégrant diverses perspectives africaines. Ce quatrième chapitre s'achèvera par une réflexion sur la pertinence du canon 1399, accompagnée d'une proposition de reformulation.

4.1 La jurisprudence pénale canonique

Il est important de noter en premier lieu que le terme « jurisprudence » n'apparaît qu'une seule fois dans *CIC*/83[772]. En effet, c'est dans le c. 19 que l'on trouve la disposition affirmant que si, dans une situation spécifique, il n'existe pas de règle explicite dans la loi universelle émise par le Pontife romain, ou dans une loi particulière émanant d'un évêque ou d'une conférence d'évêques, ni même de coutume, alors le raisonnement par analogie peut être envisagé en prenant en considération les lois établies pour des cas similaires, à moins que la question ne soit d'ordre pénal[773]. Inspiré du latin *jurisprudentia*

[772] Voir B. du PUY-MONTBRUN, « Quelques notions propres à la jurisprudence matrimoniale en droit canonique », dans E. RICHER (dir.), *La Jurisprudence*, Actes de la XXIVe Journée inter-facultaire (18 octobre 2018) à l'initiative de la Faculté de Droit canonique de l'institut Catholique de Toulouse et de l'Institut de Droit privé de l'Université Toulouse 1 Capitole, ICT, 2023, 143. Issu du latin *jurisprudentia*, qui signifie littéralement « science du droit et des lois », ce mot se compose de *juris* (droit, justice) et de *prudentia* (connaissance, compétence). Dans les termes du c. 19, une « *lacuna* » dans les causes pénales ne peut être résolue par les moyens prévus dans ce canon. Autrement dit, s'il n'y a pas une loi pénale, aucune peine ne peut être infligée par recours aux sources supplétives, conformément au principe « *nulla poena sine lege* », à l'exception de la norme générale du c. 1399.

[773] Voir *CIC*/83, c. 19 : « Si, dans un cas déterminé, il n'y a pas de disposition expresse de la loi universelle ou particulière, ni de coutume, la cause, à moins d'être pénale, doit être tranchée en tenant compte des lois portées pour des cas semblables, des principes généraux du droit appliqués avec équité canonique, de la jurisprudence et de la pratique de la Curie Romaine, enfin de l'opinion commune et constante des docteurs ». Quant à l'exception faite en matière pénale, voir *CIC*/83, c. 18 qui énonce que « Les lois qui établissent une peine ou qui restreignent le libre exercice des droits ou qui comportent une exception à la loi sont d'interprétation stricte. » ; *CCEO*/1990, c. 1501 : « Si sur une matière déterminée il n'y a pas une prescription expresse de la loi, la cause, à moins d'être pénale, doit être tranchée selon les canons des Synodes et des saints Pères, du droit canonique appliqués avec équité, la jurisprudence ecclésiastique et la doctrine canonique commune et constante ». Bien que le *CIC*/17 fasse allusion de la jurisprudence, mais il n'emploie pas explicitement ce terme. Voir *CIC*/17, c. 20 : « S'il n'existe aucune prescription ni dans la loi générale ni dans la loi particulière relativement à une espèce déterminée, on doit chercher une règle, à moins qu'il ne s'agisse d'infliger une peine, dans les lois portées pour des espèces semblables, dans les principes généraux du droit observés d'après l'équité canonique,

ou « science du droit et des lois », le terme est formé de *jus*, *juris* ou « droit, justice » et de *prudentia* ou « connaissance, compétence »[774]. Une conception classique de la jurisprudence ecclésiastique est décrite comme « la façon dont les lois sont interprétées par les tribunaux, cette interprétation résultant de l'application qu'ils font des lois générales au cas particulier »[775]. Cette définition renvoie à l'activité des tribunaux ecclésiastiques établis au Vatican, habilités à interpréter les lois canoniques, en l'occurrence le Tribunal de la Signature Apostolique et le Tribunal de la Rote Romaine. Ainsi, la jurisprudence du Siège Apostolique est définie comme l'ensemble des décisions de justice qui tranchent des questions relevant du droit canonique et qui ont autorité sur les tribunaux inférieurs, également appelés officialités, en fonction de leur compétence territoriale[776].

Le Pape Jean-Paul II, définit la jurisprudence canonique comme « cet ensemble de sentences concordantes qui, sans avoir le caractère absolu de l'antique *« auctoritas rerum perpetuum similiter iudicatarum »*, a toutefois un rôle important quand il est nécessaire de combler d'éventuelles « *lacune legis* » (cf. c. 19) »[777]. La valeur singulière dévolue à la jurisprudence au sein de l'Église procède à la fois de la compétence et de l'expérience des juges, ainsi que de l'autorité qu'ils détiennent en tant que juges pontificaux[778]. D'après le pape Benoît XVI, la valeur de la jurisprudence canonique « provient en définitive de la nécessité d'administrer la justice selon des paramètres égaux dans tout ce qui est, précisément, en soi essentiellement égal »[779]. En effet, analyser la jurisprudence est essentiel pour la stabilité du droit sinon les juges risquent de rendre des décisions contradictoires.

---

dans le style et la pratique de la Curie Romaine, dans l'opinion commune et constante des docteurs ».

774 Voir PUY-MONTBRUN, « Quelques notions propres à la jurisprudence matrimoniale en droit canonique », 141, note 15.

775 R. Naz (dir.), *Dictionnaire de droit canonique*, Paris, Librairie Letouzey et Ané, T. VI. 1957, col. 290-291.

776 Voir PUY-MONTBRUN, « Quelques notions propres à la jurisprudence matrimoniale en droit canonique », 141.

777 JEAN-PAUL II, « Faire entrer le nouveau Code dans la pratique de l'Église », le 26 janvier 1984, traduit d'après le texte italien de *l'Osservatore romano*, 27 janvier 1984, dans *DC*, 81 (1984), 259-262 ; voir J. Thorn, *Le Pape s'adresse à la Rote 1939-1994*, Ottawa, Faculté de droit canonique Université Saint-Paul, 1994, 194.

778 Voir *Ibid.*

779 BENOIT XVI, Discours du Pape Benoît au tribunal de la Rote Romaine à l'occasion de l'Inauguration de l'année judiciaire : « Rendre la jurisprudence de la Rote toujours plus manifestement unitaire, et accessible à tous ceux qui travaillent pour la justice », 26 janvier 2008, https://www.vatican.va/content/benedict-xvi/fr/speeches/2008/january/documents/hf_ben-xvi_spe_20080126_roman-rota.html (04/05/2024).

À la différence du droit matrimonial canonique qui fait l'objet jusqu'aujourd'hui d'une abondante jurisprudence dans l'Église catholique, la jurisprudence pénale de la même institution est relativement rare ou assez limitée et moins accessible[780]. Cette situation découle de la conjonction de plusieurs facteurs interférant dans le contexte ecclésiastique, dont les conséquences ne sont pas négligeables[781]. En l'absence d'une publication systématique des sentences des tribunaux ecclésiastiques en matière pénale canonique, il est difficile d'identifier des tendances ou orientations dans l'art de juger les différentes affaires sur de mêmes bases à analyser, à moins que ces tribunaux ne mettent en œuvre une telle activité[782]. Par ailleurs, les données jurisprudentielles reposent sur des recueils officiels ou semi-publics et sur la publication dans des revues spécialisées destinées aux experts du droit canonique. Le tribunal de la Rote romaine est le seul à publier des sentences de ses juges[783]. Bien que certaines revues diffusent régulièrement plusieurs sentences rotales ou régionales, la plupart le font de manière privée, notamment *Éphémérides iuris canonici* qui publie surtout *l'in iure* (la partie concernant le droit) de sentences rotales ; *Monitor ecclesiasticus* qui reproduit des décisions issues de différents tribunaux ecclésiastiques ; *Il dirito ecclesiastico* qui s'intéresse à la deuxième partie des sentences rotales et des tribunaux italiens ; *Ius Ecclesiae* réserve une partie à la publication des sentences de différents tribunaux ecclésiastiques ; *Studia canonica* qui publie aussi plusieurs sentences en langue française ; *L'année canonique* qui édite des chroniques de jurisprudence canonique ; *Periodica, Commentarium pro religiosis*, *Ius canonicum* ou *Apollinaris.* La liste n'est pas exhaustive. Malgré l'existence d'un bon nombre de revues canoniques spécialisées, il y a lieu d'exprimer une préoccupation quant à la quantité limitée de sentences judiciaires pénales publiées, soulignant que cela est une réalité persistance[784].

---

780 Voir T. GARE, « La jurisprudence en matière pénale », dans E. RICHER (dir.), *La Jurisprudence*, 191. En ce qui concerne la jurisprudence matrimoniale en droit canonique, voir B. du PUY-MONTBRUN, « Quelques notions propres à la jurisprudence matrimoniale en droit canonique », dans E. RICHER (dir.), *La Jurisprudence*, 137-164.

781 Voir E. RICHER, « La rareté de la jurisprudence pénale de l'Église, causes et conséquences », dans E. RICHER (dir.), *La Jurisprudence*, 191 (= RICHER, « La rareté de la jurisprudence pénale de l'Église, causes et conséquences »).

782 Voir *Ibid.*

783 On peut lire les sentences ecclésiastiques de la Rote romaine dans les *Decisiones seu sententiae* (en latin).

784 Voir RICHER, « La rareté de la jurisprudence pénale de l'Église, causes et conséquences », 167.

4.1.1 Le fait de la rareté de la jurisprudence pénale de l'Église

D'après Patrick Valdrini, la performance d'un système juridique, qui se mesure par sa capacité à produire les résultats qu'il est censé obtenir, est évaluée à travers la qualité de sa législation, de son application pratique, et de son encadrement scientifique par la doctrine juridique[785]. Dans le contexte du droit pénal de l'Église, le principal point faible réside dans un déficit significatif d'application. La crise d'efficacité dans ce domaine est également décrite comme une crise d'effectivité, mettant en lumière des lacunes dans la mise en œuvre concrète du droit ecclésiastique[786]. En ce qui concerne le faible nombre de décisions judiciaires susceptibles d'influencer la jurisprudence en matière pénale depuis la promulgation du *CIC*/17, un commentateur notait dans les années 1950 que ces décisions suivent souvent des orientations divergentes, rendant difficile la détection d'une orientation claire[787]. Cette observation montre que parler de rareté de la jurisprudence ne se limite pas à constater une application peu fréquente des normes ou une publication sporadique des jugements, mais renvoie surtout à l'absence d'orientations jurisprudentielles claires qui pourraient émerger du faible nombre de décisions publiées[788]. Bien que les tribunaux ecclésiastiques traitent des affaires pénales, celles-ci ne sont pas régulièrement consignées dans les recueils annuels des décisions de la Rote ni dans d'autres revues canoniques spécialisées. La rare jurisprudence de la Rote en matière pénale publiée se concentre principalement sur des cas de "lésion de la bonne réputation d'autrui et des délits contre le sixième commandement du Décalogue commis par des clercs et des religieux"[789].

---

785 Voir P. VALDRINI, « À propos de l'efficience en droit canonique », dans *L'Année canonique*, 38 (1996), 109.
786 Voir RICHER, « La rareté de la jurisprudence pénale de l'Église, causes et conséquences », 166.
787 A. BRIDE, « Chronique de droit pénal ecclésiastique. L'évolution du droit pénal depuis le Code. Doctrine et jurisprudence », dans *L'Année Canonique*, 2 (1953), 316.
788 Voir RICHER, « La rareté de la jurisprudence pénale de l'Église, causes et conséquences », 167-168.
789 Voir Ibid., 168. Notons que c'est le Tribunal de la Rote Romaine qui est chargée de veiller à l'unité de la jurisprudence ecclésiale. Voir FRANÇOIS, *Praedicate Evagelium*, art. 200, § 1 : « Le Tribunal de la Rote Romaine joue ordinairement le rôle d'instance supérieure d'appel auprès du Siège apostolique pour protéger les droits dans l'Église, veille à l'unité de la jurisprudence et, par ses propres sentences, aide les tribunaux inférieurs ».

4.1.2 Les facteurs justificatifs de la rareté de la jurisprudence pénale de l'Église

Dans son commentaire d'une sentence pénale du Tribunal de la Rote romaine, Davide Cito attribue le motif de la rareté des analyses jurisprudentielles à trois facteurs concomitants, notamment le caractère *ultima ratio* de toute sanction canonique, les diverses modalités d'imposition de la peine et les dispositions ecclésiales favorables à la protection de la bonne réputation[790] ou la protection de la confidentialité contre l'accès aux informations sur les causes pénales[791]. Nous nous concentrerons uniquement sur le dernier facteur, les deux premiers ayant déjà été traités dans le chapitre précédent.

La norme du c. 220 du *CIC/83* et du c. 23 du *CCEO* établit le principe de deux droits distincts mais connexes, à savoir le droit naturel à la bonne réputation et le droit à l'intimité. En ce qui concerne le droit à la bonne réputation, il s'agit de la canonisation d'un droit fondamental de la personne humaine : « Nul ne sera l'objet […] ni d'atteintes à son honneur et à sa réputation. Toute personne a droit à la protection de la loi contre de telles immixtions ou de telles atteintes »[792]. En effet, cette disposition revêt une importance particulière, car elle constitue l'un des rares renvois du Code à l'application d'un droit de l'homme au sein de l'ordre ecclésial. Son objectif est de protéger la personne, en l'occurrence le fidèle, contre les ingérences indiscrètes et parfois agressives d'autrui, tout en préservant son droit de ne pas être contraint de fournir des données[793]. De fait, « le droit à la bonne réputation est un des biens les plus précieux de la personne […]. Dans l'Église, la bonne renommée revêt une importance transcendante avec des conséquences juridiques, car elle est nécessaire pour accéder à un office

---

[790] Voir D. Cito, « Note à propos d'une sentence pénale du Tribunal de la Rote (*Conram Ragni*, 16 février 1993), dans *Ius Ecclesiae* 6 (1994), 229-234. D'autres auteurs ont repris ces mêmes motifs en les complétant avec d'autres raisons, à savoir la soustraction des délits les plus graves à la juridiction des tribunaux inférieurs et de la Rote romaine ; une application *sui generis* du principe de légalité des délits et des peines et la place de la jurisprudence dans la hiérarchie des normes canoniques. Voir Richer, « La rareté de la jurisprudence pénale de l'Église, causes et conséquences », 170-171.

[791] Voir J. Domingo, « La protection des données à l'officialité sous forme de secret d'office, secret professionnel et protection de la confidentialité », dans *L'Année canonique*, 60 (1019), 233-265.

[792] Déclaration Universelle des droits de l'homme, art. 11, www.ohchr.org/sites/default/files/UDHR/Docu-ments/UDHR Translations/frn.pdf (consulté 13 décembre 2023).

[793] Voir D. Le Tourneau, « Le canon 220 et les droits fondamentaux à la bonne réputation et à l'intimité », dans *Ius Ecclesiae* 26 (2014), 128.

ecclésiastique et à un poste de responsabilité »[794]. C'est ainsi que le c. 220 dispose qu'il n'est permis à personne de porter illégitimement atteinte à la bonne réputation d'autrui[795], mais quand l'intérêt supérieur de l'Église est en cause, il devient légitime d'initier des procédures pénales et d'enquêter sur les délits imputés à des personnes. Toutefois, il convient de tenir compte d'une suite de dispositions juridiques posées en vue de la protection de la bonne réputation[796]. Le c. 489, §2 précise l'exigence selon laquelle chaque année, les documents relatifs à des affaires criminelles concernant des comportements délictueux, lorsque les coupables sont décédés ou que les sentences de condamnation datent de dix ans, seront détruits. Toutefois, un résumé succinct de l'affaire avec le texte de la sentence définitive sera conservé. Pour Étienne Richer, il est crucial de conserver dans les archives secrètes de la Curie une synthèse concise de l'affaire, associée au texte de la sentence définitive. Cependant, il considère l'éventuelle publication de ces documents comme improbable. Si elle devait avoir lieu, elle devrait respecter l'anonymat des personnes impliquées, et les pièces seraient regroupées dans un volume dédié, accessible à ceux chargés d'appliquer le droit, sous réserve que la jurisprudence soit rendue disponible[797].

La préoccupation légitimement justifiée de la confidentialité représente l'un des principaux obstacles à la création d'une jurisprudence véritablement digne de ce nom[798]. Selon le c. 489, §1, il est prévu d'avoir dans la curie diocésaine des archives secrètes, ou éventuellement dans les archives ordinaires, un endroit sécurisé tel qu'une armoire ou un coffre où les documents à caractère confidentiel seront soigneusement conservés[799]. Peut-on légitimement soumettre à la vindicte médiatique des personnes soupçonnées d'irrégularités canoniques ? Ne devraient-elles pas bénéficier du principe de présomption d'innocence et du droit à un procès équitable, avec toutes les garanties procédurales nécessaires à leur défense ? Soutenir ce

---

794 *Ibid.*, 130.

795 Voir *CIC*/83, c. 220 : « Il n'est permis à personne de porter atteinte d'une manière illégitime à la bonne réputation d'autrui, ni de violer le droit de quiconque à préserver son intimité ».

796 Voir *CIC*/83, c. 489, §2: « Chaque année, les documents de causes criminelles en matière de mœurs dont les coupables sont morts, ou qui ont été achevées par une sentence de condamnation datant de dix ans, seront détruits ; un bref résumé du fait avec le texte de la sentence définitive en sera conservé ; voir aussi *CIC*/83, cc. 1455 ; 1717, §2 ; 1719.

797 Voir RICHER, « La rareté de la jurisprudence pénale de l'Église, causes et conséquences », 177.

798 *Ibid.*, 175.

799 Voir *CIC*/83, c. 489 : « §1 Il y aura aussi à la curie diocésaine des archives secrètes, ou du moins dans les archives ordinaires, une armoire ou un coffre parfaitement clos et verrouillé, inamovible, dans lequel seront conservés avec le plus grand soin les documents à garder secrets ».

principe de confidentialité doit-il être interprété comme une dissimulation ou une complicité avec des actes criminels ? Autant de questions au sujet de la pertinence du principe de la confidentialité. L'équilibre entre l'intérêt individuel et l'intérêt collectif est fréquemment en question, et le droit canonique doit garantir la protection des deux. La régulation de la confidentialité est constamment orientée vers la recherche de cet équilibre[800].

Aux États-Unis, au nom de la transparence, la pratique a été mise en œuvre de divulguer publiquement des informations détaillées sur les prêtres accusés de crimes sexuels[801]. Cependant, le Conseil Pontifical pour les textes législatifs a explicitement indiqué que la publication par une Conférence nationale d'évêques d'une liste des noms de clercs condamnés pour abus sexuels sur des mineurs, que ce soit par une instance civile ou ecclésiastique, n'était pas légitime. Il a préconisé une approche au cas par cas en évaluant les intérêts en cause selon le principe de proportionnalité[802]. Lorsque la pression médiatique atteint un certain seuil, l'équité du procès peut être mise en péril par la publicité excessive. De plus, cette publicité peut entrer en conflit avec d'autres principes fondamentaux tels que la dignité, la présomption d'innocence, le droit à la défense et le droit à bonne réputation[803]. Selon Astigueta, il serait plus approprié de faire référence à une transparence saine ou à un secret sain, car des excès dans les deux cas peuvent être préjudiciables[804].

Par ailleurs, *CIC/*83, c. 471, §1 demande à tous les membres des tribunaux ecclésiastiques de prêter le serment de garder le secret. Aussi, le juge pourra déférer le serment du secret aux témoins, aux experts, aux parties et à leurs avocats et procureurs (*CIC/*83, c. 1455, §1). C'est pour dire que la confidentialité légitime doit être protégée. De manière spécifique dans le contexte juridique, la fonction du droit consiste à sauvegarder l'ensemble des intérêts juridiques, où la confidentialité et la publicité sont aussi deux instruments à utiliser pour servir la cause de la justice[805]. De plus, les autres

---

[800] Voir J. DOMINGO, « La protection des données à l'officialité : secret d'office, secret professionnel, protection de la confidentialité », dans *L'Année canonique*, 50 (2019), 236.
[801] Voir *Ibid.*
[802] Voir Conseil Pontifical pour les textes législatifs, Réponse du 15 septembre 2016. Prt : N. 15512/1016, dans *Eastern Legal Thought* 13 (2017), 13-15 ; voir J-P. SCHOUPPE, « Les droits à la bonne réputation, à l'intimité et au respect des données à caractère personnel en droit canonique : avant et après l'entrée en vigueur du règlement UE 2016/679, dans *Ius Ecclesiae* 2 (2019), 31.
[803] Voir DOMINGO, « La protection des données à l'officialité : secret d'office, secret professionnel, protection de la confidentialité », 238.
[804] Voir D. ASTIGUETA, « Trasparenza e segreto. Aspetti della prassi penalistica », dans *Periodica*, 107 (2018), 534.
[805] Voir DOMINGO, « La protection des données à l'officialité : secret d'office, secret professionnel, protection de la confidentialité », 244.

secrets professionnels sont aussi protégés par le droit de l'État, car ils sont essentiels pour la vie de la société[806]. La tension entre ces deux extrêmes, à savoir la confidentialité et la transparence, peut être intense, mais la justice exige le maintien des deux[807]. Cela peut rendre la publication d'une véritable jurisprudence canonique pénale difficile, car les procédures nécessaires pour appliquer des sanctions peuvent être inaccessibles par une protection excessive du secret ecclésiastique. L'enseignement de Jean-Paul II, selon lequel la vérité est le fondement de la justice, remet en question la légitimité d'une culture absolue du silence, ou omerta, dans le contexte de l'Église[808]. Selon Scicluna, cette culture du silence pourrait être injuste et nuire à la crédibilité de l'Église dans la société contemporaine. Il propose plutôt de trouver un équilibre entre le secret et la transparence, soulignant l'importance de la confidentialité et de la détermination du secret pastoral en droit canonique[809].

---

[806] Voir *CIC*/83, c. 1548 : « §1 Les témoins légitimement interrogés par le juge doivent dire la vérité. §2 Restant sauves les dispositions du can. 1550, § 2, n. 2, sont soustraits à l'obligation de répondre : 1° les clercs, pour les choses qui leur ont été révélées à l'occasion de leur ministère sacré ; les magistrats civils, les médecins, les sages-femmes, les avocats, les notaires et toutes les personnes tenues au secret professionnel, y compris au titre de conseils donnés, pour tout ce qui relève de ce secret. 2° les personnes qui craignent que leur témoignage n'entraîne pour leur conjoint, leurs proches parents ou alliés, discrédit, mauvais traitement dangereux ou autres maux graves ».

[807] Voir DOMINGO, « La protection des données à l'officialité : secret d'office, secret professionnel, protection de la confidentialité », 245.

[808] Voir JEAN-PAUL, « Discours au Tribunal de la Rote romaine », 28 janvier 1994, dans *AAS*, 86 (1994), 947-952 ; voir aussi RICHER, « La rareté de la jurisprudence pénale de l'Église, causes et conséquences », Annexe VI, *Discours du Pape Jean Paul II au Tribunal de la Rote romaine* (28 janvier 1994), 349-355.

[809] C. J. SCICLUNA, « La recherche de la vérité dans les cas d'abus sexuels : Un devoir moral et légal », dans C. J. Scicluna, H. Zollner, D. J. Ayotte, *Vers la guérison et le renouveau* (dir.), Paris, Cerf, 2013, 89. Dans la même perspective, Mgr Anatrella affirme que « Entre *la loi du silence et de la transparence*, le secret professionnel apparaît bien comme le gardien des consciences non pas pour être complice et complaisant ou encore pour cacher une situation délictueuse, mais pour en appeler à toujours plus de vérité ». T. ANATRELLA, *Postface* à la thèse doctorale de B. DU PUY-MONTBRUN, *La détermination du secret chez les ministres du culte-Le secret pastoral en droit canonique et en droit français*, préface de Jean Pradel, Dijon, L'Échelle de Jacob, 2012, 12, cité par RICHER, « La rareté de la jurisprudence pénale de l'Église, causes et conséquences », 149.

4.1.3 La place de la jurisprudence canonique dans la hiérarchie des normes

Selon l'article 200, §1 de la constitution apostolique *Praedicate Evagelium*, c'est le Tribunal de la Rote Romaine qui doit jouer ordinairement le rôle de veiller à l'unité de la jurisprudence et, par ses propres sentences, aider les tribunaux inférieurs[810]. Il convient de noter que « la jurisprudence et la praxis ne sont que des sources supplétives auxquelles on recourt en cas de lacune du droit, selon le c. 19 du *CIC*, et qu'autrement il s'agit de simples autorités qui laissent libres les autres juges ou sujets de droit »[811]. Est-ce que la rareté, voire l'absence de jurisprudence disponible, serait en fin de compte de peu d'importance en matière pénale ? Une réponse affirmative reviendrait à ignorer délibérément de nombreuses déclarations pontificales mettant en avant l'importance du rôle de la jurisprudence[812].

Retenons que la jurisprudence de la Curie romaine a une certaine autorité au sein de la justice ecclésiale. Parler de l'autorité de cette jurisprudence revient à parler de la force judiciaire des tribunaux du Saint-Siège, plus précisément de la Rote Romaine, en vertu de leur autorité suprême dans l'Église universelle[813]. Le rôle qu'exerce le tribunal apostolique de la Rote Romaine, et son influence sur les autres tribunaux sont indéniables. En effet, la constitution apostolique *Praedicate Evagelium* le souligne sans

[810] Voir FRANÇOIS, La constitution apostolique « *Praedicate Evagelium* », art 200, §1.

[811] P. TOXE, « La hiérarchie des normes canoniques latines ou la rationalité du droit canonique », dans *L'Année canonique*, 44 (2002), 126; voir *CIC*/83, c. 19 : « Si, dans un cas déterminé, il n'y a pas de disposition expresse de la loi universelle ou particulière, ni de coutume, la cause, à moins d'être pénale, doit être tranchée en tenant compte des lois portées pour des cas semblables, des principes généraux du droit appliqués avec équité canonique, de la jurisprudence et de la pratique de la Curie Romaine, enfin de l'opinion commune et constante des docteurs ». Ce canon établit quatre sources que les juges, les administrateurs et autres interprètes du droit devraient utiliser pour rechercher une règle, une norme ou un principe afin de résoudre les cas où il existe une « *lacuna legis* » ou silence de la loi. Voici ces quatre sources du droit supplétif : analogie (cas semblables) ; principes généraux (appliqués avec équité) ; la jurisprudence et la pratique de la Curie romaine ; et la doctrine scientifique (l'opinion commune et constante des docteurs). L'expression « jurisprudence et pratique de la Curie romaine » fait référence, dans un sens large, aux solutions adoptées dans l'activité tant judiciaire qu'administrative de l'organisation centrale de l'Église. *CDCA*, 51. Pour une étude approfondie sur les sources supplétives du droit : voir M. LOKALO MPOTO, *Les sources supplétives du droit canonique (canon 19). Le dynamisme de la Norme canonique*. Extractum ex Dissertatione ad Doctoratum in Iure Canonico, Pontificia Universitas Urbaniana. Facultas Iuris Canonici, Romae, 1999.

[812] Voir RICHER, « La rareté de la jurisprudence pénale de l'Église, causes et conséquences », 135-136.

[813] A. JULIEN, *Juges et Avocats des tribunaux de l'Église*, Rome, 1970, 222, note 41.

équivoque[814]. La place de la jurisprudence de la Rote Romaine est d'autant plus significative en raison de sa « structure collégiale constituée d'un certain nombre de juges dotés d'une doctrine éprouvée. Compétents et expérimentés, choisis par le Pontife romain dans les diverses parties du monde »[815]. Jean-Paul II exprime ouvertement son admiration pour la haute valeur scientifique de la jurisprudence de la Rote Romain : « La jurisprudence de la Rote a toujours eu une grande valeur dans l'Église, en considération de la science et de l'expérience des juges et de l'autorité dont ils jouissent comme juges pontificaux »[816]. En outre, la jurisprudence de la Rote Romaine sert de référence aux autres tribunaux inférieurs en raison de la qualité exceptionnelle du travail accompli par l'ensemble des acteurs du tribunal en garantissant une fidélité toujours plus grande à la doctrine de l'Église[817]. De ce fait, il est un tribunal modèle : « Le S. tribunal de la Rote est inébranlablement fidèle à une si haute règle et qu'il peut dès lors être donné en exemple aux tribunaux diocésains qui ont le regard fixé sur lui comme sur un modèle »[818].

Bien que la jurisprudence de la Rote Romaine soit particulièrement notable et plus significative dans les affaires matrimoniales, les autres tribunaux peuvent s'en inspirer également dans d'autres domaines que celui du mariage. Considérant que « le tribunal de la Rote Romaine juge en deuxième instance les causes jugées par les tribunaux ordinaires de première instance et déférées au Saint-Siège par appel légitime. Il juge en troisième instance ou instance supérieure les causes déjà traitées par le Tribunal apostolique ou par quelque autre tribunal »[819].

---

[814] Voir FRANÇOIS, La constitution apostolique « *Praedicate Evagelium* », art 200, §1 : « Le Tribunal de la Rote Romaine joue ordinairement le rôle d'instance supérieure d'appel auprès du Siège apostolique pour protéger les droits dans l'Église, veille à l'unité de la jurisprudence et, par ses propres sentences, aide les tribunaux inférieurs ».

[815] *Ibid.*, art 201, §1.

[816] JEAN PAUL II, *Discours à la Rote*, le 26 janvier 1984, dans J. THORN, *Le Pape s'adresse à la Rote 1939-1994,* Ottawa, Faculté de droit canonique, Université Saint Paul Ottawa, 1994, 194.

[817] JEAN PAUL II, *Discours à la Rote*, le 26 février 1983, dans J. THORN, *Le Pape s'adresse à la Rote 1939-1994,* Ottawa, Faculté de droit canonique, Université Saint Paul Ottawa, 1994, 188.

[818] PIE XII, *Discours à la Rote*, le 2 octobre 1944, dans J. THORN, *Le Pape s'adresse à la Rote 1939-1994*, Ottawa, Faculté de droit canonique, Université Saint Paul Ottawa, 1994, 44.

[819] FRANÇOIS, La constitution apostolique « *Praedicate Evagelium* », art 202.

4.2 Mécanismes alternatifs de résolution des litiges, source de scandales

La question de la réparation des scandales et du règlement équitable extrajudiciaire des litiges représente une des limites de notre étude. En effet, nous ne fournirons pas une analyse exhaustive sur la manière dont la réparation[820] ou la résolution des litiges devrait être effectuée, mais nous nous limiterons simplement à considérer les moyens possibles de réparation sans entrer dans les détails. Cette problématique pourrait constituer un sujet de recherche distinct et approfondi à explorer ultérieurement[821]. Il convient toutefois de souligner que, outre les peines médicinales et expiatoires, ainsi que les moyens non disciplinaires abordés dans le chapitre précédent, le Code prévoit également d'autres mécanismes visant à la résolution des litiges. En outre, il serait intéressant de mentionner certains mécanismes de gestion des scandales issus des traditions culturelles des peuples, en particulier des cultures africaines.

4.2.1 Autres mécanismes prévus par le Code : la médiation, la réconciliation et l'arbitrage

Le scandale et le conflit ont une chose en commun : leur capacité à troubler un ordre établi. Beaucoup de conflits ou des litiges sont source de scandales dans l'Église et nécessitent une réparation. Le verbe « réparer » est en relation avec deux réalités : le scandale d'une part, et les dommages d'autre part[822]. La réparation de scandale et des dommages doit être envisagée dès le début du procès pénal, « avec l'accord des parties », par l'Ordinaire lui-même ou l'enquêteur, ceci afin d'« éviter des procès inutiles » (c. 1718, § 4). Par ailleurs, le promoteur de justice conserve le droit de faire appel chaque fois qu'il juge que la réparation du scandale ou la restauration de la justice n'a pas été effectuée de manière adéquate[823]. Mais, le Code prévoit aussi une action

[820] Voir ANNEXE 4 sur la prise en compte plus importante de la notion de réparation dans le Nouveau Livre VI.

[821] Voir Annexe 4, La prise en compte plus importante de la notion de réparation dans le Nouveau Livre VI ; voir GONÇALVES, « Réparation et remèdes pénaux dans le nouveau Livre VI du Code de droit canonique latin », dans E. BESSON, *La réparation de l'injustice. Ius restitutio Iustitia*, Toulouse, Presses Universitaires de l'ICT, 2023, 333-334 (= GONÇALVES, « Réparation et remèdes pénaux dans le nouveau Livre VI »).

[822] Voir GONÇALVES, « Réparation et remèdes pénaux dans le nouveau Livre VI », 321.

[823] Voir *CIC*/83, c. 1729 : « §2 Le promoteur de justice peut faire appel chaque fois qu'il estime qu'il n'a pas été suffisamment pourvu à la réparation du scandale ou au rétablissement de la justice ». Cela suppose qu'il soit vraiment actif dans le procès et qu'il soit suffisamment indépendant par rapport à l'Ordinaire.

en réparation des dommages (*CIC*/83, cc. 1729 à 1731). En effet, la « partie lésée peut exercer une action contentieuse au pénal pour obtenir la réparation des dommages » (c. 1729, § 1) d'une affaire qui est traitée comme une intervention de tiers dans le procès (c. 1596). De fait, cette intervention doit absolument avoir lieu « au premier degré du jugement pénal » sinon elle « n'est plus admise » (c. 1729, § 2) et la sentence n'aura « aucun effet juridique à l'égard de la partie lésée » (c. 1731). Il convient de noter une avancée au c. 1361, § 4 du législateur de 2021 : « La peine ne peut être remise tant que, suivant le jugement prudent de l'Ordinaire, le coupable n'aura pas réparé le dommage éventuellement causé ». La réparation consistera à une des peines prévues au c. 1336, § 2 à 4[824].

Le c. 1446, §1[825] traite du devoir des fidèles chrétiens, en particulier des évêques et des juges, d'utiliser ces mécanismes alternatifs de résolution des litiges comme une obligation morale[826]. Ces mécanismes devraient être orientés vers ces deux objectifs, notamment éviter tout litige qui pourrait surgir au sein du peuple de Dieu et résoudre tout litige immédiatement, sans sacrifier la justice, pour rétablir une coexistence ecclésiale pacifique[827]. En effet, le c. 1446, §§2-3 stipule qu'au début du procès et à tout moment où le juge perçoit une possibilité de trouver une solution favorable, il est tenu d'encourager activement les parties à rechercher une résolution équitable à leur différend. Il leur fournira également des orientations appropriées pour atteindre cet objectif[828]. À cet effet, le canon précité offre trois moyens : la

---

[824] Voir A. BAMBERG, « Procédures pénales canoniques. Une synthèse après « *Pascite gregem Dei* », chrome-extension://efaidnbmnnnibpcajpcglclefindmkaj/https://hal.science/hal-03387923/document (consulté le 27 février 2024).

[825] Voir *CIC*/83, c.1446, §1 : « Tous les fidèles, et en premier les évêques, s'efforceront de leur mieux, dans le respect de la justice, d'éviter autant que possible les litiges au sein du peuple de Dieu, et de les régler au plus tôt de manière pacifique ».

[826] Voir D. ROSEMAN, « Mediation in the Church: A Review of the Literature and of the Key Elements of Mediation », dans *Studia canonica*, 47 (2013), 168.

[827] Voir M.J. JESU PUDUMAI DOSS, « "First be Reconciled to your brother or Sister…" (Mt 5, 24) : Somme canonical Considerations on the Conflict Resolution Mechanisms in the Church », dans *Studies in Church Law*, 18 (2023), 22.

[828] Voir *CIC*/83, c. 1446 : « §1 Tous les fidèles, et en premier les Évêques, s'efforceront de leur mieux, dans le respect de la justice, d'éviter autant que possible les litiges au sein du peuple de Dieu, et de les régler au plus tôt de manière pacifique. §2 Au début du procès et même à tout moment, chaque fois qu'il entrevoit quelque espoir d'une solution favorable, le juge ne doit pas omettre d'exhorter et d'aider les parties à chercher d'un commun accord une solution équitable à leur différend, et il leur indiquera les moyens convenables à cette fin, en ayant notamment recours à la médiation de sages. §3 Si le procès concerne le bien privé des parties, le juge examinera si le différend peut être utilement réglé par une transaction ou un arbitrage selon les cann. 1713-1716 » ; voir J.P. SCHOUPPE, « Les procédures administratives face aux dysfonctionnements dans les communautés ecclésiales », dans *L'Année*

médiation, la transaction ou la réconciliation et l'arbitrage. La médiation implique l'intervention d'un tiers neutre chargé de réunir les parties en conflit autour d'une table. Ce processus repose sur le consentement volontaire des parties concernées, visant ainsi à parvenir à une résolution amiable de leurs différends de manière efficace[829]. La transaction est « une entente par laquelle une affaire conflictuelle est réglée sans un procès formel »[830]. Dans la résolution des conflits, l'accent doit être mis sur le bien-être collectif, c'est-à-dire le maintien de l'unité communautaire et garantir un climat satisfaisant pour toutes les parties impliquées. Enfin, « l'arbitrage est sans nul doute le plus ancien mode de rendre la justice, c'est pourquoi on le retrouve au commencement de toutes les sociétés particulières. La civilisation homérique ne connaît pas de lois, ni de juges, ni de règles judiciaires, mais on y trouve des arbitres qui se chargeaient de terminer les différends »[831]. À propos de l'arbitrage, le c. 1929 du *CIC*/17 dispose que « pour éviter les discussions judiciaires, les parties peuvent aussi conclure une convention, par laquelle le conflit est remis au jugement d'une ou de plusieurs personnes, soit qu'elles tranchent la question selon les règles du droit, soit qu'elles la traitent selon l'équité et transigent ; les premiers sont appelés 'arbitres', les seconds 'arbitrateurs' »[832]. Selon le document « Due Process » du NCCB des États-Unis, l'arbitrage consiste à soumettre un litige, par accord volontaire des parties, à une ou plusieurs personnes impartiales pour trancher l'affaire. En effet, les parties conviennent à l'avance d'accepter la décision de l'arbitre ou des arbitres[833].

4.2.2 Valorisation des mécanismes de réparation des scandales issus des cultures : perspectives africaines

Cette section se propose de réfléchir aux mécanismes informels de règlement des conflits et de réparation des scandales, en s'inspirant de pratiques culturelles variées adaptées aux réalités socio-culturelles propres à chaque société[834], avec une attention particulière portée aux dynamiques

---

canonique, 40 (2004), 112; voir P. VALDRINI, « Recours et conciliation dans les controverses avec les supérieurs », dans *L'Année canonique*, 28 (1984), 87-89.

829 P. V. NTAMBWE KASONGO, *Normes canoniques sur les moyens d'éviter les litiges. Contexte culturel du Congo-Kinshasa,* Paris, Harmattan, 2016, 139-140 (= NTAMBWE KASONGO, *Normes canoniques sur les moyens d'éviter les litiges).*

830 L. F. STELTEN, *Dictionary of Ecclesiastical Latin*, Peabody, MA, Hendrickson, 1995, 326.

831 NTAMBWE KASONGO, *Normes canoniques sur les moyens d'éviter les litiges,* 146, note 341.

832 *CIC*/17, c. 1929.

833 Voir NATIONAL CONFERENCE OF CATHOLIC BISHOPS, *On Due Process*, Washington D.C., 1971, 15-17, 23-31.

834 Le DICASTERE POUR LES TEXTES LEGISLATIFS souligne l'importance de la prise en

observées en Afrique subsaharienne. À titre d'exemple, le « gacaca »[835] au Rwanda illustre l'efficacité de ces mécanismes non-officiels, car ils offrent une justice rapide, peu coûteuse, accessible à tous, comprise et largement soutenue par la communauté, tout en encourageant une participation communautaire significative[836].

La palabre africaine constitue une pratique fondamentale au sein des sociétés africaines, au point qu'il est presque impossible de comprendre ces communautés sans la prendre en compte. Elle reflète un savoir-faire et être qui diffèrent significativement des pratiques et réalités occidentales. À travers elle, s'expriment des valeurs africaines, enracinées dans des traditions de dialogue, de consensus et de préservation du tissu social ; elle est un outil de résolution de litiges et de construction communautaire[837]. L'arbre à palabres, c'est « un des mécanismes et des stratégies élaborés pour favoriser le vivre-ensemble »[838]. Toutes les palabres ne visent pas la même chose[839]. Malgré

---

considération des composantes culturelles dans le maintien de l'ordre social de l'Église en relation avec le Titre VII du Nouveau Livre VI, en affirmant : « Le domaine d'application universel du droit pénal canonique et la diversité des composantes culturelles des lieux où il est effectivement en vigueur ont déterminé l'inclusion, comme élément de clôture du système pénal, d'une norme générale permettant de punir d'autres comportements qui offensent l'ordre social de l'Église et exigent une réaction de la part de l'autorité ». Voir DICASTERE POUR LES TEXTES LEGISLATIFS, *Sanctions dans l'Église*, 168.

835 Le terme « gacaca », issu de la langue kinyarwanda, désigne littéralement le « gazon » et, par extension, les rassemblements de voisins (assis sur l'herbe) organisés pour résoudre des conflits locaux. Même si cette pratique n'est pas formalisée par des textes juridiques, elle est aujourd'hui reconnue et utilisée dans les processus locaux de résolution des conflits. Voir F. REYNTJENS, « Le gacaca ou la justice du gazon au Rwanda », dans *Politique africaine*, 40 (1990), 32 (= REYNTJENS, « Le gacaca ou la justice du gazon au Rwanda »).

836 Voir *Ibid.*, « Le gacaca ou la justice du gazon au Rwanda », 41.

837 Voir A. YINDA, « La palabre africaine », dans *Revue internationale de la didactique et des pratiques de la philosophie (Diotime)*, 04 (2020), 1, https://diotime.lafabriquephilosophique.be/numeros/084/018/ (consulté le 16 décembre 2024).

838 G. G. TATA, « Paradigme endogène de communication : Palabre africaine pour la dynamique sociale », dans *Revue Internationale Donni,* 4 (2024), 260, https://revuedonni.wordpress.com (consulté 18 décembre 2024). [= TATA, « Paradigme endogène de communication : Palabre africaine pour la dynamique sociale »]. L'arbre à palabres, en Afrique, est un symbole culturel et social où les membres d'une communauté se réunissent pour discuter, débattre et résoudre collectivement des problèmes. Situé souvent au centre du village, il incarne un espace de dialogue, de transmission des savoirs, de prise de décisions et de renforcement du lien social, ancré dans les traditions orales africaines.

839 Voir J-G., BIDIMA, *La Palabre, une juridiction de la parole*, Paris, Michalon, Le Bien commun, 1997, 10 : « Il existe donc plusieurs types de palabres que l'on regroupera en deux : "palabres iréniques" tenues en dehors de tout conflit (à l'occasion

cette diversité, toutes les formes de palabre partagent un objectif commun : préserver ou restaurer l'harmonie sociale.

De fait, « la palabre a souvent eu lieu dans un face-à-face entre la victime et le fautif [l'auteur du crime], en présence de la communauté (tout au moins d'un groupe de témoins) qui est l'instance suprême. Elle se fait sur la base de la validité des discours à une triple perspective : le locuteur, l'interlocuteur, la communauté. Cette dernière étant le témoin privilégié de l'interaction du dialogue [...], la communauté qui recherche la communion des membres afin d'éviter la désharmonie existentielle »[840]. Dans la perspective africaine, ce mécanisme met l'accent sur la réconciliation et le rétablissement des liens sociaux plutôt que sur le jugement. Il valorise la réparation des scandales et la réintégration de l'individu dans la communauté, illustrant une approche humaine et collective des conflits, qui mérite d'être reconnue et promue. Il s'agit ici de ce que Josée Ngalula désigne comme « le génie culturel africain ». Dans ce contexte, la référence est faite à la culture juridique coutumière où, contrairement à la justice étatique, les sanctions sont établies en fonction de la gravité du désordre social provoqué par le scandale, plutôt qu'en fonction du tort causé à une victime ou à un groupe. L'accent est ainsi mis sur la restauration des rapports sociaux, au détriment de la simple détermination de la culpabilité[841]. On fait recours à la palabre comme technique privilégiée de médiation et de négociation pour résoudre les différends et réparer les scandales dans le sens de la réconciliation et de l'harmonie. En effet, « la palabre fait ainsi figure de thérapie collective »[842]. Les valeurs ancestrales et la jurisprudence sont mises en jeu pour favoriser l'acceptation unanime de la décision rendue. Celle-ci, issue des discussions et débats, est généralement entérinée par un repas commun rassemblant les différents protagonistes. Cette pratique, marquée par le respect des préséances, s'accompagne de danses et de chants, symboles de la volonté collective de vivre en paix et en harmonie[843]. C'est dans cette perspective que Bidima considère la palabre comme une école de rationalité communicationnelle où les membres d'une communauté

---

d'un mariage, d'une vente...) et les "palabres agonistiques" qui font suite à un différend . On ne traitera ici que de cette dernière forme ».

840 TATA, « Paradigme endogène de communication : Palabre africaine pour la dynamique sociale », 261.

841 Voir M-E, PARE, « Dynamisme des cultures juridiques en contexte de pluralisme juridique en Afrique : le cas du Burkina Faso, dans *Revue générale de droit*, 49 (2019), 567, https://www.erudit.org/fr/revues/rgd/2019-v49-n2-rgd05219/1068529ar/ (consulté 21 décembre 2024).

842 N. BAGAYOKO & F. R. KONE, « Les mécanismes traditionnels de gestion des conflits en Afrique Subsaharienne », Rapport 2, juin 2017, Centre FrancoPaix en résolution des conflits et missions de paix, UQAM, Université du Québec, Montréal, 2017, 22, /https://dandurand.uqam.ca/wp-content/uploads/2017/06/Rapport_Recherche_2_FrancoPaix.pdf.

843 Voir *Ibid.*

apprennent à se parler, à s'écouter et à rechercher des mécanismes consensuels de résolution des conflits et de réparation de scandales. Il s'agit de toute une juridiction de la parole en vue de renforcer la cohésion sociale[844].

Il convient de noter qu'il existe des tribunaux traditionnels africains. Ces derniers imposent également des sanctions, mais toujours avec l'objectif principal de préserver l'harmonie communautaire et de réintégrer le coupable dans la société. Dans les cultures africaines, sanctionner vise à aider l'individu à prendre conscience de la gravité de son acte et à s'engager à ne pas le répéter. Bien qu'il soit difficile de remplacer les procédures criminelles, qu'elles soient ecclésiastiques ou étatiques par la palabre africaine, il est néanmoins essentiel de recourir à cette pratique dans le cadre du processus de réconciliation. Cette approche joue un rôle fondamental dans la guérison psychologique des coupables, tout en facilitant leur réinsertion sociale, mais également celle des victimes. Le cas de Moseka[845], présenté par Josée Ngalula est un exemple pertinent dans la mesure où il rend compte d'un mélange des éléments de la foi chrétienne et du génie culturel africain. Une telle considération permettrait de mieux articuler le rôle des différents systèmes de justice dans la recherche d'une harmonie sociale durable. Le processus de réconciliation vise à garantir que la vie commune puisse se poursuivre dans la paix, tout en empêchant la répétition du mal. La réconciliation n'élimine pas la sanction, mais s'attache à rétablir et préserver la paix dans la communauté.

---

844 Voir BIDIMA, *La Palabre, une juridiction de la parole*, 11-36. L'auteur en décrit le choix du lieu, la composition, les compétences, la recherche des preuves, les sentences, les punitions, le recours, la réconciliation. Il définit la palabre comme « un mouvement qui arrête la violence après la discussion vive. Elle conduit des gens en conflit vers un consensus. Dans la palabre – selon cette optique – on exorcise le dissensus pour promouvoir l'unité, le peuple uni et indivisible », ibid., 37.

845 Voir, NGALULA, « Recoudre la confiance en l'Église. Expériences d'Afrique ». Il s'agit d'un récit réel raconté par la victime, 20 ans après l'événement qui a eu lieu dans un diocèse d'Afrique. Le drame s'est produit lorsque Moseka (Moseka est un pseudonyme.), âgée de 9 ans, séjournait chez son oncle qui était catéchiste (une autorité ecclésiale responsable des principales activités de la communauté chrétienne par mandat de l'évêque). Ce dernier a orchestré le départ du reste de la famille afin de rester seul avec Moseka qu'il viola avec une extrême violence. Le catéchiste était considéré par tout le village comme un « saint » homme. Après ce scandale, Moseka se réfugia chez sa grande sœur jusqu'à l'âge adulte. On ne parla jamais de cette histoire ni dans la famille, ni dans le village. Mais, Moseka quitta l'Église catholique du fait qu'elle était scandalisée et traumatisée par ce comportement abominable de son oncle. Avec l'aide, Moseka finira par prendre son courage pour parler à son oncle qui a reconnu son crime. Ainsi, le village s'était réuni pour juger son oncle selon les coutumes traditionnelles. Enfin, la sentence fut prononcée, avec triple sanction, notamment être hurlé par toute la communauté, dédommager la victime, et être exclu du clan. Par la suite, l'oncle a accepté la sanction qui lui a été infligée. Il a perdu son poste de catéchiste et s'est engagé à aider Moseka à adopter un enfant. Quant à Moseka, elle est devenue une femme épanouie et rayonnante. Voir *Ibid.*

Cette approche de gestion de scandales valorise la justice communautaire, en complément ou en alternative aux systèmes judiciaires étatiques ou ecclésiastiques. Elle est particulièrement adaptée dans des contextes où les institutions formelles sont perçues comme éloignées des réalités locales ou incapables d'apporter des solutions adaptées. La valorisation de ces pratiques pourrait enrichir les conférences épiscopales en Afrique, en inspirant des mécanismes contextualisés de gestion des scandales dans l'Église, tout en intégrant les principes canoniques et les besoins pastoraux. À juste titre, le c. 1446 du *CIC*/83 indique le recours à la médiation des sages, à des conciliateurs pour trouver un accord permettant d'éviter le procès ou sa poursuite et de résoudre la controverse[846].

4.3 Application du c. 1399 : Causes jurisprudentielles et réflexions canoniques

Pour appréhender de manière concrète les principes et la procédure du droit pénal canonique jusqu'ici exposés, il est utile de présenter quelques causes examinées par des tribunaux ecclésiastiques, y compris les tribunaux de la curie romaine notamment le tribunal apostolique de la Rote romaine et celui du Dicastère pour le Clergé faisant usage des Facultés spéciales dont nous avons parlées au chapitre précédent.

4.3.1 Les critères d'analyse des causes jurisprudentielles

Pour qualifier un événement, un fait ou un propos de scandale, selon la perspective canonique, quatre éléments sont nécessaires[847], à savoir :

1. Le concours d'un événement extérieur, un fait ou un propos ;

2. La présence d'un émetteur ou la notoriété du délit ;

3. La réaction d'un récepteur : l'effet provoqué sur autrui ou sur la communauté ;

[846] Voir *CIC*/83 , c. 1446, §2: « Au début du procès, et même à tout moment, chaque fois qu'il entrevoit quelque espoir d'une solution favorable, le juge ne doit pas omettre d'exhorter et d'aider les parties à chercher d'un commun accord une solution équitable à leur différend, et il leur indiquera les moyens convenables à cette fin, en ayant notamment recours à la médiation de sages » ; Voir aussi *CIC*/83, c. 1713 : « Pour éviter les procès, il est souhaitable de recourir à une transaction ou une réconciliation, ou bien de soumettre le litige au jugement d'un ou plusieurs arbitres ». Les solutions alternatives favorisent davantage la cohésion dans l'Église.

[847] Voir LEVELEUX-TEIXEIRA, « Le droit canonique médiéval et l'horreur du scandale », 198-199.

4. La publicité : une audience intéressée et indignée.

Aussi, au cours du deuxième chapitre sur l'analyse et la discipline du c. 1399, nous avons trouvé que le législateur pose trois conditions qui doivent être formellement et conjointement requises pour l'application de ce canon, notamment :

1. La violation externe d'une loi divine ou canonique pour laquelle une sanction pénale n'est pas déterminée en cas de non-respect, il s'agit des cas non établis par le législateur ;

2. La gravité particulière de la violation exigeant une sanction ;

3. L'urgence de prévenir ou de réparer les scandales.

Par ailleurs, au troisième chapitre sur la procédure canonique pour punir, prévenir ou réparer des scandales, nous avons identifié les différentes manières dont l'autorité compétente peut agir face aux scandales : la voie judiciaire ou extrajudiciaire, user des Facultés spéciales ou procéder par d'autres voies canoniques non pénales. Le Code reconnaît à l'Ordinaire le devoir de déterminer la « juste peine » dans le contexte du c. 1399. Le critère de discernement n'est autre que la conscience et la prudence du juge ou de l'Ordinaire. En effet, « lorsque la peine indiquée par la loi est indéterminée, l'Autorité en charge du jugement - extrajudiciaire ou judiciaire – a le devoir d'évaluer discrétionnairement la peine à imposer, en tenant compte des circonstances du cas »[848]. Le c. 1349 énonce deux critères concrets pour guider la prise de décision[849]. Premièrement, l'Autorité doit s'assurer que la peine est proportionnellement adéquate au scandale et au dommage résultant du délit.

---

[848] DICASTERE POUR LES TEXTES LEGISLATIFS, *Sanctions Pénales dans l'Église*, 89.
[849] Voir *CIC*/83, c. 1349 : « Si une peine est indéterminée et si la loi n'y pourvoit pas autrement, le juge, au moment de déterminer les peines, choisira celles qui sont proportionnées au scandale causé et à la gravité du dommage ; toutefois, il n'infligera pas de peines trop lourdes, à moins que la gravité du cas ne le réclame absolument ; même alors, il ne peut pas infliger de peines perpétuelles ». Signalons que ce canon a été modifié par la Constitution apostolique *Pascite gregem Dei* du 23/05/2021. La précision apportée par la modification de ce canon mérite d'être notée, à savoir « ni le critère de proportionnalité, ni les deux paramètres concrets pour le mesurer n'étaient pas présents dans la discipline de 1983 ». DICASTERE POUR LES TEXTES LEGISLATIFS, *Sanctions Pénales dans l'Église*, 89. Il est pertinent de remarquer que le Dicastère pour les textes législatifs fait mention de la jurisprudence comme un autre critère pour déterminer la peine : « En outre, la correspondance avec des situations similaires déjà jugées et punies par d'autres autorités ecclésiastiques voisines, devrait conduire à considérer les sanctions imposées par celles-ci comme des mesures d'orientation importantes ». *Ibid.*

Deuxièmement, le canon exhorte les juges à agir avec tempérance et modération, en évitant d'infliger des peines excessives, sauf en cas de nécessité absolue due à la gravité de la situation. En effet, nous présenterons quelques cas examinés par le Dicastère pour le Clergé en employant les Facultés spéciales et leur caractère *d'extrema ratio* dans des situations autrement irréparables.

De ce qui précède, on peut déduire quatre critères principaux qui vont guider notre réflexion canonique et notre analyse des exemples jurisprudentiels que nous allons présenter en vue d'examiner la pertinence du c. 1399. Nous formulons donc quatre questions fondamentales, à savoir :

1. Pour chaque cause sélectionnée. S'agit-il vraiment d'un scandale du point de vue canonique ?
2. Les conditions requises pour l'application du c. 1399 sont-elles toutes réunies ? Dans le cadre des Facultés spéciales, dans quelle mesure les cas examinés répondent-ils aux conditions de leur application ?
3. Le choix d'une procédure pénale judiciaire ou extrajudiciaire. Quelle procédure a été suivie par l'autorité compétente ?
4. Quelle était la juste peine infligée par la sentence ?

4.3.2 Première cause d'application du c. 1399 : Cas du Rev. Edmond, une application abusive[850]

Ce cas aborde des délits liés à l'aliénation illégitime de biens ecclésiastiques et à l'abus d'un office ecclésiastique. Toutefois, la question de l'applicabilité du c. 1399 est ici envisagée avec le Promoteur de Justice cherchant à sanctionner des comportements troublants dans la communauté des fidèles. Cependant, l'utilisation forcée du c. 1399 est critiquée, car ce canon est une norme générale exceptionnelle qui ne peut se substituer aux normes pénales en vigueur. En examinant cette cause, nous nous limiterons principalement à l'analyse du canon à l'étude, à savoir le c. 1399.

4.3.2.1 Mise en contexte

Dans les années 60, l'archidiacre Rev. Edmond de l'Église cathédrale X. a illégalement aliéné un précieux ostensoir du patrimoine de la cathédrale en raison de difficultés économiques. Ce bien a été vendu à l'antiquaire Pablo, qui a fabriqué une copie de moindre valeur pour le remplacer. Une dizaine

[850] Le décret qui est présenté ici a été publié dans *Ius Ecclesae*, 6 (1994), 217-229, a été commenté par Davide CITO (Ibid., 229-234), ensuite publié en traduction italienne par Paola BARBERO dans *Tutela della communione ecclesiale e sanzioni canoniche*, Lugano, Eupress FTL, 20011, 64-67, puis une traduction française a été fournie par RICHER, *La lumière montre les ombres. Crise d'efficience et de fondements du droit pénal de l'Église,* 325-330 (ANNEXE II) dont nous faisons référence ici.

d'années plus tard, à la suite d'informations confidentielles, l'affaire a été portée à l'attention de l'évêque qui, après une investigation également facilitée par l'aveu partiel d'Edmond, décida d'ouvrir une procédure pénale en vue de sanctionner le délit commis, et une procédure civile dans le but d'obtenir la réparation du dommage à charge d'Edmond. Le Promoteur de Justice présenta au Tribunal ecclésiastique de première instance du lieu le libellé d'accusation (*libellum accusationis*) contre le Rev. Edmond pour deux délits spécifiques, à savoir l'aliénation de biens ecclésiastiques sans permission requise (*CIC/*83, c. 1377)[851] et l'abus du pouvoir mais aussi la négligence coupable (*CIC/*83, c. 1389, §§1-2)[852]. Pour les mêmes délits, le Promoteur de Justice a introduit le libellé d'accusation à l'égard de l'antiquaire Pablo comme complice du Rev. Edmond dans l'aliénation illégitime des biens ecclésiastiques. Un autre libellé d'accusation fut présenté en ce qui concerne le Vicaire général Mons. Carlo d'avoir collaboré à l'aliénation de biens ecclésiastiques mais aussi pour

[851] Ce c. 1377 a été modifié par la Constitution apostolique *Pascite gregem Dei* du 23/05/2021, entrée en vigueur le 08/12/2021. Le numéro de ce canon a été aussi modifié et devenu le c. 1376. Avant la modification du 08/12/2021, le contenu de ce c. 1377 était comme suit : (en vigueur du 27/11/1983 au 07/12/2021) « Qui, sans la permission requise, aliène des biens ecclésiastiques sera puni d'une juste peine ». La nouvelle disposition de ce canon est le c. 1376 : « §1 Sera puni des peines prévues au can. 1336. §§ 2-4, restant sauve l'obligation de réparer le dommage : 1° qui soustrait des biens ecclésiastiques ou empêche d'en percevoir les fruits ; 2° qui, sans la consultation prévue, le consensus ou la licence, ou bien sans un autre prérequis imposé par le droit pour la validité ou pour la licéité, aliène des biens ecclésiastiques ou exerce sur eux un acte d'administration. §2 Sera puni d'une juste peine, y compris par la privation de l'office, et restant sauve l'obligation de réparer le dommage : 1° qui, par sa propre faute grave commet le délit dont il est question au § 1, n. 2 ; 2° qui est reconnu gravement négligent d'une autre manière dans l'administration des biens ecclésiastiques ».

[852] Ce c. 1389 a été modifié par la Constitution apostolique *Pascite gregem Dei* du 23/05/2021, entrée en vigueur le 08/12/2021. Le numéro de ce canon a été aussi modifié et devenu le c. 1378. Avant la modification du 08/12/2021, le contenu de ce c. 1389 stipulait ce qui suit : (en vigueur du 27/11/1983 au 07/12/2021) : « §1. Qui abuse d'un pouvoir ou d'une charge ecclésiastique sera puni selon la gravité de l'acte ou de l'omission, y compris de la privation de l'office, à moins que contre cet abus une peine n'ait déjà été prévue par la loi ou par un précepte ». De plus, qui par une négligence coupable pose ou omet illégitimement au détriment d'autrui un acte relevant d'un pouvoir, d'un ministère ou d'une charge ecclésiastique, sera puni d'une juste peine ». La nouvelle disposition de ce canon est le c. 1378 : « §1 Qui, outre les cas déjà prévus par le droit, abuse du pouvoir ecclésiastique, de l'office ou d'une charge, sera puni selon la gravité de l'acte ou de l'omission, y compris de leur privation, restant sauve l'obligation de réparer le dommage. §2 Qui, par une négligence coupable, pose ou omet illégitimement au détriment d'autrui ou en créant un scandale, un acte relevant du pouvoir ecclésiastique, d'un office ou d'une charge, sera puni d'une juste peine selon le can. 1336, §§ 2-4, restant sauve l'obligation de réparer le dommage ».

négligence coupable au dommage du patrimoine de l'Église. Par ailleurs, le Promoteur de Justice fit allusion au scandale provoqué dans la communauté des fidèles selon le c. 1399. Pendant la phase d'instruction, les différentes parties sont intervenues, y compris le Promoteur de Justice et les témoins. Le tribunal ecclésiastique de première instance émit la sentence qui répondit affirmativement au sujet des délits prévus aux cc. 1377 et 1389 pour les accusés Edmond et Pablo. En outre, le Vicaire général Mons. Carlo fut aussi condamné pour avoir commis le délit du c. 1389, §2. En revanche, le délit configuré par le Promoteur de Justice sur base d'une présumée possible application du c. 1399 à la suite d'un éventuel scandale, n'a pas été retenu. Comme sanction, le Rev. Edmond fut privé de l'office ecclésiastique et de la capacité de recevoir d'autres charges et offices ecclésiastiques (*CIC/*83, cc. 1331, §§1-2 ; c. 274, §1), alors que l'antiquaire Pablo, accusé comme complice, fut privé de la capacité d'être parrain et de celle d'être témoin. Enfin, le Vicaire général Mons. Carlo fut condamné pour négligence coupable et a été privé des charges d'Archiviste de la Cour et de Bibliothécaire du Grand Séminaire. Le Rev. Edmond interjeta appel contre la sentence de premier degré auprès du Tribunal de la Rote romaine pour motif de prescription des faits[853].

4.3.2.2 Analyse de la cause de Rev. Edmond et réflexion canonique sur l'usage du c. 1399

De prime abord, il convient de noter que notre analyse et réflexion se limitent principalement à l'application du c. 1399. Posons-nous les quatre questions que nous avons retenues comme critères d'analyse des exemples jurisprudentiels.

En premier lieu, s'agit-il d'un scandale du point de vue canonique ? Si la situation telle que présentée dans le procès n'a pas été un scandale tout fait, mais le cas était susceptible de provoquer un scandale. En fait, l'affaire est parvenue à la connaissance de l'Évêque à la suite d'une information confidentielle. Certes, il est question d'un événement extérieur, mais la notoriété du délit, sa publicité et l'effet provoqué sur la communauté ne sont pas de grande envergure bien qu'il ne soit pas possible de les déduire de l'exposé des faits contenus dans le décret. Cependant, le Promoteur de Justice,

---

[853] Voir *CIC/*83, c. 1362 : « §1 L'action criminelle est éteinte par une prescription de trois ans, à moins qu'il ne s'agisse : [...] ». Des exceptions sont soulevées concernant la prescription de l'action criminelle et l'incompétence du tribunal ecclésiastique, mais le tribunal rejette l'exception d'incompétence. La Rote romaine a souligné que la prescription de l'action criminelle doit s'appliquer à tous les accusés. La solution du cas indique que la péremption n'éteint pas les actes de la cause et permet une procédure contentieuse pour restitution des biens et/ou réparation des dommages conformément au c. 1729.

dans le libellé d'accusation, avait non seulement demandé la condamnation pénale du Rev. Edmond pour l'aliénation illégitime de biens ecclésiastiques, mais aussi pour avoir potentiellement créé de manière dolosive un dommage et un scandale dans la communauté des fidèles. De ce fait, le Promoteur de Justice avait pour intention de sanctionner inconditionnellement et de façon appropriée des comportements répréhensibles susceptibles de provoquer un scandale au sein de la communauté des fidèles[854].

Les conditions requises pour l'application du c. 1399 sont-elles toutes réunies ? À la suite de l'appel déposé par l'accusé, le Tribunal de la Rote a jugé nécessaire de souligner que le c. 1399 n'a pas été intentionnellement institué par le législateur ni dans le but de réprimer les délits déjà envisagés ailleurs dans le Code ou dans d'autres lois, ni pour contourner les dispositions du c. 1362 en ce qui concerne la prescription[855]. La décision de la Rote en date du 16 février 1993 rapporte un jugement du Tribunal apostolique contraint d'annuler le raisonnement utilisé en première instance en raison de vices, notamment une interprétation abusive du c. 1399, non applicable en espèce par le Promoteur de Justice. Cet exemple souligne l'importance des précédents judiciaires, même s'ils ne font que réitérer des principes déjà énoncés par la doctrine. Il met en relief la nécessité d'une jurisprudence plus élaborée sur la manière de sanctionner les cas prévus par la loi, afin de prévenir tout usage inapproprié et abusif de la norme exceptionnelle du c. 1399, surtout lorsqu'elle est appliquée à des situations concrètes portées devant la justice ecclésiastique[856]. Il nous semble donc que les conditions requises pour l'application du c. 1399 dans ce cas n'ont pas été toutes réunies. En effet, le Code délimite clairement l'opérativité de ce canon. Donc, « le Promoteur de Justice a forcé l'opérativité de l'application de l'énoncé codifié »[857].

Quelle procédure a été suivie par l'autorité compétente ? La procédure que l'évêque a décidé de suivre a été la voie judiciaire, au moyen d'un procès devant le tribunal ecclésiastique. Ainsi, l'Ordinaire devait mettre fin à son action et laisser les étapes suivantes entre les mains du Promoteur de Justice et du Tribunal compétent. En effet, l'Ordinaire avait transmis les actes de l'enquête au Promoteur de Justice et au Tribunal compétent. Le Promoteur de Justice, à son tour, avait présenté le libellé d'accusation au juge contre le Rev. Edmond, l'antiquaire Pablo et le Vicaire général Mons. Carlo.

Le Tribunal de la Rote a été appelé à dirimer la controverse pour l'opérativité de la prescription de l'action criminelle au sens du c. 1362. En effet, la prescription de l'action criminelle doit opérer pour tous ceux auxquels

[854] Voir RICHER, *La lumière montre les ombres. Crise d'efficience et de fondements du droit pénal de l'Église,* 328.
[855] Voir *Ibid.,* 150, note 101.
[856] Voir *Ibid.*, 150.
[857] Ibid., 329.

les faits sont imputés et non uniquement pour certains[858]. La prescription rend nulle la procédure pénale et éteint l'action criminelle. Il s'ensuit qu'aucune peine n'a été retenue à cause de la prescription selon les dispositions du *CIC*/83[859].

---

[858] Voir *Ibid.*, 329.

[859] Il convient de rappeler que les dispositions du c. 1362 ont été modifiées par la nouvelle législation du Livre VI de 2021 en ces termes : « §1 L'action criminelle est éteinte par une prescription de trois ans, à moins qu'il ne s'agisse : 1° de délits réservés à la Congrégation pour la Doctrine de la Foi, qui sont soumis à des règles spéciales ; 2° restant sauves les dispositions du n. 1, d'une action concernant les délits dont il s'agit aux cann. 1376, 1377, 1378, 1393, § 1, 1394, 1395, 1397, 1398, § 2, pour lesquels la prescription est de sept ans, ou de l'action concernant les délits dont il s'agit au can. 1398, § 1, pour lesquels la prescription est de vingt ans ; 3° de délits qui ne sont pas punis par le droit universel, si la loi particulière a fixé un autre délai de prescription. §2 La prescription, à moins que la loi n'en dispose autrement, commence à courir du jour où le délit a été commis, ou bien si le délit est permanent ou habituel, du jour où il a cessé. §3 Une fois l'accusé cité selon le can. 1723 ou notifié suivant ce qui est prévu au can. 1507, § 3, de la présentation du libellé d'accusation selon le can. 1721, § 1, la prescription de l'action criminelle est suspendue pour trois ans ; une fois ce délai passé ou si la suspension est interrompue à cause de la cessation du procès pénal, le temps court de nouveau et s'ajoute à celui déjà couru pour la prescription. La même suspension subsiste également si, selon le can. 1720, n. 1, on procède à la peine à infliger ou à déclarer par décret extrajudiciaire »

4.3.3 Deuxième cause d'application du c. 1399, cas de la Sœur Lears, S.C.[860]

Il s'agit du cas de la Sœur Louise Lears, S.C. qui a été accusée de quatre délits, y compris celui de la norme du c. 1399, tous reliés à son soutien, sa promotion et sa participation à une ordination attentée de deux femmes au presbytérat de novembre 2007.

4.3.3.1 Mise en contexte

La Sœur Louise, des Sœurs de la Charité, était domiciliée dans la ville de S. Louis dans l'archidiocèse de S. Louis, aux États-Unis. Elle était membre de l'équipe pastorale à la paroisse de S. Cronan. En effet, elle avait assisté et participé à la cérémonie de l'ordination sacerdotale des femmes, par une femme qui prétendait avoir été ordonnée évêque. De plus, elle a soutenu la thèse de la légitimité de la susdite ordination. Il s'agissait d'une « ordination » de deux femmes du mouvement *Roman Catholic Womenpriests* qui avait eu lieu à S. Louis, le 11 novembre 2007, dans la Central Reform Synagogue dirigée par une femme rabbin. Une ancienne religieuse catholique, Patricia Fresen[861], qui prétend donc avoir été ordonnée « évêque », y avait « ordonné »

---

[860] Voir P. Toxe, « L'efficacité d'un droit pénal canonique au service de la vérité et de la communion. *Les enseignements des procédures pénales diligentées dans l'archidiocèse de Saint-Louis (Missouri) en 2008* » », dans *L'Année canonique*, 50 (2008), 385-441 (Toxe, « L'efficacité d'un droit pénal canonique au service de la vérité de la communion »); voir aussi https://www.cairn.info/revue-l-annee-canonique-2008-1-page-383.htm. Divers documents concernant cette cause étaient publiés sur le site officiel de l'archidiocèse de S. Louis. On y trouve la copie du décret concernant cette sœur, une note d'information et un ensemble de questions et réponses qui expliquent cette décision; voir ANNEXE 3, Décret extrajudiciaire décisoire concernant Sœur Louise Lears, S.C.

[861] Patricia Fresen est une écrivaine sud-africaine, théologienne catholique et ancienne membre de l'Ordre dominicain. Ses parents étaient originaires d'Allemagne et d'Irlande. Elle a étudié la théologie, la pédagogie et les langues et est ensuite devenue enseignante. Fresen fut ensuite envoyé à Rome pour étudier la théologie. Elle a ensuite travaillé à Pretoria dans un séminaire catholique en tant que professeur d'homilétique, de théologie systématique et de spiritualité. Elle a ensuite enseigné au St Augustine's College de Johannesburg (Université catholique). L'évêque Romulo Antonio Braschi a présidé une cérémonie d'ordination de Fresen à Barcelone en 2003. La Congrégation pour la Doctrine de la Foi avait précédemment décrété que la « tentative d'ordination de femmes » par Romulo Braschi était nulle et non avenue et, en conséquence, avait imposé la sanction l'excommunication sur lui et sur ceux qui ont reçu l'ordination de sa part pour des raisons comprenant la « tentative d'ordination » ainsi que la participation au schisme. Fresen est fondatrice d'un mouvement appelé Roman *Catholic Women*priests aux États-Unis et *Rk Priesterinnen Europa-West* en Europe. Patricia Fresen, présentée comme évêque de l'Église catholique, va conférer

deux femmes, Rose Marie Dunn Hudson et Elsie Hainz McGrath. Durant la cérémonie, une douzaine de pasteurs protestants avaient « concélébré » et avaient aussi imposé les mains sur les deux femmes ordonnées « prêtres ». Parmi environ 600 personnes qui assistèrent à la cérémonie, il y avait aussi Sœur Louise Lears, membre du conseil pastoral d'une paroisse du diocèse et coordinatrice de l'éducation religieuse dans l'archidiocèse. Elle avait déclaré être favorable à ces ordinations. L'archevêque de S. Louis, Mgr Raymond Leo Burke, avait informé les trois femmes directement concernées par l'ordination qu'elles encouraient l'excommunication si elles ne se repentaient pas, et il a ouvert contre Sœur Lears un procès canonique. Après un procès canonique de plusieurs mois, l'archevêque, par un décret du 26 juin 2008[862], a prononcé la sentence. Sœur Louise Lears a été frappée d'interdit et d'interdiction de recevoir une quelconque mission canonique dans l'archidiocèse.

4.3.3.2 Analyse de la cause de la Sœur Louise et réflexion canonique

En quoi le comportement de la Sœur Louise constitue-t-il un scandale du point de vue canonique ? Mgr. Raymond Burke, dans son décret décisoire, présente des éléments éventuels de scandale d'une manière très élaborée. La sœur a posé des actes objectifs durant son ministère public en tant que membre d'une équipe pastorale d'une paroisse catholique et coordinatrice de l'éducation religieuse de l'archidiocèse, et ce faisant, « elle a provoqué un grave scandale pour tous les fidèles de l'archidiocèse de S. Louis » À propos du drapeau nazi. En vertu de sa formation, de sa position au sein du diocèse, et son statut de vie consacrée[863], la remise en cause de manière publique de la doctrine de l'Église par la Sœur Louise n'a pas manqué de provoquer un choc, une perturbation, voire un doute parmi les fidèles de l'archidiocèse.

Le décret mentionne un ensemble de considérants à l'appui de l'accusation contre la Sœur Louise Lears d'avoir commis quatre délits[864], à savoir :

---

l'ordination sacerdotale aux deux autres accusées qui ont voulu recevoir cette « ordination », notamment Rose Marie Dunn Hudson et Elsie HainzMcGrath. Elles ont été déclarées excommuniées par un décret du 12 mars 2008. Ce décret de l'évêque de S. Louis constate que les trois femmes sont des catholiques et par conséquent tenues d'observer les normes du Code de droit canonique. Le texte du décret était publié sur le site officiel de l'archidiocèse de S. Louis.

862 L'archidiocèse de S. Louis, dans le Missouri (États-Unis) a eu comme pasteur jusqu'à l'été 2008 Mgr. Raymond L. Burke, un canoniste réputé, qui a aussi servi comme préfet du Tribunal suprême de la Signature apostolique de 2008-2014.54

863 En fait, comme Fille de la Charité, la sœur Louise n'est pas membre d'un institut religieux, mais d'une société de vie apostolique, dont les membres prononcent des vœux privés, selon *CIC*/83, le c. 731, §2.

864 Voir BURKE, Décret extrajudiciaire décisoire concernant Sœur Louise Lars; voir ANNEXE 3.

1. Le rejet obstiné, après admonition écrite, de la vérité de *fide tenenda* selon laquelle il est impossible qu'une femme reçoive l'ordination au presbytérat (c. 750, §2 et 1371, 1°)[865] ;

2. L'incitation publique des fidèles à la haine et à la contestation des sujets contre l'autorité ecclésiastique en raison du ministère ecclésiastique ou inciter les sujets à sa désobéissance à l'Ordinaire du lieu (c. 1373)[866] À propos du drapeau nazi[867] ;

4. La violation externe grave de la loi divine ou canonique, avec la nécessité pressante de prévenir et réparer le scandale provoqué (c. 1399).

Le premier délit du c. 1371, 1° était constitué par les déclarations publiques de la sœur et son refus manifeste d'obtempérer aux injonctions de l'Ordinaire du lieu, son évêque, mais par sa participation active à la cérémonie d'ordination en imposant les mains aux deux femmes qui reçoivent l'ordination au presbytérat, Sœur Louise a non seulement contrevenu à la discipline de l'Église en participant à une cérémonie non reconnue et prohibée, mais elle a aussi publiquement soutenu cette action, ce qui peut être interprété comme une incitation à la contestation contre l'autorité ecclésiastique.

---

[865] Dans son décret concernant Sœur Louise, l'archevêque rappelle que tout baptisé catholique de rite latin est tenu d'obéir aux lois ecclésiastiques qui lui sont applicables. Ainsi, tout fidèle qui rejette une doctrine de *fide tenenda* et ne se rétracte pas après monition écrite de l'Ordinaire est coupable du délit du c. 1371, 1°. Signalons que ce canon a été modifié par la Constitution apostolique *Pascite gregem Dei* du 2021 en ces termes : « §1 Qui, n'obéit pas au Siège Apostolique, à l'Ordinaire ou au Supérieur, lorsque légitimement il donne un ordre ou porte une défense et qui, après monition, persiste dans la désobéissance, sera puni, selon la gravité du cas, d'une censure ou de la privation de l'office ou d'autres peines, dont il est question au can. 1336, §§ 2-4. […] ».

[866] Ce canon a été modifié par la Constitution apostolique *Pascite gregem Dei* du 2021 : « Qui incite publiquement à la contestation ou à la haine contre le Siège Apostolique ou l'Ordinaire à cause d'un acte d'un office ou d'une fonction ecclésiastique, ou bien qui incite à leur désobéir, sera puni d'interdit ou d'autres justes peines » ; voir *CIC*/17, c. 2344 ; voir *CCEO*/1990, c. 1447.

[867] Notons que ce canon a été aussi modifié par la Constitution apostolique *Pascite gregem Dei* du 2021: « Qui, en dehors du cas dont il s'agit au can. 1364, § 1, enseigne une doctrine condamnée par le Pontife Romain ou le Concile Œcuménique, ou bien qui rejette avec opiniâtreté un enseignement dont il s'agit au can. 750, § 2 ou au can. 752, et qui, après avoir reçu une monition du Siège Apostolique ou de l'Ordinaire, ne se rétracte pas, sera puni d'une censure et de la privation de l'office ; à ces sanctions peuvent en être ajoutées d'autres dont il est question au can. 1336, §§ 2-4 » ; voir *CIC*/17, c. 2317 ; *CCEO*/1990, c. 1436; voir JEAN-PAUL II, Motu proprio *Ad tuendam fidem* du 18/05/1998 ; voir DICASTERE POUR LA DOCTRINE DE LA FOI, *Normae de delictis Congregationi pro Doctrina Fidei reservatis seu Normae de delictis contra fidem necnon de gravioribus delictis* du 21/05/2010.

En ce qui concerne le deuxième délit du c. 1373, le décret estime qu'il est réalisé dès lors que l'accusée fomente des discordes et jette le discrédit sur l'Église et un Ordinaire. De plus, en tant que religieuse, membre de l'équipe pastorale d'une paroisse et coordinatrice de l'éducation religieuse, Sœur Louise a posé des actes qui ont scandalisé les fidèles. De fait, ces actes montrent un manque de respect pour l'autorité et entraînent d'autres sujets de l'Ordinaire à la désobéissance[868]. S'agissant du troisième délit du c. 1365 (la *communicatio in sacris* prohibée), l'évêque estime que le délit est moralement certain, mais comme ce délit est susceptible d'être de la compétence du Dicastère pour la Doctrine de la foi, l'évêque a déféré cette question au dicastère compétent[869]. Par ailleurs, quant au délit « indéterminé » du c. 1399 du *CIC*/83, « l'évêque estime qu'il est constitué dès lors qu'un fidèle pose un acte qui *per se*, est capable d'induire les âmes à commettre un péché mortel objectif et qui directement peut mettre le salut d'un grand nombre d'âmes en danger. En l'espèce, le délit est constitué par un comportement qui a encouragé les deux femmes, qui ont prétendu être ordonnées, à commettre ce péché de schisme et de simulation d'ordination et a provoqué un grave scandale chez les fidèles du diocèse »[870]. En effet, la violation externe ou objective dont il est question dans la cause de Sœur Louise n'est pas prévue par un autre canon du Livre VI du Code de droit canonique. Il s'agit de son soutien moral et de sa participation active dans la tentative d'ordination. C'est une violation externe de la loi canonique qui entraîne le scandale, et en raison de sa gravité spéciale, exige une punition, conjointe à la nécessité pressante de prévenir et de réparer le scandale. En effet, ce comportement pourrait attirer un certain nombre de fidèles catholiques à ne plus adhérer à la pleine communion avec l'Église catholique romaine, voire de quitter l'Église.

L'évêque diocésain a opté pour la voie administrative ou extrajudiciaire qui s'est conclue par un « décret décisoire extrajudiciaire » (*Decree of extra-judicial adjudication*). Le décret se termine par la mention de la voie de recours dont bénéficie la condamnée, qui peut dans le délai des 10 jours de la publication du décret soumettre une pétition à l'archevêque pour qu'il révoque ou révise sa sentence[871]. Afin d'assurer la diffusion du décret en question à

---

868 Voir TOXE, « L'efficacité d'un droit pénal canonique au service de la vérité de la communion », 416.

869 L'Évêque fait référence à la lettre adressée par le Dicastère pour la Doctrine de la foi aux évêques et aux autres Ordinaires et Supérieurs hiérarchiques de l'Église catholique intéressés par les délits les plus graves réservés au Dicastère pour la Doctrine de la foi, *Epistula ad totius Catholicae Ecclesiae Episcopus allosque Ordinaries et Hierarchas interesse habentes de delictis gravioribus eidem Congrgationi pro Doctrina Fidei reservatis*, 18 mai 2001, dans *AAS*, 93 (2001), 785-788.

870 TOXE, « L'efficacité d'un droit pénal canonique au service de la vérité de la communion », 401-402.

871 Voir BURKE, Décret extrajudiciaire décisoire concernant Sœur Louise Lars; voir

tous les intéressés, il est prescrit qu'il soit publié dans le prochain numéro de la revue diocésaine, conformément à la législation en vigueur dans l'archidiocèse. Cette publication constitue la notification officielle et assure la mise en œuvre de la décision définitive.

En ce qui concerne la peine infligée à la sœur, nous nous limitons seulement à la sanction en rapport avec le délit visé au c. 1399, il s'agit de la juste peine expiatoire de l'interdiction de recevoir une mission dans le territoire de l'archidiocèse de S. Louis. En outre, le décret précise que cette peine est immédiatement applicable. Le décret déclare :

> La juste peine d'une prohibition *ferendae sententia* de réception d'une mission dans le territoire de l'archidiocèse de S. Louis, immédiatement effective, pour avoir à plusieurs reprises et très gravement scandalisé deux femmes dans leur commission finale des péchés graves de schisme et de simulation d'ordination sacerdotale, par lesquels elles ont été jetées en dehors du chemin du salut éternel, et, ce faisant, avoir donné un grave scandale pour tous les fidèles de l'archidiocèse de S. Louis (cf. can. 1399 ; cf. can. 682, §2[872].

4.3.4 Troisième cause : l'application de la Ire Faculté spéciale[873], cas de l'Abbé Magne

Ce cas concerne les clercs qui se sont rendus coupables des délits que décrivent les cc. 1394, §1 et 1395, §§1-3 pour lesquels le Code prévoit la possibilité d'infliger la peine de renvoi de l'état clérical. Rappelons que cette première Faculté est censée traiter et présenter au Saint-Père les cas de renvoi de l'état clérical, avec dispense des obligations sacerdotales, pour les clercs qui auraient attenté au mariage, même seulement civilement. La première Faculté spéciale traite des cas des prêtres coupables de graves péchés contre le 6e commandement, et qui persistent dans leur comportement scandaleux malgré les avertissements. Cette Faculté spéciale suscite notre intérêt car elle aborde la problématique du scandale qui est notre sujet de travail.

ANNEXE 3.

[872] *Ibid.* Il s'agit de notre traduction française

[873] De 2009 à 2023, le Dicastère pour le Clergé a porté 174 Décrets dans la catégorie de la Ire Faculté Spéciale. S. RENNA, «La giurisprudenza del Dicastero per il Clero nell'applicazione delle facoltà speciali», dans D. SALVATORI — R. PALOMBI — A. CATTA (ed.), *Diritto penale canonico*, Città del Vaticano 2023, 541.

4.3.4.1 Mise en contexte[874]

L'abbé Magne, membre du tribunal ecclésiastique, professeur d'université et vicaire paroissial, jouissait généralement de l'estime de ses collègues et des fidèles, malgré des soupçons sur sa trop grande "familiarité" avec certaines femmes. Faute de preuves tangibles, l'évêque se contentait de lui adresser des réprimandes verbales à plusieurs reprises, auxquelles l'abbé Magne répondait systématiquement par des dénégations.

Cependant, un scandale éclata soudainement dans un journal local, déclenché par une femme affirmant être la maîtresse du prêtre, qui avait découvert par hasard certaines relations d'Abbé Magne avec d'autres femmes. Confronté à ces révélations, l'abbé Magne admit avoir entretenu au moins deux relations prolongées, mais des enquêtes ultérieures révélèrent une double vie constante impliquant une dizaine de liaisons féminines, commencées peu après son ordination et poursuivies dans le temps.

Le nombre d'enfants qu'il aurait pu avoir avec différentes femmes pourrait s'élever à quatre ou cinq, bien que cela n'ait pas été prouvé lors du procès. En raison de sa conduite scandaleuse et du retentissement considérable de l'affaire, l'abbé Magne fut démis de l'état clérical. L'évêque en vint même à douter sérieusement de l'authenticité de sa vocation sacerdotale.

4.3.4.2 Analyse du cas de l'Abbé Magne et réflexion canonique

Le cas de l'abbé Magne constitue un scandale. Le scandale éclate publiquement dans un journal local, ce qui nuit à la réputation de l'Église et à sa mission. Les actions de l'abbé Magne ont provoqué un scandale sérieux qui a pu causer du tort à la crédibilité de l'Église et à sa capacité à proclamer l'Évangile. En tant que prêtre, l'abbé Magne a un engagement sacré envers Dieu et envers l'Église. En menant une double vie et en entretenant des relations contraires à ses engagements, il a trahi la confiance de l'Église ainsi que des fidèles qui lui étaient confiés.

Dans quelle mesure ce cas relève-t-il des critères établis pour être considéré comme relevant de la première Faculté spéciale ? L'abbé Magne a été trouvé coupable de mener une double vie, entretenant des relations de concubinage prolongées avec plusieurs femmes en même temps. En plus de ses actions immorales, l'abbé Magne a également ignoré les avertissements verbaux de son évêque. Son refus de reconnaître ses fautes et de se repentir a aggravé la

[874] Le cas de l'Abbé Magne est une version paraphrasée du cas présenté par Mercier. Il s'agit aussi de pseudonyme dans ce cas. Voir Mercier, « Les Facultés spéciales concédées à la Congrégation pour le Clergé », 124.

situation et a conduit à des mesures disciplinaires plus sévères. Cette remise en question est significative car elle remet en cause non seulement le comportement moral du prêtre, mais aussi sa légitimité à exercer son ministère sacré.

La Ire Faculté spéciale a été appliquée par le biais de la procédure administrative comme prévu par la législation canonique, compréhensible parce que l'on se trouve en présence d'un cas assez évident, où il s'agit simplement de recueillir et d'ordonner des faits avérés et bien établis et de leur donner le *nom en iuris* qui convient. La perte de l'état clérical de l'abbé Magne, avec dispense de ses obligations sacerdotales, est une conséquence logique de ces violations graves des lois et des enseignements de l'Église catholique. Sa vie irrégulière et scandaleuse n'est pas à démontrer. Il a été coupable de graves péchés contre le 6e commandement.

4.3.5 Quatrième cause : l'application de la IIe Faculté[875], intervention au sens du c. 1399, cas de l'abbé Onésime

Rappelons que cette Faculté spéciale permet d'intervenir directement dans les affaires soumises au Dicastère ou de confirmer les décisions des Ordinaires, à condition que ces derniers en fassent la demande, en raison de la gravité exceptionnelle de la violation des lois et de la nécessité urgente d'éviter un scandale objectif[876]. Cette autorisation est accordée en même

[875] D'après Mgr Mercier, alors Archevêque titulaire de Rote, « il s'agit de la Faculté avec la casuistique [...] la plus variée, qui peut porter à la peine de la démission, même quand elle n'est pas spécifiquement prévue par le Code, en raison de la gravité de la violation d'une loi canonique. Dans cette catégorie, de 2009 à juillet 2021, le Dicastère pour le Clergé a porté 199 décrets de démission ». Voir Mercier, « Les Facultés spéciales concédées à la Congrégation pour le Clergé », 124. De 2009 à 2023, le Dicastère a porté 270 décrets dans la même catégorie. Voir RENNA, « La giurisprudenza del Dicastero per il Clero nell'applicazione delle Facolta Speciali », 541.

[876] Au sujet de la Faculté spéciale II, Simone Renna a effectué une étude bien documentée où les « pratiques d'application » ont commencé à se consolider. En effet, il y a six différents faits sous la Faculté spéciale II jugés comme « préjudiciables aux biens juridiques et aux valeurs fondamentales à la vie de la communauté chrétienne », à savoir : 1. Abus de pouvoir (abus spirituel et abus de conscience) ; 2. Désobéissance ; 3. Crimes dans les domaines économique et patrimonial ; 4. Meurtre ; 5. Participation à des activités politiques ; 6. Crimes contre la bonne réputation (diffamation et calomnie. Voir RENNA, « La giurisprudenza del Dicastero per il Clero nell'applicazione delle Facolta Speciali », 542. Dans la pratique du Dicastère pour le Clergé, lorsqu'une telle conduite illégale s'accompagne de scandale et constitue une cause de désordre dans la communauté, la peine de destitution de l'état clérical peut être considérée comme la seule voie pénale appropriée pour rétablir la justice, assurer la correction du coupable et réparer le scandale.

temps qu'une dérogation aux prescriptions des cc. 1317, 1319, 1342, §2 et 1349, qui régissent l'application des peines perpétuelles aux diacres pour des fautes graves et aux prêtres pour des fautes très graves. Ces cas sont toujours soumis directement au Souverain Pontife pour approbation spécifique et décision.

4.3.5.1 Mise en contexte[877]

L'abbé Onésime est un jeune prêtre dédié au ministère paroissial. Il accomplit ses fonctions sans susciter de préoccupations particulières, jusqu'à ce que les fidèles remarquent la disparition d'un ex-voto en or de grande valeur. L'évêque initie alors une procédure administrative, allant jusqu'à suspendre l'abbé Onésime et lui ordonner de restituer l'ex-voto. Bien que le jeune prêtre promette toujours de le rendre, mais il ne le fait jamais. À cette affaire se sont rapidement ajoutés des procès civils. En effet, l'abbé Onésime est condamné pour avoir émis de nombreux chèques sans provision, pour avoir escroqué un fidèle handicapé afin de lui soutirer de l'argent, et surtout pour avoir tenté d'abuser sexuellement d'un homme après l'avoir drogué avec une boisson chez lui.

Au cours des divers procès pénaux devant les juridictions étatiques auxquels l'abbé Onésime a été confronté et condamné, des preuves irréfutables ont émergé. Étant donné que les faits prouvés étaient de nature pénale, même au regard du droit canonique, que le scandale grandissait (l'histoire de l'abbé Onésime était bien connue au-delà du diocèse) et l'absence totale de repentance de la part du prêtre tout au long de cette affaire, l'évêque demanda l'application de la IIe Faculté, n'ayant pas de personnel qualifié pour un procès judiciaire dans son diocèse et les délits étant désormais connus du grand public.

4.3.5.2 Analyse du cas de l'abbé Onésime et réflexion canonique

En tant que prêtre, Onésime occupait une position de confiance et d'autorité au sein de la communauté en général et au sein de sa paroisse en particulier. Il a abusé de cette position pour commettre des crimes et manipuler les fidèles. Il a commis une suite des actes criminels, notamment il a fait disparaître un ex-voto de grande valeur, il a émis de chèques sans provision, il a escroqué un fidèle handicapé et a tenté d'abuser sexuellement d'un homme. L'abbé Onésime a connu des procès devant des tribunaux civils où il

---

[877] Voir Mercier, « Les Facultés spéciales concédées à la Congrégation pour le Clergé », 124-125. Ce cas vient éventuellement de l'article de Mgr Mercier que nous avons ici paraphrasé.

a été condamné. Il a trahi la confiance placée en lui par l'Église et les fidèles. Les actions scandaleuses de l'abbé Onésime étaient devenues publiques, et son histoire était largement connue même en dehors de son diocèse.

Dans ce cas, on pourrait voir les délits visés dans le nouveau livre VI du *CIC*/83 : cc. 1376, 1377, 1378, 1389, la disparition ou rétention illicite d'un ex-voto de grande valeur, l'émission de chèque sans provision, la tromperie envers un fidèle handicapé[878] ; mais aussi le c. 1395, §3 du Nouveau livre VI, notamment la tentative d'abus sexuel d'un homme en utilisant une boisson contenant de la drogue. Ce sont des violations cumulativement très graves et scandaleuses, et qu'elles exigent une réaction vigoureuse et urgente pour réparer ces scandales (c. 1399). Face à de tels actes scandaleux, il était essentiel que l'abbé Onésime reconnaisse la gravité de ses actions et cherche la repentance et la réparation. Mais, le manque de remords et de volonté de changer son comportement n'a fait qu'aggraver le scandale et compromettre davantage son statut au sein de sa paroisse ainsi que dans la société.

Quant à la procédure suivie, on constate que l'évêque avait d'abord engagé une première procédure administrative, certainement au niveau diocésain, allant jusqu'à suspendre l'abbé Onésime, et lui ordonnant la restitution de l'ex-voto. L'abbé Onésime s'engagea de le faire, mais il ne concrétisa jamais cette promesse jusqu'à sa démission. On apprend aussi que l'abbé Onésime faisait face aux autres procès devant les tribunaux étatiques qui l'ont condamné pour fraude financière, abus de confiance, vol et tentative d'abus sexuel. Comme l'évêque ne disposait pas de personnel qualifié pour mener à bien un procès judiciaire dans son diocèse, il était contraint de demander l'application de la IIème Faculté spéciale au Dicastère pour le Clergé. On le sait, les Facultés spéciales sont appliquées par le biais de la procédure administrative. Cependant, l'évêque aurait voulu procéder par la voie judiciaire. Mais pourquoi l'évêque aurait-il opté pour le procès judiciaire ? Nous avons pensé à deux raisons principales. Premièrement, un procès judiciaire aurait pu offrir une plus grande transparence et crédibilité dans le traitement de l'affaire, tant pour les fidèles catholiques que pour le reste de la société. Cela aurait démontré que l'Église prend au sérieux les allégations de comportement répréhensible de la part de ses membres et qu'elle est prête à agir de manière juste et équitable pour y remédier. Deuxièmement, le procès judiciaire offre un cadre plus structuré pour garantir que justice soit rendue dans des affaires aussi complexes et graves. Cela permettrait également de protéger les droits de toutes les parties impliquées et d'assurer que les sanctions appropriées soient appliquées en fonction des preuves présentées.

[878] Ces canons fournissent un cadre juridique pour sanctionner les actes d'abus financiers au sein de l'Église, en soulignant l'importance de la probité et de la responsabilité dans la gestion des biens ecclésiastiques, permettant aux autorités ecclésiastiques de prendre les mesures appropriées pour assurer la justice et la transparence.

Un procès judiciaire aurait permis de traiter ces délits de manière plus formelle et approfondie, avec des conséquences juridiques appropriées.

En ce qui concerne les sanctions infligées à l'abbé Onésime, l'évêque l'a suspendu de ses fonctions de prêtre en raison des accusations portées contre lui ; et lui a été enjoint de restituer l'ex-voto en or qui avait disparu, mais il n'a pas été en mesure de le faire. Par ailleurs, l'abbé Onésime a été condamné par les tribunaux étatiques pour divers délits, notamment l'émission de chèques sans provision, la fraude envers un fidèle handicapé et la tentative d'abus sexuel. Ces condamnations civiles ont probablement entraîné des amendes ou d'autres sanctions légales.

4.3.6 Cinquième cause : l'application de la IIIème Faculté spéciale[879], cas du père Trophime

D'après Mgr Mercier, « les cas qui entrent sous la IIIème Faculté – de très loin la majorité dans le panorama des Facultés spéciales – sont en réalité des histoires beaucoup plus sereines, dans lesquelles il est mis en ordre de droit à une situation qui de fait est déjà en grande partie clarifiée, parfois même depuis longtemps »[880][881].

4.3.6.1 Mise en contexte[882]

Peu de temps après avoir été ordonné, le père Trophime, scandalisé par la conduite d'un de ses confrères, prit la décision radicale d'abandonner son institut religieux pour retourner vivre auprès de sa famille sur un autre continent. Bien que ses supérieurs aient maintenu le contact avec lui et soient même parvenus à le rencontrer à plusieurs reprises, tous leurs efforts pour le convaincre de réintégrer le ministère se sont révélés infructueux. Avec le temps, ayant été renvoyé de son institut, le père Trophime mène une vie de

---

[879] Il convient de rappeler que cette Faculté spéciale concerne les cas des clercs qui ont cessé d'exercer leur ministère pendant au moins cinq années consécutives et qui, après une vérification minutieuse, continuent de manière volontaire dans cette absence prolongée de ministère. Elle permet de constater cette situation et de déclarer la perte du statut clérical, avec dispense des obligations qui y sont associées, y compris le célibat. De 2009 à 2023, le Dicastère pour le Clergé a porté 996 décrets en rapport avec IIIème Faculté spéciale. Voir RENNA, « La giurisprudenza del Dicastero per il Clero nell'applicazione delle Facolta Speciali », 541.

[880] Mercier, « Les Facultés spéciales concédées à la Congrégation pour le Clergé », 127-128.

[881] Voir *Ibid.,* 118.

[882] Le cas que nous présentons provient de l'article de Mgr Mercier et nous le paraphrasons ici Mercier, et nous ne le mettons pas sous cette forme de citation pour faciliter la lecture. « Les Facultés spéciales concédées à la Congrégation pour le Clergé », 128.

célibataire chez ses parents, exerçant une activité commerciale dans le secteur vestimentaire, sans chercher à exercer illicitement le ministère.

Près de vingt ans après cet abandon, son ancien Supérieur général tente à nouveau de le contacter pour lui demander au moins de soumettre une demande de dispense et de régulariser sa situation au sein de l'Église. Mais, ce dernier se montra totalement indifférent, si bien que le Supérieur – qui est encore considéré comme son Ordinaire en pratique – demande au Dicastère pour le Clergé de procéder à sa démission via la IIIème Faculté pour absence illégitime prolongée. Conformément aux règles en vigueur, le père Trophime est informé des différentes étapes de la procédure le concernant.

4.3.6.2 Analyse du cas du Père Trophime et réflexion canonique

Dans ce cas, on constate que le jeune prêtre est scandalisé par la conduite de son confrère. Il n'y a aucun détail fourni sur cette conduite scandaleuse, mais le prêtre décide de quitter sa communauté religieuse pour se réfugier dans sa famille pour une durée indéterminée. Par ailleurs, lorsqu'un clerc abandonne son ministère de manière volontaire et illégitime pendant une période prolongée, cela peut causer un scandale public au sein de la communauté ecclésiale et même au sein de sa famille. Le fait que ce comportement soit persistant et notoire peut porter atteinte à la réputation de l'Église et semer la confusion parmi les fidèles sur la vocation sacerdotale. La procédure canonique pour déclarer la démission de l'état clérical avec dispense des obligations, y compris le célibat, est activée dans ce cas. Elle vise à protéger l'intégrité du ministère sacerdotal.

Cette Faculté spéciale est la plus fréquemment sollicitée, ce qui souligne l'engagement du Dicastère pour le Clergé à soutenir les Ordinaires confrontés à des clercs ayant abandonné leur ministère pour diverses raisons et pour lesquels ils ne savent pas comment agir. Ces clercs, souvent des prêtres, mais parfois aussi des diacres, ont pris cette décision de manière autonome, parfois il y a de nombreuses années, et ne montrent aucun intérêt à demander une Dispense. La IIIe Faculté spéciale autorise l'Ordinaire compétent, généralement celui de l'incardination, à soumettre la demande au nom du clerc concerné lorsque son absence volontaire et contraire à la loi dépasse cinq années consécutives. Cette Faculté facilite également la gestion de l'état du clergé et la clarification de certains cas, car tant qu'un clerc reste incardiné dans son diocèse, l'évêque conserve une certaine responsabilité canonique, voire civile, à son égard[883].

---

[883] Voir Mercier, « Les Facultés spéciales concédées à la Congrégation pour le Clergé », 118, note 5.

4.3.7 Sixième cause : scandale sans la perte de l'état clérical[884], cas de Mgr Sigismond

Il convient de signaler qu'il y a aussi des cas où l'usage des Facultés spéciales n'aboutit pas à la démission de l'état clérical. En d'autres termes, les Facultés spéciales ne doivent pas nécessairement se conclure par la démission de l'état clérical.

4.3.7.1 Mise en contexte

Mgr Sigismond, prêtre d'un âge mûr et très estimé depuis ses années de séminaire, a mené une vie sacerdotale exemplaire, dédiée avec générosité à son ministère. Cependant, une nuit malheureuse, il combine un verre d'alcool de trop avec des médicaments qu'il devait prendre, ce qui entraîne une confusion mentale. Dans cet état, il se rend à une station-service où il commet des actes d'exhibitionnisme capturés par des caméras de surveillance. Le lendemain, Mgr Sigismond ne garde aucun souvenir de cet épisode malencontreux. Sur le plan civil, il est simplement condamné à une amende malgré la sévérité des lois de son pays. Mais sur le plan canonique, l'évêque le suspend et demande sa démission de l'état clérical.

Lors de la présentation du cas, en des termes qui se sont avérés par la suite excessifs, la Congrégation examine le dossier volumineux et conclut que la conduite de Mgr Sigismond, avant et après cet unique incident, ne justifie pas une démission. Au lieu de la démission de l'état clérical, la sanction prononcée consiste en la privation du titre honorifique de monseigneur, accompagnée d'un temps de rétablissement et de ressourcement dans une résidence pour ecclésiastiques, après les nombreuses années de suspension déjà subies.

4.3.7.2 Analyse du cas de Mgr Sigismond et réflexion canonique

Un scandale qui fait appel aux Facultés spéciales du Dicastère pour le Clergé peut ne pas se conclure par une perte de l'état clérical pour plusieurs raisons. Tout d'abord, la gravité de l'incident est évaluée dans le contexte global de la conduite du clerc avant et après l'événement en question. Si le clerc a mené une vie exemplaire et n'a qu'un seul incident à son actif, le Dicastère peut décider que cet incident isolé ne justifie pas une mesure aussi drastique que la perte de l'état clérical. Ensuite, les circonstances atténuantes,

[884] De fait, ces cas sont rares. De 2009 à 2023, on ne compte que 7 cas où le recours aux Facultés Spéciales n'a pas abouti à la perte de l'état clérical. Voir RENNA, « La giurisprudenza del Dicastero per il Clero nell'applicazione delle Facolta Speciali », 541.

telles que des troubles mentaux ou physiques qui ont pu influencer le comportement du clerc, sont prises en compte. Par exemple, dans le cas de Mgr Sigismond, la combinaison de médicaments et d'alcool a entraîné une confusion mentale, ce qui a été un facteur important dans la décision de ne pas lui retirer son état clérical. De plus, la réhabilitation et la récupération du clerc sont également considérées. Si le clerc montre des signes de remords sincères et s'engage dans un processus de réhabilitation, le Dicastère peut privilégier des sanctions moins sévères, telles que la privation de certains titres ou responsabilités, accompagnées d'une période de suspension ou de thérapie. Enfin, la présentation du cas par l'évêque local ou le supérieur concerné et la documentation fournie peuvent influencer la décision du Dicastère. Si le dossier montre que l'incident a été traité de manière disproportionnée ou s'il n'y a pas de preuves fondées, si la procédure canonique n'a pas été suivie à la lettre, le Dicastère peut décider d'invalider une demande de démission de l'état clérical ou d'imposer des sanctions plus clémentes.

En résumé, chaque situation est examinée au cas par cas en tenant compte de l'ensemble des circonstances atténuantes ou aggravantes pour décider de la sanction appropriée. La décision de ne pas conclure à une perte de l'état clérical dépend de l'évaluation globale de la conduite du clerc, des perspectives de réhabilitation après une période de suspension ou de prise en charge, et de la manière dont le cas est présenté et documenté.

4.3.8 Septième cause : Cas de scandale remis en cause : Cas d'allégations sexuelles impliquant le Cardinal Lacroix

Selon les normes ecclésiastiques, les accusations contre un clerc, et particulièrement contre un prélat de haut rang comme un cardinal, doivent être traitées avec une grande prudence et diligence[885]. Le Code de Droit Canonique prévoit des procédures spécifiques pour traiter les accusations de ce genre, y compris une enquête préalable[886]. Cette enquête vise à déterminer si les allégations sont suffisamment fondées pour justifier une procédure judiciaire formelle.

4.3.8.1 Mise en contexte

En août 2020, la requête d'exercer une action collective[887] intentée contre des membres de l'archidiocèse de Québec est demandée à la Cour supérieure

[885] Voir *VELM*, Art. 6, 8 et 13.
[886] Voir *CIC*/83, cc. 1717-1719.
[887] Le Code de Procédure Civile canadien, entrée en vigueur le 1er janvier 2016 apporte plusieurs modifications à l'ancien « recours collectif » et le redésigne sous « l'action collective ». Voir SHAUN, E. FINN, *L'action collective au Québec*, Montréal, Éditions Yvon Blais, 2016, à la p XI, préface de Nicole Duval Hesler.

du Québec. En mai 2022, la cour autorise l'exercice de cette action collective. En août 2022, une première liste de 101 demandeurs anonymes est déposée. Le 25 janvier 2024, la liste de demandeurs est amendée pour passer à 147 personnes et le nom du cardinal Gérald Cyprien Lacroix, archevêque et primat de l'Église catholique du Canada[888], est alors ajouté à titre de défendeur pour des allégations de nature sexuelle. Mgr Lacroix y est accusé d'avoir commis des attouchements entre 1987 et 1988 sur une fille alors âgée de 17 ans. Cette liste sera à nouveau modifiée et passera à 160 demandeurs. Le 8 février 2024, le Pape François demande la tenue d'une enquête sur les faits allégués après que le nom de Mgr Lacroix est apparu à titre d'agresseur présumé[889]. À l'annonce de l'ajout de son nom à la liste des défendeurs le 25 janvier 2024, le cardinal Lacroix s'est retiré volontairement de ses fonctions d'archevêque de Québec. Nommé par le Pape François, le juge André Denis, retraité de la Cour Supérieure du Québec, s'était vu confier le soin de mener une enquête[890] « portant sur les faits, les circonstances et l'imputabilité du délit allégué (...) et de produire un rapport détaillé de ses démarches et de ses conclusions »[891]. En effet, le Saint-Père demandait une enquête préalable, comme le prévoit le motu proprio *Vos estis lux mundi* qui permet à l'Église de lutter contre les abus sexuels en son sein. Le 6 mai 2024, le juge André Denis envoie son rapport de 66 pages au Vatican. Dans ce rapport, M. Denis affirme que « Tous ceux et celles qui ont été en relation avec Gérald Lacroix en 1987 et 1988 et que j'ai rencontrés durant mon enquête ne croient pas que ce dernier a commis les gestes qu'on lui reproche, ni en 1987 et 1988, ni avant ni après. La même conclusion s'impose chez les nombreux témoins rencontrés pour ce qui est de

[888] Mgr Lacroix est l'une des personnalités catholiques les plus influentes du Canada. Lorsqu'il a été nommé archevêque de Québec en 2011, il devenait d'office « primat de l'Église catholique du Canada ». Le Pape François l'a désigné cardinal en janvier 2014. En 2023, il a accédé au Conseil des cardinaux, un groupe de neuf membres qui a pour mission d'assister le pape dans le gouvernement de l'Église.

[889] Voir Le Journal de Québec, mardi 21 mai 2024, https://www.journaldequebec.com/2024/05/21/soupcon-dagression-sexuelle-aucune-sanction-contre-le-cardinal-lacroix (consulté le 22 mai 2024).

[890] Voir Holy See Press Office Communiqué du 21/05/2024(= Holy See Press Office Communiqué du 21/05/2024). Le texte du Vatican parle de l'enquête préliminaire canonique. C'est intéressant de remarquer que cette enquête est confiée à un laïc qui ne fait pas partie de la hiérarchie ecclésiastique, https://press.vatican.va/content/salastampa/en/bollettino/pubblico/2024/05/21/240521c.html (consulté 10/12/2024).

[891] Voir c*ommuniqué sur le mandat papal concernant le cardinal Gérald Cyprien Lacroix* (= Communiqué sur le mandat papal concernant le cardinal Gérald Cyprien Lacroix), https://www.dropbox.com/scl/fi/fthxh6whjseabzyqyuwpo/Communiqu-du-juge-Andr-Denis-sur-le-mandat-papal-concernant-le-cardinal-G-rald-Cyprien-(consulté le 10 décembre10/12/2024).

l'ensemble de la carrière pastorale du cardinal Lacroix depuis qu'il est à Québec, depuis qu'il y est présent »[892].

Le juge André Denis base sa décision sur des rencontres avec « des dizaines d'intervenants » – dont Mgr Lacroix – et sur la consultation d'archives à l'archidiocèse de Québec et à l'Institut séculier Pie X. Il n'a pas pu rencontrer la présumée victime dans le cadre de son enquête commandée par le Pape François. Le cardinal Gérald Lacroix retourne à ses fonctions au diocèse de Québec après un retrait volontaire de six mois[893].

4.3.8.2 Analyse du cas de Mgr Lacroix et réflexion canonique

L'analyse de ce cas de scandale du point de vue de « la loi divine et du droit canonique » (c. 1399) soulève plusieurs aspects importants. Les allégations contre Mgr Lacroix, si elles sont avérées, relèveraient d'un comportement contraire aux normes morales et aux obligations sacerdotales telles que définies par le droit canonique. Selon le c. 1395, §§2-3 du Code de Droit Canonique[894], les clercs qui commettent des délits contre le sixième commandement du Décalogue avec un mineur ou une personne à qui la loi reconnaît une protection similaire, peuvent être punis de sanctions variées, y compris la réduction à l'état laïc. Le c. 1399 pourrait aussi être évoqué dans le sens que ce cas constituerait « la gravité spéciale de la violation externe qui réclame une punition » et « la nécessité pressente de prévenir ou de réparer des scandales » selon les termes de ce canon.

L'autorisation de l'action collective par la Cour supérieure du Québec indique une reconnaissance par le système judiciaire civil de la gravité et de la crédibilité des allégations initiales. Cela met en lumière la tension entre les procédures judiciaires étatiques et les enquêtes internes de l'Église. La décision du Pape François de demander une enquête approfondie à la suite de l'ajout de Mgr Lacroix comme défendeur reflète une approche proactive pour garantir la transparence et la justice au sein de l'Église. Cela est en ligne avec les directives du Motu proprio *Vos estis lux mundi* qui impose des procédures claires pour enquêter sur les abus sexuels et sur la manière dont les autorités ecclésiastiques les traitent.

L'enquête menée par le juge André Denis s'est déroulée de façon indépendante du diocèse. La méthodologie de l'enquête, incluant la revue de presse, les entretiens avec de nombreux témoins et l'examen des archives, renforce la crédibilité de ce rapport. Cependant, l'absence de témoignage

---

[892] Voir *Ibid.*, 8.

[893] Voir. https://www.journaldequebec.com/2024/07/22/le-cardinal-gerald-c-lacroix-reprend-ses-activites-au-diocese-de-quebec-apres-un-retrait-de-six-mois (17/12/2024).

[894] Ce canon a été modifié par la Constitution apostolique *Pascite gregem Dei* du 23/05/2021, entrée en vigueur le 08/12/2021.

direct de la présumée victime constitue une lacune notable[895]. Le juge a déclaré que son enquête était incomplète en raison du refus de la plaignante d'y participer, mais cette enquête n'avait révélé aucune preuve justifiant un procès canonique. Toutefois, les allégations, même non prouvées, peuvent entraîner des conséquences considérables sur la réputation de l'Église et de ses dirigeants. L'Église doit naviguer entre la protection de ses membres et la nécessaire transparence et justice pour les victimes potentielles.

En conclusion, le traitement de cette affaire par les autorités ecclésiastiques, en coopération avec les enquêtes civiles, représente un exemple de la complexité et de la nécessité de la transparence et de la justice dans la gestion des allégations d'abus au sein de l'Église. La loi de l'Église exige une enquête rigoureuse et impartiale, et les conclusions de cette enquête, même si elles exonèrent Mgr Lacroix, ont été communiquées de manière transparente pour maintenir la crédibilité et l'intégrité de l'institution ecclésiastique. En effet, le Vatican ne mènera pas de procès canonique à l'encontre du cardinal Lacroix, visé par des allégations de nature sexuelle, à la lumière des conclusions d'une enquête « sûrement incomplète », des dires même de son auteur, l'ancien juge André Denis[896]. Cette décision du Saint-Siège ne change pas la position du cardinal de demeurer en retrait encore un certain temps pour faciliter un règlement de l'action collective[897]. Si les conclusions du rapport avaient été tout autres, la procédure du procès canonique aurait été envisagée.

La décision du Pape de ne pas ouvrir un procès canonique contre Mgr Lacroix, après une enquête approfondie menée par le juge André Denis, offre plusieurs leçons importantes du point de vue de la jurisprudence du droit canonique. En premier lieu, la démarche rigoureuse de l'enquête, incluant des entretiens avec de nombreux intervenants et l'examen des archives, souligne l'importance d'une enquête exhaustive et impartiale. Cela illustre que des allégations graves doivent être traitées avec la plus grande rigueur pour assurer une justice équitable. L'initiative du Pape François de requérir une enquête indépendante démontre l'engagement de l'Église à traiter sérieusement les allégations d'abus. Cette approche proactive vise à protéger les fidèles tout en garantissant une procédure équitable pour les membres du clergé. En deuxième lieu, la décision de ne pas poursuivre un procès canonique après l'enquête montre que le principe de la présomption d'innocence est fondamental dans le droit canonique. En l'absence d'éléments de preuves concrètes et convaincantes, il est crucial de protéger la réputation et les droits de l'accusé. La décision du Pape montre l'équilibre que l'Église doit maintenir

[895] Voir *Communiqué du juge André Denis sur le mandat papal concernant le cardinal Gérald Cyprien Lacroix*, 4-8.
[896] Voir *Communiqué du juge André Denis sur le mandat papal concernant le cardinal Gérald Cyprien Lacroix*, 10.
[897] Voir « Message de l'Archevêque Cardinal Gérald Cyprien Lacroix ».

entre la recherche de la vérité et la justice pour les victimes présumées. Le droit canonique doit être appliqué avec prudence, en tenant compte des preuves disponibles et des circonstances de chaque cas. En dernier lieu, il n'y aura pas d'autre procédure canonique à entreprendre, non plus de sanctions pénales de Vatican à l'endroit du Cardinal Lacroix.

4.4 La pertinence du c. 1399 dans le contexte du droit pénal canonique[898]

Le canon 1399 est demeuré inchangé lors de la révision du Livre VI du Code de droit canonique en 2021. Ce choix traduit la volonté du législateur suprême de confirmer la pertinence de cette disposition, malgré les débats persistants au sein de la doctrine canonique quant à sa compatibilité avec le principe de légalité des délits et des peines en droit canonique[899]. Nous ne pourrions affirmer mieux que ce que déclare Mgr Ignacio Arrieta[900] :

> D'autre part, précisément pour permettre l'adaptation des instruments juridiques aux besoins concrets, le système pénal canonique contient un élément qui peut sembler aller à contre-courant de la doctrine courante en droit pénal. En effet, après de nombreux examens, le canon 1399 est resté inchangé. Il accorde au Pasteur le pouvoir nécessaire pour répondre en termes de vérité aux exigences de la justice, et pour sanctionner les violations externes du droit divin ou canonique, non pénalisées formellement, lorsque « la gravité spéciale du délit réclame une punition et qu'il y a nécessité pressante de

---

[898] Le Titre VII de la Partie du Livre VI du Code de droit canonique est intitulé « Norme générale » (*Norma generalis*) et contient un seul c. 1399 qui clôt le traitement pénal du Code et n'a subi aucune modification dans la révision du Livre VI promulguée avec la Constitution apostolique *Pascite gregem Dei*.

[899] Voir TOXE, « L'efficacité d'un droit pénal canonique au service de la vérité de la communion », 418. Il convient de rappeler ici que le principe de la légalité des délits et des peines est tout de même affirmé dans *CIC/83*, c. 221 dont le premier stipule que « les fidèles ont le droit de n'être frappés de peines canoniques que selon la loi ». Toutefois, le c. 1399 stipule que, dans des circonstances spécifiques définies par cette norme, il est possible de punir un fidèle pour son comportement, même si cet acte n'était pas explicitement sanctionné par une loi pénale au moment où il a été commis. Le c. 1399 serait peut-être impossible en droit étatique en vertu du principe de légalité selon lequel : « nul ne peut être puni sans une loi préalable définissant l'infraction ». ARRIETA, « La *Ratio* et l'itinéraire de la réforme du Nouveau Livre VI », 130. À propos du principe de légalité et le c. 1399, nous vous renvoyons au Chapitre II de ce travail sur l'analyse et la discipline du canon 1399 du *CIC*/83.

[900] ARRIETA, « La *Ratio* et l'itinéraire de la réforme du Nouveau Livre VI », 131-132.

> prévenir ou de réparer des scandales ». Cette approche de base a même été acceptée par la jurisprudence européenne, qui privilégie la répression des comportements qui ne sont pas formellement qualifiés et dont on peut raisonnablement penser qu'ils seront sanctionnés par les autorités[901]. Dans le cas d'un système pénal qui doit être appliqué dans toutes les diverses cultures humaines, une disposition de cette nature ne peut être évitée[902].

Le c. 1399 joue un rôle de « filet de sécurité » dans le système juridique canonique. Il permet d'imposer des sanctions même lorsque les comportements répréhensibles ne sont pas spécifiquement énumérés dans le Code ou dans d'autres lois ecclésiastiques. Cette flexibilité est cruciale pour répondre à des situations imprévues ou nouvelles qui nécessitent une réponse adéquate, mais ne sont pas couvertes explicitement par des lois existantes. Ce canon assure que des actions particulièrement graves, qui causent un scandale ou perturbent gravement l'ordre dans l'Église, ne restent pas impunies simplement parce qu'elles ne sont pas spécifiquement nommées dans le Code ou dans d'autres lois ecclésiastiques. Ainsi, il protège l'intégrité morale et doctrinale de l'Église en permettant de répondre efficacement à des violations graves. De plus, l'importance accordée à la nécessité « d'éviter ou de réparer des scandales » montre que ce canon est particulièrement pertinent pour maintenir la confiance des fidèles dans l'institution ecclésiastique, contribuant ainsi au bien commun. Avec l'évolution des sociétés et des nouveaux défis auxquels l'Église doit faire face, ce canon permet d'adapter les réponses juridiques canoniques aux contextes contemporains. Par exemple, des violations qui n'existaient pas ou n'étaient pas envisagées auparavant peuvent être sanctionnées grâce à cette disposition. La reprise de ce canon dans le Nouveau Livre VI de 2021 réaffirme son importance et actualise son application. Cela montre que le législateur ecclésiastique considère cette disposition comme essentielle pour la justice canonique, garantissant ainsi une continuité et une cohérence dans l'application des sanctions. En offrant cette flexibilité et en permettant une adaptation aux circonstances modernes, ce

---

901 Voir COUR EUROPEENNE DES DROITS DE L'HOMME, arrêt S.W.c. Royaume-Uni (n°47/1994/494/575), du 22 novembre 1995

902 Il convient de noter que dans le droit du Vatican, tant l'article 23 de la Loi n° II *sur les sources du droit du* 7 juin 1929, dans *AAS Suppl.* 1, 1929, 5-13, que l'article 9 de la Loi n. LXXI du même nom du 1er octobre 2008, dans *AAS Suppl.* 79, 2008, 65-70, prévoient également la possibilité de sanctionner civilement, dans des limites de sanctions précises, à l'ordre « qui porte atteinte aux principes de la religion ou des mœurs, à l'ordre public ou à la sécurité des personnes ou des choses » (article 9 précité).

canon contribue à la préservation de l'intégrité et de la crédibilité de l'Église dans un monde en constante évolution.

4.4.1 Application exceptionnelle du c. 1399 face aux comportements contraires au droit divin ou canonique

Selon le Dicastère pour les textes législatifs, l'universalité d'application du droit pénal canonique et la diversité des pratiques culturelles dans les lieux où il est en vigueur ont conduit à inclure, en tant que mesure de clôture du système pénal, une norme générale permettant de sanctionner certains comportements qui perturbent l'ordre social de l'Église et nécessitent une réponse de l'autorité pour protéger les trois finalités désormais réaffirmées au c. 1311,§2 et au c. 1341, à savoir la restauration de la justice, la correction du coupable et la réparation du scandale[903]. C'est pertinent, surtout quand on considère que le système pénal canonique s'est efforcé de restreindre au maximum la diversité des délits, en se concentrant uniquement sur les cas essentiels à la vie de l'Église. Cela rend très probable l'existence de comportements répréhensibles non spécifiquement définis comme des délits, mais qui nécessitent malgré tout l'intervention de l'autorité compétente[904].

L'hypothèse exceptionnelle de c. 1399 réglemente un cas exceptionnel où il est véritablement nécessaire de procéder pénalement pour protéger le bien de l'Église, le bien commun et promouvoir le salut des âmes. Il est possible qu'il y ait parfois des actes qui, au moment de la promulgation de la loi, n'étaient pas considérés comme nécessaires pour être érigés en délit, en raison de leur rareté, de leur faible pertinence communautaire ou pour d'autres raisons[905]. La disposition du c. 1399 permet aux autorités ecclésiastiques d'agir de manière discrétionnaire face à des situations imprévues ou nouvelles qui ne sont pas explicitement couvertes par les lois existantes. Cette capacité à répondre à des circonstances exceptionnelles ou inédites sans être limité par une liste exhaustive d'infractions constitue une exception importante.

Dans le cas de comportements particulièrement graves, comme ceux que nous avons examinés, qui pourraient justifier une action criminelle, il est raisonnable de supposer que l'auteur de la violation externe de loi divine ou canonique est conscient que son comportement mérite une sanction pénale. Parfois, les circonstances permettront à l'autorité compétente d'adresser d'abord un précepte pénal comme un avertissement à l'auteur de l'acte. En cas de non-respect de cet avertissement, l'autorité compétente pourrait alors procéder à l'application de la peine prévue par le précepte. Cependant, si la

---

903 Voir DICASTERE POUR LES TEXTES LEGISLATIFS, *Sanctions pénales dans l'Église*, 168.

904 Voir *Ibid.*

905 Voir Miras, « Guide to Canonical Administrative Procedure in Penal Matters », 24-25.

gravité et l'urgence du cas nécessitent un recours direct au c. 1399, il est impératif de vérifier au préalable que les conditions imposées par ce canon sont remplies[906]. En outre, dans ces cas exceptionnels, il est crucial de comprendre que le c. 1399 ne permet pas d'imposer une peine directement sans suivre une procédure appropriée. Au contraire, il s'agit de mener une procédure pénale en respectant les éléments et garanties essentiels de tout processus pénal, même dans un contexte où le comportement en question n'était pas précédemment considéré comme un crime[907]. Si la violation du c. 1399 est associée à d'autres délits, le c. 1346 exprime plus clairement la règle concernant le cumul des peines en cas de pluralité de délits[908]. De plus, le c. 1349 souligne l'importance du principe de proportionnalité dans l'application des peines indéterminées qui tiennent compte de circonstances pour appliquer des sanctions tant médicinales qu'expiatoires ou simplement d'autres mesures disciplinaires non pénales[909].

4.4.2 La préoccupation du bien commun et du salut des âmes

D'après Jean-Paul II, « la loi ecclésiastique se préoccupe de protéger les droits de chacun dans le contexte des devoirs de tous à l'égard du bien commun »[910]. À ce propos, le Catéchisme de l'Église Catholique enseigne : « Envers les hommes, la justice dispose à respecter les droits de chacun et à établir dans les relations humaines l'harmonie qui promet l'équité à l'égard des personnes et du bien commun »[911]. Puisque la loi concerne le bien

---

[906] Voir DICASTERE POUR LES TEXTES LEGISLATIFS, *Sanctions pénales dans l'Église*, 169.

[907] Voir Miras, « Guide to Canonical Administrative Procedure in Penal Matters », 25.

[908] Voir Nouveau Livre VI, c. 1446 : « §1 Ordinairement il y a autant de peines que de délits. §2 Mais chaque fois que le coupable aura commis plusieurs délits, si le cumul de peines *ferendæ sententiæ* apparaît trop sévère, il est laissé à l'appréciation prudente du juge de diminuer des peines dans des limites équitables, et de le soumettre à surveillance ».

[909] Voir Nouveau Livre VI, c. 1349: « Si une peine est indéterminée et si la loi n'y pourvoit pas autrement, le juge, au moment de déterminer les peines, choisira celles qui sont proportionnées au scandale causé et à la gravité du dommage ; toutefois, il n'infligera pas de peines trop lourdes, à moins que la gravité du cas ne le réclame absolument ; même alors, il ne peut pas infliger de peines perpétuelles ». Notons que l'usage des Facultés spéciales fait une exception pour l'application des peines perpétuelles telle que la perte de l'état clérical.

[910] JEAN-PAUL II, le 28 janvier 1994, « La splendeur de la vérité et celle de la justice », dans *DC*, 91 (1994), 205-207; voir aussi J. THORN, *Le pape s'adresse à la Rote 1939-1994*, 241.

[911] CATÉCHISME DE L'ÉGLISE CATHOLIQUE, No 1807; voir aussi WOESTMAN,

commun, *« Omnis lex ad bonum commune ordinatur »*[912], c'est-à-dire toute loi vise le bien commun, il est bien compréhensible que le législateur demande aux individus de reconnaître non seulement leurs propres droits, mais aussi les droits des autres. Autrement dit, le bien commun s'accomplit en respectant les droits de tous et de chacun.

Le c. 1752 stipule que "le salut des âmes doit toujours être la loi suprême dans l'Église" (*Salus animarum suprema lex esto*). Cela signifie que toutes les lois et actions de l'Église doivent être orientées vers la finalité ultime de conduire les fidèles à la rédemption et à la vie éternelle. Cette orientation fondamentale influence l'ensemble de la législation canonique et guide les décisions pastorales, administratives et judiciaires au sein de l'Église vers la promotion du bien spirituel et commun des fidèles. Les autorités ecclésiastiques sont tenues d'exercer leurs responsabilités en vue du bien commun[913]. Les fidèles, en vertu de leur baptême, ont le droit et le devoir de contribuer à la mission de l'Église en vue du bien commun. Le bien commun se réfère à l'ensemble des conditions qui permettent aux individus et aux groupes d'atteindre leur plein épanouissement, y compris le salut des âmes[914]. Dans le *CIC*/83, de nombreuses dispositions sont conçues pour promouvoir le bien commun, assurant que les structures, les ressources et les activités de l'Église servent à la fois le bien-être spirituel et matériel des fidèles. En effet, l'ensemble de la législation ecclésiastique est structuré de manière à promouvoir ce bien commun, en tenant compte à la fois des besoins spirituels et matériels des membres de l'Église[915].

Les procédures judiciaires et les normes de justice ecclésiastique (canons 1311 et suivants) sont mises en place pour corriger les comportements qui nuisent à la communauté. En assurant un ordre juste et moral, l'Église favorise un environnement où le bien commun et le salut des âmes peuvent être

---

Ecclesiastical Sanctions and the Penal Process, 228.

912 THOMAS D'AQUIN, *Summa theologiæ*, I a -II æ. q. 90, art. 2.

913 Voir *CIC*/83, c. 223 : §1 Dans l'exercice de leurs droits, les fidèles, tant individuellement que groupés en associations, doivent tenir compte du bien commun de l'Église ainsi que des droits des autres et des devoirs qu'ils ont envers eux. §2 En considération du bien commun, il revient à l'autorité ecclésiastique de régler l'exercice des droits propres aux fidèles ; voir *CCEO*/1990, c. 26 ; voir aussi J.P II, Discours à la Rote romaine Discours du 26 février 1983 aux membres du Tribunal de la Rote romaine pour l'inauguration de l'année judiciaire du 26/02/1983.

914 Définition empruntée dans *GS* 26, §1 : « le bien commun, c'est-à-dire cet ensemble de conditions sociales qui permettent, tant aux groupes qu'à chacun de leurs membres, d'atteindre leur perfection d'une façon plus totale et plus aisée » et dans *DH* 6 : « Le bien commun, c'est-à-dire cet ensemble de conditions sociales qui permettent, tant aux groupes qu'à chacun de leurs membres, d'atteindre leur perfection d'une façon plus totale et plus aisée ».

915 Voir *CIC*/83, c. 223, §2: « En considération du bien commun, il revient à l'autorité ecclésiastique de régler l'exercice des droits propres aux fidèles ».

poursuivis de manière harmonieuse. Le bien commun est un concept central dans le *CIC*/83, influençant la gouvernance, l'administration, la participation des fidèles et la justice ecclésiastique[916]. En effet, Simone Renna souligne que le bien commun est l'un des facteurs les plus importants dans la pratique d'application du Dicastère pour le Clergé lorsqu'il examine les cas de la Faculté Spéciale II sous le titre du c. 1399. Par exemple, la désobéissance à l'Ordinaire est particulièrement odieuse » en ce qu'il empêche les moyens de protéger le bien commun, ou bien, lorsqu'il s'agit de délits financiers, le Dicastère évalue l'appauvrissement qui en résulte, causé au détriment de la communauté chrétienne[917]. Nous estimons que cet aspect est également lié à la notion de scandale : l'évaluation d'une action ne se limite pas à sa gravité morale intrinsèque ni à l'urgence d'y répondre. Il faut aussi prendre en compte les conséquences potentielles de sa divulgation. En effet, le préjudice causé par une action peut varier considérablement selon qu'elle reste confidentielle ou qu'elle devient publique.

Le salut des âmes et le bien commun ne sont pas des concepts séparés, mais sont intimement liés et se complètent mutuellement. Le salut des âmes est l'objectif ultime de l'Église, et le bien commun constitue le cadre dans lequel cet objectif est poursuivi[918]. L'ensemble de la législation ecclésiastique est structuré pour garantir que toutes les actions et décisions de l'Église contribuent à ces deux objectifs de manière intégrée et cohérente. Par exemple, lorsqu'une personne commet un acte scandaleux, l'Église cherche avant tout à la ramener sur le chemin de la conversion et de la réconciliation. La peine infligée n'est pas seulement punitive, mais aussi réparatrice et médicinale, visant à guider l'individu vers la repentance et le salut[919]. Les procédures suivies dans l'application du c. 1399 sont conçues pour garantir que les décisions sont prises avec discernement et justice. Les juges ecclésiastiques évaluent la gravité du scandale et le dommage causé. Cette

---

916 *CIC*/83, c. 223 établit que la gouvernance ecclésiale, tout comme l'exercice des droits individuels, doit être subordonnée au bien commun. Selon la *Nota explicativa* du PCTL du 08-12-2010 (*Comm* 42 [2010] 280-281), le §2 de ce canon reconnaît le pouvoir de l'autorité compétente de circonscrire, par des dispositions générales, l'exercice des droits des fidèles afin d'obéir aux exigences du bien commun.

917 Voir RENNA, « La giurisprudenza del Dicastero per il Clero nell'applicazione delle Facolta Speciali », 547-548.

918 La Constitution pastorale de l'Église, dans *GS* 26 et 74, §1, affirme que le bien commun embrasse l'ensemble des conditions de vie sociale qui permettent à l'homme d'atteindre sa perfection d'une manière plus totale. Cette perspective relie le bien commun au salut des âmes. Le bien commun vise donc la perfection intégrale de l'homme, dans toutes ses dimensions.

919 En effet, le c. 1341 précise que les mesures pénales doivent être appliquées seulement lorsqu'il est clair que d'autres moyens pastoraux ne sont pas suffisants pour atteindre le but recherché. Cela démontre que la priorité de l'Église est d'abord la conversion, la réparation et la réconciliation, plutôt que la punition pour elle-même.

évaluation intégrée vise à protéger le bien commun tout en recherchant le salut des âmes. Les sanctions imposées peuvent inclure des mesures pénitentielles, telles que des actes de réparation, qui encouragent la conversion personnelle et la réintégration harmonieuse dans la communauté. Pour éviter de nouveaux scandales, l'Église peut communiquer de manière transparente sur les mesures prises, en veillant à ne pas nuire davantage aux personnes impliquées. Cette approche protège le bien commun en maintenant la confiance dans l'institution ecclésiale et en montre que des actions appropriées sont prises pour adresser les comportements scandaleux. Ainsi, le c. 1399 illustre bien comment le salut des âmes et le bien commun se complètent et sont intégrés dans la législation ecclésiastique.

4.4.3 Proposition de la reformulation du c. 1399

Le nouveau paragraphe §2, maintenant inséré dans le c. 1311 du Livre VI, précise les trois objectifs de la discipline pénale ecclésiastique. Le nouveau c. 1341 ainsi que le c. 1343, réaffirment les mêmes trois finalités classiques de la peine canonique, notamment « rétablir la justice, amender le coupable, réparer le scandale »[920]. Il s'en suit qu'il serait pertinent, à notre humble avis, d'ajouter les deux autres objectifs de la peine ecclésiastique à l'actuelle formulation du c. 1399 qui ne mentionne qu'un seul objectif, à savoir « réparer le scandale ». Ainsi, notre proposition de la reformulation du c. 1399 pourrait ainsi être stipulée :

En dehors des cas établis dans la présente loi ou dans d'autres lois, la violation externe d'une loi divine ou canonique ne peut être punie seulement, et alors d'une juste peine, que lorsque la gravité spéciale de la violation réclame une punition, et qu'il y a nécessité pressante de rétablir la justice, de corriger le coupable et de réparer le scandale[921].

---

[920] Voir GONÇALVES, « Réparation et remèdes pénaux dans le nouveau Livre VI du Code de droit canonique latin », 332 : « Si les cann. 1311, §2 nouvelle formule, 1341 et 1348 nouvelle formule réaffirment les trois finalités classiques de la loi canonique et notamment la réparation due, les remèdes pénaux intéressent plus l'amendement de la personne que les deux autres finalités ».

[921] Voir le nouveau Livre VI, cc. 1311, §2 et 1341 ; Voir aussi NKOUAYA MBANDJI, « The Revised Version of Book VI of the *CIC*/83, 42. En effet, cet auteur évoque un réajustement de la triple finalité de la sanction pénale canonique : « In our opinion, can. 1341 of the new Book VI makes a major change by mentioning, in the first place, the re-establishment of justice as the purpose of the penal process. The reparation of the scandal, which used to come first, now comes last, after the amendment of the guilty party. The focus is no longer on the repair of the scandal, rather the restauration of justice is emphasised more. This option differs greatly from the previous one where, in wanting to avoid scandal, the Church sought to protect its structure, its image and the alleged culprits at the expense of the victims ». *Ibid.*

Ainsi l'autorité ecclésiastique est invitée à prendre en compte non seulement la nécessité de réparation pour la victime, assurant que le dommage subi soit correctement compensé. Mais simultanément, elle doit veiller au bien commun en rétablissant la justice au sein de la communauté ecclésiale, renforçant ainsi la confiance collective dans l'équité et la protection des droits. Enfin, l'autorité ecclésiastique doit veiller au progrès moral et spirituel du coupable, en mettant en œuvre des mesures correctives visant à son amendement et à sa réintégration dans la vie communautaire et ecclésiale. En effet, « rétablir la justice et corriger le coupable » revêtent aussi une importance cruciale dans le droit canonique, car ils incarnent les principes fondamentaux de la responsabilité et de la rédemption au sein de la communauté ecclésiale, contribuant au bien commun. Le rétablissement de la justice vise à restaurer l'ordre moral et social perturbé par le scandale, assurant ainsi l'intégrité et la cohésion de la communauté. Parallèlement, la correction du coupable vise à guider celui-ci vers la réconciliation avec Dieu et la communauté, en reconnaissant ses fautes et en s'engageant dans un processus de repentir et de transformation.

Conclusion

Nous avons pris acte de la quantité très réduite de sentences judiciaires pénales publiées, mais aussi du caractère pour le moins discret de la jurisprudence pénale canonique. Nous avons attribué le motif de la rareté des analyses jurisprudentielles à trois facteurs concomitants, notamment le caractère *ultima ratio* de toute sanction canonique, les diverses modalités d'infliction de la peine et les dispositions ecclésiales favorables à la protection de la bonne réputation ou la protection de la confidentialité contre l'accès aux informations sur les causes pénales.

Nous avons examiné sept causes dans lesquelles le c. 1399 a été impliqué directement ou indirectement. Parmi ces causes, il y en a qui ont fait recours aux Facultés spéciales du Dicastère pour le Clergé. Le recours aux Facultés spéciales est motivé non seulement par l'insuffisance ou l'absence des structures judiciaires adéquates dans les Églises particulières ou les diocèses, mais aussi par la nécessité pour les évêques d'impliquer l'autorité du Saint-Siège dans des jugements aussi douloureux[922]. Après examen de ces causes, nous avons vu comment le droit pénal canonique réalise sa fonction spécifique dans la peine imposée : l'amendement ou l'expiation que le coupable doit accomplir pour rétablir la justice ou réparer le scandale. Toutefois, il pourrait arriver qu'aucune peine ne soit infligée en l'absence de preuves fondées ou si

[922] Voir RENNA, « La giurisprudenza del Dicastero per il Clero nell'applicazione delle Facolta Speciali », 562.

l'innocence de l'accusé a été prouvée. En outre, en plus de la palabre africaine, nous avons brièvement examiné les autres moyens reconnus par le législateur pour réparer le scandale ou régler équitablement les dommages, notamment la médiation, la réconciliation et l'arbitrage.

Enfin, nous avons clôturé ce dernier chapitre en réexaminant la pertinence du c. 1399. Nous avons confirmé la pertinence de cette disposition malgré les débats persistants au sein de la doctrine canonique concernant cette norme par rapport au principe de légalité des délits et des peines en droit canonique. De fait, le c. 1399 n'a pas été modifié, même dans la dernière révision de 2021. En effet, il confère aux pasteurs le pouvoir de répondre à la justice et de sanctionner les violations externes du droit divin ou canonique, non formellement punies, lorsque la gravité spéciale du délit exige une sanction et qu'il est urgent de prévenir ou de réparer des scandales. Dans un système pénal applicable à toutes diverses cultures humaines et à diverses sociétés, une telle disposition reste pertinente, car elle peut être au service de la justice et du bien commun dans des circonstances exceptionnelles. Mais, cette norme générale exceptionnelle doit être utilisée avec parcimonie. Au terme de ce chapitre, nous avons proposé une reformulation du c. 1399.

CONCLUSION GÉNÉRALE

Cette thèse s'articule autour de la problématique de la discipline et de l'application du c. 1399, qui constitue une dérogation au principe de légalité des délits et des peines. Ce canon suscite des interrogations en droit pénal, car il autorise la sanction d'un comportement pour lequel aucune loi ou aucun précepte n'avait initialement prévu de pénalité. Notre recherche s'est également attachée à examiner les exigences essentielles requises pour l'application du c. 1399, à savoir une violation externe d'une loi divine ou canonique, une gravité particulière de cette violation, et une nécessité urgente de prévenir ou de réparer un scandale.

Ce travail, dans son chapitre premier consacré à l'étude de la notion de scandale, nous a permis de réaliser que le terme "scandale" est plurivoque et peut être interprété de différentes manières selon le contexte. D'une part, il peut désigner des comportements ou des actions qui enfreignent les normes sociales ou morales acceptées et pourraient provoquer la chute ou la perte des autres dans le domaine de la foi. D'autre part, le scandale peut être également perçu comme une réaction publique intense et négative face à ces comportements ou actions controversés. Il s'agit souvent d'un mélange d'indignation, de colère et de déception de la part du public, des fidèles ou des membres de la communauté concernée[923]. Cette réaction peut être amplifiée par des facteurs tels que la couverture médiatique massive, les tentatives de dissimulation ou de minimisation de la part des autorités ecclésiastiques, ce qui aggrave les dommages causés à la réputation de l'institution. En outre, le Code de droit canonique de 1983 ne propose pas de définition explicite du terme "scandale". Néanmoins, sur le plan canonique, le concept de scandale revêt une importance juridique significative, car il justifie l'intervention de l'autorité ecclésiastique. À plusieurs reprises dans le Code, le terme « scandale » est utilisé, généralement dans un sens péjoratif, pour désigner quelque chose de perturbant, de préjudiciable, ou encore quelque chose à éviter ou à réparer. À la clôture de la rédaction du Livre VI, dans le c. 1399, le législateur suprême met en avant le scandale comme un élément déterminant pour qualifier un acte criminel nécessitant l'intervention de l'autorité compétente.

Dans ce premier chapitre, nous avons également examiné la manière dont l'Église a mené la lutte contre les scandales « d'abus sexuels » ou d'agressions sexuelles perpétrés par des clercs et des religieux à travers les normes canoniques, de nombreux documents de la Congrégation pour la Doctrine de la Foi ainsi que les lettres apostoliques des Papes. Cette lutte a été marquée

[923] Voir R. NAZ, art. *Scandale*, dans le *Dictionnaire de droit canonique*, t. 7, 1958, col. 877-878: « Le scandale est un acte qui consiste à fournir au prochain une occasion de ruine spirituelle [...]; le scandale constitue un trouble à l'ordre social ».

par la reconnaissance des drames causés par le comportement outrancier de certains membres de l'Église, ainsi que par l'incapacité de la hiérarchie catholique à répondre de manière adéquate aux victimes supposées de ces délits sexuels. À la suite de ces scandales d'abus sexuels, le pape Benoît XVI a publiquement condamné la culture du silence et du cléricalisme, reconnaissant la responsabilité des évêques, et a renforcé le cadre législatif interne par l'adoption de nouvelles normes canoniques plus précises et plus sévères. Par ailleurs, le pape François a également promu la collaboration avec les autorités de la justice civile afin de prévenir de nouveaux scandales dans le respect des normes qui leur sont propres et qui varient selon les pays.

L'analyse et la discipline du c. 1399 présentées au deuxième chapitre nous a permis d'appréhender la signification et la portée juridique de ce canon ainsi que l'intention du législateur suprême. Le Livre VI du Code énumère les types spécifiques de délits qui justifient l'application de sanctions, qu'elles soient médicinales ou expiatoires. Un acte n'est considéré comme délictueux que si la loi le stipule comme tel, c'est-à-dire s'il est assorti d'une peine en cas de violation. Ce principe, connu sous le nom de principe de légalité des peines et des délits, exige que la loi prévoie à l'avance les délits passibles de sanctions pénales ainsi que les peines correspondantes, conformément au principe bien connu : *"nulla poena sine lege"*. Toutefois, « il peut donc arriver que l'autorité [ecclésiastique compétente] éprouve le besoin de punir un fidèle du Christ dans un cas non prévu par la loi, ce qui est impossible en droit étatique. En droit canonique, le c. 1399 autorise une telle entorse au principe du can. 221, §3 »[924].

Selon le c. 1399, le principe de légalité des peines et des délits connaît une exception, une dérogation, une atténuation ou du moins un « complément » codifié[925], lorsque trois conditions sont formellement et conjointement réunies, à savoir : la violation externe d'une loi divine ou canonique en dehors des cas établis ; la violation de la loi doit être d'une gravité spéciale et il doit y avoir une urgente nécessité de prévenir ou de réparer des scandales[926].

---

[924] J. WERCKMEISTER, « Théologie et droit pénal : autour du scandale », dans *Revue de droit canonique*, 39 (1989), 102 (= WERCKMEISTER, « Théologie et droit pénal : autour du scandale »).

[925] Voir PUY MONTBRUN, *Le droit canon au service de la justice*. Carlo Gullo exprime l'idée que le canon 1399 est une norme générale à laquelle on peut donner un sens compatible avec le principe de légalité, mais seulement si l'on fait preuve d'une volonté déterminée. Voir C. GULLO, « Les raisons de la protection judiciaire dans le domaine pénal », dans P. M. DUGAN, *La procédure et la protection des droits dans la législation canonique. Actes d'un colloque tenu à l'Université pontificale de la Sainte-Croix*, Rome, 25-26 mars 2004, Montréal, Wilson & Lafleur Ltée, 2008,152.

[926] D'après Jean Werckmeister, ce canon est particulièrement intéressant en raison de l'absence quasi-totale de déterminants. En effet, le c. 1399 ne cite pas l'auteur du délit (donc n'importe qui), ni la victime ; mais indique l'objet de la peine (une violation externe d'une loi), ainsi que la solution-sanction (une juste peine). Cependant, dans

Toutefois, qui juge de la « gravité spéciale » de la violation ? Qui estime qu'il y a « nécessité pressante » de prévenir ou de réparer les scandales ? Qui détermine qu'il y a scandale ? Qui fixe la « juste peine » ? En fait, c'est l'autorité ecclésiastique qui a le pouvoir discrétionnaire de punir tout fidèle, selon le droit, pour toute violation externe d'une loi canonique ou divine.

Depuis longtemps, les canonistes se sont posé la question par rapport à cette exception au principe de la légalité des peines. Selon Jombart, « il est permis d'admirer chez le législateur ecclésiastique un bon sens qui confine ici au génie [...]. Il ne veut pas que les crimes monstrueux restent impunis au grand scandale des fidèles, au grand dommage de la société. En ne laissant pas emprisonner dans une interprétation trop littérale d'un adage juridique, il a sauvé les intérêts majeurs de l'ordre moral et du bien commun »[927], devant lesquels le droit doit s'incliner. Di Mattia abonde dans le même sens que Jombart en insistant sur la spécificité du droit canonique par rapport aux autres systèmes de droit pour justifier le c. 1399. En effet, pour lui, l'objectif ultime du droit canonique est la *"salus animarum"*, ce qui implique une protection impérative des âmes, même si cela nécessite de déroger aux principes juridiques[928]. En somme, le c. 1399 établit une dérogation au principe de légalité. Cette exception repose sur un principe théologique fondamental : assurer la communion ecclésiale et promouvoir le salut des âmes, ce qui, dans des circonstances exceptionnelles, exige une réponse pénale à une violation

les autres textes pénaux, on trouve toujours la détermination d'au moins un ou deux éléments (L'auteur, l'objet, la victime, la solution-sanction). Voir WERCKMEISTER, « Théologie et droit pénal : autour du scandale », 102.

[927] E. JOMBART, « Des délits et des peines », dans le Traité de droit canonique, publié sous la direction de R. Naz, t.4, 1954, 608. Le mot « crime » est entendu au sens large du mot du point de vue criminologique, c'est-à-dire tout acte qui porte atteinte au bien commun, à l'ordre public.

[928] Voir A. BORRAS, *L'Excommunication dans le nouveau code de droit canonique*, Paris, Desclée, 1987, 27, note 6 (= BORRAS, *L'Excommunication dans le nouveau code de droit canonique*), où la position de Di Mattia est résumée par Alphonse Borras. En effet, Di Mattia interprète le c. 1399, selon Borras, à la lumière de la *rationabilitas* propre du droit canonique dont la finalité visée est positivement la recherche de la *salus animarum* et négativement l'élimination de tout *periculum animarum*. Concernant la formulation du c. 1399, Di Mattia souligne de manière perspicace que l'utilisation de la conjonction de coordination "et" implique que les conditions doivent être remplies simultanément. Cela marque une distinction significative par rapport au c.2222, §1 du Code pio-bénédictin, qui utilisait la conjonction disjonctive "ou", permettant ainsi qu'une seule condition soit nécessaire pour que la norme s'applique. Voir G. DI MATTIA, « Sastanza e forma nel nuovo diritto penale canonica», in *Il nuovo codice di diritto canonico. Novità, motivazione e significato (Atti della settimana di studia, 26-30 Aprile)*, Roma, 1983, 432-437, cité par BORRAS, *L'Excommunication dans le nouveau code de droit canonique*, 27, note 6.

grave du droit divin ou canonique afin de prévenir ou de réparer le scandale qu'elle provoque[929].

Le troisième chapitre de cette étude a mis en relief la procédure canonique comme moyen de punir, de prévenir ou de réparer le scandale. C'est pourquoi, il appartient à l'Ordinaire de décider s'il entame une procédure judiciaire ou une procédure extrajudiciaire. En droit canonique, l'action « criminelle » semble être *l'ultima ratio*, c'est-à-dire celle qui est mise en œuvre lorsque tous les autres moyens légaux et pastoraux ont été épuisés, et elle a pour finalité de rétablir la justice vis-à-vis de la partie lésée, de réparer le scandale vis-à-vis de la communauté et d'amender le délinquant tout en assurant le salut de son âme[930].

Le dernier chapitre nous a permis de constater que la gravité d'une situation n'est pas toujours constante et absolue ; elle peut varier en fonction du temps, du lieu, des différences de mentalité et de sensibilité culturelle sans qu'une sanction soit prévue[931]. Ce qui n'était pas considéré comme un délit hier pourrait l'être aujourd'hui. En effet, « dans l'ordonnancement canonique, tout ce qui est défendu n'est pas nécessairement un délit et tout ce à quoi une sanction n'est pas attachée n'est pas pour autant légitime »[932]. Nous avons

---

[929] Voir A. BORRAS, « Le Nouveau droit pénal spécial (canons 1364-1398) », dans *l'Année canonique*, 61(2021), 27.

[930] L'action « criminelle » tend à prononcer une sentence ou un décret condamnatoire ou à déclarer une sanction *latae sentenciae*. Cette action qui concerne « le bien public » de l'Église se rapporte aux canons 117, §1 et 1718, §1, 1°. Elle découle d'une enquête « préalable » convenablement faite, amenant l'Ordinaire judiciaire à décréter le procès pénal si nécessaire.

[931] C'est le cas de différentes réactions suscitées par la Déclaration « *Fiducia supplicans* » sur la signification pastorale des bénédictions, publiée par le Dicastère de la Doctrine de la Foi, le 18 décembre 2023. Par exemple, le rejet de la bénédiction des couples homosexuels par la plupart des épiscopats africains réunis dans le SCEAM (Symposium des Conférences Épiscopales d'Afrique et de Madagascar). Le titre du communiqué est : « Pas de bénédictions des couples homosexuels dans toutes les Églises en Afrique ». En effet, le cardinal Fridolin Ambongo, président du SCEAM et archevêque de Kinshasa, a publié le jeudi 11 janvier 2024 un communiqué au nom de la SCEAM, affirmant qu'il n'y aura pas de bénédictions données aux couples homosexuels dans toutes les Églises d'Afrique. Ce communiqué déclare : « En résumé, les conférences épiscopales à travers l'Afrique, qui ont fortement réaffirmé leur communion avec le Pape François, estiment que les bénédictions extra-liturgiques proposées dans la Déclaration « *Fiducia supplicans* » ne pourront pas se faire en Afrique sans s'exposer à des scandales », https://fr.zenit.org/2024/01/12/pas-de-benediction-pour-les-couples-homosexuels-dans-toutes-les-eglises-dafrique/ (consulté le 30 mars 2024).

[932] V. DE PAOLIS, « Les sanctions pénales, les mesures pénales et les pénitences dans le droit canonique », dans P. M. DUGAN, *La procédure et la protection des droits dans la législation canonique. Actes d'un colloque tenu à l'Université pontificale de la Sainte-Croix*, Rome, 25-26 mars 2004, Montréal, Wilson & Lafleur Ltée, 2008, 180.

présenté quelques cas concrets examinés par les autorités ecclésiastiques en rapport avec le c. 1399. La présentation de ces cas était articulée en sept causes suivies de notre analyse canonique basée sur la nature du scandale, les conditions requises pour l'application dudit canon, le choix de la procédure canonique suivie et la juste peine à infliger. De cet exercice, nous avons remarqué que le c. 1399 est parfois soit exploité abusivement en rapport avec d'autres délits, soit mis en œuvre avec le concours des Facultés spéciales et leur caractère de processus exceptionnel dans des situations qui seraient autrement irréparables[933]. À la lumière des cas exposés, on peut estimer que les Facultés spéciales se sont révélées, quant à elles, comme un instrument juridique utile pour les autorités ecclésiastiques leur permettant de faire face à des situations de gravité particulière et d'une urgence pressante qu'il n'était pas possible de résoudre avec les instruments ordinaires canoniques.

Ce dernier chapitre a aussi été, de façon particulière, le lieu où nous avons posé la question centrale de notre recherche : celle de la pertinence de la norme générale du c. 1399 du *CIC*/83, reprise comme telle par le législateur de 2021, malgré les débats persistants au sein de la doctrine canonique concernant cette norme par rapport au principe de légalité des délits et des peines. En effet, le c. 1399 accorde au Pasteur le pouvoir de répondre aux exigences de la justice en sanctionnant la violation externe d'une loi divine ou canonique qui n'a pas été préalablement punie, lorsque la gravité particulière de l'acte le nécessite et qu'il y a urgence de prévenir ou de réparer les scandales. La norme générale du c. 1399 réglemente un cas exceptionnel où il est véritablement nécessaire d'intervenir pour protéger le bien suprême de l'Église, à savoir « le salut des âmes »[934].

En dernier lieu, nous avons aussi estimé qu'il conviendrait d'ajouter deux autres objectifs de la peine canonique à l'actuelle formulation du c. 1399 qui ne mentionne qu'un seul objectif, à savoir « prévenir ou réparer le scandale ». Ainsi, notre proposition pour la reformulation du c. 1399 pourrait être ainsi stipulée : « En dehors des cas établis dans la présente loi ou dans d'autres lois, la violation externe d'une loi divine ou canonique ne peut être punie seulement, et alors d'une juste peine, que lorsque la gravité spéciale de la violation réclame une punition, et qu'il y a nécessité pressante de prévenir ou de réparer les scandales, de rétablir la justice et de corriger le coupable ». Il apparaîtrait pertinent de se pencher longuement sur les deux autres buts évoqués ci-dessus : « la restauration de la justice » qui comprend aussi la

[933] En présentant ces cas, on a eu la possibilité de donner les nombres relatifs à chaque espèce, de manière à rendre clair quel était le champ effectif d'application des Facultés spéciales de la part de la Congrégation pour le Clergé, qui, par exemple, de 2009 à juillet 2012, avait émis 900 décrets de démission de l'état clérical. Voir QUEINNEC, *Mélanges en l'honneur du professeur Pierre Branchereau*. 122.

[934] Voir c. 1752 : « […] sans perdre de vue le salut des âmes qui doit toujours être dans l'Église la loi suprême ».

réparation et la compensation pour les dommages causés vis-à-vis de la partie lésée ou de la communauté ainsi que « la correction du coupable » qui constitue l'autre raison qui doit être propre au recours d'une sanction pénale canonique[935].

La contribution de notre recherche à l'avancement des connaissances en droit canonique réside principalement en quatre points. Tout d'abord, notre étude apporte une voix nouvelle au débat doctrinal entourant la pertinence du c. 1399, sujet de nombreux débats quant à son adéquation vis-à-vis du principe de légalité. Nous avons confirmé sa pertinence en formulant des arguments en faveur de son maintien dans la législation canonique, enrichissant ainsi le dialogue académique. Deuxièmement, notre recherche s'est attelée à identifier et à analyser des cas d'application du c. 1399 dans la jurisprudence pénale canonique, offrant ainsi un éclairage sur les procédures canoniques utilisées pour intervenir de manière adéquate et canonique en cas de scandale. En outre, notre recherche a également souligné l'importance de valoriser des mécanismes de règlement des litiges et de réparation des scandales qui trouvent leur inspiration dans les pratiques socio-culturelles africaines. Ces mécanismes, profondément enracinés dans les traditions et les réalités socio-culturelles propres au continent, constituent une approche que les conférences épiscopales africaines pourraient prendre en compte pour répondre aux défis de renforcer la cohésion sociale après la crise de confiance causée par le scandale. Enfin, notre contribution académique se matérialise par notre proposition de reformulation de ce canon, accompagnée d'une justification de cette proposition, ce qui constitue une avancée significative dans la réflexion sur la législation canonique. En combinant ces différents aspects, notre recherche pourrait enrichir le corpus de connaissances en droit canonique et ouvrir de nouvelles pistes de réflexion pour la communauté ecclésiale et académique.

---

935 Ces considérations dépassent le cadre de cette étude et pourraient constituer le sujet d'une autre thèse doctorale.

POSTFACE

Le titre du livre de Patience Kinshie Lenye est d'un grand intérêt de nos jours face à des situations délictuelles dramatiques que nous connaissons dans l'Église catholique et qui ne doivent pas être ignorées en matière de justice, ni en matière d'amendement et de réparation vis-à-vis d'un fidèle du Christ jugé coupable de son délit par l'autorité ecclésiastique.
Face à ces situations scandaleuses, la recherche de cet ouvrage en souligne la gravité qui en découle, en choisissant, en particulier pour y faire face, d'étudier l'application possible de la norme du canon 1399 sous certaines conditions bien examinées, c'est-à-dire en cas de grave violation « externe d'une loi divine ou canonique ». Ce canon édicté comme prévoyant une sanction pénale possible en ce cas, se distingue, en effet, des canons incriminant les délits canoniques à connaître avec leurs sanctions respectives ou édictées pareillement par d'autres textes légaux. Si ce canon 1399 n'a pas été modifié par le législateur suprême, il peut donc formellement permettre de faire face, lui aussi, à une sanction afin de parer auxdits scandales qui heurtent l'Église et d'envisager ainsi une réparation adaptée.
C'est ce qui est mis en valeur par le travail de cette recherche à la suite de comportements peccamineux, illicites de la part des fidèles du Christ, en dehors des délits canoniques incriminés. C'est pourquoi, il est aussi important pour les praticiens du droit, selon l'auteur de ce livre, de savoir corriger correctement et réparer à juste titre une mauvaise conduite non incriminée à l'aide dudit canon lorsque les effets de son scandale sont patents.

Pour ce faire l'auteur commence par étudier la notion de « scandale » qui a des origines diverses, en visant notamment les agressions sexuelles desdits fidèles sur des mineurs ou des personnes dites « vulnérables. » En précisant que le silence des autorités ecclésiastiques ne doit pas signifier, en pareille circonstance, dissimulation source d'une ignorance du droit, il y a l'obligation de décréter une enquête dite « préalable » qui n'est pas à négliger ; enquête bien expliquée dans cette thèse. Il est ainsi remarqué que, quand un délit est effectivement réalisé, l'acte peut être imputable à son auteur, en tant que suspect, s'il est établi que c'est bien lui qui en est l'auteur au sens strict. L'imputabilité n'est donc pas une propriété du sujet, mais de l'acte délictuel mis en relation avec celui qui l'a commis.
L'auteur continue ce constat en soulignant la spécificité du canon 1399 et son exception au principe de la légalité des délits et des peines et en commentant également les procès canoniques qui peuvent découler d'une enquête « préalable. » Les actes peccamineux peuvent être alors qualifiés *a posteriori* de délits *ad actum* vis-à-vis d'un ou de plusieurs fidèles qui se sont mal conduits. Dès lors le suspect peut faire l'objet d'un procès canonique par la voie judiciaire ou extra-judiciaire en tant qu'accusé.

Pour ne pas porter atteinte à la réputation des fidèles suspectés de mauvaises conduites portant atteintes au bien commun, et avant tout procès, l'auteur de cet ouvrage évoque le bienfait de la « palabre » en pays Africains qui a pour but de préserver ou de rétablir l'harmonie sociale par le dialogue en cas de conflit à résoudre. Ce face-à-face entre la victime et l'auteur d'une conduite déplorable ou d'un délit, en présence de la communauté (ou d'un groupe de témoins) qui constitue la « palabre » est sans doute une approche qui peut inspirer les structures ecclésiales en occident pour gérer les scandales et compléter les normes canoniques. Le canon 1446, §2 du Code de droit canonique le suggère. Cela propose de bien vouloir envisager une nouvelle formule du canon 1399 en intégrant dans son énoncé, non seulement la réparation du scandale mais les finalités pénales énoncées aux canons 1311, §2, 1341 et 1343 : d'abord les finalités de rétablir la justice, de corriger le coupable et ensuite la finalité de réparer le scandale ; finalités qui semblent bien judicieuses. Il y a là une bonne présentation de la problématique du sujet qui offre une précieuse indication pour les chercheurs et les praticiens du domaine pénal ecclésial.

Abbé Bernard du PUY-MONTBRUN
Doyen émérite de la Faculté de droit canonique de Toulouse
Avocat ecclésiastique

BIBLIOGRAPHIE

1 SOURCES

Codes

Code de droit canonique, 3e édition bilingue et annotée, E. CAPARROS et H. AUBE (dir.), Montréal, Wilson & Lafleur, 2016.

Codex canonum Ecclesiarum orientalium, auctoritate Ioannis Pauli PP. II promulgatus, Typis polyglottis Vaticanis, 1990, English translation *Code of Canons of the Eastern Churches, Latin English Edition, New English Translation,* prepared under the auspices of the Canon Law Society of America, Washington, DC, Canon Law Society of America, 2001.

Codex canonum Ecclesiarum orientalium, auctoritate Ioannis Pauli PP. II promulgatus, fontium annotatione auctus, Libreria editrice Vaticana, 1995, traduction française *Code des canons des Églises orientales*, E. EID et R. METZ (dir.), Librairie éditrice Vaticane, 1997.

Codex iuris canonici, auctoritate Ioannis Pauli PP. II promulgatus, Libreria editrice Vaticana, 1983, English translation *Code of Canon Law, Latin-English Edition, New English Translation*, prepared under the auspices of the Canon Law Society of America, Washington, DC, Canon Law Society of America, 2012.

Codex iuris canonici, Pii X Pontificis Maximi iussu digestus, Benedicti Papae XV auctoritate promulgatus, Typis polyglottis Vaticanis, 1917, English translation E.N. PETERS, *The 1917 Pio-Benedictine Code of Canon Law*, San Francisco, CA, Ignatius Press, 2001.

TRADUCTION ŒCUMENIQUE DE LA BIBLE *(TOB), avec introductions, notes essentielles, glossaire*, Paris, Bibli'O-Société biblique française et Éditions du Cerf, 2015.

1.2 Autres documents de l'Église universelle

Acta Apostolicæ Sedis, Commentarium officiale, Typis polyglottis Vaticanis, 1909– , après 1929, Cité du Vatican.

Acta Sanctæ Sedis, Ex officina S.C. de Propaganda fide, 1865–1908, 41 vols.

BENOIT XVI, Discours du Pape Benoît au tribunal de la Rote Romaine à l'occasion de l'Inauguration de l'année judiciaire « Rendre la jurisprudence de la Rote toujours plus manifestement unitaire, et accessible à tous ceux qui travaillent pour la justice », 26 janvier 2008, dans https://www.vatican.va/content/benedict-xvi/fr/speeches/2008/january/documents/hf_ben-xvi_spe_20080126_roman-rota.html.

RATZINGER, J., Letter to Rosalio José Castillo Lara, cardinal-president of the Pontifical Commission for the Authentic Interpretation of the Code of Canon Law, regarding the possibility of a simplified penal process, Prot. No. 128/61 SD, 19 February 1988, 496, English translation, dans *Origins,* 40 (2010), 496. original Italian text, dans LOPPACHER, Processo penale canonico, 383-384.

Catechism of the Catholic Church, Nairobi, Pauline Publications, 2007.

Catechismus Ecclesiae catholicae, editio typica, Libreria editrice Vaticana, 1997.

COMMISSION PONTIFICALE POUR LA REVISION DU CODE DE DROIT CANONIQUE, « De citatione et denuntiatione actuum iudicialium », dans *Communicationes*, 11 (1979), 91.

__________, « De actionibus ex novi operis nuntiatione et damno infecto vel compensando », dans *Communicationes*, 11 (1979), 76.

__________, « De impugnatione sententiae », dans *Communicationes*, 11 (1979), 147.

__________, « De poenarum cessatione », dans *Communicationes*, 9 (1977), 172-174.

COMMISSION PONTIFICALE POUR LA PROTECTION DES MINEURS, https://www. vatican.va/roman_curia/pontifical_commissions/tutela-minori/index_fr.htm

CONCILE VATICAN II, Constitution pastorale sur l'Église dans le monde de ce temps *Gaudium et spes*, 7 décembre 1965, dans *AAS*, 58 (1966), 1025-1115, traduction française dans *Vatican II*, Centurion, 207-348.

__________, Déclaration sur la liberté religieuse *Dignitatis humanae*, 7 décembre 1965, dans *AAS*, 58 (1966), 929-941, traduction française dans *Vatican II, Centurion*, 669-690.

__________, Décret sur l'activité missionnaire de l'Église *Ad gentes*, 7 décembre 1965, dans *AAS*, 58 (1966), 947-990, traduction française dans *Vatican II, Centurion*, 537-602.

__________, Décret sur l'apostolat des laïcs *Apostolicam actuositatem*, 18 novembre 1965, dans *AAS*, 58 (1966), 837-864, traduction française dans *Vatican II, Centurion*, 491-536.

__________, Décret sur l'oecuménisme *Unitatis redintegratio*, 21 novembre 1964, dans *AAS*, 57 (1965), 90-107, traduction française dans *Vatican II, Centurion*, 603-634.

__________, Décret sur la charge pastorale des évêques dans l'Église *Christus Dominus*, 28 octobre 1965, dans *AAS*, 58 (1966), 673-696, traduction française dans *Vatican II, Centurion*, 349-392.

__________, Décret sur la formation des prêtres *Optatam totius*, 28 octobre 1965, dans *AAS*, 58 (1966), 713-727, traduction française dans *Vatican II, Centurion*, 445-468.

CONCILE VATICAN II, Décret sur la rénovation et l'adaptation de la vie religieuse *Perfectae caritatis*, 28 octobre 1965, dans *AAS*, 58 (1966), 702-712, traduction française dans *Vatican II, Centurion*, 469-490.

__________, Décret sur le ministère et la vie des prêtres *Presbyterorum ordinis*, 7 décembre 1965, dans *AAS*, 58 (1966), 991-1024, traduction française dans *Vatican II, Centurion*, 393-444.

__________, Décret sur les Églises orientales catholiques *Orientalium Ecclesiarum*, 21 novembre 1964, dans *AAS*, 57 (1965), 76-85, traduction française dans *Vatican II, Centurion*, 635-650.

CONGREGATION POUR LA DOCTRINE DE LA FOI, Lettre aux Évêques et aux autres Ordinaires et Supérieurs hiérarchiques de l'Église Catholique intéressés par les délits les plus graves réservés à la Congrégation pour la Doctrine de la Foi, 18 mai 2001, dans *AAS*, 93 (2001) 785-788, traduction française dans *DC*, 99 (2002), 364-365.

__________, Guide to Understanding Basic CDF Procedures concerning Sexual Abuse Allegations du 12 avril 2010, https://www.vatican.va/resources/resources_guide-CDF-procedures_en.html.

__________, Lettre circulaire pour aider les conférences épiscopales à établir des directives pour le traitement des cas d'abus sexuel commis par des clercs à l'égard de mineurs, 3 mai 2011, dans *AAS*, 103 (2011), 406-412, traduction française dans *DC*, 2469 (2011), 530-533.

_________, Historical Introduction to the Norms of Sacramentorum sanctitatis tutela, http://www.vatican.va/resources, Vatican English translation in Origins, 40 (2010), 152-154.

_________, Normae de delictis Congregationi pro Doctrina Fidei reservatis seu Normae de delictis contra fidem necnon de gravioribus delictis, 21 mai 2010, dans *AAS*, 102 (2010), 419-434, traduction française dans *DC*, 2452 (2010), 760-764.

_________, Synthèse des modifications, 21 mai 2010 (www.vaticana.va), traduction française dans *DC*, 2452 (2010), 764-765.

CONGRÉGATION POUR LE CLERGÉ, Circular Letter on Special Faculties and Procedures for Laicizing Some Priests, 18 avril 2009, prot. n°. 2009/0556, dans *Studies in Church Law*, 5 (2009), 48-49.

_________, Prot. n. 2010/0823. Version anglaise : Roman Replies and CLSA Advisory Opinions, 2010, p. 41-51. Version italienne et commentaire de Francesco Pappadia, « Ambito e procedimento di applicazione delle facoltà speciali della congregazione per il Clero », IC, 23/1, 2011, p. 229-235 et 235-251, v. sur www.iusecclesiae.it.

CONGREGATION FOR THE EVANGELIZATION OF PEOPLES, Letter concerning Dismissal from the Clerical State *ex officio et in poenam*, 3 June 1997, prot. n° 2154/97, dans WOESTMAN, *Ecclesiastical Sanctions*, 275-276.

CONGREGATION FOR THE EVANGELISATION OF PEOPLES, Circular letter special faculties granted by Pope Benedict XVI, 19 December 2008, Special Faculty II, dans *Studies in Church Law*, 5 (2009), 69-70.

CONGREGATION POUR LES EVEQUES, *Directoire pour le ministère pastoral des évêques*, Ottawa, CECC, 2004.

CONSEIL PONTIFICAL POUR L'INTERPRETATION DES TEXTES LEGISLATIFS, « Coetus studi de bonis temporalibus », dans *Communicationes*, 37 (2005), 259-260.

_________, *Acta et documenta Pontificiae commissionis Codici iuris canonici recognoscendo, Congregatio plenaria*, diebus 20-29 octobrii 1981 habita, Typis polyglottis Vaticanis, 1991.

DICASTERE POUR LA DOCTRINE DE LA FOI, *Vademecum* sur quelques points de procédure dans le traitement des cas d'abus sexuel sur mineur commis par des clercs, dans https://www.vatican.va/roman_curia/congregations/cfaith/ddf/rc_ddf_doc_20220605_vademecum-casi-abuso-2.0_fr.html.

__________, « Vademecum sur quelques points de procédure dans le traitement des cas d'abus sexuel sur mineur commis par des clercs », 05 juin 2022, dans https://www.vatican.va.

__________, *Epistula ad totius Catholicae Ecclesiae Episcopus allosque Ordinaries et Hierarchas interesse habentes de delictis gravioribus eidem Congrgationi pro Doctrina Fidei reservatis*, 18 mai 2001, dans *AAS*, 93 (2001), 785-788.

DICASTERE POUR LES TEXTES LEGISLATIFS, *Sanctions pénales dans l'Église. Guide d'application du Livre VI du Code de droit canonique, Cité du Vatican 2023*, Texte français, ICP, https://www.droitcanonique.fr/sources-droit/dcmodel-autresource-206-206.

FRANÇOIS, Bulle d'indiction du jubilé extraordinaire de la miséricorde *Misericordiae vultus*, 11 avril 2015, dans *AAS*, 107 (2015), 399-420, traduction française dans *DC*, 2519 (2015), 72-85.

__________, « La loi naturelle, un message éthique », Discours au Congrès international Sur la loi morale naturelle, dans *AAS*, 99 (2007),https://www.vatican.va/content/benedictxvi/fr/speeches/2007/february/documents/hf_ben-xvi_spe_20070212_pul.html.

__________, Discours aux participants du colloque sur la dignité de l'enfant dans le monde numérique, 6 octobre 2017, texte original italien dans *l'Observatore Romano,* 7 octobre 2017, https:// www.la-croix.com /Urbi-et-Orbi /Documentation-catholique /Actes-du-pape /Le-pape- François -mobilise-professionnels -numerique- proteger –mineurs –dangers –linternet -2017 -10- 13 -1200883969 (16 novembre 2017).

__________, « Discours aux membres de la Commission pontificale pour la protection des mineurs », 21 septembre 2017, www.vatican.va/content/francesco/fr/speaches/2017.

__________, *« Lettre du pape François aux 34 évêques chiliens au terme des quatre rencontres »,*https://www.vatican.va/content/francesco/es/letters/2018/docu

ments/papa-francesco_20180408_lettera-vescovi-cile.html, traduction française, dans *DC,* 115 (2018), 96-102.

__________, Lettre Apostolique en forme de motu proprio *Come una madre amorevole*, 4 juin 2016, dans *AAS*, 108 (2016), 715-717, traduction française dans *DC*, N° 2524 (2016), 96-97.

__________, « *Lettre au peuple de Dieu suite aux abus sexuels dans l'Église »*, 20 août 2018, dans *DC,* 115 (2018), 118-121.

__________, Lettre du Pape François au peuple de Dieu, 20 août 2018, http: //w2. vatican.va /content/francesco/fr/letters/ 2018/ documents /papafrancesco_ 20180820 _lettera-popolodidio.html.

__________, Lettre apotolique en forme de montu proprio, *vos estis ux mundi*, 7 mai 2019, http://www.vatican.va/content/francesco/fr/motu_proprio/documents/papa-francesco-motu-proprio-20190507_vos-estis-lux-mundi.html.

__________, *Constitutio Apostolica Pascite gregem Dei qua Liber VI Codicis Iuris Canonici reformatur, 23 maii 2021; Liber VI Codicis Iuris Canonici. De sanctionibus poenalibus in Ecclesia, 23 maii 2021*, in *Communicationes*, 53 (2021), 9-65.

__________, « Rescriptum Ex Audientia SS. Mi », 3 décembre 2019, dans https://www. Vatican.ca.

__________, « Rescriptum Ex Audientia SS. Mi », 6 décembre 2019, dans https://www.Vatican.ca.

__________, « Rescriptum ex audientia SS.MI », 8 décembre 2021, dans https://www.Vatican.ca.

__________, *Discours aux participants à l'Assemblée plénière de la Congrégation pour a Doctrine de la Foi*, 21 janvier 2022, dans https : // www. vatican .va / content / francesco / fr / speeches / 2022 / january / documents/20220121-plenaria-cdf.html.

__________, Constitution apostolique sur la curie romaine et son service à l'Église dans Le Monde. *Praedicate Evangelium*, le 19 mars 2022, https://www.vatican.va/content/francesco/fr/apost_constitutions/documents/20220319-costituzione-ap-praedicate-evangelium.html.

__________, Apostolic Letter, motu proprio *Vos estis lux mundi*, 25 March 2023, available in https:// www.vatican.va/ content/ francesco/ en/motu_ proprio/ documents /2023 0325-motu-proprio-vos-estis-lux-mundi-aggiornato.html.

JEAN PAUL II, Catéchisme de l'Église Catholique, Paris, Mame/Plon, 1992.

__________, Allocution à la Rote romaine sur la dimension pastorale du droit canonique, 18 janvier 1990, texte italien dans l'*Osservatore Romano* du 19 janvier 1990, traduction française dans THORN (dir.), *Le pape s'adresse à la Rote*, 218-222.

__________, Constitution apostolique *Sacrae disciplinae leges*, 25 janvier 1983, dans *AAS*, 75 (1983), traduction francaise, https://www.droitcanonique.fr/sources-droit/dcmodel-autresource-7-7.

__________, Allocution au tribunal de la Rote romaine « Faire enter le nouveau Code dans la pratique de l'Église », 26 janvier 1984, dans *AAS*, 76 (1984), 643-649, traduction française dans *DC*, 81 (1984), 259-262.

__________, Allocution au tribunal de la Rote romaine « L'Église, rempart des droits de la personne », 17 février 1979, dans *AAS*, 71 (1979), 422-427, traduction française dans *DC*, 76 (1979), 324-326.

__________, Allocution au tribunal de la Rote romaine « Le droit canonique a une authentique dimension pastorale », 18 janvier 1990, dans *AAS*, 82 (1990), 872-877, traduction française dans *DC*, 87 (1990), 336-338.

__________, « La splendeur de la vérité et celle de la justice », le 28 janvier 1994, traduit d'après le texte italien de *l'Osservatore romano*, 29 janvier 1994, dans *DC*, 91 (1994), 205-207.

__________, Allocution au tribunal de la Rote romaine « Le droit canonique est au service de l'unité dans la charité », 17 janvier 1998, dans *AAS*, 90 (1998), 782-783, traduction française dans *DC*, 95 (1998), 271-277.

__________, Allocution au tribunal de la Rote romaine « Les instances juridiques dans la communion ecclésiale », 26 février 1983, dans *AAS*, 75 (1983), 554-560, traduction française dans *DC*, 80 (1983), 342-343.

__________, « Faire entrer le nouveau Code dans la pratique de l'Église », le 26 janvier 1984, traduit d'après le texte italien de *l'Osservatore romano*, 27 janvier 1984, dans *DC*, 81 (1984), 259-262.

_________, Constitution apostolique sur la Curie romaine *Pastor bonus*, 28 juin 1988, dans *AAS*, 80 (1998), 841-923, traduction française dans *DC*, 85 (1988), 897-912 ; 972-833.

_________, Discours à l'Assemblée générale des Nations-Unies, 2 octobre 1979, dans *AAS*, 71 (1979), 1144-1160, traduction française dans *DC*, 1772 (1979), 873-874.

_________, Discours au Tribunal de la Rote romaine sur l'Église, rempart des droits de la personne, 17 février 1979, dans *AAS*, 71 (1979), 422-427, traduction française dans THORN (dir.), *Le pape s'adresse à la Rote*, 161-166.

_________, Discours au Tribunal de la Rote romaine sur le droit de la défense, 26 février 1989, dans *AAS*, 81 (1989), 922-927, traduction française dans THORN (dir.), *Le pape s'adresse à la Rote*, 213-217.

_________, Discours aux membres du Conseil pontifical pour la culture, 18 janvier 1983, dans *AAS*, 75 (1983), 383-389 et dans *DC*, 80 (1983), 146-148.

_________, Allocution à la Rote romaine sur la dimension pastorale du droit canonique, 18 janvier 1990, texte italien dans l'*Osservatore Romano* du 19 janvier 1990, traduction française dans THORN (dir.), *Le pape s'adresse à la Rote*, 218-222.

_________, Discours lors de la rencontre interdicastérielle avec les cardinaux des États-Unis d'Amérique sur la question des agressions sexuelles sur les mineurs, 23 avril 2002, texte original anglais dans l'Osservatore *Romano* du 24 avril 2002, traduction française dans *DC*, 2271 (2002), 510-511.

_________, Lettre apostolique motu proprio *Sacramentorum sanctitatis tutela*, 30 avril 2001, dans *AAS*, 93 (2001), 737-739, traduction française dans *DC*, 99 (2002), 363-365.

_________, Lettre apostolique en forme de motu proprio sur la nature théologique et juridique des conférences des évêques *Apostolos suos*, 21 mai 1998, dans *AAS*, 90 (1998), 641-658, traduction française dans *DC*, 95 (1998), 751-761.

LA CROIX, « Le pape François actualise le motu proprio "*Vos estis lux mundi*" sur les abus sexuels », dans https://doc-catho.la-croix.com/Le-pape-Francois-actualise-motu-proprio-estis-lux-mundi-abus-sexuels-2023-03-30-1201261373.

________, « Vatican : cinq ans et demi de prison pour un Cardinal jugé pour fraude financière », Rome, dans https://www.la-croix.com/vatican-verdict-attendu-pour-un-cardinal-juge-pour-fraude-financiere-20231216.

Le Digeste Justinien, traduit par C.H. MUNRO, Cambridge, Presses Universitaires, 1904-1909, 2 vols.

LEON XIII, Lettre encyclique *Immortale Dei*, 1 novembre 1885, dans *ASS*, 18 (1885), 161-180.

________, Actes de S.S., Édit. Bonne Presse, T.H., 27, traduction française dans DC, 52 (1955), 470.

PAUL VI, Allocution à la Rote romaine sur l'équité canonique, 8 février 1973, dans *AAS*, 65 (1973), 95-103, traduction française dans THORN (dir.), *Le pape s'adresse à la Rote*, 123-130.

________, Allocution au tribunal de la Rote romaine « L'équité dans le droit canonique », 8 février 1973, dans *AAS*, 65 (1973), 95-103, traduction française dans *DC*, 70 (1973), 204-207.

________, Allocution au tribunal de la Rote romaine « La justice au service de l'Église », 28 janvier 1978, dans *AAS*, 70 (1978), 181-186, traduction française dans J. THORN (dir.), *Le pape s'adresse à la Rote. Allocutions annuelles de Pie XII à Jean-Paul II, 1939-1994*, Ottawa, Faculté de droit canonique, Université Saint-Paul, 1994, 153-158.

________, Allocution au tribunal de la Rote romaine « La justice, fondement de la vie sociale et protection de l'institution familiale », 23 janvier 1967, dans *AAS*, 59 (1967), 142-146, traduction française dans *DC*, 64 (1967), 289-293.

________, Allocution au tribunal de la Rote romaine « La loi au service de la vérité », 28 janvier 1971, dans *AAS*, 63 (1971), 135-142, traduction française dans *DC*, 68 (1971), 152-155.

________, Allocution au tribunal de la Rote romaine « Le juge ecclésiastique », 31 janvier 1974, dans *AAS*, 66 (1974), 84-88, traduction française dans *DC*, 71 (1974), 154-155.

________, Allocution au tribunal de la Rote romaine « Le rôle du pouvoir judiciaire dans l'Église », 27 janvier 1969, dans *AAS*, 61 (1969), 174-178, traduction française dans *DC*, 66 (1969), 157-158.

__________, Constitution apostolique sur la Curie romaine *Regimini Ecclesiae universae,* 15 août 1967, dans *AAS*, 59 (1967), 885-928, tradition française dans *DC*, 64 (1967), 1441-1473.

__________, Discours au siège de l'Organisation des Nations Unies, 4 octobre 1965, dans *AAS*, 57 (1965), 877- 885, traduction française dans *DC*, 1457 (1965), 1732-1738.

__________, Exhortation apostolique sur l'évangélisation dans le monde moderne *Evangelii nuntiandi*, 8 décembre 1975, dans *AAS*, 68 (1976), 5-76, traduction française *Exhortation apostolique Evangelii nuntiandi*, Montréal, Éd. Paulines, 1988.

__________, Exhortation apostolique sur la réconciliation à l'intérieur de l'Église *Paterna benevolentia*, 16 mai 1975, dans *AAS*, 67 (1975), 5-23, traduction française dans *DC*, 72 (1975), 1-7.

__________, Motu proprio déterminant les structures définitives de la Commission pontificale Justice et Paix *Justitiam et pacem*, 10 décembre 1976, dans *AAS*, 68 (1976), 700-703, traduction française dans *DC*, 74 (1977), 6-7.

__________, Motu proprio instituant le Conseil des laïcs et la Commission pontificale d'études « Justitia et Pax » *Catholicam Christi Ecclesiam*, 11 janvier 1967, dans *AAS*, 59 (1967), 25-28, traduction française dans *DC*, 64 (1967), 193-196.

__________, Discours au Congrès international de droit canonique, 4 février 1977, dans *DC*, 74 (1977), 206-209.

PIE XII, Christis Dominus, dans https://www.papalencyclicals.net/pius12/p12chdom.htm.

__________, « *De Ordine Supremo Militari Hierosolymitano Melitensi* » du 4 janvier 1955, dans *AAS*, 47 (1955), 59-87.

__________, « Allocution to the participants in the Sixth International Congress on Penal Law », dans *AAS*, 45 (1953), 730-744.

PONTIFICIA COMMISSIO CODICI IURIS CANONICI RECOGNOSCENDO, *Schema legis Ecclesiae Fundamentalis. Textus emendatus*, Città del Vaticano, 1971.

__________, *Lex Ecclesiae Fundamentalis*, Vatican City, Typis polyglottis Vaticanis, 1980.

PONTIFICAL COUNCIL FOR LÉGISLATIF TEXTS, *schema recognitionis Libri VI Codicis Iuris Canonici (Reservatum)*, Vatican City, Typis polyglottis Vaticanis, 2011, dans https://www.iuscangreg.it/pdf/SchemaRecognitionisLibriVI.

SACREE CONGREGATION POUR LES EVEQUES ET LES REGULIERS, *De praescriptionis in causis criminalibus ecclesiasticis*, 04 mars 1898, dans *ASS*, 30 (1897-1898), 677-689.

SECRETARIAT D'ETAT, Instruction sur le secret pontifical, 4 février 1974, dans *AAS*, 76 (1974), 89-92, traduction française dans *DC*, 71 (1974), 361-362.

__________, Lettre à la NCCB, 4 décembre 1998, dans *Studia canonica*, 33 (1999), 211-212.

SUPREME SACREE CONGREGATION DU SAINT OFFICE, Instruction *De modo procedendi in causis sollicitationis*, 9 juin 1922, Cité du Vatican, Typis Polygolottis Vaticanis, 1922, 1-20.

__________, Instruction *Crimen sollicitationis*, 16 mars 1962, Cé du Vatican, Typis Polygolottis Vaticanis, 1962, 204-206.

VATICAN NEWS, dans https://www.vaticannews.va/fr/vatican/news/2021-12/mise-a-jour-normes-crimes-reserves-congregation-doctrine-foi.html.

1.3 Autres documents ecclésiastiques

COMITE EPISCOPAL SUR LA PLACE DES FEMMES DANS LA SOCIETE ET L'EGLISE/COMITE EPISCOPAL SUR LE MARIAGE ET LA FAMILLE (USA), *Marcher dans la lumière : une réponse pastorale à la pédophilie*, texte original en anglais : http:// www. usccb. org/issues-and-action/child-and-youth protection/walk-in-the-light.cfm (27 mai 2017), traduction française dans *DC*, 2268 (2002), 365-371.

COMMISSION INDEPENDANTE SUR LES ABUS SEXUELS, *Les violences sexuelles dans l'Église catholique*. France 1950-2020 (Résumé du Rapport), Octobre 2021, 4, dans https://www ciase.fr/medias/Ciase-Rapport-5-octobre-2021-Resume.pdf.

CONFÉRENCE DES ÉVÊQUES CATHOLIQUES DU CANADA, *Breach of Trust, Breach of Faith : Child Sexual Abuse in the Church and Society*, Ottawa, CCCB, 1992.

_________, *Procteting Minors from Sexual Abuse*. A Call to the catholic Faithful in Canada for Healing, Reconciliation, and Transformation, Ottawa, CCCB Publications, 2018.

_________, *De la souffrance à l'espérance : rapport du comité ad hoc de la CECC sur les cas d'agression sexuelle*, Ottawa, CÉCC, 1992. 276

_________, Déclaration au terme du plaidoyer de culpabilité de Monseigneur Raymond Lahey, 04 mai 2011, http: // www. cccb.ca /site/frc /salle-de-presse/ archives/ déclarations-publiques/2011/3115-au (09 octobre 2017).

_________, *Protection des personnes mineures contre les abus sexuels : Appel aux fidèles catholiques du Canada pour la guérison, la réconciliation et la transformation*, Ottawa, CECC, 2018.

CONFERENCE DES EVEQUES DE FRANCE, *Lutter contre la pédophilie*, Paris, Bayard-Cerf-Mame, 2017.

NATIONAL CONFERENCE OF CATHOLIC BISHOPS (USA), *Canonical Delicts Involving Sexual Misconduct and Dismissal from the Clerical State*, Washington D.C., USCC, 1995.

UNITED STATES CONFERENCE OF CATHOLIC BISHOPS, *Essential Norms for Diocesan/ Eparchial Policies Dealing with Allegations of Sexual Abuse of Minors by Priests or Deacons*, dans *Origins*, 32 (2002-2003), 415-418, traduction française dans *DC*, 2291 (2003), 432-435.

_________, *On Due Process*, Washington D.C., 1971, 13-15, 18-23.

VATICAN, *les sources du droit du* 7 juin 1929, dans *AAS Suppl.* 1, 1929, 5-13, la Loi n. LXXI du 1er octobre 2008, dans *AAS Suppl.* 79, 2008, 65-70.

1.4 Arrêts, traités, conventions et jurisprudences internationales

CASS. FR. CRIM., 3 juin 1988, dans, *La Gazette du palais*, 307/308 (1988), 745-763.

CITO, D., « Note à propos d'une sentence pénale du Tribunal de la Rote (*Conram Ragni*, 16 février 1993), dans *Ius Ecclesiae* 6 (1994), 229-234.

CONSEIL DE L'EUROPE, Convention du Conseil de l'Europe sur la protection des enfants contre l'exploitation et les abus sexuels, 25 octobre

2007, http: // www. coe.int / fr / web / conventions / full –list / - / conventions /rms / 0900001680084833, (20 juin 2017).

COUR SUPRÊME DE L'ÉTAT D'ISRAEL, Attorney *General of The Government of Israël c. Adolf Eichmann* (1962), dans *International Law Reports*, 36 (1968), 5-344.

COUR SUPREME SUPERIEURE – DIVISION CRIMINELLE (Canada), R. c. Munyaneza, no. 500-73-002500-052, 2009 QCCS 2201, 22 mai 2009, https : / /www.canlii.org /en /qc/ qccs /doc /2009 /2009qccs2201 /2009qccs2201.html (12 septembre 2017).

JOHN JAY COLLEGE OF CRIMINAL JUSTICE, The Nature and Scope of Sexual Abuse of Minors by Catholic Priests and Deacons in the United States 1950-2002, Washington, DC, USCCB, 2004

__________, The Nature and Scope of Sexual Abuse of Minors by Catholic Priests and Deacons in the United States 1950-2002. 2006 Supplementary Report, Washington, DC, USCCB, 2006.

__________, The Causes and Context of Sexual Abuse of Minors by Catholic Priests in the United States, 1950-2010, Washington, DC: USCCB, 2011

NATIONAL CONFERENCE OF CATHOLIC BISHOPS, *Statut de Rome de la Cour pénale internationale*, 17 juillet 1998, dans *Recueil des Traités*, 2187 (2004), 159-229, https://www.icc-cpi.int/resource-library/ Documents/RS-Fra.pdf (9 septembre 2017).

__________, Statut du Tribunal de Nuremberg, annexé à l'Accord de Londres du 8 août 1945, dans *Recueil des traités des Nations Unies*, 82 (1951), 281-284.

PENNSYLVANIA GRAND JURY REPORT On Catholic Church Sex Abuse, dans https://www.documentcloud.org/documents/4757021-Pennsylvania-Grand-Jury-Report-on-Catholic.

TRIBUNAL DE LA ROTE ROMAINE, *Coram* ALWAN, 18 février 1997, dans *Recueil canonique d'Arras*, Jurisprudence, 31 (2003), 3295-3302.

__________, *Coram* CABERLETTI, 18 mai, no prot. 17 406, dans *Recueil canonique d'Arras*, Jurisprudence, 30 (2002), 2999-3017.

__________, *Coram* TURNATURI, 1er mars 2002, no prot. 16 912, dans *Recueil canonique d'Arras*, Jurisprudence, 31 (2003), 3265-3387.

TRIBUNAL SUPREME DE LA SIGNATURE APOSTOLIQUE, Lettre circulaire aux présidents des Conférences épiscopales Inter cetera, 28 décembre 1970, dans *AAS*, 63 (1971), 48486.

__________, Normes pour les tribunaux interdiocésains, régionaux et interrégionaux *Ut Causarum indicialium*, dans *AAS*, 63 (1971), 486-492.

UNITED NATIONS GENERAL ASSEMBLY, Universal Declaration of Human Rights, 10 December 1948, dans http://www.un.org/en/documents.

UNITED STATE OF AMERICA ATTORNEY GENERAL OF PENNSYLVANIA, Report I of the 40th Statewide Investigating Grand Jury, 27 July 2018, dans https://www.attorneygeneral.gov/report.

LIVRES

ABBASS, J., *Two Codes in Comparison,* 2nd rev. ed., Rome, Pontificio Istituto Orientale, 2007.

ABBO, J.A. et J.D. HANNAN, *The Sacred Canons: A Concise Presentation of the Current Disciplinary Norms of the Church,* St. Louis, MO, B. Herder, 1952.

ADUT, A., *On Scandal. Moral Disturbances in Society, Politics, and Art*, New York, Cambridge University Press, 2008.

AKDENIZ, Y., *Internet Child Pornography and the Law : National and International Responses*, Burlington, Ashgate, 2008.

ALBERIGO, G. et al. (dir.), *Les Conciles oecuméniques : les décrets*, vol. 2/2, Paris, Éditions du Cerf, 1994.

__________, *Les Conciles œcuméniques : les décrets*, T. II-1, Paris, Éditions du Cerf, 1994.

ALETTI, M. et P. GALEA, *Prete pedofili ? La questione delle abusi sessuali nella Chiesa*, Assise, Citadella, 2011.

ALT, E. (dir.), *Le sexe et ses juges*, Paris, Syllepse, 2006.

ANATRELLA, T., *Postface* à la thèse doctorale de B. DU PUY-MONTBRUN, *La détermination du secret chez les ministres du culte-Le secret pastoral en droit canonique et en droit français*, préface de Jean Pradel, Dijon, L'Échelle de Jacob, 2012.

AKPOGHIRAN, P.O., *Delicta Graviora Manual. Volume 2 : A Commentary on Articles 8-20 of the Normae de Gravioribus Delictis Congregationi pro Doctrina Fidei Reservtis*, New Orleans, LA, Guadalupe, 2020.

__________, *Le temps et le droit*, Paris, Dalloz, 2014.

BAGLEY, C., *Child Sexual Abuse : The Search for Healing*, London, Routledge, 1989.

BAMBERG, A., *Introduction à la jurisprudence canonique*, Strasbourg, Association pour la promotion du droit canonique, 1990.

__________, *Introduction au droit canonique. Principes généraux et méthodes de travail.* Paris, Ellipses Édition, 2013.

BANDRAC, M., *La nature juridique de la prescription extinctive en matière civile*, Paris, Economica, 1986.

BARBAGALLO, V. A., *La canonizzazione delle leggi civili con particolare riguardo al risarcimento del danno*, thèse de doctorat, Rome, Pontificia Studiorum Universitas S. Thoma Aq. in Urbe, 1997.

BARTUNEK, J.M., M.A. HINSDALE, et J.F. KEENAN (eds.), *Church Ethics and Its Organizational Context. Learning from the Sex Abuse Scandal in the Catholic Church*, New York/Toronto/Oxford, Rowman & Littlefield Publishers, 2006.

BEAL, J.P., J.A. CORIDEN, and T.J. GREEN (dir.), *New Commentary on the Code of Canon Law*, commissioned by the Canon Law Society of America, New York et Mahwah, NJ, Paulist Press, 2000.

BECCARIA, C., *Des délits et des peines* (1764), trad. Venturi, Genève, Droz, 1965.

BENOIT XVI, *Lumière du monde : le pape, l'Église et les signes des temps : un entretien avec Peter Seewald*, Montréal, Novalis, 2011.

BERRY, J. and GREELEY, A. M., *Lead Us Not Into Temptation: Catholic Priests and the Sexual Abuse of Children*, Urbana, University of Illinois Press, 2002.

BESSON, E., *Les évolutions du gouvernement central de l'Église*, Toulouse, Les Presses Universitaires, Institut Catholique de Toulouse, 2017.

BESSON, E. (dir.), *La réparation de l'injustice. Ius restitutio Iustitiae*, Toulouse, Les Presses Universitaires, Institut Catholique de Toulouse, 2021.

BIDIMA, J-G., *La Palabre, une juridiction de la parole*, Paris, Michalon, Le Bien commun, 1997.

BILALI BONAZEBI, H., *Défense des droits subjectifs des fidèles. Équité et légalité au canon 221 CIC 83*, Paris, L'Harmattan, 2015.

BILLETTER, L., *La prescription de l'action publique dans le droit pénal militaire suisse*, Berne, Neuchâtel Impr. A. Seiler, 1938.

BOILLOT, C., *La transaction et le juge*, Clermont-Ferrand, Presses Universitaires Blaise Pascal Clermont-Ferrand, 2003.

BONAFE-SCHMITT, J.F., *La médiation : une justice douce*, Paris, Syros-alternatives, 1997.

BOKWANGA MOLAKU, S., *La signification du pouvoir coercitif dans l'Église*, Rome, Pontificia Universitas Urbaniana, 1991.

BORRAS, A., *L'excommunication dans le nouveau Code de droit canonique. Essai de définition*, Paris, Desclée, 1987.

__________, *Les Sanctions dans l'Église. Commentaires des Canons 1311-1399*, Paris, Éditions Tardy, 1990.

BOTTA, R., *La norma penale nel diritto della Chiesa*, Bologna, Il Mulino, 2001.

BOULOC, B., *Procédure pénale*, 25e éd., Paris, Dalloz, 2015.

BOURDON, W. ET E. DUVERGER (dir.), *La Cour pénale internationale : le statut de Rome*, Paris, Éditions du Seuil, 2000.

BOURQUE, R. ET THUDEROZ, C., *Sociologie de la négociation*, Paris, La Découverte, 2002.

BOUVERESSE, J., *La force de la règle*, Paris, Éd. De Minuit, 1987.

BOUYER, L., *La notion de transaction*, Paris, Sirey, 1947.

BRIE, G., *Des pédophiles derrière les barreaux : comment traiter un crime absolu* ? Paris, L'Harmattan, 2014.

CAFARDI, N.P., *Before Dallas: The U.S. Bishops' Response to Clergy Sexual Abuse of* Children, Mahwah, NJ, Paulist Press, 2008.

CANIN, P., *Droit pénal général*, Paris, Hachette, 2023.

CALABRESE, A., *Diritto Penale Canonico*, Roma, Libreria Editrice Vaticana, 1996.

CARBASSE, J.-M., Histoire *du droit pénal et de la justice criminelle*, Paris, PUF, 2006.

CASEY, J. V., *A Study of Canon 2222 §1,* Canon Law Studies 290, Washington, The Catholic University of America, 1949.

CHIAPETTA, L., *Il Codice di diritto canonico : commento giuridico-pastorale*, vol. 1 et 2, 3 éd., Bologna, Edizioni Dehoniane, 2011.

CHINNICI, J.P., *When Values Collide. The Catholic Church, Sexual Abuse, and the Challenges of Leadership*, Maryknoll & New York, Orbis Books, 2010.

CIPROTTI, P., *Contributo alla teoria della canonizzazione delle leggi civili*, Rome, Edizioni Universitarie, 1941.

CITO, D., *Processo penale e tutela dei diritti nell'ordinamento canonico*, Milano, Giuffrè Ed., 2005.

CLAPP, J.E., *Dictionary of the Law*, New York, 2000.

COHEN, D., *Arbitrage et société*, Paris, Librairie générale de droit et de jurisprudence, 1992.

CONTE DA CORONATA, M., *Institutiones iuris canonici*, vol. 4, Rome, Marietti, 1955.

CORIDEN, J.A., T.J. GREEN, and D.E. HEINTSCHEL (eds.), *The Code of Canon Law : A Text and Commentary*, New York/Mahwah, NJ, Paulist Press, 1985.

CORNIL, G., *Droit romain : aperçu historique sommaire ad usum cupidae legum Iuventutis*, Bruxelles, Imprimerie médicale et scientifique, 1921.

CORNU, G., *Vocabulaire juridique*, Paris, Presses universitaires de France, 2014.

CORRAL SALVADOR, C., V. DEPAOLIS et G. GHIRLANDA (dir.), *Nouvo dizionario di diritto canonico*, 2e éd., Milan, San Paolo, 1996.

COSER, L., *Engagement de l'Église pour la paix et la réconciliation sociale*, Paris, Éd. Mouton, 1979.

COTE, P. A. et J. FREMONT (dir.), *Le temps et le droit, Actes du 4e Congrès international de l'Association internationale de méthodologie juridique,* Cowansville, Éditions Yvon Blais, 1996.

COUR PENALE INTERNATIONALE, *Éléments des crimes*, La Haye, Publication de la Cour pénale internationale, 2013.

COUR PENALE INTERNATIONAL, *Statut de Rome de la Cour pénale internationale*, Publication de la Cour pénale internationale, 2021, dans www.icc-cpi.int/sites/default/files/Publications/Statut-de-Rome.pdf.

CURRAT, P., *Les crimes contre l'humanité dans le statut de la cour pénale internationale*, Paris, LGDJ, 2006.

D'ANTONIO, M., *Mortal Sins. Sex, Crime, and the Era of Catholic Scandal*, New York, Thomas Dunne Books, St. Martin's Press, 2013.

DALE WINTERSLOW, A.W., *The Synod of Elvira and Christian Life in the Fourth Century : a Historical Essay*, London, Macmillan, 1882.

DALY, B., *Canon Law in Action*, Strathfield, St Paul's, 2015.

DANIEL, W.L. (dir.), *Ministerium Iustitiæ : Jurisprudence of the Supreme Tribunal of the Apostolic Signatura : Official Latin with English Translation*, Collection Gratianus, Montréal, Wilson & Lafleur, 2011.

__________, *The Art of Good Governance. A Guide to the Administrative Procedure for Just Decision-Making in the Catholic Church*, Montréal, Wilson & Lafleur Ltée, 2015.

DAVID, E., *Éléments de droit pénal international et européen*, Bruxelles, Bruylant, 2009.

__________, *Principes de droit des conflits armés*, Bruxelles, Précis de la Faculté de droit de l'Université libre de Bruxelles, 1994.

DAVID, R. et C. JAUFFRET-SPINOSI (dir.), *Les grands systèmes de droit contemporains*, 12e éd., Paris, Dalloz, 2016.

DE BOURNONVILLE, P., *Droit judiciaire : L'arbitrage*, Bruxelles, Larcier, 2000.

DELAHAYE, C., *Scandales. Les défis de l'Église catholique*, Tharaux, Éditions Empreinte Temps Présent, 2017.

DELANEY, E.M., *Canonical Implications of the Response of the Catholic Church in Australia to Child Sexual Abuse*, thèse de doctorat, Ottawa, Saint Paul University, 2004.

DELMAS-MARTY, M. et I. FOUCHARD (dir.), *Le Crime contre l'humanité*, Paris, PUF, 2013.

DELPERO, F., *La prescription pénale : histoire, notions générales, durée des délais relatifs et absolus de prescription de l'action pénale et de la peine*, Berne, Staempfli, 1993.

DEMASURE, K. (dir.), *Se relever après l'abus sexuel : accompagnement psycho-spirituel des survivants*, Bruxelles, Lumen vitae, 2014.

DEMASURE, K., DESCOUR, A., GARNIER, V., *La vérité nous rendra libres. Paroles de femmes dans la crise des abus*, MediasPaul, 2022

DENZINGER, H. et al. (dir.), *Symboles et définitions de la foi catholique*, Paris, Éditions du Cerf, 1996.

DE AGAR, J. T. M., Handbook *on Canon Law*, Montréal, Wilson & Lafleur, 1999.

DE GAVRE, J., *Le contrat de transaction en droit civil et en droit judiciaire privé*, Bruxelles, Bruylant, 1967.

DE PAGE, H. et R. DEKKERS (dir.), *Traité élémentaire de droit civil belge*, t. 3, 2e éd., Bruxelles, Bruyant, 1957.

DE PAOLIS, V. et D. CITO, *Le sanzioni nella Chiesa : Commento al Codice di diritto canonico Libro VI*, Rome, Urbaniana University Press, 2008.

__________, *Le sanzioni nella Chiesa : Commento al Codice di Diritto Canonoca. Libro VI*, Città del Vaticano, Urbaniana University Press, 2001.

DE PEÑAFORT, R., *Summa de Paenitentia*, III, tit. 30, *De scandalo*, Universa bibliotheca iuris, vol. 1, col. 700-701, tome B, Rome, 1976.

DESTITO, V.S. et al. (dir.), *Il diritto penale delle nuove tecnologie*, Padue, Cedam, 2007.

DIENE, N., *La dynamique du principe de l'imputabilité dans le droit pénal canonique, Dissertatio ad Doctoratum in Iure Canonico*, Rome, 1996.

DUBOST, M., *Le Nouveau Théo : l'Encyclopédie Catholique pour tous*, Paris, Name, 2009.

DUCHARME, L., *L'administration de preuve*, 2e éd., Montréal, Wilson & Lafleur ltée, 1995.

DUNCAN, M.P (dir.), *La procédure pénale et la protection des droits dans la législation canonique : Actes d'un colloque à l'Université pontificale de la Sainte-Croix, Rome, les 25 et 26 mars 2004*, Montréal, Wilson & Lafleur, 2008.

__________, *Advocacy Vademecum,* Montréal, Wilson & Lafleur ltée, 2006.

__________, *Towards Future Developments in Penal Law: U.S. Theory and Practice: a Symposium Held under the Auspices of the Pontifical Council for Legislative Texts at the Pontifical University of the Holy Cross, Rome, March 5-6, 2009*, Montreal, Wilson & Lafleur, 2010.

EHRAT, J., *Power of Scandal: Semantic and Pragmatic in Mass Media*, Toronto, University of Toronto Press, 2011.

EICHMANN, E., *Das Prozessrecht des Codex Iuris Canonici*, Paderborn, Verlag Schöningh, 1921.

ERLANDSON, G. ET M. BUNSON (dir.), *Pope Benedict XVI and the Sexual Abuse Crisis: Working for Redemption and Renewal*, Huntingdon, IN, Our Sunday Visitor, 2010.

ERRAZURIZ MACKENNA, C.J., *Justice in the Church: a Fundamental Theory of Canon Law*, Montréal, Wilson & Lafleur, 2009.

FATHALLY. et N. MARIANI, *Les systèmes juridiques dans le monde*, 2e éd., L. PERRET et A-F. BISSON (dir.), Montréal, Wilson & Lafleur, 2008.

FERME, B.E., *Introduction to the History of the Sources of Canon Law, The Ancient Law up to the Decretum of Gratian,* Montréal, Wilson & Lafleur, 2007.

FERRARO, M.M., *Investigating Child Exploitation and Pornography: The Internet, the Law and Forensic Science*, Amsterdam/ Boston, Elsevier/Academic Press, 2005.

FLEURY, J., *Rabelais et ses oeuvres*, Paris, Librairie académique, 1877.

FRANCK, B., *Vers un nouveau droit canonique. Présentation, commentaire et critique du Code de droit canonique de l'Église catholique latine révisé à la lumière de Vatican II*, Paris, Éditions du Cerf, 1983.

GARCA MARTIN, J. *Le norme generali del Codex Iuris Canonici*, 6 éd., Venice, Marcianum, 2015.

GASPARRI, P. (dir.), *Codicis iuris canonici fontes*, Typis polyglottis Vaticanis, 1923-1939, 9 vols. (vols. 7–9 préparés par I. Serédi).

GATTEGNO, P., *Droit pénal spécial*, Paris, Dalloz, 2003.

GAUDEMET, J., *Le droit privé romain*, 3e éd., Paris, Montchrestien, 2009.

GAUTHIER, A., *Le droit romain et son apport à l'édification du droit canonique*, Ottawa, Université Saint-Paul, 1996.

GBAKA-BREDE, L., *La doctrine canonique sur les droits fondamentaux des fidèles et sur leur réception dans le Code de 1983*, Dissertationes, Series Canonica, no 16, Rome, Edizioni Università della Santa Croce, 2005.

GERDES, L.I. (ed.), *Child Sexual Abuse in the Catholic Church*, Greenhaven Press, Greenhaven, 2003.

GERVAIS, C., *La prescription*, Cowansville, Québec, Éditions Y. Blais, 2009.

GHIRLANDA, G., *Il diritto nella Chiesa mistero di comunione : compendio di diritto ecclesiale*, 5 éd., Rome, Gregorian & Biblical Press, 2014.

GILLESPIE, A., *Child Pornography Law and Policy*, Abingdon, Oxon-New York, Routledge, 2011.

GRACEAMMA, D., *Sexual Abuse & Counselling of Victims with Post-traumatic stress disorder: Intervention & Prevention Through Church & Society*, New Delhi, Christian World Imprints, 2017.

GUILLAUME-HOFNUNG, M., *La médiation*, Coll. « Que sais-je ? », Paris, Presses universitaires de France, 1995.

GUINCHARD, S. et T. DEBARD (dir.), *Lexique des termes juridiques 2015-2016*, 23e éd., Paris, Dalloz, 2015.

HANARD, G., *Précis de droit romain*, t. 1, Bruxelles, Publication des facultés universitaires Saint-Louis, 1997.

HANSON, R.K. et al. (dir.), *Sexual Abuse in the Catholic Church: Scientific and Legal Perspectives: Proceedings of the Conference "Abuse of Children and Young*

HATEGEKIMANA, S., *Recours administratifs et résolutions de conflits dans l'Église*, Séminaire de maitrise, Ottawa, Université Saint Paul, 2003.

HEAD, J.W., *Great Legal Traditions: Civil Law, Common Law, and Chinese Law in Historical and Operational Perspective*, Durham, Carolina Academic Press, 2011.

HELLIE, F., *Traité de l'instruction criminelle, ou Théorie du Code d'instruction criminelle*, vol. 2, Paris, Plon, 1866.

HELMHOLZ, R.H., *The Spirit of Classical Canon Law*, Athens, University of Georgia Press, 1996.

HERVADA, J., *Introduction to the Study of Canon Law*, Montréal, Wilson & Lafleur, 2007.

HUELS, J.M., *Empowerment for Ministry: A Complete Manual on Diocesan Faculties for Priests, Deacons, and Lay Ministers*, New York, Paulist Press, 2003.

HUGHES, M., *Persons in General and Juridic Acts*, Ottawa, Saint Paul University, 1989.

HULOT, H. et al. (dir.), *Corps de droit civil romain en latin et en français : les cinquante livres du Digeste ou des Pandectes de* l'empereur *Justinien*, Aalen, Scientia Verlag, 1979.

HUNYADI, M., *La vertu du conflit pour une morale de la médiation*, Paris, Cerf, 1995.

IGLESIAS, I., *Derecho romano : Instituciones de derecho privado*, Barcelona, Ediciones Ariel, 1958.

IHERING, R., *Études complémentaires de l'esprit du droit romain : Fondement des interdits possessoires, critique de la théorie de Savigny*, 2e éd., t. 2, Paris, A. Marescq, 1882.

JACOB J., *Delicts of Financial Malfeasance in the Revised Book VI of the 1983 Code of canon Law, A dissertation submitted to the Faculty of Canon Law, Saint Paul University, Ottawa, Canada, in partial fulfillment of the requirements for the degree of Doctor of Canon Law*, Ottawa, Saint Paul University, 2024.

JARROSSON, C., *La notion d'arbitrage*, Paris, Librairie générale de droit et de jurisprudence, 1987.

JOLY-HURARD, J., *Conciliation et médiation judiciaires*, Paris, Officium libri catholici, 1970.

JOULAIN, D., DAMASURE, K. et NADEAU, J.-G., *L'Église déchirée, comprendre et traverser la crise des agressions sexuelles sur mineurs*, Novalis, Montréal, 2021.

JULIEN, A., *Juges et Avocats des tribunaux de l'Église*, Rome, 1970.

KABWANA MINANI, B., *Pardonner à tout prix ? Du mal au pardon selon Paul Ricoeur*, Paris, L'Harmattan, 2016.

KALLARACKAL, J. J., Recourse against Administrative Decrees in the Catholic Church, Rome, Pontificium Institutum Orientale, 2002.

KIKWANGA, S., *La charité comme fondement du droit canonique*, Paris, L'Harmattan, 2016.

KLEIN, J., *Le point de départ de la prescription*, Paris, Economica, 2013.

KONDE, E., *L'ignorance de la loi canonique et ses répercussions juridiques sur le fidèle, Extractum ex dissertatione ad Doctorantum in Faculate Iuris Canonici*, Rome, Pontificia Universitas Urbaniana, 2007.

KOWAL, W., *Understanding Canon 17 of the 1983 Code of Canon Law in the light of Contemporary Hermeneutics*, Lewiston, NY, The Edwin Mellen Press, 2000.

KOWAL, J. ET J. LLOBEL (dir.), *Iustitia et iudicium : studi di diritto matrimoniale processuale canonico in onore di Antoni Stankiewicz*, Cité du Vatican, Libreria editrice Vaticana, 2010.

KRUGER, P. ET T. MOMMSEN (dir.), *Corpus Iuris Civilis*, t. 2, Berolini, Apud Weidmannos, 1929.

KULUMUSHI MUTARUSHA, R., *La charge pastorale, Droit universel et local*, Paris, Cerf, 1999.

LACHANCE, M., *Le contrat de transaction*, Montréal, Wilson & Lafleur ltée, 2010.

LAEUCHLI, S., *Power and Sexuality; the Emergence of Canon Law at the Synod of Elvira*, Philadelphia, Temple University Press, 1972.

LAJUS-THIZON, E., *L'abus en droit pénal*, Paris, Dalloz, 2011.

LAROUMET, C. ET M. TAPIA (dir.), *L'avenir de la codification en France et en Amérique latine – El futuro de la codificación en Francia y en América latina*, Paris, éd. Les colloques du Sénat, 2004.

LAVALLEE, C., *La protection internationale des droits de l'enfant : entre idéalisme et pragmatisme*, Bruxelles, Bruylant, 2015.

LAWENA, S.J., *Arbitration and Conciliation Prior to Process: A Convenient Approach to Resolve Conflicts in the Church*, Rome, Pontificia Universitas Urbaniana, 2002.

LAWLER, P. F., *The Faithful Departed: The Collapse of Boston's Catholic Culture*, New York, Encounter Books, 2008.

LEFEBVRE, C., *Les pouvoirs du juge en droit canonique*, Paris, Siret, 1938.

LEMESELE, B., *Quand l'Eglise corrigeait les excès du clergé. La punition des délits ecclésiastiques au Moyen Âge*, Dijon, Editions Universitaires de Dijon, 2018.

LESAGE, G., *La Nature du Droit canonique*, Ottawa, Éditions de l'Université d'Ottawa, 1960.

LE ROBERT, *Dictionnaire alphabétique et analogique de la langue française*, t. 2, Paris, 1972.

LE TOURNEAU, D., *Manuel de droit canonique*, Montréal, Wilson & Lafleur, 2010.

__________, *Droits et devoirs fondamentaux des fidèles et des laïcs dans l'Église*, Collection Gratianus, Montréal, Wilson & Lafleur ltée, 2011.

LE ROUX DE BRETAGNE, A., *Nouveau traité de la prescription en matière civile*, t. 1, Paris, Durand et Pedone–Lauriel, 1869.

LOKALO MPOTO, M., *Les sources supplétives du droit canonique (canon 19). Le dynamisme de la Norme canonique.* Extractum ex Dissertatione ad Doctoratum in Iure Canonico, Pontificia Universitas Urbaniana. Facultas Iuris Canonici, Romae 1999.

LOZA, F., « Le Procès », dans *CDCA*.

MACHIELS, D., *L'efficience canonique : une obligation ecclésiologique*. Faculté de théologie et d'étude des religions, Université catholique de Louvain, 2020. Prom. : Christians, Louis-Léon, dans http://hdl.handle.net/2078.1/thesis:23417.

MARCHANDISE, M., *La prescription : principes généraux et prescription libératoire*, Bruxelles, Bruylant, 2014.

MARZOA, A., J. MIRA, R. RODRIGUEZ-OCANA (dir.) et E. CAPARROS (dir. gén. de la traduction anglaise), *Exegetical Commentary on the Code of Canon Law*, Montréal, Wilson & Lafleur ltée, 2004.

MATENKADI FINIFINI, A., *Code de droit canonique, présentation générale et actualité*, Kinshasa, Médiaspaul, 2002.

MATTIA, G. D., « Pena e azione pastorale nel diritto penale della Chiesa », dans *Monitor ecclesiasticus*, 114 (1989), 35-67.

MBANDJI, V.N., *La prescription canonique des délits sexuels sur des personnes mineures*, Paris, Artege Lethielleux, 2018.

MCALINDEN, A.M., *Grooming and the Sexual Abuse of Children: Institutional, Internet, and Familial Dimensions*, Oxford University Press, 2012.

MCCORMACK, A., *The Term "Privilege" : a Textual Study of its Meaning and Use in the 1983 Code of Canon Law*, thèse de doctorat, Rome, Editrice Pontificia Università Gregoriana, 1997.

METZ, R., *L'Église a ses lois. Le droit canon. L'Église dans son organisation*, Paris, Fayard, 1956.

__________, *Le nouveau droit des Églises orientales*, Paris, Cerf, 1997.

MICHIELS, G., *De delictis et poenis : Commentarius libri V Codici Iuris Canonici*, Paris – Turin – Rome, Neo Eboraci, 1961.

__________, *Normae generales juris canonici : commentarius libri I Codicis juris canonici*, Tornaci, Desclée, 1949.

MOLAKU, B. S., *La signification du pouvoir coercitif dans l'Eglise*, *These de doctorat*, Romae, Urbaniana University Press, 1991.

MOMMSEN, T., *Le droit pénal romain*, t .1, Paris, A. Fontemoing, 1907.

MONIER, R., *Vocabulaire de droit romain*, Paris, Domat-Montchrestien, 1948.

MONLOUBOU, L. et DU BUILT, F.M., *Dictionnaire Biblique Universel*, Paris, Éditions Desclée et Éditions Anne Signier, 1985.

MONTESQUIEU, C., *De l'Esprit des lois*, Paris, Gallimard, 1995.

MORRISEY, F.G., *Les documents pontificaux et de la Curie : leur portée canonique à la lumière du Code de droit canonique de 1983*, Ottawa, Faculté de droit canonique, Université Saint-Paul, 2005.

MUAMBA KALALA, A., *Le droit du clerc à la rémunération selon le c. 281, § 1du CIC/83 et son application aux prêtres en paroisses au Congo-Kinshasa*, Thèse de doctorat, Ottawa, Université Saint-Paul, 2010.

MWANZA PINDI, G., *Protection de l'enfance contre les délits sexuels dans l'Église*, Paris, Éditions l'Harmattan, 2013.

NADEAU, J.G., *Autrement que victimes : Dieu, enfer et résistance chez les victimes d'abus sexuels*, Montréal, Novalis, 2012.

NAZ, R., *Traité de Droit Canonique*, Paris, Letouzey et Ané, 1948.

__________, *Traité de droit canonique*, Paris, Letouzey et Ané, 1954.

__________, *Traité de droit canonique*, Paris, Letouzey et Ané, 1955, 4 vols.

__________, *Dictionnaire de droit canonique*, Paris, Letouzey et Ané, 1935-1965, 7 vols.

NEGRA, K., *La prescription de l'action publique*, Tunis, Faculté de Droit et des Sciences Politiques et Économiques de Tunis, 1976.

NKOUAYA MBANDJI, V., *La prescription canonique des délits sexuels sur des personnes mineures*, Paris, Éditions Lethielleux, 2018.

NTAMBWE KASONGO, P.V., *Normes canoniques sur les moyens d'éviter les litiges. Contexte Culturel du Congo-Kinshasa*, Paris, L'Harmattan, 2016.

NTAMPAKA, C., *Introduction aux systèmes juridiques africains*, Namur, Presses universitaires de Namur, 2005.

OCHOA, X., *Index verborum ac locutionum Codicis Iuris Canonici*, Cité du Vatican, Libreria Editrice Lateranense, 1984.

ORTOLAN, J., *Explication historique des Instituts de Justinien*, 12e éd., Paris, H. Plon, 1883.

ÖRSY, L., *From Vision to Legislation: From the Council to a Code of Laws*, Milwaukee, WI, Marquette University Press, 1985.

__________, *Theology and Canon Law: New Horizons for Legislation and Interpretation*, Collegeville, MN, Liturgical Press, 1992.

OTADUY, J. et al. (dir.), *Diccionario general de derecho canónico*, Navarre, Editorial Aranzadi, 2012.

PALAZZINI, P. (dir.), *Dictionarium morale et canonicum*, Rome, Officium Libri Catholici, t. 2, 1965.

PAPALE, C., *Il processo penale canonico. Commento al Codice di Diritto canonico. Libro VII, parte IV*, Cité du Vatican, Urbaniana University Press, 2012.

__________, *Formulario Commentato del processo penale canonico*, Roma, Urbaniana University Press, 2022.

PARALIEU, R., *Guide pratique du Code de Droit canonique. Notes Pastorales*. Bourges, Éditions Tardy, 1985.

__________, *Petit guide du nouveau Code de droit canonique*, Bourges, Tardy, 1987.

PAZHAYAMPALLI, T., *A Commentary on the New Code of Canon Law*, Bangalore, K J C Publications, 1985.

PAZARTZIS, P., *La répression pénale des crimes internationaux : justice pénale internationale*, Paris, Pedone, 2007.

PERTIN, J-Y., *Justice et gouvernement dans l'Église d'après les lettres de Saint-Grégoire le Grand*, Paris, L'Harmattan, 2015.

PETERS, E.N. (ed.), *Incrementa in progressu 1983 Codicis iuris canonici*, Gratianus Series, Montréal, Wilson & Lafleur, 2005.

PHILIBERT, A., *Des prêtres et des scandales. Dans l'Église de France du Concile de Trente au lendemain du Concile Vatican II*, Cerf, Paris, 2019.

PIGHIN, B.F., *Diritto penale canonico*, Istititio di diritto canonico San Pio X Manuali 3, Venice, Marcianum Press, 2008.

__________, *Il nuovo sistema penale della chiesa*. Manuali / Facoltà di diritto canonico San Pio X 15, Venice, Marcianum Press, 2021.

PIN, X., *Droit pénal général*, 5e éd., Paris, Dalloz, 2012.

PINTO, P.V., *Commento al Codice di diritto canonico*, Cité du Vatican, Libreria editrice vaticana, 2001.

POTASZKIN, T., *L'éclatement de la procédure pénale : vers un nouvel ordre procédural pénal ?* Issy-les-Moulineaux, LGDJ, 2014.

PUY-MONTBRUN, B. DU., *Le droit canonique au service de la justice ecclésiale,* Toulouse, Les Presses Universitaires, Institut Catholique de Toulouse, 2019.

__________, *La détermination du secret chez les ministres du culte. Le secret pastoral en droit canonique et en droit français*, Dijon, L'Échelle de Jacob, 2012.

QUEINNEC, H., *Mélanges en l'honneur du professeur Pierre Branchereau, Liber Amicorum*, Rennes, Éditions Frémur, 2022.

REGATILLO, E.F., *Institutiones iurris canonici*, Santander, Sal Terrae, 1951.

RENAULT-BRAHINSKY, *L'essentiel de la procédure pénale,* Paris, Gualino, 2023.

RENKEN, J.A., *The Penal Law of the Roman Catholic Church. Commentary on Canons 1311-1399 and 1717-1731*, Ottawa, Saint Paul University, 2015.

RENKEN, J.A., *The Penal Law of the Roman Catholic Church. Substantive Law,* Ottawa, Faculty of Canon Law, Saint Paul University, 2024.

RENZETTI, C.M., AND S. YOCUM. (eds.), Clergy *Sexual Abuse, Social Science Perspective*, Boston, Northeastern University Press, 2013.

REY, J-C., *La Déclaration des droits de l'enfant : les 10 principes*, Paris, Belize, 2009.

RICHARDSON, W., *The Presumption of Innocence in Canonical Trials of Clerics Accused of Child Sexual Abuse : An Historical Analysis of the Current Law*, Leuven, Peeters, 2011.

RICHER, E., *La Lumière montre les ombres. Crise d'efficience et fondements du droit pénal de l'Église*, Toulouse, Les Presses Universitaires, Institut Catholique de Toulouse, 2017.

__________, *La Jurisprudence*, Toulouse, Presses Universitaires, ICT, 2023.

ROBAYE, R., *Le droit romain*, 4e éd., Paris, Academia, 2014.

ROBERT, P., *Le Petit Robert de la langue française*, Paris, Nouvelle édition millésime, 2015.

ROBERTI, F., *De delictis et poenis*, vol. 1, Rome, Apud Custodiam Librariam Pontificii Instituti Utriusque Iuris, 1944.

_________, *De processibus*, vol. 1, Rome, Apud Custodiam Librariam Pontificii Instituti Utriusque Iuris, 1956.

ROBESPIERRE, M., *OEuvres,* Paris, PUF, 1950.

ROBINSON, G., *Le pouvoir déviant : les abus dans l'Église catholique*, Montréal, Novalis, 2010.

ROUTHIER, G., *Les pouvoirs dans l'Église. Étude du gouvernement d'une Église locale, L'Église de Québec.* Brèches théologiques, Montréal, Ed. Paulines, Paris, Médiaspaul, 1997.

RUBIO, H. & SCHUTZ, P. J., *Beyond "Bad Apples": Understanding Clergy Perpetrated Sexual Abuse as a Structural Problem & Cultivating Strategies for Change* (Report), California, Santa Clara University, 2022.

ROMANO, G.P., *Le dilemme du renvoi en droit international privé : la thèse, l'antithèse et la recherche d'une synthèse*, Genève, éd. Romandes, 2015.

ROSINSKI, M., *Due process to be followed in the administration of discipline in Religious Institutes According to the Code of Canon Law*, A thesis submitted to the Faculty of Canon Law, Ottawa, Saint Paul University, 2016.

ROYAL COMMISSION INTO INSTITUTIONAL RESPONSES TO CHILD ABUSE, Final Report Recommendations, 15 décembre 2017, recommandations 16.9 et 16.12, https : // www. childabuseroyalcommission. gov.au /final-report (17 décembre 2017).

RUFFINI, F., *La buona fede in materia di prescrizione : Storia della dottrina canonistica*, Turin, Fratelli Bocca editori, 1892.

RUIZ FABRI, H. (dir.), *La clémence saisie par le droit : amnistie, prescription et grâce en droit international et comparé*, Paris, Société de Législation Comparée, 2007.

RUSSO, E.A., *Derechos humanos y garantías : Derecho al mañana*, Buenos Aires, Editorial Universitaria de Buenos Aires, 2011.

RUTAGAYINGABO, E. B., *La peine comme « extrema ration » dans l'économie du système pénal ecclésial. Théorie et application du canon 1341*, Toulouse, Éditions Ad Limina (coll. Thèse), 2021.

SCICLUNA, C. et al. (dir.), *Vers la guérison et le renouveau : les abus sexuels sur des mineurs*, Rome, Pontificia Università Gregoriana, 2013.

SCICLUNA, C. J., ZOLLNER, H., & AYOTTE, D., *Toward healing and renewal: The 2012 symposium on the sexual abuse of minors held at the Pontifical Gregorian University*. New York : Paulist Press, 2012.

SENANDER, A., *Scandal. The Catholic Church and Public Life*, Collegeville/Minnesota, Liturgical Press, 2012.

SERIAUX, A., *Droit canonique*, Paris, PUF, 1996.

SIX, J.F., *Dynamique de la médiation*, Paris, Éd. Desclée de Brouwer, 1995.

SOURZAT, C., *Droit pénal général et procédure pénale*, Bruxelles, Larcier, 2014. L. F. STELTEN, L. F., *Dictionary of Ecclesiastical Latin*, Peabody, MA, Hendrickson, 1995.

STELTEN, L.F., *Dictionary of Ecclesiastical Latin*, Peabody, MA, Hendrickson, 1995.

STEINMETZ, B., *De la présomption de bonne foi : essai critique sur la preuve de la bonne et de la mauvaise foi*, Lille, Atelier national de reproduction des thèses, 2004.

TAPSELL, K., *Potiphar's Wife. The Vatican's Secret and Child Sexual Abuse*, Adelaide, ATF Press, 2014.

THE CANON LAW SOCIETY OF GREAT BRITAIN AND IRELAND, *Index to the Code of Canon Law*, In English translation, London, Collins, 1984.

THIBAULT, J., *Les procédures de règlement amiable des litiges au Canada*, Montréal, Wilson & Lafleur ltée, 2000.

THIEL, M-J., *L'Église catholique face aux abus sexuels sur des mineurs*, Montréal, Novalis, 2019.

THOMAS D'AQUIN (SAINT), *Somme théologique*, Œuvres complètes, Publication, dans http://docteurangelique.free.fr/saint_thomas_d_aquin/oeuvres_completes.html.

THORN, J. (dir.), *Le pape s'adresse à la Rote : allocutions annuelles de Pie XII à Jean-Paul II, 1939-1994*, Ottawa, Faculté de droit canonique, Université Saint-Paul, 1994.

TREMBLAY, D., *L'éveil des survivants : récits des abus sexuels dans les pensionnats amérindiens du Québec*, Montréal, Michel Brûlé, 2008.

TSHINGOMBE ILUNGA, T., *La justice dans l'Église. Son organisation et sa réglementation. Droit des procès contentieux à l'intention des Tribunaux ecclésiastiques*, Abidjan, Paulines, 2022.

URRU, A. G., *Punire par salvare : il sistema penale nella Chiesa*, Roma, Edizioni vivere, 2002.

URRUTIA, F.J., *Les normes générales : Commentaire des canons 1- 203*, Paris, 1994.

VALDRINI, P., *Droit canonique*, Paris, Dalloz, 1999.

__________, *Conflits et recours dans l'Église, Recherches institutionnelles*, no2, Strasbourg, Cerdic, 1978.

__________, *Injustices et protection des droits dans l'Élise*, Recherches institutionnelles, no12, Strasbourg, Cerdic, 1983.

VELASIO DE PAOLIS, C., *Legalità E Pena Nel Diritto Penale Canonico*, Roma, Urbaniana University Press, 2021.

VIDAL, G. ET J. MAGNOL (dir.), *Cours de droit criminel et science pénitentiaire*, t. 2, Paris, Rousseau, 1949.

WAGNER, J., *Dictionnaire de Droit Canonique et des Sciences en connexion avec le Droit*

Canon, Tome Troisième, Paris, Hippolyte Walzer Libraire Editeur, 1894.

WERCKMEISTER, J., *Petit dictionnaire de droit canonique*, Paris, Cerf, 1993.

WOESTMAN, W.H., *Ecclesiastical Sanctions and the Penal Process. A Commentary on the Code of Canon Law*, Ottawa, Saint Paul University, 2003.

YATALA NSOMWE, C., *Le contrôle de l'activité administrative en droit canonique*, Paris, Artège Lethielleux, 2016.

WRENN, L.G., *Procedures,* Washigton, DC, Canon Law Society of America, 1987.

YUNGA NDOSIMAU, J., *Les actes judiciaires dans la structure de la certitude morale à la lumière de l'art. 247 de la Dignitas connubii*, Kinshasa, Médiaspaul, 2011.

ARTICLES

ABBASS, J., « Canonical Studies : Making the Case for a Course on Conflict of Laws », dans *Studia canonica*, 46 (2012), 489-510.

__________, « Le Code oriental : une ressource pour la révision du Code latin », dans *Studia canonica*, 44 (2010), 369-397.

__________, « The Interrelationship of the Latin and Eastern Codes », dans *The Jurist*, 58 (1998), 1-40.

__________, « The Oriental Code and the Latin Church », dans *Studia canonica*, 50 (2016), 31-93.

ACEBAL, J.L., « Le rôle du juge dans le diocèse », dans *Concilium*, 127 (1977), 51-58.

ADAMI, F. E., « Il diritto penale canonico e il principio 'nullum crimen, nulla poena sine lege' », dans *Ephemerides iuris canonici*, 45 (1989), 137-172.

ALESANDRO, J.A., « Dismissal from the Clerical State in Cases of Sexual Misconduct: Recent Derogation », dans *Proceedings of the Canon Law Society of America*, 56 (1994), 28-67.

__________, « Canonical delicts involving sexual misconduct and dismissal from the clerical state. A Background Paper », dans *Ius Ecclesiae*, 8 (1996) 173-192.

ANCEL, P., « Sanctions du manquement à la bonne foi contractuelle en droit français à la lumière de droit Québécois », dans *Revue juridique Thémis*, 45 (2011), 87-113.

ARIAS GOMEZ, J., « Commentary on Canons 1311-1399 », dans *CDCA*.

__________, « El principio de legalidad en la reforma del libro V », dans *Ius canonicum*, 18 (1978), 291-318.

ARRIETA, J.I., « Stabilité et dynamisme du système juridique canonique », dans *Studia canonica*, 45 (2011), 5-25.

__________, « Le pouvoir de gouvernement », dans *CDCA*, 123-139.

ASTIGUETA, D.G., « Delitti imprescriptibili nella Chiesa ? », dans *Periodica*, 101 (2012), 103-158.

__________, « Facoltà concesse alla Congregazione per il Clero », dans *Periodica,* 99 (2010), 1-33.

__________, « La legge penale pìu favorevole », dans *Periodica*, 96 (2007), 183-248.

__________, « Lo scandalo nel *CIC* », dans *Periodica*, 92 (2003), 589-651.

__________, « Medicinalità della pena canonica », dans *Periodica*, 99 (2010), 251-304.

__________, « *Lo scandalo nel CIC : significato e portata giuridica* », dans *Periodica,* 92 (2003), 589-651.

__________, «L'investigazione previa: Alcune problematiche», in Periodica 99 (2009), 195-233.

__________, « La procedura stragiudizale pénale », dans GRUPPO ITALIANO DOCENTI DI

DIRITTO CANONICO (dir), *Il dirito nel mistero della : IV Prassi amministrativa e procedure specialli*, Rome, Lateran University press, 2014, 269-280.

__________, « Una prima lettura del nuovo Libro VI de la Codice come strumento della carita pastorale », dans *Periodica*, 110 (2021), 351-384.

__________, « La *Ratio* et l'itinéraire de la réforme du Nouveau Livre VI », dans B.

GONÇALVES, *Après le rapport de la CIASE… la réforme du droit pénal canonique,* Paris, Les Éditions du Cerf, 2024, 114-137.

AUSTIN, B.T., « Due Process of Law and the USCCB Essential Norms », dans *Studia canonica*, 51 (2017), 55-87.

__________, « Nullum Crimen, Nulla Poena Sine Lege. The principle of penal legality in the ius vigens », dans *Studia canonica* 54 (2020), 5-29.

__________, «The Revised Book VI, Part I Selected Norms and Commentary », dans *The Jurist*, 77 (2021), 291–334.

__________, « The Revised Book VI, Part II Selected Norms and Commentary », dans *The Jurist*, 78 (2022), 27–74.

BAGAYOKO, N. & KONE, F. R., « Les mécanismes traditionnels de gestion des conflits en Afrique subsaharienne », Rapport 2, juin 2017, Centre FrancoPaix en résolution des conflits et missions de paix, UQAM, Université du Québec, Montréal, 2017, /https://dandurand.uqam.ca/wp-content/uploads/2017/06/Rapport_Recherche_2_FrancoPaix.pdf

BAKULU MADILA, B., « Prêtres condamnés et libérés. Quelle reconstruction ? », dans *Revue de droit canonique*, 69 (2019), 123-139.

BAMBERG, A., « Sanctions canoniques face aux abus financiers », dans *Revue de droit canonique*, 69 (2019), 85-104.

BARAK, A., « The Nature of Judicial Discretion and its Significance for the Administration of Justice », dans O. WIKLUND (dir.), *Judicial Discretion in European Perspective*, Norstedts Juridik, Kluwer Law International, 2003.

BARTCHAK, M.L., « Child Pornography and the Grave Delict of and Offense Against the Sixth Commandement of the Decalogue Committed by a Cleric with a Minor », dans *Periodica*, 100 (2011), 285-380.

BASDEVANT-GAUDEMET, B., « Les sources du droit romain en matière de procédure dans le décret de Gratien », dans *Revue de droit canonique*, 27 (1991), 63-76.

BASS, R.E., « Due Process, Conciliation and Arbitration », dans *CLSAP*, 53 (1991), 63-76

BAUDOT, D., « Décider ou non du renvoi de l'État clérical », dans *L'Année canonique*, 65 (2024), 55-74.

BEAL, J.P., « Hiding in the Thickets of the Law: Canonical Reflections on Some Disturbing Aspects of the Dallas Charter », dans *America*, 7 Octobre 2002, 15-19.

__________, « The 1962 Instruction *Crimen sollicitationis* : Caught Red-Handed or Handed a Red Herring? », dans *Studia canonica*, 41 (2007), 199-236.

__________, « To Be or Not To Be, That Is the Question: The Rights of the Accused in the Canonical Process », dans *Proceedings of the Canon Law Society of America*, 53 (1991), 77-97.

__________, «Turning Pro: Theologico-Canonical Hurdles on the Way to a Professional Ethic For Leaders », dans J.M. BARTUNEK, M. A. HINSDALE, AND J.F. KEENAN (eds.), *Church Ethics and Its Organizational Context. Learning from the Sex Abuse Scandal in the Catholic Church*, New York, Rowman & Littlefield, 2006, 169-194.

__________, « Administrative Tribunals in the Church: An Idea Whose Time Has Come or an Idea Whose Time Has Gone? », dans *CLSAP*, 55 (1993), 39-71.

__________, « Confining and Structuring Discretion: A Nuts-and-Bolts Approach », dans *CLSAP*, 50 (1988), 86-105.

__________, « Have Code, Will Travel: Advocacy in the Church of the 1990's », dans *The Jurist*, 53 (1993), 319-343.

__________, « Hierarchical Recourse: Procedures at the Local Level », dans *CLSAP*, 62 (2000), 93-106.

__________, « Protecting the rights of Lay Catholics », dans *The Jurist*, 47 (1987), 129-164.

BENETRUY, J., « Le précepte en droit canonique. Précepte pénal. Procédure pénale par manière de précepte », dans *L'Année canonique*, 5 (1957), 43-67.

BERNADINI, C., « Ossservazioni sul canone 1399 », dans *Monitor ecclesiasticus*, 114
(1989), 143-145.

BERNAL, J., « Cuestiones canónicas sobre los delitos más graves contra el sexto mandamiento del decálogo », dans *Ius canonicum*, 54 (2014), 145-183.

__________, « Las *Essential Norms* de la Conferencia episcopal de los Estados Unidos sobre abusos sexuales cometidos por clericos : Intento de solución de una crisis », dans *Ius canonicum*, 47 (2007), 685-723.

BERNHARD, J., « Théologie et droit pénal : Autour du scandale », dans *Revue de droit canonique*, 39 (1989), 93-109.

BERTSCH, I. et al. (dir.), « Évaluation du risque de récidive des auteurs d'infraction à caractère sexuel », dans *Annales médico-psychologiques*, 175 (2017), 294-296.

BETENGNE, J.P., « De quelques exigences canoniques pour la réalisation effective de l'Église-famille de Dieu », dans L'Année canonique, 50 (2008), 77-100.

__________, « Équité canonique et *salus animarum* », dans *Studia canonica*, 39 (2005), 203-220.

BEYER, J., « Sens et rôle du droit ecclésial. Pensée de Paul VI », dans *L'Année canonique*, 27 (1983), 25-36.

BLANK, J., « Le concept du pouvoir dans l'Église. Perspectives néotestamentaires », dans Concilium, 217 (1988), 13-24.

BOCCAFOLA, K.E., « The Special Penal Norms of the United States and Their Application», dans DUGAN, P.M. (ed.), *The Penal Process and the Protection of Rights in Canon Law*, Montreal, Wilson & Lafleur, 2005.

BOLOGNINI, F., « Profili critici sul principio 'Nullum crimen sine praevia lege poenali', dans *Studi in onore di Pietro D'Avack*, 4 vols., Milan, Giuffrè, 1976, vol. 1, 311-356.

BONNET, M., « La dispense dans le Code », dans *Les cahiers de droit ecclésial*, 1 (1984), 51-56.

BONNEWIJIN, O., « La pédophilie incestueuse », dans *Vie consacrée*, 2 (2003), 100-112.

BORDENAVE, A., « La perte de l'état clérical. Faut-il assumer un plaider coupable canonique ? », dans *L'Année canonique*, 63 (2023), 147-163.

BORRAS, A., « Entre l'obsolescence de la norme et la vitalité de la doctrine : le sort actuel du livre VI du *CIC* : à propos d'un ouvrage récent » dans *Studia canonica*, 33 (1999), 139-149.

__________, « Dis-moi comment tu punis... », dans *Année canonique*, 51 (2009), 187-193.

__________, « Droit canonique, abus sexuels et délits réservés », dans *Vie consacrée*, 2 (2003), 76-99.

__________, « L'Église peut-elle encore punir ? » dans *Nouvelle Revue Théologique*, 113 (1991), 205-218.

__________, « Title VI : The Cessation of Penalties », commentaire du c. 1362, dans *ExComCIC*, vol. 4, 425-427.

__________, « Appartenance à L'Église, communion ecclésiale et excommunication » dans *Nouvelle Revue Théologique,* 110 (1998), 801-824.

__________, « Un droit pénal en panne ? Sens et incidence du droit canonique », dans *Revue de droit canonique*, 56 (2006), 139-161.

__________, « un nouveau droit canonique ? », 641 dans *Nouvelle Revue théologique*, 4 (2021), 636-651.

__________, « Le nouveau droit pénal spécial (canons 1364-1398) », dans *L'Année canonique,* 61 (2021), 27-46.

__________, « La constitution *Pascite Gregem Dei* et le nouveau Livre VI », dans *Mélanges en l'honneur du professeur Pierre Branchereau, Liber amicorum* (sous la coordination de l'Abbé Hervé Quéinnec), Officialité interdiocésaine de Rennes, Rennes, éd. Frémur, 2022, 87-105.

__________, « Le nouveau droit pénal général (c. 1311-1363). *Nihil novi sub sole*? », dans *Studia canonica,* 56 (2022), 245-277.

BOSSO, A.P., « Le profil des abus dans les ministères cléricaux », dans *Studia canonica*, 57 (2023), 363-392.

BOULOC. B., *Droit pénal général*, Paris, Dalloz, 2005.

BRIDE, A., « Chronique de droit pénal ecclésiastique. L'évolution du droit pénal depuis le Code. Doctrine et jurisprudence », dans *L'Année Canonique*, 2 (1953), 316.

BROWN, P., « Prescription and Statutes of Limitation », dans *Proceedings of the Canon Law Society of America*, 70 (2008), 383-451.

BRUNDAGE, T.T., « Canonical Issues in Due Process", dans *CLSAP*, 63 (2001), 37-48.

BURKE, R.L., « Canon 915 : The Discipline Regarding the Denial of Holy Communion to Those Obstinately Persevering in Manifest Grave Sin, » dans *Periodica*, 96 (2007), 3-58.

BUONOMO, V., « Considerazioni sul rapporto Santa Sede – Comunità internationale alle luce del diritto e della prassi internationale », dans *Ius Ecclesiae*, 8 (1996), 3-33.

__________, « Considerazioni sul rapporto tra Diritto canonico e Diritto internationale », *Anuario de derecho canónico*, 4 (2015), 13-70.

CADOPPI, A., « Les infractions sexuelles en Italie : Problèmes et perspectives », dans *Archives de politique criminelle*, 34 (2012), 167-187.

CAFARDI, N. P., « The scandal of secrecy. Canon law & the sexual abuse », dans *Commonweal* 12 July 2010, dans https://www.commonwealmagazine.org/scandal-secrecy.

CAPONY, Y., « Le champ d'activité des laïcs ou les limites de la notion de fidèles », dans *Praxis juridique et religion,* 2 (1985), 185-191.

CASTILLO LARA, R.J., « Some General Reflections on the Rights and Duties of the Christian Faithful", dans *Studia canonica*, 20 (1986), 7-32.

CHAGNON, J-Y., « Agressions sexuelles et dépendance à l'adolescence », dans *Agora*, 17 (2014), 85-98.

CHALMERS, M. P., «The Remedy of Harm In Accord With Canon 128 », dans, *Studia canonica*, 38 (2004), 111-154.

CIPROTTI, P., « Canonizzazione delle leggi civili », dans *Digesto delle discipline pubblicistiche*, 2 (1987), 454-457.

__________, « De consummatione delictorum attento eorum elemento obiectivo », dans *Apollinaris*, 9 (1936), 404-414.

__________, « Le *leggi civili* nel nuovo Codice di Diritto Canonico », dans

Apollinaris, 57 (1984), 281-293.

COCCOPALMERIO, F., « La reforma del libro VI del Codigo de derecho canonico », dans J. L. SANCHEZ-GIRON and C. PENA (eds), *El Codigo de derecho canonico de 1983. Ballance y perspectivas a los 30 anos de su promulgacion*, Biblioteca Comillas Derecho Canonico 4, Madrid Universidad Pontificia Comillas, 2014, 389-391.

COMMISSION OF INVESTIGATION, Report into the Catholic Archdiocese of Dublin, 21 juillet 2009 http: // www.cjwalsh.ie /wp-content / uploads / 2009 / 11/ Murphy –Commission -Reportcomplete_ Dublin-Child-Sexual-Abuse_ July-2009.pdf, (27 juillet 2017).

CONDE, P.Y., « Le scandale canonique entre concept théologique et signe linguistique », dans *Revue de droit canonique*, 50 (2000), 243-262.

__________, « La fragilité du droit. "Déthéologisation" et "théologisation" du droit canonique après Vatican II », dans *Droit et Société*, 63-64 (2006), 527-551.

CONGAR, Y., « Jus divinum », dans *Revue de droit canonique*, 28 (1978), 108-122.

CONNOLLY, P., « The Concept of Scandal in a Changed Ecclesial Context », dans *Studia canonica,* 51 (2017), 135-148.

CONSIDINE, F., « Justice and Equity in Cases of Sexual Misconduct Involving Priests », dans *Philippine Canonical Forum*, 4 (2002), 143-162.

CORIDEN, J.A., « Human Rights in the Church: A Matter of Credibility and Authenticity », dans *Concilium*, 124 (1979), 67-76.

__________, « Alternative Dispute Resolution in the Church », dans *CLSAP*, 48 (1986), 61-82.

__________, « A Challenge : Make the Rights Real », dans *The Jurist*, 45 (1985), 1-23.

COTE-HARPIER, G., RAINVILLE., P., TURGEON, J., *Traité de Droit pénal Candien*, Québec, Les Éditions Yvon Blais Inc., 1998.

COUGHLIN, J. J., « Canonical Equity », dans *Studia canonica*, 30 (1996), 403-435.

COX, C.A., « Judicial Examination and Inspection », commentaire des cc. 1582-1583, dans *CLSA Comm2*.

CRISTEA, S., « Comparison Between the Legal Regime of the Extinctive Prescription in Romanian Civil Law and Fiscal Law », dans *Juridical Tribune Journal*, 5 (2015), 7-16.

CUPICH, B., « Twelve Things the Bishops Have Learned from the Clergy Sexual Abuse Crisis », dans *America Press Inc.*, 17 Mai 2017.

CUVILLIER, E., « Puissance de la faiblesse divine. Relire 1 Co 1,18-25 en compagnie de John D. Caputo », dans *Études théologiques et religieuses*, 3 (2015), 399-416.

DADOSKY, J., « The Relationship between Theology and Canon Law: Insights from Örsy and Lonergan », dans *Studia canonica*, 57 (2023), 245-261.

DAINOW, J., « Le droit civil de la Louisiane », dans *Revue internationale de droit comparé*, 6 (1954), 19-38.

DALLA TORRE, G., « Qualche considerazione sul principio di legalita nel diritto penale canonica », dans *Angelicum*, 85 (2008), 267-287.

DALY, B., « The Instruction *Crimen sollicitationis* on the Crime of Solicitation : Confusion or Cover-up of Paedophilia? », dans *The Canonist*, 7 (2016), 10-30.

__________, « Canon Law in 2021 on Sexual Abuse », dans *Australasian Catholic Record*, 98 (2021), 449-473

__________, « Precepts and Their Application », dans *The Canonist*, 6 (2015), 184-202.

__________, « Prescription : A Major Issue in Dealing with Sexual Abuse Cases », dans *The Canonist*, 10 (2019), 72-86.

__________, «The Authority and Obligations of a Diocesan Bishop/Local Ordinary and a Religious Institute in his Diocese », dans *The Canonist*, 13 (2022), 49-76.

__________, « What is Changed in the 2021 Revision of Penal Law? » dans *The Canonist*, 12 (2021), 189-209.

__________, « Scandal in Canon Law », dans *The Canonist*, 14 (2023), 118-138.

DANEELS, P. F., « The Administrative Imposition of Penalties and the Judicial Review of their Legitimacy », dans P. M. DUGAN (ed.), *The Penal Process and the Protection of Rights in Canon Law: Proceedings of a Conference held at the Pontifical University of the Holy Cross, Rome, March 25-26, 2004*, Montréal, Wilson & Lafleur Ltée, 2005, 241-253.

DANET, J., « La prescription de l'action publique, un enjeu de politique criminelle », dans *Archives de politique criminelle*, 1 (2006), 73-79.

DANIEL, W. L., « 'Accountability' and the Juridical Responsibility of the Public Ecclesiastical Administration », dans *Ius Ecclesiae*, 30 (2018), 33-54.

__________, « The Principle of Legality in Canon Law », dans *The Jurist*, 70 (2010), 29-85.

__________, « The Singular Administrative Act in Canon Law », dans *Studia canonica*, 50 (2015), 175-247.

DE BERNARDIS, L., « Via giudiziale e via amminitrativa nell' irrogazione della pena », dans *Monitor Ecclesiasticus,* 114 (1989), 146-148.

DE DAMPIERRE, E., « Thèmes pour l'étude du scandale » dans *Annales. Économies, Sociétés, Civilisations*. 9e année, No 3, 1954, 329 dans www.persee.fr/issue/ahess 0395-2649.

DE DIEGO-LORA, C., « De actionibus et exceptionibus in genere », commentaire du c. 1491, dans *ExComCIC*, vol. 4, 1018-1021.

__________, « Commentaire du c. 1614 », dans *CDCA,* 1435.

DE ECHEVERRIA, L., « Droit canonique et réalité », dans *L'Année canonique*, 15 (1971), 175-186.

__________, « Droit canonique, pastorale et organisation ecclésiastique », dans *L'Année canonique,* 13 (1990), 79-91.

DELANGLADE, J., « Le juge, serviteur de la loi ou gardien de la justice selon la tradition théologique », dans *Revue du droit canonique*, 10 (1960), 141-164.

DEMASURE, K. et BUUMA MAISHA, M., « Abus sexuel des enfants : péché ou pathologie ? Une réflexion interdisciplinaire sur la question », dans *Studia canonica*, 49 (2015), 139-160.

DEMASURE, K., « L'enfant, la violence et la position de l'Église catholique : quelques éléments historiques », dans JOULAIN, D,

DAMASURE, K et NADEAU, J.-G., *L'Église déchirée, comprendre et traverser la crise des agressions sexuelles sur mineurs*, Novalis, Montréal, 2021, 233-271.

DE MÛELENAERE, M., « Cultural Adaptation and the Code od canon Law », dans *Studia canonica,* 19 (1985), 31-59.

DENIS, J., « Les incidences du décret conciliaire De pastorale *episcoporum munere* sur la législation canonique latine spécialement en ce qui concerne le gouvernement des diocèses », dans *L'Année canonique*, 9 (1967), 27-38.

DENKHA, A., « Procédures pénales canoniques de l'Orient à l'Occident », dans *l'Année canonique* 62 (2022), 257-279.

DE PAOLIS, V., « Delitti contro il sesto commandamento », dans *Periodica*, 82 (1993), 293-316.

__________, « Il processo penale amministrativo », dans Z. SUCHECKI (dir.). *Il processo penale canonico*, Rome, LUP, 2003, 216.

__________, « Penal Sanctions, Penal Remedies and Penances in Canon Law », dans P.M.

DUGAN (ed.), *The Penal Process and the Protection of Rights in Canon Law*, Montreal, Wilson & Lafleur, 2005, 145-182.

__________,. « Les sanctions pénales, les mesures pénales et les pénitences dans le droit canonique », dans P.M. DUGAN (ed.), La procédure pénale et la protection des droits dans la législation canonique, Actes d'un colloque tenu à l'université pontificale de la Sainte-Croix, Rome, les 25 et 26 mars 2004, Montréal, Wilson & Lafleur 2008, 171-217.

DE PAOLIS, V. and CITO, D., *Le sanzioni nelle Chiesa. Commento al Codice di diritto canonico, Libro VI*, Rome, Urbaniana University Press, 2000, 99-106.

DEL POZZO, M., « Il rapporto tra delitto et peccato nell'attualità del diritto canonico », dans *Ius canonicum*, 53 (2013), 199-224.

DI MATTIA, G., « Pene e azione pastorale ne diritto penale della Chiesa », dans *Monitor ecclelsiasticus*, 114 (1989), 35-67.

DIZ PINTADO, E., « El principio de legalidad en el derecho canonico: en el Codigo de 1917 y en el de 1983 », dans *Revistaespanola de derecho canonico*, 41 (1985), 401-419.

DOMINGO, J., « L'utilisation du précepte dans les causes pénales actuelles », dans *L'Année canonique*, 61 (2020), 61-89.

DOMINGO, R., « Penal Law in the Roman Catholic Church », dans *Ecclesiastical Law Journal*, 20 (2018), 158–72.

__________, « Penal Law in the Roman Catholic Church », dans *Ecclesiastical Law Journal*, 20 (2018), 15872.

DOYLE, T. P., « Clericalism: Enabler of Clergy Sexual Abuse », dans *Pastoral Psychology*, 3 (2006), 190, 189-213.

__________, The 1922 Instruction and the 1962 Instruction *Crimen Sollicitationis*, dans http://www.awrsipe.com/doyle/2008/2008-10-03.

DUGAN, P.M., *«The Penal Process and the Protection of Rights in Canon Law», Proceedings of a conference held at the Pontifical University of the Holy Cross, Rome, March 25-26, 2004*, Wilson & Lafleur, Montréal - Chicago, 2005.

DURAND, J-P., « Le droit canonique et les relations Églises-États. Une recherche d'efficience en droit communautaire européen, trente ans après Vatican II », dans *L'année canonique*, 38 (1996), 113-126.

__________, « Code civil et droit canonique », dans *Pouvoirs*, 107 (2003), 59-79.

__________, « Canonicité de guérison. Mal, pardon, épikie, justice ecclésiale », dans *L'année canonique*, 54 (2012), 237-279.

EASTON, F., « The Development of CIC Canon 1342, §1 and Its Impact Upon the Use of the Extra-judicial Penal Process », dans *Studia canonica*, 48 (2014), 129-149.

ÉCHAPPE, O., « Juger dans l'Église catholique », dans *Les Cahiers de la Justice,* 2 (2010), 81-92.

__________, « A propos de l'équité canonique », dans *L'Année canonique*, 41 (1999), 181-192.

EICHOLT, B., « Geltung und Durchbrechungen des Grundsatzes "Nullum crimen nulla poena sine lege "im kanonischen Recht, insbesondere in c. 1399 CIC, Adnotationes », dans *ius canonicum*, no. 39, Frankfurt am Main, Peter Lang, 2006.

EID, E., « La révision du Code de droit canonique oriental : histoire et principe », dans L'Année canonique, 33 (1990), 11-27.

FOLMER, J.J., « Promoting and Protecting Rights in the Church: An introduction", dans *The Jurist,* 46 (1953), 29-49.

FOURNIER, E., « Trois notions juridiques à mettre en honneur pour le fonctionnement normal des tribunaux ecclésiastiques », dans *L'Année canonique*, 2 (1953), 29-49.

FOSSIER, A-V., « Propter vitandum scandalum. Histoire d'une catégorie juridique (XIIe-XVe siècles) », dans *Mélanges de l'École française de Rome - Moyen Âge, École française de Rome*, 121 (2009), 317-348.

GARE, T., « La jurisprudence en matière pénale », dans E. RICHER (éd), *La Jurisprudence*, Toulouse, Presses Universitaires, ICT, 2023, 191-202.

GAUDEMET, J., « L'entrée du droit dans la vie de l'Église », dans *Revue de droit canonique*, 47 (1997), 7-20.

__________, « Pouvoir d'ordre et de juridiction. Quelques repères historiques », dans *L'Année canonique,* 29 (1985), 83-98.

GEROSA, L., « Droit pénal et réalité ecclésiale L'application des sanctions pénales prévues par le nouveau Code de l'Église », dans *Concilium,* 2205 (1986), 77-87.

GHIRLANDA, G., « Aspetti psicologici degli abusi sessuali perpetrati da chierici », dans *Periodica*, 91 (2002), 49-61.

GILLESPIE, A., « Legal Definitions of Child Pornography », dans *Journal of Sexual Aggression,* 16 (2010), 19 31.

GILLESPIE, K., « The Special Faculties Granted to the Congrgation for the Clergy: For the Salvation of souls ad the Good Order of the Ecclsiastical Community: Context, Purpose, and Use », dans *Studia canonica,* 48 (2014), 301-329.

GOLAB, M., « Facultades especiales para la dimision del estado clerical », dans *Ius canonicum»*, 50 (2010), 671-674.

Go, R.T., « Administrative Tribunals in the Particular Church”, dans *Philippine Canonical Forum*, 9 (2007), 51-92.

GONÇALVES, B., « À propos du rôle de l’évêque dans le fonctionnement des tribunaux d’après l’instruction Dignitas Connubii », dans L’Année canonique, 52 (2010), 153-165.

__________, « L’intelligence procédurale au service de l’efficience canonique », dans *L’Année canonique*, 56 (2014), 9-17.

__________, « Le nouveau livre VI du code de droit canonique latin : une réforme dans la continuité du système pénal canonique », dans *L’Année canonique,* 61 (2021), 9-25.

__________, « Mesures disciplinaires, mesures conservatoires et sanctions pénales », dans *L’Année canonique*, 65 (2024), 39-53.

__________, « Commentaires du Livre VI », dans *CDCA, 5e éd., 2024,* 1083-1084.

GONZALEZ GONZALEZ, J.L., « Los delitos de lesa humanidad », dans *Revista de la Facultad de Derecho*, 30 (2014), 153-170.

__________, « La norma general penal (c. 1399), ¿una excepción al principio Nulla poena sine lege poenali praevia? » dans Anuario de derecho canónico, 3 (2014), 53-72.

__________, « Réparation et remèdes pénaux dans le nouveau Livre VI du Code de droit canonique latin », dans BESSON, E. (dir.), *La réparation de l’injustice. Ius restitutio Iustitiae*, Toulouse, Les Presses Universitaires, Institut Catholique de Toulouse, 2021, 315-334.

GORCHS, B., « Le contrôle judiciaire des accords de règlement amiable », dans *Revue de l’arbitrage*, 1 (2008), 34-67.

GOT, O., « Histoire du mot Scandale », dans https://www.cairn.info/revue-sigila, 33 (2014), 13-21.

GOTTERO, R., « ‘La norma generale’ di diritto penale canonico » (can. 1399), dans *Quaderni di dirrito ecclesiale*, 10 (1997), 343-354.

GRABOWSKI, J.S., « Clerical Misconduct and Early Traditions regarding the Sixth Commandment », dans *The Jurist*, 55 (1995), 527-591.

GRAY, C-B., « Patrimony », dans *Les Cahiers de droit*, 22 (1981), 81-157.

GRAY, M., « Thc New Face of Child Pornography: Digital Imaging Technology and the Law », dans *University of Illinois Journal of Law, Technology & Policy*, 1 (2008), 175-198.

GREEN, T.J., « The Pastoral Governance Role of the Diocesan Bishop: Foundations, Scope and Limitations », dans *The Jurist*, 49 (1989), 472-506.

__________, « Penal Law: A Review of Selected Themes », dans *The Jurist,* 50 (1990), 221-256.

__________, « Penal Law in the Code of canon Law and in the Code of Canons of the Eastern Churches: Some Comparative Reflections », dans *Studia canonica*, 28 (1994), 407-451.

__________, «The Latin and Ester Codes: Guiding Principles », dans *The Jurist*, 62 (2002), 235-279.

__________, « Clerical Abuse of Minors: Some Canonical Reflections », dans *The Jurist*, 63 (2003), 366-425.

__________, « Possible Recourse to Congregation against Removal of Pastor », dans F.S. PEDONE and J.I. DONLON (dir,), *Roman Replies and CLSA Advisory Opinions*, Washington, DC, CLSA, 2003, 107-113.

__________, «The Legislative Competency of the Episcopal Conference: Present Situation and Future Possibilities in Light of the Eastern Synodal Experience», dans *The Jurist*, 64 (2004), 284-331.

__________, « Selected Legislative Structures in Service of Ecclesial Reform » dans *The Jurist*, 71 (2011), 422-449.

__________, « *Sacramentorum Sanctitatis Tutela* : Reflections on the Revised May 2010 Norms on More Serious Delicts », dans *The Jurist,*71 (2011), 120-158.

__________, « Sanctions in the Church », dans *CLSA Comm2*, 1527-1606.

__________, « The Penal Process. cc. 1717-1731 », dans *CLSA Comm2.*

__________, « Initial Reflections on the *Schema recognitionis Libri VI Codicis iuris canonici* », dans *Studia canonica*, 50 (2016), 5-29.

__________, « The Future of Penal Law in the Church », dans *The Jurist*, 35 (1975), 212–75.

__________, « The Revision of Canon Law: Theological Implications », dans *Theological Studies*, 40 (1979), 593–679.

GREINER, P., « Fides et Ratio : perspectives pour guider la recherche en droit canonique », dans *Transversalités*, 110 (2009), 163-168.

__________, « Regard théologique et canonique sur les proclamations séculières des droits et libertés fondamentaux des personnes humaines », dans *Société, droit et religion*, 7 (2017), 121-139.

GROCHOLEWSKI, Z., « Révision du procès canonique », dans *Studia canonica,* 17/ (1983), 357- 385.

GRONDIN, R., « Éléments psychologiques des crimes internationaux », dans *Revue général de droit*, 33 (2003), 439-479.

GROOMED, D., « The Church Abuse Scandal: Were Crimes against Humanity Committed? », dans *Chicago Journal of International Law*, 11 (2011), 439-503.

__________, « The Right to Truth in the Fight against Impunity », dans *Berkeley Journal of International Law*, 29 (2011), 175-199.

GUINOT, H., « Sources du droit canonique : quelques repères », dans https://www.droitcanonique.fr/blog/fiches-pratiques-2/post/sources-du-droit-canonique-quelques-reperes-58.

GULLO, C., « Les raisons de la protection judiciaire dans le domaine pénal », dans P. M. DUGAN, *La procédure et la protection des droits dans la législation canonique. Actes d'un colloque tenu à l'Université pontificale de la Sainte-Croix*, Rome, 25-26 mars 2004, Montréal, Wilson & Lafleur Ltée, 2008,149-169.

GUTIERREZ, D.A., « Canonizatio iuris civilis », dans *Apollinaris*, 78 (2005), 651-677.

HANSEN, F., « The threefold power of governance », dans *Studia canonica*, 48 (2014), 373-410.

HEIMERI, H., « Arbitrage et conciliation pour les litiges dans l'Église », dans *Concilium*, 127 (1977), 95-103.

HENRION-STOFFEL, H., « *La présomption en droit canonique* », dans POLITIQUE(S) CRIMINELLE (S), *Mélanges C. Lazerges*, Paris, Dalloz, 2014.

HERRANZ, J., « Il principio di legalità nell'esercizio della potestà di governo », dans *Studi sulla nuova legislazione della Chiesa*, Monografie Giuridiche, no. 1, Milan, Giuffrè, 1990, 113-139.

HEYER, R., « Les justifications de la peine », dans Revue de droit canonique, 56 (2006), 127-138.

HIEBEL, J-L., « Pastorale et droit canonique », dans *Revue de droit canonique*, 56 (2006), 163-183.

HILL, R.A., « Canons and Commentary [cc. 124-128] », dans *CLSA Comm1.*

__________, « Recognition and Protection of Rights in Consecrated Life, part 1 », dans *CLSAP*, 53 (1991), 180-183.

HOLLAND, S., « Canonical Dismissal from Institutes of Consecrated Life and Societies of Apostolic Life », dans *Studies in Church Law*, 2 (2006), 61-84.

HUMBERT, A., « Essai d'une théologie du scandale dans les synoptiques », dans *Biblica* 35 (1954), 1-28.

HUELS, J.M., Ecclesiastical Laws », dans *CLSA Comm2*, 45-96.

__________, « Interpreting Canon Law in Diverse Cultures ", dans The Jurist, 47 (1987), 249- 293.

__________, « General Revoking Formulas in Canon Law and their Juridical Effects », dans *Studia canonica*, 46 (2012), 119-164.

__________, « Privilege, Faculty, Indult, Derogation: Diverse Uses and Disputed Questions », dans *The Jurist*, 63 (2003), 213-252.

__________, « Determining the Correct Canonical Rules for Ambiguous Administrative Acts», dans *Studia canonica*, 37 (2003), 5-53.

__________, « Prohibition of Eucharist to Public Sinners, commentaire du c. 915 », dans *CLSA Comm2*, 1110-1111.

__________, « Categories of Indispensable and Dispensable Laws », dans *Studia canonica*, 39 (2005), 41-73.

__________, « The Supply of the Faculty to Confirm in Common Error », dans *Studia canonica*, 40 (2006), 293-348.

HUMBERT, M., « Les XII Tables, une codification ? », dans *Droits*, 27 (1998), 87-111.

INGELS, G., « Canonical Advocacy : basis and Principles", dans *CLSAP*, 55 (1993), 72-86.

JADOUL, P., « L'évolution de la prescription en droit civil », dans P. GERARD et al., *L'accélération du temps juridique*, Bruxelles, Facultés Universitaires Saint-Louis, 2000, 750-766.

JANKELEVITCH, V., « L'imprescriptible », dans la *Revue administrative*, 103 (1965), 37-42.

JEANINUI. SJ., « La prescription », dans H. RUIZ FABRI et al. (dir.), *La clémence saisie par le droit : amnistie, prescription et grâce en droit international et comparé*, Paris, Société de législation comparée, 2007, 257-274.

__________, « Sexual Abuse as a Crime against Humanity and the Right to Privacy », dans *Journal of Latin American Cultural Studies*, 21 (2012), 343-350.

JENKINS, R.E., « Nulla lex satis commoda omnibus est : The Implementation of the Penal Law of the 1983 Codex Iuris Canonici in Light of Four Principles of Modern Legal Codification », dans *The Jurist*, 69 (2009), 615-645.

__________, « The Charter and Norms Two Years Later: Towards a Resolution of Recent Canonical Dilemmas », dans *Proceedings of the Canon Law Society of America*, 66 (2004), 115-136.

__________, « Nullum crimen, nulla poena sine lege: The Principle of Legality in Modern Canonical Theory and Practice », dans R. KASLYN (dir.), *Essays in Honor of Sister Rose McDermott : Service for Union with God and with One Another*, Washington, DC, Catholic University of America, 2010, 368-394.

JESU PUDUMAI DOSS, M.J. « “First be Reconciled to your brother or Sister…” (Mt 5, 24) : Some canonical Considerations on the Conflict Resolution Mechanisms in the Church », dans Studies in Church Law, 18 (2023), 11-37.

JOMBART, E., « Des délits et des peines », dans R. NAZ, *Traité de droit canonique* 4, 629.

JOULAIN S., « Les clercs et personnes consacrées, des auteurs d'agressions sexuelles comme les autres ? », dans JOULAIN, D, DAMASURE, K et NADEAU, J.-G., *L'Église déchirée, comprendre et traverser la crise des agressions sexuelles sur mineurs*, Novalis, Montréal, 2021, 197-210.

__________, « C'est grave, mais est-ce un péché ? », dans JOULAIN, D, DAMASURE, K et NADEAU, J.-G., *L'Église déchirée, comprendre et traverser la crise des agressions sexuelles sur mineurs*, Novalis, Montréal, 2021, 272-285.

__________, « Le cléricalisme et les abus sexuels sur mineurs. Un défi pour le pontificat du pape François », dans *Revue d'éthique et de théologie morale*, 4 (2018), 101-116.

JUAN IGNACIO, A., « Cardinal Ratzinger and the Revision of the Canonical Penal Law System a Crucial Role », dans https://www.vatican.va/resources/resources_arrieta-20101202_en.html.

__________, « A Presentation of the New Penal System of Canon Law », dans *The Jurist*, 77 (2021) 245–67.

JULIEN, A., « Juges et avocats dans la procédure canonique », dans *Ephemerides canonici*, 21 (1965), 9-150.

KABASELE, M.A., « La justice au-delà du droit. Repères bibliques et défis actuels, Question(s) de justice », Actes des 3èmes Journées Philosophiques du Philosophât Saint-Augustin, dans *Pensée agissante*, 9 (2000), 47-61.

KABONGO-MBAYA, P.B., « Un mot de la Bible », Le mot « *scandale* », 16 février 2006, dans http://biblique.blogspirit.com/archive/2006/02/16/scandale-scandaliser.html.

KAMANGALA KAMBA, R., « À quand un droit canonique africain ? Non-dit de la question et paramètres d'un droit ecclésial pour les Églises particulières d'une Afrique plurielle », dans *Revue africaine de droit canonique*, 1 (2007), 52-72.

KAPTIJN, A., « Abus de pouvoir, abus d'autorité », dans *L'Année canonique*, 53 (2023), 57-75.

__________, « Le style et les dispositions d,assouplissement du droit canonique », dans *L'Année canonique*, 52 (2010), 331-344.

KASLYN, R. J., « Book II, The People of God [cc. 204-746] dans J. P. BEAL, J.A. CORIDEN, et T.J. GREEN (eds.), *New Commentary on the Code of Canon Law*, Commissioned by The Canon Law Society of America, Bangalore, Theological Publications in India, 2013, 279.

KIMES, JP., « Reclaiming 'Pastoral': Pascite Gregem Dei and Its Vision of Penal Law », dans The Jurist 77 (2021) 269–89.

KOWAL, W., « Some Remarks on understanding the concept of 'Propria verborum signification'», dans *Studia canonica*, 34 (2000), 489-504.

__________, « Moral Certainty and Truth Justification », dans *The Jurist*, 65 (2005), 146-180.

KNOLL, J., « Teacher Sexual Misconduct: Grooming Patterns and Female Offenders », dans *Journal of Child Sexual Abuse*, 19 (2010), 371-386.

KRIEGK, J-F., « La réforme de la prescription des obligations », dans *Revue Lamy Droit Civil*, 58 (2009), 9-18.

KRUKOWSKI, J., « Le domaine du contrôle judiciaire des actes administratifs selon l'article 106 de la Constitution apostolique *Regimini Ecclesiae* », dans *Ephemerides theologiques lovanienses*, 52 (1976), 380-389.

KUTTNER, S., « The Father of the Science of Canon Law », dans *The Jurist*, 1 (1941), 2-19.

LANDRY, « The Church Abuse Scandal: Prosecuting the Pope before the International Criminal Court », dans *Chicago Journal of International Law*, 12 (2011), 341-373.

LAQUIEZE, A., « Le débat de 1964 sur l'imprescriptibilité des crimes contre l'humanité », dans *Droits*, 31 (2000), 9-40.

LEFEVRE, C., « Équité », dans *Dictionnaire du droit canonique (DDC)*, tome 5, Paris, Letouzey et Ané, 1953, col. 394.

__________, « La juridiction administrative en droit canonique », dans *L'Année canonique*, 3 (1954-1955), 63-74.

LEFEVRE, P., « Propos liminaires sur les abus avec éclairage biblique », dans *Cahiers Évangile*, 201 (2022), 4-9.

LE GALL, P., « L'excommunication est-elle une peine ? A propos d'un ouvrage récent », dans *Revue de Droit Canonique*, 37 (1987), 106-117.

LEGRAND, H., « Abus sexuels et cléricalisme », dans *Études*, 4 (2019), 81, dans https://www.cairn.info/revue-etudes-2019-4-page-81.htm.

LE GUYADER, A., « L'imprescriptible ! Pardonner ? : penser les crimes contre l'humanité avec Jankélévicth », dans *Lignes*, 28 (1996), 33-52.

LE TOURNEAU, D., « Quelle protection pour les droits et devoirs fondamentaux des fidèles dans l'Église ? », dans *Studia canonica*, 28 (1994), 59-83.

__________, « L'interprétation du droit fondamental des fidèles à être juges selon le droit », dans *Forum canonicum*, 7 (2012), 155-173.

LES AFFER, R., « Argument from Roman Law in Current International Law : Occupation and Acquisitive Prescription », dans *European Journal of International Law*, 16 (2005), 25-58.

LETTERON, R., « Le droit à l'oubli », dans *Revue de droit public*, 112 (1996), 385-423.

LEVELEUX-TEIXEIRA, C., « Le droit canonique médiéval et l'horreur du scandale », *Cahiers de recherches médiévales et humanistes* 25 (2013), 193-211, dans http://journals.openedition.org/crm/13088 ; DOI : 10.4000/crm.13088.

LLOBELL, J., « DUE PROCESS AND THE "ADMINISTRATIVIZATION" OF THE CANONICAL PENAL PROCEDURE », *dans Studia canonica*, 57 (2023), 171-228.

LOWENTHAL, M. et al. (dir.), « Time Bars in Specialized Federal Common Law: Federal Rights of Action and State Statutes of Limitations », dans *Cornell Law Review*, 65 (1980), 1011-1105.

LUDIONGO, N., « Droit canonique particulier (projet) selon le nouveau Code de droit canonique », dans *Théologie africaine. Bilan et perspectives*,

Actes de la XVIIe semaine théologique, Kinshasa, faculté catholique de Kinshasa, 1989, 341-385.

LYNCH, J., « L'exercice du pouvoir dans l'Église. Un inventaire historico-critique », dans *Concilium,* 217 (1988), 25-35.

MALZAC, M., « Ce que révèlent les chiffres de la pédophilie dans l'Église en Australie », 06 février 2017, http : / / www. la-croix.com / Religion /Ce-révèlent- chiffres –pédophilie –dans –l'Église -Australie- 2017-02-06-1200822831 (27 mars 2017).

MARCELLO, A.P., « The Computation of Time: A Canonical Overview », dans *Studia canonica*, 51 (2017), 207-250.

MARSHALL, W.L. et Y.M. FERNANDEZ, (dir.), « Phallometric Testing with Sexual Offenders: Limits to Its Value », dans *Clinical Psychology Review*, 20 (2000), 807-822.

MARTENS, K., « Administrative Procedures in the Roman Catholic Church », dans *Ephemerides theologiques Lovnienses*, 76 (2001), 354-380.

__________, « Administrative Procedures in the Roman Catholic Church », dans *Ephemerides theologiques Lovnienses*, 76 (2001), 354-380.

__________, « Procédures administratives, recours hiérarchiques et réconciliation », dans J.P. SCHOUPPE (dir), *Vingt-cinq ans après le Code. Le droit canonique en Belgique*, Bruxelles, Bruylant, 2008, 257-279.

__________, « Procédures administratives, recours hiérarchiques, et réconciliation : 20 ans après », dans *Le nouvel agenda canonique*, 30 (2004), 2-6.

__________, « La protection juridique dans l'Église : les tribunaux administratifs, la conciliation, et du Due Process », dans *Studia canonica*, 36 (2002), 646-702.

__________, « Protection of Rights: Expériences with Hierarchical Recourse and Possibilties for the Future », dans *The Jurist*, 69 (2009), 646-702.

__________, « Les délits les plus graves réservés à la Congrégation pour la doctrine de la Foi », dans *Revue de Droit canonique*, 56 (2006), 201-221.

__________, « The Law That Never Was: The Motu Proprio *Administrative potestatis* on Administrative Procedures", dans The Jurist, 68 (2008), 178-222.

MARTIN, J., « Commentary on Canons 1717-1731 », dans G. SHEEHY, et al. (ed), *The Canon Law : Letter and Spirit, A pratical Guide to the Code of Canon Law*, prepared by CLSGBI in association with the CCLS, Collegeville, The Liturgical Press, 1995.

MARZOA, A., « Offenses and Punishments in General », commentaire du c. 1321, dans *ExComCIC*, 262-274.

__________, « Book VI: Sanctions in the Church (Cc. 1311-1399) », dans In Exegetical Commentary on the Code of Canon Law, ÁNGEL MARZOA et al. Montreal, Canada : Wilson & Lafleur, 2004.

MATENKADI FINIFINI, A., « Questions africaines au Code de droit canonique », dans *Revue africaine de théologie*, 14 (1990), 253-260.

MATTIA, G., « Offenses Against Special Obligations », commentaire du c. 1395, dans *ExComCIC*, 545-546.

MATTHEWS, K.J., « The Development and Future of the Administrative Tribunal", dans *Studia canonica*, 18 (1984), 3-233.

MAYERE, A., « La dynamique du châtiment dans la Bible », dans *Nouvelle Revue Théologique*, 105 (1983), 567-587.

MAYONG ANDREAS, A., « The Nature of Delict in Canon 1321: Its Implications on the Dismissal Process of Religious in Cases of Sexual Misconduct Part II. », dans *Philippiniana Sacra*, 46 (2011) 343–64.

MAZZA, M.J., « Protecting the Right to Reputation », dans *Studia canonica*, 57 (2023), 145-170.

MCDAID, J.A., « Rights and Administrative Process ", dans Annual Conference of the Canon Law Society of Great Britain and Ireland, 1997, 47-54.

MCKENNEY, R.A., « The Resolution of Conflicts in the Church Community », dans *Proceedings of the Fourteenth Annual Conference of the Canon Law Society of Great Britain and Ireland,* 1997, 47-54.

MCMANUS, F., « Administrative Procedure », dans *The Jurist*, 32 (1872), 417-418.

MEDINA, R.D., « L'imputabilidad, eximentes atenuantes y agravantes en los delitos sexuales de clérigos con menores » (1e partie), *Anuario argentino de Derecho canónico*, 19 (2013), 105-151.

__________, « L'imputabilidad, eximentes atenuantes y agravantes en los delitos sexuales de clérigos con menores » (2e partie), *Anuario argentino de Derecho canónico*, 20 (2014), 183-208.

MENDONÇA, A., « Justice and Equity in Decisions Involving Priests », dans *Philippiniana Sacra*, 36 (2002), 5-40.

__________, « Le pouvoir propre et le pouvoir vicaire de l'Église », dans *Concilium*, 217 (1988), 95-107.

__________, « The Bishop as the Mirror of Justice and Equity in the Particular Church: Some Practical Reflections on Episcopal Ministry », dans *Proceedings of the 37th Annual Convention of the Canadian Canon Law Society*, 2002, 19-40.

MENUZ, L. « Le travail du juge en officialité », dans *Revue de droit canonique*, 47 (1997), 219-243.

MERCIER, J., « "Les Facultés spéciales" concédées à la Congrégation pour le Clergé », dans H. QUEINNEC (Sous la coordination), *Mélanges en l'honneur du professeur Pierre Branchereau. Liber Amicorum*, Rennes, Frémur Éditions, 2022,115-131.

MERLE, R. et VITU, A., *Traité de droit criminel, Tome 1. Problèmes généraux de la science criminelle. Droit pénal général*, Paris, Éditions Cujas,1997.

MESZAROS, J.C., « Procedures of Administrative Recourse", dans *The Jurist*, 46 (1986), 107-141.

METZ, R., « Simples réflexions sur la réforme du droit pénal de l'Eglise », dans *la Revue du droit canonique*, 18 (1968), 97-104.

__________, « Le droit pénal dans le Code canonique de 1917 », dans *Concilium*, 107 (1975), 33-42.

MINAMBRES, J., « Análisis de la técnica de la remisión a otros ordenamientos jurídicos en el Código de 1983 », dans *Ius canonicum*, 32 (1992), 713-749.

__________, « The Reckoning of Time », commentaire du c. 200, dans *ExComCIC*, vol. 1, 1099-1100.

__________, « Tit. X. Prescription », commentaire du c. 198, dans *ExComCIC*, vol. 1, 1089-1090.

MILLOT, G., *La négligence dans l'exercice des charges. Approche en droit canonique pénal*, Rome, Pontificia Università Gregoria, 2014.

MINELLI, C., « La canonizzazione delle leggi civili e la codificazione post conciliare : Per un approcio canonistico al tema dei rinvii tra ordinamenti », dans *Periodica*, 85 (1996), 445-485.

MINYEM, B., « L'organisation et le fonctionnement des tribunaux ecclésiastiques u Cameroun et en Afrique centrale », dans *L'Année canonique*, 50 (2008), 41-52.

MIRAGOL, E., « La perdita dello stato clericale e la dispensa dal celibato : Diritto comune e facoltà speciali », dans *Quaderni di Diritto ecclesiale*, 24 (2011), 233-251.

__________, « Il confessore e il *"de sexto"* : Prospettiva giuridica », dans *Quaderni di Diritto ecclesiale*, 4 (1991), 238-258.

MIRAS, J., « Practical Guide to Canonical Administrative Procedure in Penal Matters », Unpublished class notes, Pamplona, University of Navarra, July 2015, 1-14. Chrome-extension://efaidnbmnnnibpcajpcglclefindmkaj/https://dadun.unav.edu/bitstream/10171/44648/1/Practical%20Guide%20to%20Canonical%20Administrative%20Procedure%20in%20Penal%20Matters.pdf.

MOLLOY, T.E., « Administrative Recourse in the Revised Code of Canon Law », dans *CLSAP*, 44 (1983), 263-273.

MONOD, J-C., « L'horrible, l'imprescriptible et l'admirable : Une relecture de la Mémoire, l'Histoire, l'Oubli de Paul Ricoeur », dans *Esprit*, 1 (2011), 133-147.

MONSENGWO PASINYA, L., « Comprendre les origines d'un conflit », dans *DC*, 101 (2004), 130-135.

MONTINI, G.P., « Il tempo utile », dans *Quaderni di Diritto ecclesiale*, 16 (2003), 81-101.

__________, « I rimedi penali e le penitenze : un'alternativa alle pene » dans Z. SUCHECKI (dir.), *Il processo penale canonico*, Rome, Pontificia Università Lateranense, 2003, 75-101.

__________, « Defense of Rights: Developing New Procedural Norms », dans *The Jurist*, 49 (1987), 423-448.

MORRISEY, F.G., « Réformes judiciaires et administratives de l'Église postconciliaire », dans *Concilium*, 127 (1977), 105-116.

__________, «Is the New Code an Improvement for the Law? », dans Concilium, 183-188 (1986), 32-41.

__________, « Canon Law Meets Civil Law », dans *Studia canonica*, 32 (1998), 183-202.

__________, « The Pastoral and Juridical Dimension of Dismissal from the Clerical State and Other Penalties for Acts of Sexual Misconduct », dans *Proceedings of the Canon Law Society of America*, 53 (1991), 221-239.

__________, « Addressing the Issue of Clergy Abuse », dans *Studia canonica*, 35 (2001), 403-420.

__________, « The Rights and Duties of the Faithful according to the Code of Canon Law », dans *Studies in Church Law*, 1 (2005), 25-48.

__________, « The Revision of Book VI of the Code of Canon Law », unpublished seminar paper presented in *the Eastern Regional Conference of Canonists*, Savannah, Georgia, May 6-8, 2012, 1-12.

MOTULSKY-FALARDEAU, A., « Les aspects historiques de la qualification de la prescription en droit international privé », dans *Les Cahiers de droit*, 55 (2014), 829-876.

MOUSSERON, J.-M., « La réception au Proche-Orient du droit français des obligations », dans *Revue internationale de droit comparé*, 20 (1968), 37-78.

MUNIER, Ch., « Discipline pénitentielle et droit pénal ecclésial Alliances et différenciation », dans *Concilium*, 107 (1975), 23-32.

MUROPA, C., « Personnel Files, Confidentiality, and the Right to Privacy », dans *Studia canonica*, 57 (2023), 81-98.

MWANAMA, F., « Église et gestion des conflits. Apport du droit canon à une culture de justice », dans *Spiritus*, 196 (2009), 318-330.

NAZ, R., art. « Prescription », dans *DDC*, vol. 7, 178-194.

__________, « Scandale », dans *DDC*, vol. 7, 877-878.

__________, « L'instruction du procès. Simples notes sur le rôle du juge, du promoteur de la justice, du défenseur du lien, de l'avocat », dans *L'Année canonique*, 3 (1954-1955), 129-137.

N'DIAYE, M., « Interpréter le non-respect du droit de la famille au Sénégal. La légitimité et les capacités de l'État en question », dans *Droit et Société*, 91 (2015), 607-622.

NEMO-PEKELMAN, C., « Scandale et vérité dans la doctrine canonique médiévale (XIIe-XIIIe),.https://www.academia.edu/1785097/Scandale_et_v%C3%A9rit%C3%A9_dans_la_doctrine_canonique_m%C3%A9di%C3%A9vale_XIIe_XIIIe_si%C3%A8cles_in_Revue_historique_de_droit_fran%C3%A7ais_et_%C3%A9tranger_oct_nov_2007_?utm_source=chatgpt.com.

NERI, A., « La perdita dello stato clericale *in poenam* : la facultà spciali della Congegazione *Jus et Justitia* 16 (2012), 100-125.

NEUHAUS, R.J., « Seeking a Better Way », dans *First Things*, 126 (2002), 83-90.

NIGRO, F., « Commentary on Book VI : De sanctionibus in Ecclesia », dans P. V. PINTO (ed), *Commento al Codice di diritto canonico*, 2nd ed., Studium Romanae Rotae, Vatican City, Libreria editrice vaticana, 2001, 830-831

NKOUAYA MBANDJI, V., « The Sexual Abuse of Minors Committed by Members of the Church from the Perspective of International Criminal Law dans *Studies in Church Law*, 14 (2019), 201-226.

__________, « L'instruction d'une cause pénale », dans *Studia canonica*, 53 (2019), 561- 601.

__________, « Le pape François et la crise des abus sexuels. La poursuite de la réforme du droit canonique pénal canonique », dans *Studia canonica,* 54 (2020), 579-621.

__________, « Ecclesiastical Celibacy and Sexual Abuse In The Catholic Church », dans *Studies in Church Law*, 17 (2022), 109-131.

__________, « Les abus sexuels sur mineurs commis par des membres de l'Église au regard du droit pénal international », dans https://droitcivil.uottawa.ca.laboratoire-recherche-interdisciplinaire-droits enfant/files/concours_redaction_lride_2016-2017.pdf.

__________, « The Revised Version of Book VI of the CIC/83: Major Changes and Issues Not Addressed, dans *Studies in Church Law*, 16 (2021), 31-69.

__________, « La répression de la pédopornographie en droit canonique, en droit criminel canadien et dans les instruments juridiques internationaux », dans *Studia canonica*, 55 (2021), 477-510.

__________, « Ecclesiasticl Celibacy And Sexual Abuse In The Catholic Church », dans *Studies in Church Law*, 17 (2022), 109-131.

__________, « L'interrogatoire des personnes victimes d'abus sexuels dans la procédure pénale canonique : pour une approche interdisciplinaire », dans *Studia canonica*, 57 (2023), 477-513.

__________, « The Responsibility of Consacrated Persons and Lay Faithful in the Cases of Sexual Abuse », dans Studies in Church Law, 18 (2023), 39-65.

NOBEL, M.-A., « Canon 220 and Data Protection: Applicability and Regulatory Matter of the Church? An Approach of the German Bishops' Conference », dans *Studia canonica*, 57 (2023), 51-80.

NOUBEL, J.F., « Jurisprudence de la s. Rote romaine en matières administratives », dans *Revue de droit canonique*, 13 (1963), 18-31.

NUNEZ, G., « Procesos penale especiales. Los delicta graviora », dans *Ius canonicum*, 53 (2013), 573-620.

__________, « Escandalo y canon 1399. Tutela penal del celibato sacerdotal. Commentario a la sentencia del Tribunal de la Rota Romana de 9 de julio de 2004 », dans *Ius canonicum*, 54 (2014), 741-754.

OLAND, E., « Les abus sexuels dans l'Église catholique : pistes de guérison et de transformation. Document de réflexion », dans https : // jesuites.ca / wp – content / uploads / sites / 16 / 2020 / 02 / AbusSexuels _ Gu % C3 % A9risonTransformation.pdf.

O' LEARY, S., « A Tangled Web : New Media and the Catholic Scandals », *Online Journalism Review,* 6 août 2002, dans http://www.ojr.org/ojr/ethics/1028655580.php.

OLIVIER, R.H., « *Saramentorum sanctitatis tutela* : Overview and Implementation of the Norms Concerning the 'More Grave Delictis' Reserved to the Congregation for the Doctrine of the Faith », dans *Proceedings of the Canon Law Society of America*, 65 (2003), 151-172.

O' MALLEY, S., « Statement by H. Em. Cardinal Sean O'Mailley, OFM Cap at Consistory of 12 February 2015 », dans http://benedettoxvi.va/resources.

O'REILLY, C., « The Dilemma of those in Authority », dans *The Church and Child Sexual Abuse Towards a Pastoral Response,* ed. E. Conway, E. Duffy, and A. Shields, Dublin, The Columba Press, 1999.

ÖRSY, L., « Bishops' Norms : Commentary and Evaluation : Symposium : The Impact of Clergy Sexual Misconduct Litigation on Religious Liberty », dans *Boston College Law Review*, 44 (2003), 999-1029.

__________, « Lonergan's Cognitional Theory and foundational Issues in Canon Law : Method, Philosophy and Law, Theology and Canon Law », in *Studia canonica,* 13 (1979), 177-243.

__________, « Quo vadis Ecclesis : The Future of Canon Law », in *Studia canonica*, 36 (2002), 5-24.

OST, F., « Mémoire et pardon, promesse et remise en question : La déclinaison éthique des temps juridiques », dans P.A COTE ET J. FREMONT (dir.), *Le temps et le droit,* 301 *Actes du 4e Congrès international de l'Association internationale de méthodologie - juridique*, Cowansville, Éditions Yvon Blais, 1996, 15-31.

PAGE, R., « Églises particulières : questions choisies », dans *Studia canonica*, 57 (2023), 23-49.

PAGLIALUNGA, S., « La prescrizione nel diritto penale canonico », dans *Periodica*, 107 (2018), 327-357.

PAPPADIA, F., « Congregazione per il Clero, Lettera Circolare per l'applicazione delle tre "Facolta speciali" concesse il 30 gennaio 2009 dal Sommo Pontefice : Ambito e procedimento di applicazione delle Facolta speciali della Congregazione per il Clero », dans *Ius Ecclesiae*, 23 (2011), 236-250.

PARE, M-E., « Dynamisme des cultures juridiques en contexte de pluralisme juridique en Afrique : le cas du Burkina Faso, dans *Revue générale de droit*, 49 (2019), 567, https://www.erudit.org/fr/revues/rgd/2019-v49-n2-rgd05219/1068529ar/.

PAPROCKI, T.J., « The Method of Proceeding in Administrative Recourse and in the Removal or Transfer of Pastors [cc. 1732-1752] », dans *CLSA Comm2*, 1818-1852.

__________, « Methods of Avoiding Trials (cc. 1713-1716) ». dans CLSA Comm2, 1803-1805.

__________, « Rights of Christians in the Local Church: Canon Law Procedures in Light of Civil Law Principles of Administrative Justice », dans *Studia canonica*, 24 (1990), 427-442.

PASSICOS, J., « À propos de trois canons à portée constitutionnelle (cc. 748 ; 127 ; 1446) », dans *L'Année canonique*, 41 (1999), 193-200.

PAULSON, J.E., « The Clinical and Canonical Considerations in Cases of Pedophilia : The Bishop's Role », dans *Studia canonica*, 22 (1988), 77-124.

PELLETIER, J., « Préface de l'édition française », dans P. M. DUGAN (dir.), *La procédure pénale et la protection des droits dans la législation canonique.* Actes d'un colloque tenu à l'Université pontificale de la Sainte Croix, Rome, 25-26 mars 2004, traduit par Jean Pelletier, Montréal, Wilson et Lafleur (coll, Gratianus-Série Actes), 2008.

PERRY, J.N., « The Accessibility of Due Process for the Laity », dans CLSAP, 51 (1989), 65-82.

PIGACHE, C., « La prescription pénale, instrument de la politique criminelle », dans *Revue de science criminelle et de droit comparé*, 1 (1983), 55-63.

POCQUET DU HAUT-JUSSE, L-M., « L'accompagnement de la personne soupçonnée : place du conseil et de l'avocat », dans *L'Année canonique*, 65 (2024), 23-37.

PORT, N., « Que sait-on des auteurs de violences sexuelles. Approche psychologique et sociologique », dans *L'Année canonique*, 65 (2024), 7-21.

PRAT, S. et al. (dir.), « Évolution des aspects juridiques de la pornographie infantile en France », dans *La revue de médecine légale*, 3 (2012), 157-161.

PROULX, J. et P. LUSSIER, « La prédiction de la récidive chez les agresseurs sexuels », dans *Criminologie*, 34 (2001), 9-29.

PROVOST, J.H., « Offenses Against the Sixth Commandment: Towards a Canonical Interpretation of Canon 1395 », dans *The Jurist*, 55 (1995), 632-664.

PUNDERSON, J.R., « Hierarchical Recourse to the Holy See: Theory and Practice », dans *CLSAP*, 62 (2000), 19-47.

PUY-MONTBRUN, B. Du., « Un Vade-mecum opportun qui pose diverses questions », dans Bulletin de Littérature Ecclésiastique 122/3 (juillet-septembre 2021). 73-105.

__________, « L'art de juger en droit pénal canonique sur le principe de la légalité des délits et des peines » (en collaboration avec Étienne Richer), Revue pénitentiaire et de droit pénal n°2 (2017), 287-301.

__________, « La parité processuelle en droit canonique », Revue pénitentiaire et de droit pénal n°4 (2013), 829-844.

__________, « Les nouvelles normes à respecter en droit canonique en cas d'agression sexuelle sur mineur de la part d'un clerc », Revue pénitentiaire et de droit pénal n° 3 (2012),521-542.

__________, « La vérité en droit processuel canonique », Bulletin de Littérature Ecclésiastique 113/1 (2012), 99-94.

__________, « L'interprétation de la loi pénale canonique », Revue pénitentiaire et de droit pénal n°3 (2009), 585-604.

__________, « La protection de l'être humain en droit pénal canonique », Revue pénitentiaire et de droit pénal n°3 (2008), 555-573.

__________, « Juger un délinquant ? », Revue pénitentiaire et de droit pénal n°4 (2006),747-761.

__________, « Le droit de penser et sa sanction canonique », Revue pénitentiaire et de droit pénal n°2 (2006), 335-344.

__________, « L'équité dans le procès pénal canonique », Revue pénitentiaire et de droit pénal n°3 (2004), 599-607.

__________, « La protection de l'enfant en droit canonique », dans Revue pénitentiaire et de droit pénal n°1 (2002), 147-159.

__________, « Le sens de la peine en droit canonique », dans Revue pénitentiaire et de droit pénal n°4 (2000), 597-601.

__________, « Le droit pénal canonique est-il désuet ? », *Liberté politique* 44 (2009), 23-46.

__________, « Quelques notions propres à la jurisprudence matrimoniale en droit canonique », dans E. RICHER (éd), *La Jurisprudence*, Actes de la XXIVe Journée inter-facultaire (18 octobre 2018) à l'initiative de la Faculté de Droit canonique de l'institut Catholique de Toulouse et de l'Institut de Droit privé de l'Université Toulouse 1 Capitole, ICT, 2023.

RAKOTOARISOA, F., « Cléricalisme et Abus de pouvoir dans l'Église. Entre Droit et réalité », dans *Revue de droit canonique*, 69 (2019), 105-122.

RASAIAN, L., « Financial Malfeasance of Pastors. Penalties and Remedies (c. 1376) », dans Studia canonica, 57 (2023), 515-549.

READ, G.F., « Clerical Sexual Abuse of Minors: Recent Developments », dans *Canon Law Society of Great Britain and Ireland Newsletter*, 139 (2004), 1-28.

__________, « Hierarchical Recourse: *Graviora Delicta* Cases », dans *Canon Law Society of Great Britain & Ireland Newsletter*, 141 (2005), 36-39.

RECCHI, S., « La production du droit particulier par la conférence épiscopale », dans *L'Année canonique*, 50 (2008), 53-61.

REDAELLI, C.M., « Trascorrere del tempo, certezza del diritto e buona fede : la prescrizione », dans *Quaderni di Diritto ecclesiale*, 4 (1991), 225-237.

REILLEY, P. R., « The Principe of Proportionality Regarding Non-Penal Singular Administrative Acts in the Recent Jurisprudence of Apostolic Signatura », dans *The Jurist,* 78 (2022), 413-444.

REGOUT-MASSON, M., « La prescription en droit civil », dans E. VIEUJEAEN (dir.), *La prescription*, Liège, Formation permanente CUP, 1998, 23-35.

RENATI, C.G., « Prescription and Derogation from Prescription in Sexual Abuse of Minors Cases », dans *The Jurist*, 67 (2007), 503-519.

RENAUD, G., *Principes de la détermination de la peine*, Québec, Éditions Yvon Blais Inc., 2004.

RENNA, S., «La giurisprudenza del Dicastero per il Clero nell'applicazione delle facoltà speciali», in D. Salvatori — R. Palombi — A. Catta, ed., *Diritto penale canonico*, Città del Vaticano 2023, 539-563.

RENKEN, J.A., « *Normae de gravioribus delictis* : 2010 Revised Version », dans *Studies in Church Law*, 6 (2010), 51-116.

__________, « Penal Law: A Realization of the misericordiae vultus Ecclesiae », dans *Studia canonica*, 50 (2016), 95-143.

__________, « Penal Law and Financial Malfeasance », dans *Studia canonica*, 42 (2008), 5-57.

__________, « Penal Law in the Church Tomorrow: Reflexion on a Revision of Book VI », dans *The Canonist*, 6 (2015), 11-43.

__________, « The 2009 Special Faculties Conceded by Pope Benedict XVI to Address Serious Clergy Issues: A Brief Commentary », dans *Studies in Church Law*, 5 (2009), 277-296.

__________, « *Vos Estis Lux Mundi*: The Evolution of the Church's Response to the Sexual Abuse and Its Cocer-up after the Vatican Summit », dans *Studia canonica*, 53 (2019), 627-658.

__________, « The canonical rights of those accused of the delict of sexual abuse », dans *Studia canonica*, 54 (2020), 221-264.

__________, « The Delicts of Sexual Abuse In the Revised Book VI », dans *Studia canonica*, 56 (2022), 85-115.

__________, «Organs of Synodality and the Revised Penal Law: Effective Means to Safeguard Church Property », dans *Studia canonica*, 57 (2023), 551-594.

REYNTJENS, F., « Le gacaca ou la justice du gazon au Rwanda », dans *Politique africaine*, 40 (1990), 31-41.

RICCOBONO, S., « Mala fides superveniens nocet », dans *Apollinaris*, 12 (1948), 25-35.

RINGLAND, J-N., « Conflict of Laws: The Nature of Statutes of Limitation », dans *Michigan Law Review*, 50 (1951), 302-308.

RIONDINO, M., « La convention di Lanzarote. Aspetti giuridici e canonici in tema di abuso sui minori », dans *Apollinaris*, 86 (2013), 149-176.

ROBERT, Ph., « les effets de la peine pour la société », dans M. ANQUETIL, e. a., *La peine, quel avenir ? Approche pluridisciplinaire de la peine judiciaire*, Paris, Cerf, 1983, 79-117.

ROBINSON, G., « The Resolution of Conflicts in the Church: Some Theological and Practical Considerations », dans *Proceedings of the Fourteenth Annual Conference of the Canon Law Society of Australia and New Zealand*, 1990, 57-63.

ROBITAILLE, L., « A Turning Point in Clergy/Laity Roles in the Church? », dans *Studia canonica*, 55 (2021), 617-635.

ROCHER, J-C, « Efficacité du droit pénal canonique », dans *L'année canonique*, 38 (1996), 137-139.

ROSEMAN, D., « Necessitas in the context of Penance and penalities in the Codex Canonici 1983 », in *Studia canonica*, 45 (2011), 225-271.

__________, « Mediation in the Church : A Review of the Literature and of the Key Elements of Mediation», in *Studia canonica*, 47 (2013), 145-181.

RUSSO, P., « Pénitence et excommunication. Étude historique sur les rapports entre la théologie et le droit canon dans le domaine pénitentiel du IX siècle au XIII siècle », dans *Recherche de Science Religieuse*, 33 (1946), 257-279 ; 431-461.

SALVATORI, D., « La riserva di alcuni delitti alla Congregazione per la dottrina della fede e la nozione di delicta graviora », dans *Quaderni di Diritto ecclesiale*, 25 (2012), 260-280.

SANCHEZ-GIRON, J.L., « El proyecto reforma del derecho penal canonico », dans *Ius canonicum*, 108 (2014), 567-602.

__________, «Tres versiones de las Essential Norms promulgadas en los Estados Unidos de Norteamérica », dans *Revista Mexicana de Derecho Canónico,* 14 (2008) 87-140.

__________, « La crisis en la Iglesia de Estados Unidos: normas propuestas por la Conferencia Episcopal », dans *Estudios Eclesiásticos* 77 (2002) 630-660.

__________, « Delitos contemplados en las normas De Gravioribus Delictis del año 2010 », dans *Estudios Eclesiásticos,* 85 (2010) 731-767.

__________, « Normas procesales en la regulación de gravioribus delictis del año 2010 », dans *Estudios Eclesiásticos,* 86 (2011) 717-747.

__________, « Novedades en el tratamiento de algunos delitos cometidos por clérigos », dans C. PEÑA (ed.), *Retos del Derecho Canónico en la sociedad actual. Actas de las XXXI Jornadas de Actualidad Canónica*, Madrid 2012, 35-70.

SANCHIS, J., « Rilevanza del principio di sussidiarietà nel sistema penale del Codice del 1983 », dans *Monitor Ecclesiasticus*, 114 (1989), 132–142.

__________, « Commentary on Canon 1319 », dans *Exegetical Comm*, Vol. IV/1.

__________, *Titre VII. General Norm* (C. 1399), dans *ExComCIC*, Vol. IV.

SANTOSPAIS, M., « Le cadre juridique de l'ONU pour la protection des enfants contre la violence sexuelle, y compris les abus sexuels et l'exploitation », dans CONSEIL DE L'EUROPE (dir)., *La protection des enfants contre la violence sexuelle : une approche globale*, Strasbourg, Conseil de l'Europe, 2011, 49-59.

SANZ VILLALBA, S., « Los elementos éticos de la prescripción romana y su aceptación nel fuero eclesiástico hasta el Decreto de Graciano », dans *Revista española de Derecho canónico*, 3 (1948), 35-59.

SCHOUPPE, J.P., « Convergences et différences entre le droit divin des canonistes et le droit naturel des juristes », dans *Ius Ecclesiae*, 12 (2000), 29-67.

__________, « Le statut épistémologique du droit canonique : un essai de synthèse », dans *Escritos en honor a Javier Hervada*, 1999, 81-96.

__________, « Le concept de liberté : clé pour une herméneutique des droits et des devoirs fondamentaux des fidèles », dans *Fidelium iura*, 10 (2000), 101-146.

__________, « Vers une procédure canonique en matière de déontologie pastorale », dans *Nouvelle revue théologique*, 124 (2002), 218-237.

__________, « Les procédures administratives face aux dysfonctionnements dans les communautés ecclésiales », dans *L'Année canonique*, 46 (2004), 103-123.

__________, « Le traitement des plaintes pour abus sexuels dans le cadre des relations pastorales en Belgique. L'« opération Calice » et ses conséquences », dans *Ius ecclesiae*, 22 (2010), 673-694.

__________, « Quand le Supérieur (évêque ou religieux) apprend l'injustice… : l'enquête préalable. Le traitement de la nouvelle du délit et l'investigation préliminaire », dans E. BESSON (sous la direction de), *La réparation de l'injustice. Ius restitutio Iustitiae,*Toulouse, Presses Universitaires de l'ICT, 2021, 227-284.

SCHWANGER, K.K., « Contentious Administrative Recourse before the Tribunal of the Apostolic Signatura", dans *The Jurist*, 58 (1998), 171-197.

SCICLUNA, C.J., « Response to and Prevention of Clerical Sexual Misconduct: Current Praxis », dans *Origins*, 43 (2013-2014), 357-365.

__________, « La recherche de la vérité dans les cas d'abus sexuels. Un devoir moral et légal », dans *Vers la guérison et le renouveau : Les abus sexuels des mineurs,* Rome, Pontificia Università Gregoriana, 2013, 88-92.

__________, « Sexual Abuse of Children and Young People by Priest and Religious:

Description of the Problem by a Church Perspective », dans R.K. HANSON et al. (dirs.), *Sexual Abuse in the Catholic Church: Scientific and Legal Perspectives*, Cité du Vatican, LEV, 2003.

__________, « Recourse against Singular or Particular Administrative Acts of the Diocesan Bishop: Request for Revocation or Amendment Hierarchical Recourse to the Holy See; Procedure before the Apostolic Signatura », dans *Canon Law Society of Great Britain & Ireland Proceedings,* 2002, 41-52 ; aussi dans *Forum*, 16 (2005) 87-110.

__________, « Taking Responsibility for Processing Cases of Sexual Abuse Crisis and for Prevention of Abuse (paper presented at the The Protection of Minors in the Church, Rome, 21 February 2019) », dans https://www.pbc2019.org.

SCHLICK, J., « Des limites de la justice administrative dans l'Église catholique », dans Praxis *juridique et religion*, 3 (1986), 127-135.

SOLA GIRANELL, P., « Alcane del principio de legalidad en el Codigo de derecho canonico de 1983 », dans *Anuario de derecho canonico*, 4 (2015), 201-221.

SOLEIL, S., « Le Code civil de 1804 a-t-il été conçu comme un modèle juridique pour les nations ? », dans *Histoire de la justice*, 19 (2009), 225-241.

STICKLER, A., « Le pouvoir e gouvernement, pouvoir ordinaire et pouvoir délégué », dans *L'Année canonique*, 24 (1980), 69-84.

SUCHECKI, Z., « La tutela penale dei minori presso la Congregazione per la Dottrina della fede riguardo ai delicta graviora », dans *Apollinaris*, 79 (2006), 719-732.

SZABLOCS SZUROMI, A., « I delitti più gravi nelle prospettiva della storia della Chiesa », dans *Periodica*, 105 (2016), 369-394.

TAPSELL, K., « Canon Law and Child Sexual Abuse through the Ages », dans *Journal of the Australian Catholic Historical Society*, 36 (2015), 113-136.

TATA, G.G., « Paradigme endogène de communication : Palabre africaine pour la dynamique sociale », dans *Revue Internationale Donni,* 4 (2024), 260-271, https://revuedonni.wordpress.com

TAYLOR, B.F., « The Delict of Child Pornography in Canon Law and U.S. Law », dans *Studia canonica*, 57 (2023), 637-663.

THÉRIAULT, M., « Can. 128. Commentary », dans *ExComCIC*, vol. 1.

__________, « Commentary on cc. 1732-1752 », dans G. SHEEHY et al. (dir.), *The Canon Law, Letter & Spirit: A PRACTICAL GUIDE TO THE CODE OF CANON LAW*, Préparé par la CANON LAW SOCIETY OF GREAT BRITAIN AND IRELAND en association avec la société canadienne de droit canonique, Dublin, Veritas Publications, London, G. Chapman, Collegeville, MN, The Liturgical Presse, Alexandria, E. J. Dwyer, 1995, 961-971.

__________, « La procédure des recours administratifs : survol et évolution », dans CLSAP, 7 (1995), 387-427.

THIEL, M-J., « Une institution en crise ou bien une crise institutionnalisée ? » dans JOULAIN, D, DAMASURE, K et NADEAU, J.-G., *L'Église déchirée, comprendre et traverser la crise des agressions sexuelles sur mineurs*, Novalis, Montréal, 2021, 250-271.

THOMAS-SERTILLANGES, J-B., « Vers un droit à l'oubli numérique : approche comparée et technico-juridique », dans *Revue de l'Institut du Monde et du Développement*, 1 (2011), 29-42.

TIRAPU, D., « The Acquisition of Goods », commentaire du c. 1270, dans *ExComCIC,* vol. 4, 73-74.

TOLLEMAGNE, N., « Protection of Rights », dans *Proceedings of the Twenty Sixth Annual Conference of the Canon Law Society of Australia and New Zealand*, 1992, 80-108.

TORF, R., « La rétroactivité des peines canoniques », dans *Revue de droit canonique*, 56 (2006), 185-199.

__________, « *Auctoritas, potestas*... Une analyse de concepts », dans *Concilium*, 217 (1988), 84-85.

__________, « Rights in the Church: Real, Ideal, or Fluff? », dans *CLSAP*, 61 (1999), 343-384.

__________, « La sociologie du droit canonique », dans *Revue de droit canonique*, 60 (2010), 301-317.

__________, «The Relationship between Theology and Canon Law under the Pontificate of Francis », dans *Studia canonica*, 55 (2021), 637-654.

TOSO, A., « De *bona fides* in praescriptionibus », dans *Jus pontificium*, 12 (1932), 203-211.

TOXE, P., « L'efficacité d'un droit pénal canonique au service de la vérité de la communion », dans *L'année canonique*, 50 (2008), 385-441.

__________, « Considérations canoniques sur deux affaires médiatisées de censures ecclésiastiques : les évêques lefebvristes et l'avortement de Recife », dans *L'année canonique*, 51 (2009), 195-218.

__________, « Quel principe de légalité en droit canonique ? », dans *L'année canonique*, 56 (2014), 229-248.

__________, « La mise en œuvre des nornes concernant les delicta graviora », dans *L'Annéee canonique*, 57 (2016), 285-330.

__________, « La hiérarchie des normes canoniques latines ou la rationalité du droit canonique », dans *L'Année canonique*, 44 (2002), 113-128.

__________, « La voie judiciaire de la réparation d'une injustice », dans E. BESSON (sous la direction de), *La réparation de l'injustice. Ius restitutio Iustitiae,*Toulouse, Presses Universitaires de l'ICT, 2021, 285-313.

__________, « Principes généraux et modifications substantielles du droit pénal général », dans B. GONÇALVES, *Après le rapport de la CIASE...la réforme du droit pénal canonique*, Paris, Les Éditions du Cerf, 2024, 139-174.

TRUCHET, D., « À propos du droit à l'oubli et du devoir de mémoire », dans P. AMSELEK, (dir.), *Libertés, justice, tolérance : Mélanges en hommage au Doyen Gérard Cohen-Jonathan*, t. 2, Bruxelle, Bruyant, 2004, 1595-1603.

TUOHEY, J., « The Correct Interpretation of Canon 1395 : The Use of the Sixth Commandment in the Moral Tradition from Trent to the Present Day », dans *The Jurist*, 55 (1995), 592-631.

UMAÑA CALDERÓN, Y.M., «The Participation of the Victim of Sexual Abuse in Canonical Penal Proceedings», dans *Studia canonica,* 57 (2023), 665-682.

URRUTIA, F.J., « Sens juridique des termes autorisation, faculté, dispense », dans *Les cahiers de droit ecclésial*, 5 (1998), 1-14.

__________, « Administrative Power in the Church according to the Code of Canon Law », dans *Studia canonica*, 20 (1986), 253-273.

__________, « Aequitas canonica », dans *Periodica de re morali, canonica, liturgica*, 73 (1984), 32-88.

__________, «Delegation of the Executive Power of Governance», dans *Studia canonica*, 19 (1985) 339-355.

VALDRINI, P., « Le contrôle du pouvoir administratif dans l'Église », dans *Pouvoirs*, 17 (1981), 75-63.

__________, « Recours et conciliation dans les controverses avec les supérieurs », dans L'Année *canonique*, 28 (1984), 87-89.

__________, « Recours et conciliation dans les controverses avec les supérieurs : problèmes Concernant l'application des cc, 1732 à 1739 », dans Cahiers du droit ecclésial, 2 (1985), 41-52.

__________, « La résolution juridique des conflits dans l'Église », dans Document épiscopat, 17 (1986), 1-5.

__________, « Les procédures de recours contre les actes administratifs et contre ls actes de révocation et de transfert des curés », dans *L'Année canonique,* 30 (1987), 359-366.

__________, « Exercice du pouvoir et principe de soumission », dans *Concilium,* 217 (1988), 119-127.

__________, « À propos de l'efficience en droit canonique », dans *L'Année canonique*, 38 (1996), 109-112.

__________, « La réception de la loi en droit canonique : pertinence et signification », dans *L'Année canonique*, 50 (2008), 11-30.

__________, « Les recours canoniques offerts aux animateurs pastoraux », dans L'Année *canonique*, 35 (1992), 55-60.

__________, « La réception de la loi en droit canonique : pertinence et signification », dans *L'Année canonique*, 50 (2008), 7-30.

VANDER HEEREN, A., « Scandal », dans *The Catholic Ecyclopedia*, New York, Robert Appleton Company, 13 (1912), https://www.newadvent.org/cathen/13506d.htm.

VERNAY, J., « Les procès dans le Code du droit canonique », dans *L'Année canonique*, 30 (1987), 340-350.

VIDRASCU, E., « La nature juridique de la prescription extinctive : droit comparé et droit québécois », dans *La revue du notariat*, 99 (1995), 3-63.

VILAIN, N., « Prescription et bonne foi : du décret de Gratien à Jean d'André », dans *Traditio*, 14 (1958), 121-189.

VILLEMIN, L, « Théologie d'une canonicité privilégiant le salut des âmes », dans *L'année canonique*, 54 (2012), 225-235.

VOINIER, S., « Intimité et scandale autour de la conjuration de l'envoûtement de Charles II », dans *Atlante Revue d'études romanes*, 8 (2018), 89-106.

VOGEL, C., « Pénitence et excommunication dans l'Eglise ancienne et durant le Haut Moyen Âge », dans *Concilium,* 107 (1975), 11-22.

VON FEUERBACH, P.J.A.R., « The foundation of criminal law and the *nullum crimen* Principle », dans *Journal of International Criminal Justice*, 5, no. 4 (2007).

VONDENBERGER, V., « Effective Due Process Is Possible in the Church », dans *Studia canonica* 30 (1996), 163-176.

WALF, K., « The Nature of Rights in the Church », dans *CLSAP*, 53 (1991), 1-18.

__________, « Recent Experiences of Administration Recourse to the Apostolic See », dans *The Jurist*, 46 (1986), 142-163.

WALK, K., « La discipline ecclésiastique et la vie de l'Eglise aujourd'hui », dans *Concilium*, 107 (1975), 43-53.

WARD, D.J., « Sexual Abuse and Exploitation: Canon and Civil Law Issues concerning Religious », dans *Proceedings of the Canon Law Society of America*, 67 (2005), 231-240.

__________, « Canonical Advocacy: Practical Representation of a Party », dans *CLSAP*, 55 (1993), 98-107.

WERCKMESISTER, J. (dir.), « Décret de Gratien : Cause 27 à 36. Le mariage », dans *Revue de droit canonique*, 58-59 (2011), 68-669.

__________, « Le privilège du for et la compétence judiciaire de l'Église catholique », dans *Revue de droit canonique*, 56 (2009), 33-62.

__________, « Théologie et droit pénal : autour du scandale », dans *Revue de droit canonique*, 39 (1989), 93- 109.

WOESTMAN, W., « Commentary on the Circular Letter », dans *Studies in Church Law*, 5 (2009), 63-64.

YINDA, A., « La palabre africaine », dans *Revue internationale de la didactique et des pratiques de la philosophie (Diotime)*, 04 (2020), https://diotime.lafabriquephilosophique.be/numeros/084/018/.

ZAMBRANA-TÉVAR, N., « The New Reform of the Penal Law of the Catholic Church: Resuscitating a Forgotten Pastoral Instrument? », dans *Oxford Journal of Law and Religion*, 10 (2021), 227–53.

ZANI, M., « La Convention des Nations Unies relative aux droits de l'enfant : Réflexions sur un troisième projet de protocole facultatif prévoyant un mécanisme de plainte », dans *Études internationales*, 42 (2011), 511-519.

ZAPP, H., « La juridiction diocésaine. Un aperçu historique », dans *Concilium*, 127 (1977), 27-38.

ZOLLNER, H., « les abus sexuels dans l'Église. Un appel à changer de regard », dans *Études,* 9 (2016), 29-39.

NOTICE BIOGRAPHIQUE SUR LE CANDIDAT

Patience Kinshie Lenye est né à Kinshasa en R. D. Congo. Il a fait ses études secondaires au Collège Saint Raphaël, un petit séminaire de l'Archidiocèse de Kinshasa. Il a enseigné au Collège Saint Raphaël juste après ses études secondaires avant de rejoindre le Grand Séminaire Notre-Dame d'Afrique comme aspirant Missionnaire d'Afrique où il a poursuivi ses études en philosophie et sciences humaines à Bukavu (Est de la R.D. Congo). Il continua ses études théologiques à l'Université Catholique du Congo (UCC) avant d'entrer dans l'Ordre des Frères Prêcheurs (Dominicains) pour le pré-noviciat et le noviciat. Après ses vœux religieux, il a continué ses études théologiques à l'UCC où il a obtenu son graduat en théologie biblique. Par après, il a été envoyé par ses supérieurs Dominicains pour poursuivre les études complémentaires en droit canonique à l'UCC où il a obtenu la licence en droit canonique et la licence agrégée en droit. Après avoir quitté les Dominicains, il enseigna au Lycée Molende à Kinshasa avant d'aller en Afrique du Sud, où il a effectué des études en sciences bibliques, en sciences politiques et en philosophie de l'éducation. Il a enseigné pendant 19 ans en Afrique du Sud (Holy Family College et Saint David's Marist Inanda), où il a occupé le poste de coordinateur de l'éducation religieuse. Il a aussi travaillé comme défenseur de lien pendant plusieurs années au sein du tribunal interdiocésain de Johannesburg. Il détient un certificat en enseignement de l'Université Catholique d'Australie et de leadership de l'Université Catholique Pontificale de Parana (Brésil).

En septembre 2019, il commence une thèse de doctorat en droit canonique à l'Université Saint Paul. Pendant ses études doctorales, il a été assistant de recherche dans la faculté de droit canonique, au Centre de protection des mineurs et des personnes vulnérables, à la faculté des études de conflits et au sein de la Chaire de recherche en histoire religieuse du Canada (CRHRC). Il détient un certificat en Microprogramme pour la protection des mineurs et des personnes vulnérables. Membre de l'Ordre des enseignants d'Ontario, il a successivement enseigné au Collège Mer Bleue, au Collège Samuel-Genest, au Collège Béatrice-Desloges. Présentement, il est enseignant titulaire au Collège catholique Franco-Ouest. Il est aussi formateur des bénévoles au service d'accompagnement spirituel des personnes malades ou âgées, à Ottawa.

ANNEXE1

Documents requis pour l'instruction d'une procédure pour les Facultés spéciales I et II[936]

1° Le *curriculum vitae* du clerc et une attestation de son ordination.

2° Copie des examens préalables à l'ordination sacrée et autres documents pertinents à la formation du candidat et, le cas échéant, une copie de son acte de mariage civil.

3° Documentation illustrant l'impossibilité ou l'extrême difficulté d'appliquer les moyens ordinaires, soit de la nature d'une dispense de peine, l'application préalable des dispositions prévues par le Code *CIC/83*, cc. 1339 ; 1340 ; 1347, §1 ; 1331-1333) et les tentatives pastorales de l'Ordinaire pour faire renoncer le clerc à sa contumace.

4° Décret de l'Ordinaire ouvrant la procédure (*CIC/83*, c. 1720) contenant les éléments suivants : référence soit à l'absence de nécessité soit à la conclusion de *l'investigatio praevia* (*CIC/83*, cc. 1717-1719) ; la formulation précise des accusations portées contre le clerc ; la nomination de deux Assesseurs (*CIC/83*, c. 1720, 2°) ; la nomination d'un Instructeur ; la nomination d'un Notaire.

5° Documents pour la procédure :

5.1 L'interrogatoire du clerc (*CIC/83*, c. 1728, 2) ;

5.2 Accompagnée ou remplacée par une déclaration dûment authentifiée du clerc lui-même démontrant sa connaissance de la controverse et des preuves apportées contre lui, ainsi que son intention déclarée de persister dans sa conduite illicite, et (le cas échéant) qu'il n'a pas l'intention de demander une dispense des obligations découlant de l'ordination sacrée, y compris le célibat (*CIC/83*, c.1728, §2) ;

5.3. Lorsqu'il n'est pas possible d'obtenir les documents requis au 5.1 ou 5.2, un document doit être fourni montrant que le lieu de séjour du clerc est inconnu et les détails des tentatives faites pour le retrouver, ou indiquant qu'il a refusé la citation à comparaître ou faire la déclaration requise au 5.1 ci-dessus (*CIC/83*, cc. 1509-1511) ;

---

936 CONGREGATIO PRO CLERICS, Prot. N. 2010 0823, Vatican City, 17th March 2010. Enclosure 1: The application of Special Faculties I and II. Documents required for the instruction of a procedure for the First and Second Special Faculties. Ce document fait mention d'un ensemble de documents dans 11 points. C'est un document très utile pour ce type de procédure avec une description détaillée de la démarche à suivre.

5.4. Les interrogatoires et déclarations des témoins, des accusateurs ou des personnes lésées, ainsi que les copies de l'acte par lequel ils ont été cités à comparaître et des moyens par lesquels cela leur a été notifié.

5.5. Tout autre document ou déclaration d'experts.

6. Acte de clôture de l'Instruction.

7. Le *votum* personnel de l'instructeur décrivant le déroulement du processus d'instruction et le document indiquant le transfert de tous les actes de la procédure à l'Ordinaire compétent.

8. Décret de l'Ordinaire convoquant la session pour l'examen des preuves (CIC/83, c. 1720), ainsi que la citation des assesseurs à cette session.

9. Procès-verbal de la réunion d'examen des preuves, signé par l'Ordinaire et les deux assesseurs, qui doit détailler la discussion et l'évaluation de chaque chef d'accusation et indiquer l'opinion individuelle de chaque assesseur sur les questions en jeu.

10. Le *Votum* personnel de l'Ordinaire, chargé de l'instruction de la cause, dans lequel il détaille le déroulement des événements au cours de la séance d'examen des preuves. Ce *votum* comprendrait également le *fattispecie* et les arguments de droit et de fait relatifs à chaque chef d'accusation.

11. La pétition de l'Ordinaire d'incardination du clerc demandant au Saint-Siège d'accepter le cas en question comme relevant des dispositions de la Faculté spéciale I ou II, selon sa spécificité. L'Ordinaire transmet ensuite les actes à la Congrégation pour le Clergé.

Il convient de noter que les actes doivent être authentifiés par le notaire, ordonnés et reliés, numérotés, paginés et indexés, trois exemplaires sont envoyés à la Congrégation pour le clergé, et ceux-ci ne doivent pas contenir de documents manuscrits illisibles. Dans ce cas, ces documents doivent être dactylographiés. Les photocopies doivent être lisibles ou reproduites sous forme dactylographiée.

ANNEXE 2

UN CAS SINGULIER D'APPLICATION DU CANON 1399 DU *CIC/1983*

TRIBUNAL APOSTOLIQUE DE LA ROTE ROMAINE
Coram R.P.Igninio RAGNI, Ponent.
Decretum diei 16.2.1993
PRESCRIPTION DE L'ACTION CRIMINELLE
(Promoteur de Justice-Rev. Edmond)

Le présent décret, publié dans Ius Ecclesiae 6 (1994), p. 217-229, a été commenté par Davide CITO (ibid, 229-243), puis publié en traduction italienne par Poala BARBERO dans *Tutela della communione ecclesiale esanzioni canoniche*, Lugano, Eupress FTL, 2011, p. 64-67.

I Species Facti

Dans les années 60, le Rev. Edmond, archidiacre de l'Église cathédrale X., au motif des restrictions économiques en lesquelles sombrait ladite église, a décidé d'aliéner, illégitimement et sans les permissions prescrites, un précieux ostensoir qui faisait partie du patrimoine de la cathédrale. L'ostensoir fut vendu à l'antiquaire Pablo qui avait pourvu à en fabriquer une copie de moindre valeur en substitution du vrai.

De la vente illégitime, le Rev. Edmond récolta la somme de 400.000$ américains.

Après environ dix ans, suite à une information confidentielle reçue le 12.9.1988, l'affaire parvint à la connaissance de l'Évêque qui, après avoir mené quelques investigations, obtint une partielle admission de faute de la part du Rev. Edmond, décida d'ouvrir une procédure pénale, pour sanctionner le délit commis, et une procédure civile pour obtenir la réparation du dommage à charge d'Édmond.

Le 27.9.1988, le Promoteur de Justice présenta au Tribunal Ecclésiastique de première instance du lieu le libellé d'accusation contre le Rev. Edmond en réclamant sa condamnation pour la commission des délits dont il s'agit au canon 1377 *CIC*/83 (aliénation de biens ecclésiastiques sans la permission requise), au canon 1389, §§1-2 *CIC*/83 (abus d'office au dommage du patrimoine de l'Église).

Successivement, le 20.2.1989, le Promoteur de Justice intégra les termes de l'accusation, présentant un *libellum accusations* à l'égard de l'antiquaire Pablo, en tant que complice du Rev. Edmond dans l'aliénation illégale des biens ecclésiastiques (cf. 1377, *CIC*/1983) et pour avoir été de manière dolosive un dommage et un scandale dans la communauté des fidèles (cf.

canon 1399 *CIC*/1983) : le libellé d'accusation fit référence aussi au Vicaire général Mons. Carlo pour les délits prévus par le canon 1377 *CIC*/1983 (concours dans l'aliénation illégale de biens ecclésiastiques sans autorisation) et par le canon 1389, §§1-2 *CIC*/1983 (négligence coupable au dommage du patrimoine de l'Église).

Une fois reçue la notification du libellé, le patron d'office du Rev. Edmond souleva l'exception relative à la prescription de l'action criminelle survenue ; le patron d'office de Pablo, par contre, souleva l'exception d'incompétence du Tribunal ecclésiastique de première instance à juger la controverse : cette dernière exception fut rejetée par le Tribunal, alors que relativement à l'exception de prescription de l'action criminelle, le collège des juges établissait, par décret du 10.11.1992, que cette question incidente devait être définie solidairement avec la question principale.

Durant l'instruction intervinrent les parties, le Promoteur de Justice et les témoins. Le 29.12.1990, le Tribunal de première instance émit la sentence, qui répondit affirmativement au sujet de la permanence des délits prévus aux canons 1377 *CIC*/1983, 1389, §§1-2 *CIC*/1983 pour les accusés Edmond et Pablo, même si pour de tels chefs d'accusation la prescription était intervenue.

Par contre, le délit, commis par Edmond, configuré par le Promoteur de Justice, sur la base d'une présumée possible application du canon 1399 *CIC*/1983[937], à savoir la « sustraccion de producto de las alienaciones illicitas agravado por dolo con grave escandalo de la comunidad ».

Le Rev. Edmond fût privé de l'office ecclésiastique et de la capacité de recevoir d'autres charges ecclésiastiques (cf. 1331, §§1-2 *CIC*/1983 ; cf. canon 274, §1 *CIC*/1983) ; alors que l'antique Pablo, accusé de concours dans le délit et en vertu de l'application du canon 1399 *CIC*/1983 de : « dolo en detrimento del patrimonio de la Iglesia con grave escadalo de la communidad », fut privé de la capacité d'être parrain et celle d'être témoin.

Enfin, le Vicaire général Mons. Carlo fut condamné pour la sentence de premier degré auprès du Tribunal de la Rote romaine.

Le 27.1.1991, le Rev. Edmond interjeta appel contre la sentence de premier degré auprès du Tribunal de la Rote romaine.

La Rote romaine se trouva appelée à dirimer la controverse relative à la prescription de l'action criminelle dont il s'agit au canon 1362[938].

---

[937] *CIC/83*, c. 1399. Rappelons que ce canon n'a pas été changé par la Constitution apostolique *Pascite gregem Dei* du 23/05/2021 : « En dehors des cas établis dans la présente loi ou dans d'autres lois, la violation externe d'une loi divine ou canonique ne peut être punie, et alors d'une juste peine seulement, lorsque la gravité spéciale de la violation réclame une punition, et qu'il y a nécessité pressante de prévenir ou de réparer des scandales ».

[938] *CIC/83*, c. 1362 : « §1. L'action criminelle est éteinte par une prescription de trois ans, à moins que [...] »

II Individualisation et commentaire relatif aux problèmes émergents de l'exposition narrative du cas

Le décret du 13.2.1993 permet de développer quelques réflexions relatives aux aspects soit du droit substantiel soit du droit pénal processuel. Pour ce qui concerne le droit pénal substantiel, nous sommes en présence d'une série de délits, logiquement reliés entre eux, relatifs à l'abus d'un office ecclésiastique.

Le cas à l'examen s'avère intéressant parce qu'il permet de développer aussi une réflexion sur l'applicabilité du canon 1399 : le Promoteur de Justice, dans le libellé d'accusation, avait demandé la condamnation pénale du Rev. Edmond suite à l'aliénation illégitime des biens ecclésiastiques (Cf. 1377 CIC 83) et pour avoir créé de manière dolosive un dommage et un scandale dans la communauté des fidèles (cf. canon 1399 CIC 1983).

L'intention du promoteur de Justice était celle de pouvoir sanctionner, en tout état de cause et adéquatement, des conduites délictueuses qui pouvaient créer quelque trouble au sein de la communauté des fidèles.

En réalité, ce raisonnement constitue une utilisation forçant de façon évidente le canon 1399 *CIC*/1983.

Il est vrai que nous sommes en présence d'une norme pénale de caractère général ; mais il est tout aussi vrai que le Code en vigueur délimite de manière non équivoque l'opérativité de ce canon.

Le canon 1399 *CIC*/1983 est une norme qui possède un caractère résiduel *Praeter casus vel aliis legibus statutos*, ce qui revient à dire que la norme peut configurer comme méritant des sanctions des comportements non retenus comme tels par le système pénal canonique en vigueur.

Le canon 1399 *CIC*/1983 ne peut se substituer à des normes pénales en vigueur : dans le cas en examen, les conduites du Rev. Edmond, du Vicaire général Mons. Carlo, s'inscrivent dans des cas délictueux typiques, déjà prévus et déterminés par le Code, auxquels, du reste, le Promoteur de Justice fait directement référence dans son libellé d'accusation.

Le canon 1399 *CIC*/83 n'est pas seulement une norme résiduelle, mais est aussi une norme exceptionnelle dans le système pénal canonique, en relation à l'action délictueuse qui doit comporter une *specialis violationis* gravitas et aux conduites requises pour pouvoir être punie (necessitas urget scandala praeveniendi vel reparadi).

Ces caractères exceptionnel et résidentiel du canon 1399 *CIC*/83, circonscrivent la possibilité de son application concrète entre d'étroites limites : donc, le Promoteur de Justice a forcé l'application de l'énoncé codifié.

Pour ce qui concerne, par contre, le droit pénal processuel, le tout rotal a été appelé à dirimer la controverse en raison de l'opérativité de la prescription de l'action criminelle au sens du canon 1362.

Le Tribunal ecclésiastique de première instance, selon un choix discutable, a établi que l'exception soulevée par le patron de l'accusée au sujet de l'intervenue prescription de l'action criminelle, soit examinée et définie solidairement à la cause principale.

Ce choix est pour le moins singulier, puisque soulever une exception relative à l'action criminelle signifie ouvrir une question incidente, mais préalable à la poursuite du procès pénal et de la vérification de la question principale (ou bien, de la vérification de la commission des délits) : si la prescription est intervenue, quel est le sens de poursuivre quand même le procès pénal ?

La prescription, qui agit *ex lege* et doit être vérifié *ex efficio* par les juges, rend nulle la procédure pénale.

En outre, le Tribunal ecclésiastique de première instance avait prononcé une sentence intrinsèquement illogique, puisqu'il avait fait jouer la prescription de l'action criminelle en faveur du Rev. Edmond et de l'antiquaire Pablo pour les délits commis (cf. canon 1377 *CIC*/1983 et canon 1389, §§1-2 *CIC*/1983) ; alors que le Vicaire général avait été retenu coupable du délit de négligence coupable (cf. canon 1389, §2 *CIC*/1983) et puni pour ce délit. La Rote romaine, correctement, a cassé le mode de raisonnement du tribunal ecclésiastique de première instance rappelant que la prescription de l'action criminelle doit opérer pour tous ceux auxquels les faits sont imputés, et non seulement pour certains.

III. Solution du cas concret

La Rote romaine, par décret du 16.2.1993 a établi que : « a) La péremption qui éteint les actes de la procédure n'éteint pas les actes de la cause b) Le droit est préservé pour la partie lésée, qui avait intenté une action contentieuse le 27 septembre 1988, conformément au canon 1729[939], par le biais du Procureur de la Justice, visant à obtenir des réparations. Il est permis d'initier une procédure contentieuse pour la restitution des biens et/ou la réparation des dommages (*cf. 1729 §§1-2 et 1730, §2)*[940], devant le Tribunal de Première

[939] *CIC/83*, c. 1729 : « §1 La partie lésée peut exercer une action contentieuse au pénal pour obtenir la réparation des dommages qu'elle a subis par suite du délit, selon le can. 1596. §2 L'intervention de la partie lésée dont il s'agit au § 1 n'est plus admise si elle n'a pas été faite au premier degré du jugement pénal. §3 […] ».

[940] *CIC/83*, c. 1730 : « §1 Pour éviter des délais trop longs dans le procès pénal, le juge peut ajourner le procès relatif aux dommages jusqu'au prononcé de la sentence définitive du procès pénal. §2 Le juge qui a pris cette décision doit, après avoir rendu la sentence du procès pénal, traiter l'action en dommages, même si le procès pénal reste encore pendant en raison d'un recours introduit, ou si l'accusé est absous pour un motif qui ne supprime pas l'obligation de réparer les dommages ».

Instance, qui, en utilisant une collecte diligente des faits de l'affaire et en équité de droit, après avoir instruit et conclu les débats contradictoires, est tenu de prononcer un jugement [...] le tribunal ecclésiastique doit tout mettre en œuvre pour éviter que l'action en restitution de biens et/ou en réparation des dommages ne soit introduite devant le tribunal civil »[941].

ANNEXE 3

DÉCRET EXTRAJUDICIAIRE DÉCISION CONCERNANT SŒUR LOUISE LEARS, S.C.[942]

Considérant que j'ai diligemment examiné et ai considéré tous les éléments et preuves de l'accusation, qui ont été insérés dans les *Acta processus er causae* (ci-après, *Acta*) du procès pénal extrajudiciaire qui a été mené concernant la Sœur Louise Lears (ci-après : « l'accusée), des sœurs de la charité, domiciliée dans la ville de S.-Louis, qui est actuellement accusée et qui jusqu' ici a été dûment avertie, et à qui a été donne le temps suffisant pour le repentir de la commission des délits visés dans le décret de citation à comparaître et monition canonique datée du 28 décembre 2007 ; la citation à comparaître et la monition canonique, datées du 15 janvier 2008 ; la notification de l'accusation et des preuves et la faculté pour exercer les droits de la défense, datées du 17 janvier 2008 ; et le décret de la monition finale, daté du 12 mai 2008, tous ces documents ont été dûment publiés et légalement et effectivement notifiés à l'accusée ;

Considérant que :

---

[941] Nous traduisons : « a) *peremptio quae extinguit acta processus, non exstinguit acta causae*; b) integrum est jus pro parte lesa, quae per tramitem Promotoris Justitiae libelli diei 27 septembre a. 1988 « à norme du canon 1729 » *actionem contentiosam ad damna reparanda expetiterat, processum contentiosum inchoare quoad bonorum restitutionem et/vel damnorum resarcitionem* (cf. 1729 §§1-2 et 1730, §2), *apud Tribunal primae Instantiae quod*, utens acti causae diligenter collectis atque aequo iur, instructo processu et explcto contradictorio, sententiam edicere tenetur [...] tribunal ecclesiasticum omni vi vitare debet ne actio de restitutione bonorum et/vel damnorum resarcitione introducatur apud Tribunal civile ».

[942] Trad. de Ph. Toxé à partir du texte de la déclaration tel qu'il a été publié sur le site de l'archidiocèse de S.-Louis : http://www.archstl.org/images/stories3pdfs/decree-of-interdict-1.-lears.pdf .; voir P. TOXE, « L'efficacité d'un droit pénal canonique au service de la vérité de la communion. Les enseignements des procédures pénales diligentées dans l'archidiocèse de Saint-Louis (Missouri) en 2008 », dans *L'Année canonique*, 50 (2008), 434-438.

I. Chaque baptisé catholique romain de rite latin est obligé par la norme du can.11 du *code de Droit canonique*, d'observer toutes les lois ecclésiastiques applicables à son égard ;

et II. que l'accusée est une baptisée catholique dans le rite latin (*Acta*, n^{os}285-286) ;

Considérant que :

1. quiconque rejette obstinément la doctrine de *Fide tenendo*, mentionnée au can.750, § 2, et ne rétracte pas ledit rejet après monition écrite par son ordinaire, commet le délit visé au can.1371, 1^0 ;

   2. quiconque impose publiquement les mains à une femme, comme partie d'une cérémonie religieuse interdite qui est la simulation du fait de conférer l'ordination sacerdotale à la même femme (*Acta*, n^{os}68-70 ; 71-72 ; 176-179 ; et 181-182), et rejette publiquement par des paroles extériorisées répétées (*Acta*, n^{os}87 ; 137 -139 ; et 205), des protestations (*Acta*, n^{os}83-84 ; 85-88), et des exemples contradictoires, la vérité de *Fide tenendo* selon laquelle il est impossible qu'un femme reçoive l'ordination au presbytérat, et refuse de se conformer aux termes d' une monition canonique exigeant de rétracter cette erreur opposée au susdit enseignement définitif de l'Église, rejette obstinément la doctrine mentionnée au can. 750, § 2, et refuse de rétracter son erreur après monition écrite par son ordinaire :

et 3. que chacun des éléments essentiels mentionnés ci-dessus de ce délit référence aux can. 750, § 2, et 1371, 1^0, est attribué à l'accusée avec la certitude morale (cf. can. 1608, § 1) ;

Considérant que :

   1. quiconque se rend coupable de la participation interdite aux rites sacrés commet le délit référence au can. 1365 ;

quiconque assiste à une cérémonie publique et religieuse de tentative d'ordination d'une femme au sacerdoce sacré ; qui publiquement, en tant que femme impose des mains à une autre femme, en réponse à l'invitation étendue aux « ministres ordonnés » de faire ainsi, dans une cérémonie qui est la simulation d'une ordination d'une femme au sacerdoce sacré (*Acta*, n^{os}68-70 ; 71-72 ; 176-179 ; et 181-182) et soutient et déclare publiquement qu'elle est « *fière* » de la remise en question par les pseudo-ordinands de la vérité de *Fide tenenda* qu'il est impossible pour une femme de recevoir l'ordination sacerdotale (*Acta*, n°s 85-88) ;

et 3.que les éléments objectifs essentiels et légaux de ce délit visé au can.1365 sont attribués à l'accusée avec la certitude morale (cf.can.1608, § 1).

Considérant que :

1. quiconque incite publiquement les sujets du Siège apostolique ou de l'Ordinaire à la contestation ou à la haine contre le Siège apostolique ou un Ordinaire en raison d'un acte du pouvoir ou du ministère ecclésiastique, ou bien incite les mêmes sujets à la désobéissance contre la légitime autorité du Siège apostolique ou de l'Ordinaire, commet le délit visé au can.1373 ;

2. quiconque fomente publiquement la discorde parmi les sujets contre le Pontife romain et un Ordinaire en raison d'un acte du pouvoir ou du ministère ecclésiastique (*Acta*, n°s 85-88), et en tant que religieuse, membre d'une « équipe pastorale » d'une paroisse, et coordinatrice de l'éducation religieuse, pose en principe des actes scandalisant *per se* les sujets d'un Ordinaire (*Acta*, n^os^68-70 ; 71-72 ; 176-179 ; 181-181) les conduisant à participer aux rites sacrés que le même ordinaire a publiquement réprimandés en tant qu'immoraux et illégaux (*Acta*, n°s 207-210), et manifeste publiquement et gravement un irrespect injuste et défi (*Acta*, n°s 85-88) envers la personne et l'autorité du Pontife romain et de l'Ordinaire du lieu, incite publiquement les sujets du siège apostolique ou Ordinaire en raison d'un acte du pouvoir ou du ministère ecclésiastique, et incite les mêmes sujets à la désobéissance envers le siège apostolique ou l'Ordinaire ;

et 3. Que chacun des éléments essentiels mentionnés ci-dessus de ce délit visé au can. 1373 sont attribués à l'accusée avec certitude morale (cf. can.1608 §1)

Considérant que :

1. quiconque viole extérieurement la loi divine ou canoniquement, qui, en raison de sa gravité spéciale, réclame une punition, et à laquelle est ajoutée la nécessité urgente de prévenir ou de réparer le scandale, commet le délit vissé au can.1399

2. quiconque pose en principe un acte qui est *per se* capable d'induire une âme à commettre un péché mortel objectif, lequel acte conduit directement un certain nombre de fidèles catholiques à perdre l'adhésion et la pleine communion avec l'Église catholique romaine (*Acta,* n°s 68-70 ; 71-72 ; 176-179 ; et 181-182), lequel acte peut mener directement un grand nombre d'âmes à mettre en danger leur salut éternel, et dont la violation objective n'est pas exclusivement prévue par un autre can. du livre VI du *Code de Droit canonique,* commet une violation de la loi divine ou canonique, qui en raison de sa gravité spéciale, exige une punition, jointe à la nécessité d'empêcher et de réparer le scandale ;

et 3. que chacun des éléments essentiels mentionnés ci-dessus de ce délit visé au can.1399 est attribué à l' accusée avec la certitude morale (cf. can. 1608, § 1)

Ayant la juridiction requise par le can. 1408, parce que l'accusée est domiciliée dans le territoire de l'archidiocèse de S.-Louis ;

Ayant la juridiction requise par le can.1412, parce que l'accusée a posé dans le territoire de l'archidiocèse de S.-Louis certains actes objectifs qui constituent une conduite objective délictuelle ;

Prenant en considération que plus d'une citation et notification (cf. can.1720, 1^0) et monition canonique (cf. can.1347, & 1-2), informant l'accusée de l'accusation exacte et prolongeant sa faculté pour exercer les droits de la défense, ont été délivrées à l'accusée, requérant qu'elle comparaisse devant le soussigné, de sorte qu'elle puisse prendre connaissance des preuves alléguées et des éléments du procès, de sorte qu'elle soit jugée dûment responsable de ses très graves manquements contredisant la foi catholique romaine et les sacrés canons ; et que, au moyen de telles notifications, un procès pénal extrajudiciaire (cf. can. 1720, 1^0) a été légalement lancé contre l'accusée en plein*e* conformité avec les conditions substantives de la loi naturelle et divine ;

Notant que :

1. l'accusée et son procureur et avocat ont eu l'accès à tous et chacun des éléments des *Acta* de la cause en cours ;

2. que l'accusée a, ou personnellement et/ou de manière déléguée, par son procureur, exercé son droit de défense *ad informationem* et *ad contradictorium* en date des 15 janvier 2008 ; 11 février 2008 ; 15 février 2008 ; 22 février 2008 ; 27 février 2008 ; 9 mai 2008 ; 13 mai 2008 ; et 4 juin 2008 ; et que l'enregistrement desdits actes de l'exercice du droit de le défense, et la notification légitime de tous les décrets, sommations, monitions, ont été dûment écrits et publiés par un notaire de l'archidiocèse du S.-Louis, et authentifiés et insérés dans les *Acta* susmentionnés, le tout conformément aux normes procédurales et substantielles de la loi universelle et naturelle ;

Nonobstant les soumissions insuffisamment démontrées, fallacieusement discutées, et parfois, très irrespectueuses, avec les pièces jointes, dans le rapport de la défense en réponse aux accusations et aux preuves et monition canonique, datée du 1 ^{er} février 2008 ; la lettre et le supplément au rapport de la défense du 11 février 2008 ; et le rapport de la défense pour la sœur Louise Lears, S.C., le tout présenté par l'accusée, et par M. J. Michael Ritty, son avocat-procureur légitiment constitué ;

Observant qu'au moment où l'accusée a posé les actes objectifs en question, il était présumé par la loi (cf. can. 15, le & 2), et il est prouvé en raison de sa formation religieuse, du niveau de sa formation doctorale, de son ministère public en tant que membre d'une « équipe pastorale d'une Paroisse catholique, de sa charge publique en tant que Coordinatrice de l'éducation religieuse (CRE) de l'archidiocèse de S.-Louis, et de la réprobation notoire et publique par l'archevêque soussigné de S.-Louis de toute ordination attentée d'une femme au sacerdoce, qu'elle savait que les actes objectifs qu'elle a délibérément commis étaient contradictoire*s* avec une sacro-sainte et infaillible vérité de la foi catholique (cf. can. 750, § 2), et des canons sacrés qu'elle est accusée de violer ;

Considérant que l'accusée, et son avocat-procureur légitimement constitué et approuvé, M.J. Michael Ritty, ont explicitement, à plus d'une occasion, fait des rapports extrajudiciaires (cf. 1535 et 1536, §§1-2 ; Acta, nº 205 et 212) corroborés par d'autres éléments et preuves, confirmant les occurrences, la gravité, et la véracité conséquente des chefs d'accusation (*Acta*, numéro 192) ;

Notant cependant que l'accusée a soumis une lettre, datée du 6 février 2008 (*Acta*, nº211-214) et un *rapport écrit* (*Acta*, nº315-316), où elle « reconnaît » la lettre apostolique *Ordinatio sacerdotalis* du Serviteur de Dieu, le Pape Jean-Paul II, du 22 mai 1995 ; le *Responsum ad dubium* de la Congrégation pour la Doctrine de la foi du 2 octobre 1995, et le rapport de 1997 de la Société théologique catholique de l'Amérique, contestant la nature de l'autorité de l'enseignement [contre l'ordination sacerdotale des femmes] et ses fondements dans la tradition ; et n'a pas abandonné sa contumace selon les conditions requises par le soussigné comme déterminé dans le décret de la monition finale, daté du 12 mai 2008 (*Acta*, nº301-304), par la raison que l'accusée avec obstination et contumace a refusé de se conformer au moins substantiellement aux première et troisième conditions essentielles du décret susmentionné ;

Considérant que l'accusée n'a pas abandonné sa contumace dans sa conduite délictuelle objective, selon les exigences du can. 1347, § 2 ; qu'elle est, par conséquent, subjectivement obstinée et contumace dans ses violations ; et que, donc, elle a commis les délits susmentionnés sans aucune circonstance exonératoire ou atténuante (cf. can. 1323-1324), avec peine et irréfutable imputabilité (can. 1321, § 3), dans les limites de temps établis par le Code de Droit canonique, tant pour les actions criminelles (cf. can. 1362) que les actions pénales (cf. 1363, § 1-2 et 1720 nº3), et que dès lors, la conduite de l'accusée est pleinement punissable.

Par conséquent, exerçant ma légitime juridiction pour entendre ce cas, ayant pesé ensuite toutes les preuves et les arguments avec l'aide de deux assesseurs (can. 1720, 2º) et n'ayant devant les yeux que Dieu seul, moi, par cette sentence définitive, décide et prononce, avec le degré de certitude morale requise (cf. can. 1608, § 1), que l'accusée, Sœur Louise Lears, des Sœurs de la charité, est coupable d'avoir commis avec malice chacun des délits suivants :

1. Rejet obstiné de la doctrine dont traite le can. 750, § 2, par qui ne fait pas une rétraction après avoir été averti par l'Ordinaire (cf. can. 1371, 1º) ;
2. Incitation publique des sujets du Siège apostolique ou de l'Ordinaire soussigné à la contestation, en raison d'un acte de l'autorité ou du ministère ecclésiastique, et provoquant ces sujets à la désobéissance à leur égard (can. 1373) ;
3. Une violation particulière grave de loi divine ou canonique, impliquant l'infliction d'une peine spirituelle et la

nécessité urgente de réparer un scandale particulièrement grave (can. 1399).

En ce qui concerne l'accusation selon laquelle Sœur Lears a commis le délit de *communicatio in sacris* prohibé (cf. can. 1365), bien que le soussigné ait trouvé que ladite accusation soit moralement certaine dans les éléments objectifs et légaux de sa commission, il est décrété par la présente et décidé que ladite charge contre Sœur Lears est dénoncée au S. Siège, en raison du fait que la Congrégation pour la Doctrine de la foi jouit de la possible compétence exclusive sur la décision finale selon que le délit a été commis par l'accusée dans ses éléments subjectifs et punissables additionnels, attendu que l'accusée a pu avoir commis des délits réservés visés dans l'*Epistula ad totius catholicos episcopos aliosque ordinarios et hierarchas quorum interest : de delictis gravioribus eidem Congregationi doctrina fidei reservatis* (cf. Congregatio pro Doctrina Fidei, 18 mai 2001, A.A.S., 93, 2001, p. 785-88).

C'est pourquoi, dans l'espoir le plus sincère et avec la prière que l'application des peines canoniques appropriées mènera la partie coupable à chercher le remède de ses péchés très pénibles et délits canoniques, je décrète et impose les punitions suivantes :

1. La juste peine d'interdit *ferendae sententiae*, pour son rejet public et obstiné d'un enseignement de *Fide tenenda*, et son refus contumace de se rétracter après en avoir reçu la monition par son ordinaire (cf. can. 750, § 2 ; 1371, 1°) ; et l'incitation des sujets su S. Siège et de l'Ordinaire soussigné à la discorde et à la désobéissance (can. 1373) ;

2. La juste peine d'une prohibition *ferendae sententiae* de réception d'une mission dans le territoire de l'archidiocèse de S.-Louis, immédiatement effective, pour avoir à plusieurs reprises et très gravement scandalisé deux femmes dans leur commission finale des péchés très graves de schisme et de simulation d'ordination sacerdotale, par lesquels elles ont été jetées en dehors du chemin du salut éternel, et, ce faisant, avoir donné un grave scandale pour tous les fidèles de l'archidiocèse de S.-Louis (cf. can. 1399 ; cf. 682, § 2).

C'est pourquoi il est ici notifié à Sœur Louisse Lears qu'elle peut présenter un recours contre ce décret extrajudiciaire devant le S.-Siège, après avoir, d'abord demandé au soussigné la révocation ou la révision de ce décret et **sentence**, dans le délai de dix jours utiles à compter de la notification légitime de ce décret (cf. can. 1734, §1-2).

Fait et lu à S.-Louis, le 26 juin de l'année du Seigneur 2008.
Mgr Raymond Leo Burke
Archevêque de S.-Louis

Mgr Jerome D. Billing
Chancelier

ANNEXE 4

La prise en compte plus importante de la notion de réparation dans le Nouveau Livre VI[943]

	Livre VI 1983	**Livre VI 2021**
Réparer	4 occurrences : 1341 ; 1344-3° ; 1361, §3 ; 1399	15 occurrences :1324, §3 ; 1335, §1 ; 1341 ; 1334-1° ; 1334-3° ; 1345 ; 1361, §3 ; 1376, §1 ; 1376, §2 ; 1377, §1 ; 1377, §2 ; 1378, §2 ; 1378, §1 ; 1378, §2 ; 1393, §2 ; 1399.
Réparé	2 occurrences : 1344-2° ; 1347, §2	3 occurrences :1344-2 ; 1347, §2, 1361, §4.
Réparation	2 occurrences :1357, §2 ; 1390, §3	5 occurrences :1311, §2 ; 1343 ; 1355, §2 ; 1361, §4 ; 1390, §3.

[943] GONÇALVES, « Réparation et remèdes pénaux dans le nouveau Livre VI du Code de droit canonique latin », 333-334.

Dommage	2 occurrences :1328, §2 et1347, §2	13 occurrences :13 §2 ; 1344-2º ; 1347, §2 ; 134 1357, §2 ; 136 §4 ; 1376, §1 1376, §2 ; 137 §1 ; 1377, §2 ; 1378, §1 ; 137 §2 et 1393.
Scandale(s)	14 occurrences : 1318 ; 1328, §2 ; 1339, §2 ; 1341 ; 1344-2 ; 1344-3 ; 1347, §2 ; 1352 ; 1357, §2 ; 1361, §3 ; 1369, §2 ; 1399 ; 1395 ; 1399.	21 occurrences :13 §2 ; 1318 ; 132 §3 ; 1328, §2 1335, §1 ; 1339, §2 ; 1341 ; 1343 ; 1344-1º ; 1344- 1344-3º ; 1347 §2 ; 1345 ; 134 1352, §2 ; 135 §2 ; 1361, §3 1378, §2 ; 139 §1 ; 1395, §1 1399.
Réparer le Dommage	Aucune occurrence	8 occurrences :13 §4 ; 1376, §1 1376, §2 ; 137 §1 ; 1377, §2 1378, §1 ; 1378, §2 et 139 §2.
Réparer le dommage et le scandale	Une occurrence : c. 1347, §2	5 occurrences :13 §2 ; 1344- 1347, §2 ; 134 1357, §2.

Réparer le scandale	5 occurrences : 134 ; 1344-2° ; 1344-3° ; 1361, 1399	10 occurrences :1311, §2 ; 1324, §3 ; 1335, §1, 1341 ; 1343 ; 1344-1° ; 1344-3° ; 1345 ; 1361, §3 et 1399

TABLE DES MATIÈRES

ABRÉVIATIONS ET SIGLES 5

DÉDICACE 7

REMERCIEMENTS 9

PRÉFACE 11

INTRODUCTION GÉNÉRALE 13

CHAPITRE 1
LA NOTION DU SCANDALE DANS LE CONTEXTE DE L'ÉGLISE 21

Introduction 21

1.1. La notion du scandale 21

1.1.1. Sens étymologique 21

1.1.2 Le scandale : usage et interprétations bibliques 22

1.1.2.1 Dans l'Ancien Testament 23

1.1.2.2 Dans le Nouveau Testament 25

1.1.3 Le scandale : du point de vue moral 27

1.1.4 Le scandale : une perspective sociologique 30

1.1.4.1 Un acte ou une transgression 32

1.1.4.2 Un agent ou un auteur 32

1.1.4.3 Un annonceur ou une annonceuse 33

1.1.4.4 Un public intéressé ou une audience 33

1.2 Le scandale dans le contexte de l'Église catholique 34

1.2.1 Le scandale des clercs et des religieux : le cas d'abus sexuels 35

1.2.2 Le scandale du silence dans l'Église catholique 39

1.2.3 Le scandale : emplois du terme et portée juridique 42

1.3 Les réponses du magistère de l'Église face aux abus sexuels 45

1.3.1 Le *CIC*/17 47

1.3.2 L'Instruction *Crimen sollicitationis* de 1922 49

1.3.3 L'instruction *Crimen sollicitationis de* 1962 51

1.3.4 *CIC*/83 52

1.3.5 *Sacramentorum sanctitatis Tutela* (30 avril 2001) et la lettre du 18 mai 2001 de la CDF 53

1.3.6 Les normes révisées de 2010 (21 mai 2010) et les modifications apportées aux délits les plus graves contre les mœurs (15 juillet 2010) 55

1.3.7 La lettre circulaire de la Congrégation pour la Doctrine de la Foi (3 mai 2011) 56

1.3.8 La Commission Pontificale pour la Protection des Mineurs (22 mars 2014) 58

1.3.9 Le motu proprio *Comme une mère aimante* (04 juin 2016) 59

1.3.10 La Lettre du pape François au peuple de Dieu (20 août 2018) 60

1.3.11 La Lettre apostolique en forme de *motu proprio Vos estis lux mundi* (7 mai 2019) 62

1.3.12 Le Vademecum sur quelques points de procédure dans le traitement des cas d'abus sexuels sur les mineurs commis par des clercs (6 juillet 2020) 65

1.3.13 Le nouveau Livre VI du *CIC*/83 (le 23 mai 2021) 68

1.3.14 Les nouvelles Normes sur les délits réservés à la Congrégation pour la Doctrine de la foi 70

1.3.15 Vademecum sur quelques points de procédure dans le traitement des cas d'abus sexuels sur les mineurs commis par des clercs (5 juin 2022) 71

1.3.16 Lettre apostolique sous forme de motu proprio *Vos estis lux mundi* (25 mars 2023) 72

Conclusion 73

CHAPITRE 2
L'ANALYSE ET LA DISCIPLINE DU CANON 1399 75

Introduction 75

2.1 Les sources du c. 1399 75

2.1.1 Le c. 2222, §1 du *CIC*/17 76

2.1.2 Discours du pape Pie XII 77

2.1.3 La liberté et l'indépendance de l'Église à l'égard du pouvoir civil 78

2.1.4 Le projet de révision du c. 2222, §1 80

2.2 L'analyse du contenu du c. 1399 83

2.2.1 « En dehors des cas établis dans la présente loi et dans d'autres lois » 83

2.2.2 La loi divine, la loi canonique ou l'élément légal du délit 85

2.2.3 La violation externe ou l'élément matériel et objectif du délit 90

2.2.4 La gravité spéciale de la violation 92

2.2.4.1 Sur le plan objectif 92

2.2.4.2 Sur le plan subjectif ou l'élément subjectif du délit (c. 1321, §3) 94

2.2.5 La notion de « juste peine » 96

2.2.6 Une nécessité pressante 100

2.2.7 La prévention et la réparation des scandales (*CIC*/83, c. 128) 101

2.2.8 L'autorité compétente et son pouvoir discrétionnaire 103

2.2.8.1 Le pouvoir de gouvernement 103

2.2.8.2 Le pouvoir discrétionnaire 107

2.2.9 Les conditions d'application de la norme générale du c. 1399 108

2.2.10 L'interprétation stricte des lois pénales imposées par le droit 111

2.3 Le c. 1399 et le principe de légalité 112

2.3.1 Définition du principe de légalité des délits et des peines 113

2.3.2 Le respect des droits 115

2.3.3 Le c. 1399 du *CIC*/83 et le Code des canons des Églises orientales 118

2.3.4 Discussions issues de la discipline du c. 1399 119

Conclusion 125

CHAPITRE 3

LE PROCÈS CANONIQUE COMME MOYEN DE PUNIR, DE PRÉVENIR OU DE RÉPARER LE SCANDALE 127

Introduction 127

3.1 Le signalement 127

3.1.1 Définition 128

3.1.2 L'obligation de signaler un fait scandaleux ou un délit (*CIC*/17, c. 1935 et att. 3 du *VELM* 2023) 129

3.1.3 Cas particuliers 131

3.2 L'enquête préalable (cc. 1717-1719) 132

3.3 Les mesures disciplinaires et conservatoires (*CIC*/83, c. 1722) ; (*CIC*/17, c. 1956-1958 ; *CCEO*, c. 1473) 135

3.4 La prévision et l'application des sanctions pénales 139

3.4.1 Le caractère « extrema ratio » de la sanction 140

3.4.2 La finalité des peines canoniques 141

3.4.3 Les peines médicinales ou les censures (cc. 1331-1333) 143

3.4.4 Les peines expiatoires (c.1336) 145

3.4.5 Les diverses modalités d'imposition des sanctions pénales 146

3.5 La procédure pénale : la voie judiciaire et la voie extrajudiciaire ou administrative 149

3.5.1 La voie judiciaire 153

3.5.1.1 Normes procédurales 153

3.5.1.2 La sentence 158

3.5.1.3 La publication de la sentence 159

3.5.2 La voie extrajudiciaire ou administrative 160

3.5.2.1 Les principales étapes de la procédure pénale Extrajudiciaire 160

3.5.2.2 Nature et finalités des Facultés spéciales 163

3.5.2.3 Les points communs aux trois Facultés spéciales 168

3.5.2.4 Faculté spéciale I : *CIC*/83, c. 1394 et c. 1395 en rapport avec le scandale 169

3.5.2.5 Faculté spéciale II : *CIC*/83, c. 1399 172

3.5.2.6. Faculté spéciale III et le nouveau canon 1392 172

3.5.2.7 Procédure pénale administrative et dérogations 173

3.5.2.8 Procédures pour l'application des Facultés spéciales I et II 175

3.6 Les voies disciplinaires canoniques non pénales 180

3.6.1 Le précepte pénal (c. 1319, c. 1339, §4) 180

3.6.2 La monition (c. 1339, §1) 184

3.6.3 La réprimande (c., 1339, §2) 185

3.6.4 La vigilance (c. 1339, §5) 186

3.6.5 La pénitence canonique (c. 1340) 186

Conclusion 187

CHAPITRE 4
L'APPLICATION DU C. 1399 191

Introduction 191

4.1 La jurisprudence pénale canonique 192

4.1.1 Le fait de la rareté de la jurisprudence pénale de l'Église 195

4.1.2 Les facteurs justificatifs de la rareté de la jurisprudence pénale de l'Église 196

4.1.3 La place de la jurisprudence canonique dans la hiérarchie des normes 200

4.2 Les mécanismes de gestion et de réparation des scandales : approches canoniques et perspectives africaines 202

4.2.1 Autres mécanismes prévus par le Code 202

4.2.2 Valorisation des mécanismes de réparation des scandales issus des cultures : perspectives africaines 204

4.3 Application du c. 1399 : causes jurisprudentielles et réflexions canoniques 208

4.3.1 Les critères d'analyse des causes jurisprudentielles 208

4.3.2 Première cause d'application du c. 1399 : une application abusive 210

4.3.2.1 Mise en contexte 211

4.3.2.2 Analyse de la cause et réflexion canonique sur le c. 1399 du premier cas 212

4.3.3 Deuxième cause d'application du c. 1399 215

4.3.3.1 Mise en contexte 215

4.3.3.2 Analyse de la cause et réflexion canonique 216

4.3.4 Troisième cause : l'application de la 1re

Faculté spéciale 219

4.3.4.1 Mise en contexte 220

4.3.4.2 Analyse de la cause et réflexion canonique 220

4.3.5 Quatrième cause : l'application de la IIème Faculté spéciale 221

4.3.5.1 Mise en contexte 222

4.3.5.2 Analyse de la cause et réflexion canonique 222

4.3.6 Cinquième cause : l'application de la IIIème Faculté spéciale 224

4.3.6.1 Mise en contexte 224

4.3.6.2 Analyse de la cause et réflexion canonique 225

4.3.7 Sixième cause : scandale sans la perte de l'état clérical 226

4.3.7.1 Mise en contexte 226

4.3.7.2 Analyse du cas de Mgr Sigismond et réflexion canonique 226

4.3.8 Septième cause : cas de scandale remis en cause 227

4.3.8.1 Mise en contexte 227

4.3.8.2 Analyse du cas de Mgr Lacroix et réflexion canonique 229

4.4. La pertinence du c. 1399 dans le contexte du droit pénal canonique 231

4.4.1 Exceptionnalité de la sanction du c. 1399 pour certains comportements en violation du droit divin ou canonique 233

4.4.2 La préoccupation du bien commun et du salut des âmes 234

4.4.3 Proposition de la reformulation du c. 1399 237

Conclusion 238

CONCLUSION GÉNÉRALE 241

POSTFACE 247

BIBLIOGRAPHIE 249

NOTE BIOGRAPHIQUE SUR LE CANDIDAT 323

ANNEXE 1 324

ANNEXE 2 327

ANNEXE 3 331

ANNEXE 4 337

Structures éditoriales du groupe L'Harmattan

L'Harmattan Italie
Via degli Artisti, 15
10124 Torino
harmattan.italia@gmail.com

L'Harmattan Hongrie
Kossuth l. u. 14-16.
1053 Budapest
harmattan@harmattan.hu

L'Harmattan Sénégal
10 VDN SICAP AMITIE 3
BP 45034 Dakar-Fann
direction@senharmattan.com

L'Harmattan Cameroun
Tsinga/Derrière polyclinique FECAFOOT
BP 11486 Yaoundé
Jacques.koukam@harmattan.fr

L'Harmattan Burkina Faso
Villa 281, secteur 23 623, rue 14.32
Ouagadougou
zagbie@outlook.fr

L'Harmattan Guinée
Almamya, rue KA 028 OKB Agency
BP 3470 Conakry
harmattanguinee@yahoo.fr

L'Harmattan RDC
185, avenue Nyangwe
Commune de Lingwala – Kinshasa
matangilamusadila@yahoo.fr

L'Harmattan Congo
219, avenue Nelson Mandela
BP 2874 Brazzaville
deunovmikhael@gmail.com

L'Harmattan Mali
Immeuble Mgr Jean Marie Cissé
Aci Hamadallaye
BP 145 Bamako
syllaka@yahoo.fr

L'Harmattan Togo
Djidjole – Maison Amela
face EPP BATOME
02 BP 20680 Lomé
didieramela11@gmail.com

L'Harmattan Côte d'Ivoire
Résidence Karl – Cité des Arts
Abidjan-Cocody
03 BP 1588 Abidjan
harmattan.ivoire@gmail.com

L'Harmattan Bénin
Rue 604, (Immeuble à l'entrée
de la rue UCAO- Cite de Saint-Jean)
Cotonou
stepcorpus@gmail.com

Nos librairies en France

Librairie internationale
16, rue des Écoles
75005 Paris
librairie.internationale@harmattan.fr
01 40 46 79 11
www.librairieharmattan.com

Librairie des savoirs
21, rue des Écoles
75005 Paris
librairie.sh@harmattan.fr
01 46 34 13 71
www.librairieharmattansh.com

www.ingramcontent.com/pod-product-compliance
Lightning Source LLC
LaVergne TN
LVHW011434061026
849535LV00004BA/803
* 9 7 8 2 3 3 6 5 8 7 6 9 1 *